Frankfurter Studien zum Datenschutz

Veröffentlichungen der Forschungsstelle
für Datenschutz an der Goethe-Universität,
Frankfurt am Main

Herausgegeben von
Prof. Dr. Dr. h.c. Spiros Simitis
Prof. Dr. Indra Spiecker genannt Döhmann, LL.M.

Band 55

Felix Drefs

Die Öffentlichkeitsarbeit des Staates und die Akzeptanz seiner Entscheidungen

Nomos

Diese Arbeit wurde im Rahmen des Graduiertenkollegs „Information Management and Market Engineering“ am Karlsruher Institut für Technologie von der Deutschen Forschungsgemeinschaft finanziell unterstützt.

Die Deutsche Nationalbibliothek verzeichnet diese Publikation in der Deutschen Nationalbibliografie; detaillierte bibliografische Daten sind im Internet über http://dnb.d-nb.de abrufbar.

Zugl.: Frankfurt a.M., Univ., Diss., 2018

ISBN 978-3-8487-5711-4 (Print)
ISBN 978-3-8452-9843-6 (ePDF)

D30

1. Auflage 2019

Vorwort

Die vorliegende Arbeit wurde im Jahr 2018 am Fachbereich Rechtswissenschaft der Goethe-Universität Frankfurt am Main als Dissertation angenommen. Stand der Arbeit ist der 20. Juli 2018. Literatur, Rechtsprechung und Lehre wurden bis zu diesem Zeitpunkt berücksichtigt.

Ich bedanke mich herzlich bei Frau Prof. Dr. Indra Spiecker genannt Döhmann, LL.M. für die Betreuung der Dissertation. Ebenso danke ich Herrn Prof. Dr. Dr. h.c. Thomas Vesting für die Erstellung des Zweitgutachtens.

Darüber hinaus möchte ich mich bei Herrn Prof. Dr. Dr. h.c. Spiros Simitis und Frau Prof. Dr. Indra Spiecker genannt Döhmann, LL.M. für die freundliche Aufnahme in die Schriftenreihe „Frankfurter Studien zum Datenschutz" bedanken.

Weiterhin bedanke ich mich bei allen Kolleginnen und Kollegen vom Zentrum für Angewandte Rechtswissenschaft am Karlsruher Institut für Technologie für die interessante Zeit, die wertvolle Zusammenarbeit und die Anregungen für meine Dissertation. Ebenso möchte ich dem Graduiertenkolleg „Information Management and Market Engineering" sowie der Deutschen Forschungsgemeinschaft für die fachliche und finanzielle Förderung der Arbeit danken.

Mein abschließender Dank gilt meiner Frau Nadine für unermüdliche Unterstützung, Motivation und Freude.

Stuttgart, im Dezember 2018 Felix Drefs

Inhaltsverzeichnis

Abkürzungsverzeichnis

a.A.	anderer Auffassung
AbgG	Abgeordnetengesetz
Abs.	Absatz
abw. M.	abweichende Meinung
AEUV	Vertrag über die Arbeitsweise der Europäischen Union
AfP	Archiv für Presserecht
AG	Amtsgericht
AGG	Allgemeines Gleichbehandlungsgesetz
Alt.	Alternative
AMG	Gesetz über den Verkehr mit Arzneimitteln (Arzneimittelgesetz)
AöR	Archiv für öffentliches Recht
Art./Artt.	Artikel
AtG	Gesetz über die friedliche Verwendung der Kernenergie und den Schutz gegen ihre Gefahren (Atomgesetz)
Aufl.	Auflage
Az.	Aktenzeichen
BAG	Bundesarbeitsgericht
BArchG	Gesetz über die Sicherung und Nutzung von Archivgut des Bundes (Bundesarchivgesetz)
BauGB	Baugesetzbuch
BauR	Baurecht. Zeitschrift für das gesamte öffentliche und zivile Baurecht
BayVerf	Verfassung des Landes Bayern
Bbg	Brandenburg
BBG	Bundesbeamtengesetz
BbgVerf	Verfassung des Landes Brandenburg
BBodSchG	Gesetz zum Schutz vor schädlichen Bodenveränderungen und zur Sanierung von Altlasten (Bundesbodenschutzgesetz)
Bd.	Band/Bände
BDSG	Bundesdatenschutzgesetz
Beschl.	Beschluss
BFH	Bundesfinanzhof
BGB	Bürgerliches Gesetzbuch
BGH	Bundesgerichtshof
BGHZ	Entscheidungen des Bundesgerichtshofs in Zivilsachen
BHO	Bundeshaushaltsordnung
BImSchG	Bundesimmissionsschutzgesetz
Bln	Berlin
BNatSchG	Bundesnaturschutzgesetz

BRD	Bundesrepublik Deutschland
BSG	Bundessozialgericht
BT	Bundestag
BVerfG	Bundesverfassungsgericht
BVerfGE	Entscheidungen des Bundesverfassungsgerichts
BVerfGG	Gesetz über das Bundesverfassungsgericht (Bundesverfassungsgerichtsgesetz)
BVerfGK	Kammerentscheidungen des Bundesverfassungsgerichts
BVerfSchG	Gesetz über die Zusammenarbeit des Bundes und der Länder in Angelegenheiten des Verfassungsschutzes und über das Bundesamt für Verfassungsschutz (Bundesverfassungsschutzgesetz)
BVerwG	Bundesverwaltungsgericht
BVerwGE	Entscheidungen des Bundesverwaltungsgerichts
BW	Baden-Württemberg
bzw.	beziehungsweise
CR	Computer und Recht
ders./dies.	derselbe/dieselbe(n)
DÖV	Die öffentliche Verwaltung
DRiG	Deutsches Richtergesetz
DRiZ	Deutsche Richterzeitung
Drs.	Drucksache
DuD	Datenschutz und Datensicherheit
DVBl	Deutsches Verwaltungsblatt
DVP	Deutsche Verwaltungspraxis
Einl.	Einleitung
EMRK	Europäische Menschenrechtskonvention
EnWG	Gesetz über die Elektrizitäts- und Gasversorgung (Energiewirtschaftsgesetz)
ESVGH	Entscheidungssammlung des Hessischen Verwaltungsgerichtshofs und des Verwaltungsgerichtshofs Baden-Württemberg mit Entscheidungen der Staatsgerichtshöfe beider Länder
EUV	Vertrag über die Europäische Union
f.	folgende/-r/-s
ff.	folgende
FGO	Finanzgerichtsordnung
Fn.	Fußnote(n)
FS	Festschrift
FStrG	Bundesfernstraßengesetz
GastG	Gaststättengesetz
GBO	Grundbuchordnung
gem.	gemäß
GemO	Gemeindeordnung
gen.	genannt
GewArch	Gewerbearchiv
GG	Grundgesetz für die Bundesrepublik Deutschland

GGO	Gemeinsame Geschäftsordnung der Bundesministerien
GOBT	Geschäftsordnung des Deutschen Bundestages
GRC	Charta der Grundrechte der Europäischen Union
GVerwR [Nr.]	Hoffmann-Riem/Schmidt-Aßmann/Voßkuhle (Hrsg.), Grundlagen des Verwaltungsrechts, Bd. [Nr.]
GVG	Gerichtsverfassungsgesetz
Hbg	Hamburg
HGB	Handelsgesetzbuch
HilfetelefonG	Gesetz zur Einrichtung und zum Betrieb eines bundesweiten Hilfetelefons „Gewalt gegen Frauen“ (Hilfetelefongesetz)
HmbGVBl	Hamburgisches Gesetz- und Verordnungsblatt
HmbTG	Hamburgisches Transparenzgesetz
Hrsg.	Herausgeber/-in
HStR [Nr.]	Isensee/Kirchhof (Hrsg.), Handbuch des Staatsrechts der Bundesrepublik Deutschland, Bd. [Nr.]
HwO	Gesetz zur Ordnung des Handwerks (Handwerksordnung)
IFG	Informationsfreiheitsgesetz
insb.	insbesondere
JR	Juristische Rundschau
Jura	Juristische Ausbildung
JuS	Juristische Schulung
JZ	Juristenzeitung
K&R	Kommunikation und Recht
Kap.	Kapitel
KG	Kammergericht
KJ	Kritische Justiz
KrWG	Gesetz zur Förderung der Kreislaufwirtschaft und Sicherung der umweltverträglichen Bewirtschaftung von Abfällen (Kreislaufwirtschaftsgesetz)
KWG	Gesetz über das Kreditwesen
LFGB	Lebensmittel-, Bedarfsgegenstände- und Futtermittelgesetzbuch
LG	Landgericht
LKRZ	Zeitschrift für Landes- und Kommunalrecht Hessen, Rheinland-Pfalz, Saarland
LMedienG	Landesmediengesetz
LPresseG	Landespressegesetz
LuftVG	Luftverkehrsgesetz
LVerf	Landesverfassung
m.w.N.	mit weiteren Nachweisen
m.W.v.	mit Wirkung vom
MMR	Multimedia und Recht
MV	Mecklenburg-Vorpommern
NABEG	Netzausbaubeschleinigungsgesetz Übertragungsnetz
Nds	Niedersachsen
NJW	Neue Juristische Wochenschrift

NordÖR	Zeitschrift für Öffentliches Recht in Norddeutschland
Nr.	Nummer(n)
NuR	Natur und Recht
NVwZ	Neue Zeitschrift für Verwaltungsrecht
NVwZ-RR	Neue Zeitschrift für Verwaltungsrecht - Rechtsprechungs-Report
NW	Nordrhein-Westfalen
NWVBl	Nordrhein-Westfälische Verwaltungsblätter
OLG	Oberlandesgericht
OLGZ	Entscheidungen der Oberlandesgerichte in Zivilsachen
OVG	Oberverwaltungsgericht
PBefG	Personenbeförderungsgesetz
PharmR	Pharma Recht
ProdSG	Gesetz über die Bereitstellung von Produkten auf dem Markt (Produktsicherheitsgesetz)
PStG	Personenstandsgesetz
PVS	Politische Vierteljahresschrift
RhPf	Rheinland-Pfalz
RhPfGVBl	Rheinland-Pfälzisches Gesetzes- und Verordnungsblatt
Rn.	Randnummer(n)
RSS	Really Simple Syndication (Dateiformat für Web-Feeds)
RuF	Rundfunk und Fernsehen
RuP	Recht und Politik
S.	Seite(n)
s.o.	siehe oben
s.u.	siehe unten
SaarlMedienG	Saarländisches Mediengesetz
SächsVerf	Verfassung des Freistaates Sachsen
SchlHA	Schleswig-Holsteinische Anzeigen
SGB	Sozialgesetzbuch
SGG	Sozialgerichtsgesetz
SH	Schleswig-Holstein
sog.	sogenannte/-r/-s
StädteT	Der Städtetag
StGB	Strafgesetzbuch
StGH	Staatsgerichtshof
StPO	Strafprozessordnung
StraFo	StrafverteidigerForum
StUG	Gesetz über die Unterlagen des Staatssicherheitsdienstes der ehemaligen Deutschen Demokratischen Republik
StV	Strafverteidiger – Zeitschrift für Wissenschaft und Praxis des Strafrechts
SZ	Süddeutsche Zeitung
TPG	Gesetz über die Spende, Entnahme und Übertragung von Organen und Geweben
TTIP	Transatlantic Trade and Investment Partnership

u.a.	und andere
Übers.	Übersetzer/-in
UIG	Umweltinformationsgesetz
UPR	Umwelt- und Planungsrecht
UrhG	Gesetz über Urheberrecht und verwandte Schutzrechte
UStG	Umsatzsteuergesetz
UVPG	Gesetz über die Umweltverträglichkeitsprüfung
v.	von/vom
VBlBW	Verwaltungsblätter für Baden-Württemberg
VerfGH	Verfassungsgerichtshof
Verw	Die Verwaltung. Zeitschrift für Verwaltungsrecht und Verwaltungswissenschaften
VerwArch	Verwaltungsarchiv
VG	Verwaltungsgericht
VGH	Verwaltungsgerichtshof
vgl.	vergleiche
VIG	Gesetz zur Verbesserung der gesundheitsbezogenen Verbraucherinformation (Verbraucherinformationsgesetz)
VVDStRL	Veröffentlichungen der Vereinigung der Deutschen Staatsrechtslehrer
VwGO	Verwaltungsgerichtsordnung
VwVfG	Verwaltungsverfahrensgesetz
WaStrG	Bundeswasserstraßengesetz
WpHG	Gesetz über den Wertpapierhandel
z.B.	zum Beispiel
ZD	Zeitschrift für Datenschutz
ZEE	Zeitschrift für evangelische Ethik
ZfRSoz	Zeitschrift für Rechtssoziologie
ZG	Zeitschrift für Gesetzgebung
ZLR	Zeitschrift für das gesamte Lebensmittelrecht
ZParl	Zeitschrift für Parlamentsfragen
ZPO	Zivilprozessordnung
ZRP	Zeitschrift für Rechtspolitik
ZSR	Zeitschrift für Schweizerisches Recht
ZUM	Zeitschrift für Urheber- und Medienrecht
ZUR	Zeitschrift für Umweltrecht

Aus Gründen der besseren Lesbarkeit wird in der vorliegenden Arbeit auf die gleichzeitige Verwendung männlicher und weiblicher Sprachformen verzichtet. Bezeichnungen von Personengruppen gelten durchgehend für beiderlei Geschlecht.

A. Einleitung

I. Problemaufriss und Motivation

„Eine neue Gestalt macht sich wichtig in der deutschen Gesellschaft: Das ist der Wutbürger."[1] Diese Feststellung *Dirk Kurbjuweits* angesichts des entflammten Bürgerprotests um den geplanten Neubau des Stuttgarter Bahnhofs („Stuttgart 21") klang wie ein Paukenschlag und wurde von der Gesellschaft für deutsche Sprache (GfdS) mit der Auszeichnung „Wort des Jahres 2010" für den Begriff „Wutbürger" prämiert.[2] Dass es dieses Mal nicht einzelne Gruppierungen aus dem linken oder rechten Milieu, sondern das Bürgertum war, das „nicht mehr mitmacht" und dem „der Staat fremd geworden ist"[3], sorgte für Diskussionen und Spekulationen um Bürgerbeteiligung, Basisdemokratie und die Handlungsfähigkeit des Staates.

Probleme bei der Durchsetzung staatlicher Entscheidungen sind keineswegs neu. Seit den 1970er Jahren gibt es eine ganze Reihe prominenter Beispiele für Projekte, die großen Widerstand innerhalb der Bevölkerung hervorriefen und deshalb nur verspätet oder gar nicht verwirklicht werden konnten.[4] Vor allem bei großen Infrastrukturprojekten konnten sich die Akteure – sowohl Behörden als auch beteiligte Unternehmen – erfahrungsgemäß schon immer eines gewissen Maßes an gesellschaftlichem Protest sicher sein.[5] Und doch hat es den Anschein, dass in letzter Zeit der Vertrauensvorschuss, den der Staat bei der Rechtfertigung seiner Entscheidungen traditionell in Anspruch nehmen konnte, zunehmend auch in anderen Bereichen schwindet. So gab es in den letzten Jahren zahlreiche aufsehenerregende Protestbewegungen, die an das genannte Beispiel „Stuttgart 21" nahtlos anknüpften. Gegen wirtschaftspolitische Maßnahmen wie das transatlantische Freihandelsabkommen TTIP oder die Finanzpolitik der Europäischen Zentralbank wurde ebenso lebhaft demonstriert wie gegen

1 *Kurbjuweit*, in: Der Spiegel 41/2010, 26.

2 Gesellschaft für deutsche Sprache, Pressemitteilung v. 17.12.2010, abrufbar unter https://gfds.de/wutbuerger-zum-wort-des-jahres-2010-gewaehlt/.

3 *Kurbjuweit*, in: Der Spiegel 41/2010, 27.

4 *Würtenberger*, Akzeptanz von Verwaltungsentscheidungen, 30 f. sowie *Lühr*, Die Öffentlichkeitsbeteiligung als Instrument zur Steigerung der Akzeptanz von Großvorhaben, 1 mit Beispielen.

5 *Würtenberger*, Akzeptanz von Verwaltungsentscheidungen, 31.

den Bau neuer Stromtrassen durch Süddeutschland im Zuge der – von früheren Protestbewegungen forcierten – Energiewende. Diese Entwicklung wird begünstigt durch die Verbreitung neuer Kommunikationskanäle wie der sozialen Medien, in denen sich Protestgruppen innerhalb kürzester Zeit formieren und organisieren können.

Die Feststellung *Kurbjuweits* hat daher nichts an ihrer Aktualität eingebüßt. Dies zeigt etwa der Titel des Nachrichtenmagazins „Der Spiegel" anlässlich der großen Wählermigration von Volksparteien zu sogenannten Protestparteien wie der „Alternative für Deutschland" bei den Landtagswahlen im März 2016: *„Aufstand der Wutbürger: ‚Ihr da oben belügt uns doch alle!'"*.[6] In den Augen vieler Journalisten war das Beispiel des Stuttgarter Hauptbahnhofs nur ein Zeichen für eine längerfristige soziale Entwicklung, die viele bislang für selbstverständlich gehaltene Gegebenheiten in Frage stellt: eine „Akzeptanzkrise" des Staates.[7]

Es ist zwar umstritten, ob man gleich so weit gehen muss, der repräsentativen Demokratie des Grundgesetzes eine „Krise"[8] zu attestieren.[9] Schließlich hat es auch in der Vergangenheit bereits Phasen gegeben, in denen der Staat verstärkt mit Akzeptanzproblemen zu kämpfen hatte.[10] Sicher ist aber jedenfalls, dass Zustimmung und Gehorsam zu kostbaren Gütern geworden sind, die für den Staat nicht mehr selbstverständlich sind und mit deren Mangelsymptomen er in der täglichen Arbeit zu kämpfen hat. Dabei sind die genannten Großdemonstrationen nur die aufsehenerregendsten und medienwirksamsten Ausprägungen, aber längst nicht die einzigen. Die Einstellung des Bürgers gegenüber staatlichen Hoheitsakten

---

6 Der Spiegel 9/2016 v. 19.03.2016.

7 Vgl. etwa *Roller*, in: Augsburger Allgemeine 233/2010 v. 08.10.2010, 2: Stuttgart 21 als „Symptom der Vertrauens- und Akzeptanzkrise unseres Systems". Siehe auch *Bartsch/Brandt*, in: Der Spiegel 44/2010, 30 f.: „akute Akzeptanzkrise der deutschen Politik".

8 Vgl. zur Feststellung, die Demokratie befinde sich in einer Krise, differenzierend *Spiecker gen. Döhmann*, VVDStRL 77 (2018), 9 ff. m.w.N.

9 So kann man die durch das Projekt Stuttgart 21 angestoßene Debatte um die Beteiligung der Öffentlichkeit bei Großprojekten durchaus auch als Weiterentwicklungsimpuls für die repräsentative Demokratie betrachten, siehe etwa *Thaa*, PVS 2013, 1 ff. sowie *Walter* in ders. (Hrsg.), Die neue Macht der Bürger, 330 ff.

10 Insbesondere für die Verwaltung wurde bereits in den 1980er und 1990er Jahren mehrfach eine „Institutionenkrise" oder „Legitimitätskrise konstatiert, vgl. *Glück*, Vertrauen und Legitimation durch Bürgerzufriedenheit, 3, 47; siehe auch *Czerwick*, in: Sarcinelli (Hrsg.), Politikvermittlung und Demokratie in der Mediengesellschaft, 253; *Hill*, DÖV 1989, 377; *Röken*, DÖV 1989, 55; *Kempen*, Grundgesetz, amtliche Öffentlichkeitsarbeit und politische Willensbildung, 12.

kann in vielen alltäglichen Bereichen zu einem Politikum werden. So können Gesetzesverstöße etwa zum „Kavaliersdelikt“ werden, wenn ihr Unwert von einem großen Teil der Bevölkerung nicht erkannt oder als marginal eingestuft wird. Neben den „klassischen“ Beispielen wie dem Schwarzfahren, Urheberrechtsverstößen oder dem Fahren mit überhöhter Geschwindigkeit[11] trifft das in letzter Zeit zunehmend auf Bereiche der Drogenkriminalität sowie auf Steuerhinterziehung zu. So verwundert es nicht, dass die Akzeptanz staatlicher Entscheidungen in den letzten Jahren verstärkt in den Fokus sozialwissenschaftlicher Forschung gerückt ist.[12]

Mit Akzeptanzproblemen haben nicht nur staatliche Institutionen zu kämpfen. Auch private Institutionen müssen sich vor der Gesellschaft rechtfertigen, um ihre Interessen verfolgen zu können. Hier hat sich ein gebräuchliches Mittel durchgesetzt, für das in der Privatwirtschaft sogar ganze Unternehmensabteilungen beschäftigt werden: Maßnahmen der Öffentlichkeitsarbeit. „Tu Gutes und rede darüber“[13] – so umriss *Georg-Volkmar Graf Zedtwitz-Arnim* als einer der deutschsprachigen Pioniere auf diesem Gebiet den Kerngedanken von Öffentlichkeitsarbeit. Werbemaßnahmen, in denen Unternehmen ihre Produkte und sich selbst in höchsten Tönen loben, prägen die Medienlandschaft und begleiten den Alltag jedes Medienkonsumenten. Aus dem modernen Wirtschaftsleben ist die Öffentlichkeitsarbeit nicht mehr wegzudenken.

Die Kommunikation des Staates nimmt einen wesentlich geringeren Raum ein als die privatwirtschaftliche. „Staatswerbung“ ist die absolute Ausnahme. Vor dem Hintergrund einer gewandelten Akzeptanzkultur stellt sich indes die Frage, ob nicht auch die staatlichen Institutionen aufgerufen sind, für ihre Entscheidungen, also für ihre „Produkte“, Öffentlichkeitsarbeit zu betreiben. Die durch die medienwirksamen Protestbewegungen der letzten Jahre befeuerte Debatte um die Akzeptanz staatlicher Entscheidungen fällt in eine Zeit, in der vom Staat zunehmend Kommunikationsleistungen gefordert werden. Im Zuge weltweiter Transparenzbewegungen wie etwa „Transparency International“ wurde auch die Transparenz staatlichen Handelns zum „Mantra der politischen Debatte“.[14] Im Mittelpunkt dieser Debatte stand die Frage, wie weit der Staat seine Informati-

11 Siehe dazu *Gostomzyk*, Die Öffentlichkeitsverantwortung der Gerichte in der Mediengesellschaft, 115.

12 Vgl. etwa die verschiedenen Beiträge in *Walter* (Hrsg.), Die neue Macht der Bürger: Was motiviert die Protestbewegungen?, 2013.

13 *Graf Zedtwitz-Arnim*, Tu Gutes und rede darüber, Berlin u.a., 1961.

14 Vgl. *Gusy*, DVBl 2013, 941 ff. m.w.N.

onsbestände gegenüber der Gesellschaft öffnen und individuelle Zugangsrechte zu diesen Informationen gewähren sollte. Ob der Staat allerdings berechtigt ist, aus eigenem Antrieb die Öffentlichkeit zu suchen und Öffentlichkeitsarbeit in eigener Sache zu betreiben, steht auf einem anderen Blatt. In der freien Wirtschaft mag es die Regel sein, dass der Kontakt zur Öffentlichkeit in erster Linie der Verfolgung der eigenen Interessen dient, etwa der Werbung für die eigenen Produkte. Im staatlichen Bereich gelten dagegen andere Regeln. Der Staat ist „um des Menschen Willen da", heißt es im Verfassungsentwurf von Herrenchiemsee – im freiheitlichen demokratischen Staat des Grundgesetzes gibt es kein genuines Eigeninteresse des Staates, zu dessen Verfolgung er Öffentlichkeitsarbeit betreiben darf.[15] Das öffentliche Recht definiert den Zugang des Staates zur Öffentlichkeit ebenso wie die Zwecke, die der Staat dabei verfolgen darf. Ob die Akzeptanzförderung ein legitimer Zweck staatlichen Handelns ist, bedarf daher im Gegensatz zur freien Wirtschaft einer rechtlichen Begründung.

Die Zielsetzung der vorliegenden Arbeit ist es, das Potential der staatlichen Öffentlichkeitsarbeit für die Förderung der Akzeptanz staatlicher Entscheidungen aus rechtlicher Perspektive zu untersuchen. Das führt zu zwei zentralen Fragestellungen: Zum einen ist zu klären, ob dem Staat überhaupt eine solche Handlungsform zur Verfügung steht und wie sie von den übrigen staatlichen Handlungsformen abgegrenzt werden kann. Zum anderen stellt sich die Frage, ob staatliche Institutionen von dieser Handlungsform Gebrauch machen dürfen, um öffentliche Akzeptanz für ihre Entscheidungen zu gewinnen.

II. Forschungsbedarf und Beitrag der Arbeit

Der Titel der Arbeit gibt die beiden zentralen Begriffe wieder, die im Rahmen der Arbeit näher untersucht und in Zusammenhang gesetzt werden sollen. Sowohl „Öffentlichkeitsarbeit" als auch „Akzeptanz" sind Begriffe, die die Kommunikationswissenschaft, die Sozialpsychologie und die juristischen Nebenwissenschaften wie die Rechtssoziologie bereits seit Jahrzehnten beschäftigen. Für die Rechtswissenschaft handelt es sich allerdings noch um Fremdkörper. Für keinen der beiden Begriffe gibt es bislang in Gesetzestexten, in der höchstrichterlichen Rechtsprechung oder in der Wissenschaft eine trennscharfe und unumstrittene Definition.[16]

---

15 Vgl. *Krüdewagen*, Die Selbstdarstellung des Staates, 36 f.

16 Siehe dazu unten B.I.1. und B.III.1.a.

Der erste Beitrag der Arbeit wird daher darin bestehen, für die Begriffe „Öffentlichkeitsarbeit" und „Akzeptanz" jeweils eine für die rechtswissenschaftliche Betrachtung geeignete und praktisch handhabbare Definition zu entwickeln. Nur auf der Grundlage eindeutig definierter Begriffe ist es möglich, universelle Aussagen über die verfassungsrechtliche Zulässigkeit des so bezeichneten Staatshandelns zu treffen. Zu diesem Zweck werden zunächst die bereits vorhandenen juristischen Arbeiten zu beiden Themen ausgewertet. Darüber hinaus wird, wo dies unter dem „Filter juristischer Verwendungstauglichkeit"[17] möglich ist, auch auf Erkenntnisse der genannten Nachbarwissenschaften zurückgegriffen.

Den Ausgangspunkt der Arbeit stellt die staatliche Öffentlichkeitsarbeit dar. Angesichts der Tatsache, dass die Selbstdarstellung des eigenen Wirkens ein Anliegen ist, mit dem sich jedes größere Staatswesen der Geschichte auseinandergesetzt hat,[18] besteht in diesem Bereich in der deutschen Rechtswissenschaft ein erstaunliches Forschungsdefizit. Das liegt im Wesentlichen daran, dass die vorliegenden Arbeiten zum Thema von ganz unterschiedlichen Begriffen staatlicher Öffentlichkeitsarbeit ausgehen.[19] Hinzu kommt, dass viele der vorliegenden Arbeiten den Untersuchungsgegenstand auf das exekutivistische Staatshandeln beschränken, insbesondere auf die regierungsamtliche Öffentlichkeitsarbeit.[20] Es mangelt daher bislang an einem Rechtsbegriff der staatlichen Öffentlichkeitsarbeit, der das normativ gleich gelagerte Informationshandeln von Legislative, Exekutive und Judikative zusammenfasst und eine einheitliche verfassungsrechtliche Erschließung dieser staatlichen Handlungsform ermöglicht. Ein wesentliches Ziel dieser Arbeit ist es, einen Rechtsbegriff staatlicher Öffentlichkeitsarbeit zu entwickeln und dessen rechtliche Grundlagen gewaltenübgreifend zu erarbeiten. Nur auf der Grundlage eines trennscharfen Rechtsbegriffs lassen sich die verfassungslegitimen Zwecke bestimmen, denen die staatliche Öffentlichkeitsarbeit zu dienen bestimmt ist. Auch wenn viele der vorhandenen Beiträge wie selbstverständlich davon ausgehen, dass staatliche Öffentlichkeitsarbeit zugleich der Akzeptanzförderung diene,[21] fehlt es bislang an einer belastbaren rechtlichen Begründung dieser These.

---

17 Siehe dazu *Hoffmann-Riem*, ZfRSoz 2001, 18 ff.

18 Siehe dazu unten B., vor I.

19 Siehe dazu ausführlich unten B.I.1.c.

20 So z.B. *Leisner*, Öffentlichkeitsarbeit der Regierung im Rechtsstaat; *Schürmann*, Öffentlichkeitsarbeit der Bundesregierung; *Engel*, HStR IV, § 80; *Jensen*, Rechtsprobleme regierungsamtlicher Öffentlichkeitsarbeit im Internet-Zeitalter.

21 Vgl. etwa *Philipp*, Staatliche Verbraucherinformationen im Umwelt- und Gesundheitsrecht, 2; *Kloepfer*, Staatliche Informationen als Lenkungsmittel, 11 ff.;

Diese muss durch die Rechtsordnung gestützt werden, nicht durch den tatsächlichen Befund.

Um das Forschungsdefizit in diesem Bereich zu beheben, widmet sich die Arbeit den einzelnen verfassungsrechtlichen Legitimationsansätzen zur staatlichen Öffentlichkeitsarbeit. So ist es möglich zu bestimmen, ob der Förderung der Akzeptanz für staatliche Entscheidungen in diesem Kanon ein eigener Platz zukommt. Wie durch die Verlautbarungspraxis einiger Staaten bis in die heutige Zeit unter Beweis gestellt wird, besitzt die Öffentlichkeitskommunikation des Staates ein hohes Bedrohungspotential für die Willensbildung einer demokratischen Zivilgesellschaft und somit auch für die von ihr ausgehende Legitimation des Staatshandelns. In der freiheitlichen Demokratie des Grundgesetzes ist es daher unerlässlich, den rechtlichen Rahmen dieser Form der informalen Staatstätigkeit eindeutig und rechtssicher zu bestimmen.

Für die Untersuchung, ob die Akzeptanzförderung ein verfassungslegitimes Ziel staatlicher Öffentlichkeitsarbeit darstellt, bedarf es einer verfassungsrechtlichen Anbindung des Phänomens „Akzeptanz". Die Akzeptanz staatlicher Entscheidungen war bereits Thema einzelner verfassungs- und verwaltungswissenschaftlicher Arbeiten. Es fehlt allerdings an einer Untersuchung, die die darin gewonnenen Erkenntnisse zusammenfasst und einen Bezug zur staatlichen Öffentlichkeitsarbeit herstellt.

Den damit zusammenhängenden Fragen widmen sich die letzten Abschnitte der vorliegenden Arbeit. Zunächst erfolgt auch für den Begriff der Akzeptanz eine eigenständige Definition, die sich eingehend mit den bislang vorhandenen Arbeiten auseinandersetzt. Sodann kann die verfassungsrechtliche Bedeutung der Akzeptanz staatlicher Entscheidungen untersucht und mit den Erkenntnissen zur staatlichen Öffentlichkeitsarbeit verknüpft werden. Auf dieser Grundlage kann zum einen die Forschungsfrage nach der Zulässigkeit werbender staatlicher Öffentlichkeitsarbeit beantwortet werden. Zum anderen kann die vorliegende Arbeit einen Beitrag dazu leisten, die beiden Themenfelder der staatlichen Öffentlichkeitsarbeit und der öffentlichen Akzeptanz staatlicher Entscheidungen für die weitere rechtswissenschaftliche Betrachtung zu erschließen.

Feik, Öffentliche Verwaltungskommunikation, 313 f.; *Becker/Harms/Sievers*, SchlHA 2015, 386 f.

III. Gang der Untersuchung

Aus dem im vorangegangenen Abschnitt skizzierten Forschungsdefizit ergibt sich der Gang der vorliegenden Untersuchung. Im ersten Teil der Arbeit wird untersucht, ob es einen Rechtsbegriff der staatlichen Öffentlichkeitsarbeit gibt und wie ein solcher gewonnen werden kann (B. I.). Dazu wird zunächst die Verwendungsgeschichte des Begriffs in Rechtsnormen, Rechtsprechung und juristischer Literatur untersucht und ausgehend davon ein eigener Ansatz für einen Rechtsbegriff „staatliche Öffentlichkeitsarbeit" entwickelt. Die Eingrenzung dieses Begriffs erfolgt zunächst durch die Bestimmung der am Kommunikationsvorgang Beteiligten – dem „Staat" und der „Öffentlichkeit". Um Maßnahmen der Öffentlichkeitsarbeit innerhalb des unüberschaubaren Feldes der staatlichen Publikationen identifizieren zu können, wird sodann ein normativer Anknüpfungspunkt für den Rechtsbegriff entwickelt. Dieser liegt im Verfassungsgebot zur Herstellung von Publizität staatlichen Handelns, das aus den Strukturprinzipien der Demokratie und des Rechtsstaates gewonnen werden kann. Im Anschluss werden Kriterien entwickelt, um die staatliche Öffentlichkeitsarbeit von der übrigen Staatskommunikation abgrenzen zu können. Nötig ist dies insbesondere im Bezug auf die sogenannte „Öffentlichkeitsaufklärung", zu der etwa die in der juristischen Literatur viel diskutierten staatlichen Warnungen und Empfehlungen gerechnet werden. Der erste Abschnitt schließt mit einer Betrachtung des Verhältnisses von staatlicher Öffentlichkeitsarbeit und staatlicher Medienarbeit. Als Zwischenergebnis kann ein Rechtsbegriff der staatlichen Öffentlichkeitsarbeit formuliert werden, der geeignet ist, normativ gleichartige Kommunikationsmaßnahmen zusammenzufassen und diese vom übrigen Staatshandeln abzugrenzen.

Sodann werden die verfassungsrechtlichen Grundlagen dieser staatlichen Handlungsform erarbeitet, um untersuchen zu können, welche Rolle der Aspekt der Akzeptanzförderung dabei einnimmt. Dazu werden im zweiten Teil der Arbeit zunächst die Legitimationsanforderungen an staatliche Öffentlichkeitsarbeit dargestellt (B. II. 1.). Die staatliche Aufgabe, deren Erfüllung die Öffentlichkeitsarbeit nach dem eingangs entwickelten Rechtsbegriff primär dient, ist die Herstellung von Öffentlichkeit für staatliches Handeln. Zur Erfüllung dieser Aufgabe stehen den staatlichen Institutionen neben der Öffentlichkeitsarbeit noch einige weitere Handlungsinstrumente zur Verfügung. Diese „Öffentlichkeitsmechanismen" werden in einem Exkurs im Überblick dargestellt, um Aufschluss über die besonderen Vorteile und Gefährdungspotentiale der staatlichen Öffentlichkeitsarbeit zu erhalten (B. II. 1. b. aa.). Als gesetzlich unreglementiertes und vielseitiges Werkzeug in der Hand des Staates bietet diese zwar viele Potentiale, um die Bevölkerung mit Informationen aus dem staatlichen Bereich zu versorgen, birgt aber gleichzeitig ein besonderes Manipulationsrisiko in Bezug auf die gesellschaftliche Willensbildung. Die Anforderungen an die Legitimation staatlicher Öffentlichkeitsarbeit ergeben sich daher aus dem Grundsatz der Staatsfreiheit der politischen Willensbildung, der vom BVerfG entwickelt wurde und in der vorliegenden Arbeit näher dargestellt wird. Danach ist staatliche Öffentlichkeitsarbeit nur bei Vorliegen besonderer, verfassungsrechtlich legitimierender Gründe zulässig.

Im anschließenden Abschnitt der Arbeit werden die verfassungsrechtlich legitimierenden Gründe dargestellt, die das BVerfG in seiner bisherigen Rechtsprechung für die Öffentlichkeitsarbeit nach dem hier zugrunde gelegten Begriff herausgearbeitet hat (B. II. 2.). Diese Gründe bilden die verfassungslegitimen Zwecke ab, zu denen sich staatliche Institutionen des Handlungsinstruments der Öffentlichkeitsarbeit bedienen können. Dazu gehört neben rechtsstaatlichen und sozialstaatlichen Aspekten insbesondere die Förderung der öffentlichen Meinungsbildung zur Ermöglichung eines Grundkonsenses mit der freiheitlich-demokratischen Grundordnung des Grundgesetzes. Das Wesen und die Bedeutung dieses Grundkonsenses werden ebenso dargestellt wie die Art und Weise, mittels derer Öffentlichkeitsarbeit zum Erhalt dieses Konsenses beitragen kann. Ausgehend von der Rechtsprechung des BVerfG wird ein Überblick über die Legitimation zur Öffentlichkeitsarbeit in den einzelnen Staatsgewalten gegeben. Dabei wird gezeigt, dass Öffentlichkeitsarbeit entgegen einigen Darstellungen in den bisherigen Beiträgen keine Handlungsform ist, die nur den Regierungen und gesetzgebenden Körperschaften zur Verfügung steht.

Zu den Fragen, ob die Förderung der Akzeptanz einzelner staatlicher Entscheidungen einen legitimierenden Grund für staatliche Öffentlichkeitsarbeit darstellt und ob somit auch die „Werbung in eigener Sache“ legitimiert ist, hat das BVerfG bislang allerdings nicht detailliert Stellung genommen. Diese Frage wird im anschließenden Teil eingehend untersucht (B. III.). Es wird zunächst eine Begriffsbestimmung vorgenommen, die sich für eine rechtswissenschaftliche Untersuchung des Phänomens Akzeptanz eignet. Sodann werden die verfassungsrechtlichen Bezugspunkte der Akzeptanz untersucht. Das sind zunächst die Rechtmäßigkeit, die Rechtswirksamkeit und die demokratische Legitimität staatlicher Entscheidungen.

Sodann werden die mittelbaren Auswirkungen fehlender Akzeptanz erörtert. Zu diesem Zweck wird zunächst der empirisch belegbare Zusammenhang zwischen der Akzeptanz als individueller Einstellung und dem

Verhalten der Bürger untersucht. Nachdem auf diese Weise die faktischen Auswirkungen der Akzeptanz belegt werden können, werden diese Auswirkungen auf ihre verfassungsrechtliche Relevanz hin untersucht. Durch Akzeptanzdefizite können die Effektivität sowie die Effizienz des Staatshandelns beeinträchtigt werden. Überdies sind negative Rückwirkungen auf den im vorigen Abschnitt dargestellten demokratischen Grundkonsens möglich. Die verfassungsrechtliche Bedeutung dieser mittelbaren Auswirkungen wird untersucht. Auf dieser Grundlage wird ein Gesamtfazit über die verfassungsrechtliche Relevanz der Akzeptanz staatlicher Entscheidungen gezogen (B. III. 3.).

Im darauf folgenden Abschnitt werden die Schlüsse dieses Befunds für die Zulässigkeit werbender Öffentlichkeitsarbeit gezogen (B. IV.). Es wird gezeigt, ob und unter welchen Bedingungen die Akzeptanzförderung einen eigenständigen verfassungsrechtlich legitimierenden Grund darstellt, der die darauf zielende Öffentlichkeitsarbeit legitimieren kann. Die Arbeit schließt mit einer Zusammenfassung der Ergebnisse sowie mit einem Ausblick auf offene Forschungsfragen zur Öffentlichkeitsarbeit und auf die Relevanz der Erkenntnisse der Arbeit für aktuelle Problemstellungen (C.).

B. Die Förderung der Akzeptanz hoheitlicher Entscheidungen mittels staatlicher Öffentlichkeitsarbeit

Helmut Quaritsch brachte es auf den Punkt: „Um die richtige Selbstdarstellung bemühen sich Staaten, solange es Staaten gibt."[22]

Zu keiner Zeit hat sich die staatliche Tätigkeit auf imperative Maßnahmen beschränkt. Die Präsentation des Staatswesens vor dem eigenen Volk – sei es durch öffentliche Veranstaltungen und Ansprachen, Symbolik oder Machtdemonstration wie Militärparaden – war seit jeher ein fester Bestandteil jedes größeren staatlichen Gemeinwesens.[23] Neben den Aufgaben, die der Staat gegenüber seinen Bürgern übernimmt und idealerweise auch erfüllt, war die Kommunikation und Verbildlichung der Aufgabenerfüllung selbst eine originäre staatliche Aufgabe. Welche Mittel Amtsträger dafür einsetzten und welche Absichten sie verfolgten, wandelte sich mit dem Lauf der Zeit und dem Selbstverständnis der staatlichen Herrschaft. Dass das Handeln der Autorität aber auf Dauer nicht völlig isoliert von seinen Subjekten ablaufen kann, ist weder eine Erkenntnis der jüngeren Geschichte noch eine Erfindung der Demokratie westlicher Prägung. Selbst in der absolutistischen Staatstheorie *Thomas Hobbes*' wurde die Aufklärung der Bevölkerung über Sinn und Natur der Staatsgewalt für notwendig erklärt.[24]

Dass der Staat die Kommunikation mit der Öffentlichkeit sucht und Information als Handlungsmittel einsetzt, ist also nicht erst seit der Proklamation des kommunikativen Staates der Gegenwart bekannt. Dennoch ist das Thema in den vergangenen Jahrzehnten auch für die Rechtswissenschaft zunehmend in den Mittelpunkt des Interesses gerückt. Dafür gibt es mehrere Gründe. Auf der einen Seite haben die Entwicklungen der Kommunikations- und Informationstechnologie zu tiefgreifenden Veränderungen der gesellschaftlichen Strukturen geführt, die gemeinhin mit den

---

22 *Quaritsch* in: ders. (Hrsg.), Die Selbstdarstellung des Staates, 3.

23 Schon für *Aristoteles* war die mögliche Größe eines Gemeinwesens von der Reichweite der Stimme seines Herolds bestimmt, vgl. *ders.*, Politik, 7. Buch, 4. Kapitel, 1326b.

24 *Hobbes*, Leviathan, 146: „Das mag die [...] Vertreter ihres Volkes ermahnen, die Menschen über die Natur dieses Amtes aufzuklären.".

Schlagwörtern „Wissensgesellschaft“[25] oder „Informationsgesellschaft“[26] zusammengefasst werden. Die Ressource „Information“ wird zur wesentlichen Determinante der gesamtgesellschaftlichen Leistungsfähigkeit wie auch der individuellen Entscheidungsfindung.[27] Im Zuge dessen ist auch der Staat zunehmend als Anbieter gefordert: „Information“ und „Kommunikation“ sind als Staatsaufgaben anerkannt.[28]

Außer neuen Herausforderungen bieten sich für staatliche Stellen aber auch ganz neue Möglichkeiten: Durch neue Kommunikationswege – allen voran das Internet – wird es möglich, mit verhältnismäßig geringem Aufwand viele potentielle Adressaten zu erreichen.[29] Abseits des rechtsförmlichen Staatshandelns ist es vor allem für die politischen Akteure aus dem Bereich der Exekutive attraktiv, ihr mediales Öffentlichkeitsbild mitzeichnen und mitgestalten zu können. Dafür eignen sich informale staatliche Publikationen ganz besonders: Der Staat tritt in einem horizontalen Verhältnis an den Bürger heran – als scheinbar gleichberechtigter Kommunikator, ohne Machtgefälle, Befehl und Zwang.[30] Vor diesem Hintergrund

25 Vgl. z.B. *Stehr*, Arbeit, Eigentum und Wissen; *Willke*, Systemisches Wissensmanagement; *Augsberg*, DVBl 2007, 733.

26 Vgl. z.B. *Steinbicker*, Zur Theorie der Informationsgesellschaft; Bericht der Bundesregierung „Info 2000 – Deutschlands Weg in die Informationsgesellschaft“, BT-Drs. 13/4000, 15: „Der Begriff „Informationsgesellschaft“ steht für eine Wirtschafts- und Gesellschaftsform, in der der produktive Umgang mit der Ressource „Information“ und die wissensintensive Produktion eine herausragende Rolle spielen.“ Zur Definition des Begriffs der „Information“ und seiner Abgrenzung von verwandten Begriffen *Druey*, Information als Gegenstand des Rechts, 3 ff.; *Kloepfer*, Informationsrecht, § 1 Rn. 52 ff.; *Schoch*, VVDStRL 57 (1998), 166 ff.; *Spiecker gen. Döhmann*, Rechtswissenschaft 2010, 250 ff.

27 Vgl. etwa *Kloepfer*, DÖV 2003, 221: „Information ist nicht alles, aber ohne Information ist alles nichts: Das ist das Lebensgesetz des Gemeinwesens im Informationszeitalter.“.

28 Vgl. BVerfGE 44, 125, 147; 105, 252, 269; 105, 279, 301 f.; *Schulte*, Schlichtes Verwaltungshandeln, 176; *v. Coelln*, Zur Medienöffentlichkeit der Dritten Gewalt, 513; *Schulze-Fielitz*, VVDStRL 55 (1996), 266 f.; *Di Fabio*, JuS 1997, 7; *Kirchhof*, JZ 1989, 455; *Pitschas*, DuD 1998, 142 f.; *Gusy*, NJW 2000, 978; *ders.*, JZ 2014, 173; *Hill*, JZ 1993, 330 ff.; siehe zum wirtschaftlichen Wert der Informationen in der öffentlichen Hand etwa BT-Drs. 16/2453, 7 m.w.N.

29 Diesen Gesichtspunkt betont *Bumke*, Verw 37 (2004), 10 f.

30 *Kloepfer*, Staatliche Informationen als Lenkungsmittel, 18: „Der ohne Befehl und Zwang arbeitende Staat geriert sich als der freundliche, partnerschaftliche und kooperative Staat“; ähnlich *Gramm*, Der Staat 30 (1991), 53: „weiche[s] Staatshandeln“; *Becker/Harms/Sievers*, SchlHA 2015, 387: „Der kooperative und informal handelnde Staat untersagt und sanktioniert nicht mehr ausschließlich. Er informiert [...] und wäscht seine Hände in Unschuld“.

hat das staatliche Informationsverhalten in den letzten Jahrzehnten an Umfang, Vielgestaltigkeit und technischer Raffinesse ebenso gewonnen wie das aus dem gesellschaftlichen Bereich. Es gibt kaum noch eine staatliche Stelle, die nicht in irgendeiner Form – sei es durch Veranstaltungen, Printveröffentlichungen, Zeitungsannoncen, eine eigene Internetseite oder über Social-Media-Kanäle wie Facebook und Twitter[31] – an die Öffentlichkeit tritt.

Rechtlich interessant ist dieser Ausschnitt der staatlichen Tätigkeit gerade deshalb, weil es in den meisten Bereichen an konkreten rechtlichen Vorgaben fehlt, mit deren Hilfe sich die kommunikativen Verpflichtungen des Staates sowie die rechtlichen Grenzen abstecken und ausloten lassen.[32] Das heißt natürlich nicht, dass es diese Verpflichtungen und Restriktionen nicht gibt. Die Handlungsgrundlagen des modernen Staates ergeben sich aus den ihm zugewiesenen Kompetenzen, nicht aus dem faktisch Möglichen. Gerade in der deutschen Rechtswissenschaft muss dies auch vor dem Hintergrund gesehen werden, dass der teils euphorisch gefeierte Wandel zur „Informationsgesellschaft" nicht die erste kommunikative Revolution von gesellschaftlichem Belang ist. Die sich aus der Verbreitung des Rundfunks ergebenden Möglichkeiten wurden in der ersten Hälfte des letzten Jahrhunderts von staatlicher Seite massiv missbraucht.

Gerade wegen der Vielgestaltigkeit des staatlichen Informationshandelns sind Kategorisierungen unentbehrlich. Das gilt insbesondere für die juristische Erschließung des Feldes der „staatlichen Öffentlichkeitsarbeit". In der Rechtswissenschaft hat die Begriffsfindung eine spezifische Funktion. Unter einen Rechtsbegriff sollen alle Sachverhalte subsumiert werden kön-

---

31 Beachtung fanden in den letzen Jahren insbesondere einige Kommunikationskampagnen von Polizeibehörden auf Twitter. Den Anfang machte dabei die Berliner Polizei, die am ersten Juni-Wochenende 2014 über ihren Twitter-Account mit dem Hashtag „#24hPolizei" live von circa 1000 Polizeieinsätzen berichtete. Mediale Bekanntheit erlangte auch die Münchener Polizei in den vergangenen Jahren mit humorvollen Live-Berichten von Münchener Oktoberfest unter dem Hashtag „#wiesnwache". Siehe zur polizeibehördlichen Öffentlichkeitsarbeit in sozialen Netzwerken sowie den damit verbundenen rechtlichen Problemen *Ingold*, VerwArch 108 (2017), 240 ff. sowie *Mast*, RuP 2017, 216 ff.

32 *Pitschas* spricht für den Bereich der Verwaltungskommunikation vom „*Trilemma* des Verwaltungsstaates", der „zugleich den *Anschluß* an die Entwicklungen der Informationsgesellschaft herstellen muß, in diesem Wandel *spezifische Formen* der Verwaltungskommunikation auszuprägen hat, hierbei aber dem Gesetz seiner *funktionellen Bürokratisierung* unterliegt", vgl. *ders.* in: Hoffmann-Riem/Schmidt-Aßmann/Schuppert (Hrsg.), Reform des Allgemeinen Verwaltungsrechts, 269, Hervorhebungen im Original.

nen, die in Bezug auf einen rechtlichen Gesichtspunkt „gleich" sind und für die daher eine Vermutung dafür besteht, dass auch ihre rechtliche Behandlung nach gleichen Maßstäben erfolgen kann. Auf diese Weise dient bereits die Begriffslegung dazu, die rechtliche Bewertung einer unbegrenzt vielfältigen Lebensrealität mit einem begrenzten Instrumentarium von Rechtsregeln überhaupt erst zu ermöglichen.[33]

Im ersten Abschnitt der Arbeit wird daher untersucht, ob der Begriff der „staatlichen Öffentlichkeitsarbeit" einen spezifischen normativen Gehalt hat, ob er sich also als Rechtsbegriff eignet. Dazu wird der Begriff auf eine für den juristischen Gebrauch handhabbare Weise konkretisiert, und es werden Kriterien herausgearbeitet, um „Öffentlichkeitsarbeit" von anderen Handlungsformen abzugrenzen. Auf dieser Grundlage werden im zweiten Abschnitt der Arbeit die wesentlichen rechtlichen Rahmenbedingungen für diese Erscheinungsform des Staatshandelns herausgearbeitet. Anschließend wird das Phänomen der Akzeptanz auf seinen verfassungsrechtlichen Gehalt untersucht und mit den Ergebnissen der ersten beiden Abschnitte verknüpft. Auf diese Weise lässt sich im abschließenden vierten Teil die Frage beantworten, ob der Staat mit seiner Öffentlichkeitsarbeit um Akzeptanz für seine Entscheidungen werben darf.

---

33 Vgl. *Towfigh*, Der Staat 48 (2009), 72: dogmatische Begriffs- und Kategorienbildung als „Komplexitätsreduktion".

I. „Staatliche Öffentlichkeitsarbeit" als Rechtsbegriff

Als das BVerfG im Parteienfinanzierungsurteil von 1966 erstmals die „sogenannte Öffentlichkeitsarbeit von Regierung und gesetzgebenden Körperschaften"[34] aufgriff, gestand es die Schwierigkeiten offen ein, die der Untersuchungsgegenstand in begrifflicher Hinsicht bereitet. Auch in der rechtswissenschaftlichen Literatur rief das anfangs sehr unbestimmte Modewort „Öffentlichkeitsarbeit" große Skepsis hervor: Von einer „bloßen Worthülse als Folge kombinierter Meisterleistungen von appeasement, Begriffsvermanschung, Sinnentleerung, verdrängender Gedanken- und wortreicher Sprachlosigkeit"[35] war die Rede, etwas gemäßigter jedenfalls von einem „begriffliche[n] Sammelbecken", das „im Einzelfall viele Fragen offen lässt"[36].

Mit diesen Schwierigkeiten stehen die Juristen im interdisziplinären Vergleich angesichts mehr als 2000 vorliegender Definitionsvorschläge nicht allein da.[37] Dennoch ergibt sich hier eine besondere Herausforderung: Als normative Wissenschaft kann sich die Rechtswissenschaft nicht mit einer Beschreibung staatlicher Kommunikation oder deren Wirkungen begnügen. Wenn „staatliche Öffentlichkeitsarbeit" – wie selbst vom BVerfG festgestellt[38] – wegen ihrer wichtigen Funktionen im demokratischen Gemeinwesen von der Verfassung geboten sein kann, gleichzeitig aber besonderen Schranken unterliegt, so braucht man eine Begriffsdefinition, um Inhalt und Grenzen ebendieses verfassungsrechtlichen Auftrags bestimmen zu können. Erstes Anliegen muss es deshalb sein, den Untersuchungsgegenstand „Öffentlichkeitsarbeit" hinreichend präzise zu fassen.

1. Begriffsgeschichte in der Rechtswissenschaft

Dabei lohnt sich zunächst ein Blick auf die Verwendung des Begriffs in Rechtsprechung, Literatur und Normtexten. Die Rechtswissenschaft be-

34 BVerfGE 20, 56, 100.

35 *Ridder*, in: FS Stein, 63.

36 *Gramm*, Der Staat 30 (1991), 53.

37 *Tiemann*, Parlamentarische Öffentlichkeitsarbeit im vertikalen Kommunikationsprozess zwischen Parlament und Publikum, 44; *Sandhu*, Public Relations und Legitimität, 46; die Anzahl der dokumentierten Definitionen umfasst auch die für den synonym gebrauchten Begriff „Public Relations" und geht (im deutschsprachigen Raum) zurück auf *Oeckl*, Handbuch der Public Relations, 25.

38 BVerfGE 44, 125; 63, 230; BVerfG, NVwZ 2018, 485, Rn. 51.

schäftigt sich nun schon seit mehr als fünf Jahrzehnten mit der staatlichen „Öffentlichkeitsarbeit". Nach einer so langen Zeit hat sich bei den meisten Begriffen eine gesicherte Definition herausgebildet, die die rechtliche Handhabe wesentlich erleichtert. Für die staatliche „Öffentlichkeitsarbeit" gilt dies nicht. Ein kursorischer Überblick über die vorliegenden Definitionsansätze zeigt, dass von einem gesicherten Rechtsbegriff „Öffentlichkeitsarbeit" keine Rede sein kann.

a. Rechtsnormen

Eine Legaldefinition von Öffentlichkeitsarbeit gibt es bislang nicht. Dem Grundgesetz ist der Begriff völlig fremd. In neueren Gesetzen wird er zwar verwendet – etwa als Aufgabenbeschreibung für die Antidiskriminierungsstelle des Bundes (§ 27 Abs. 3 Nr. 1 AGG), die Deutsche Rentenversicherung (§ 138 Abs. 1 Satz 2 Nr. 2 SGB VI) oder das Bundesamt für Familie und zivilgesellschaftliche Aufgaben (§ 6 HilfetelefonG) sowie als Gegenstand des Steuerrechts (§ 3a Abs. 4 Satz 2 Nr. 2 UStG). Eine nähere Bestimmung des Begriffs erfolgt jedoch nicht. Lediglich in Punkt 10.13 der Haushaltstechnischen Richtlinien des Bundes sowie in § 25 der Gemeinsamen Geschäftsordnung der Bundesministerien finden sich einzelne Konkretisierungen.[39] Beide Vorschriften haben jedoch als Verwaltungsvorschriften nicht die normative Kraft eines Gesetzes.

Die Gesetzgeber des Bundes und der Länder benutzen den Begriff häufig in den Haushaltsplänen, wiederum jedoch ohne nähere Definition.[40] Die Organe der Legislative, der Judikative und vor allem der Exekutive werden somit zwar mit Mitteln für Öffentlichkeitsarbeit ausgestattet; wofür diese Mittel allerdings eingesetzt werden sollen, bleibt vage.[41] Obwohl schon dieser Umstand stark für eine gesetzliche Festlegung des Begriffs spricht und haushaltsrechtliche Streitigkeiten um öffentliche Tätigkeiten,

---

39 So wird etwa in § 25 Abs. 4 GGO festgelegt, dass „jedes Bundesministerium [...] die Bürgerinnen und Bürger sowie die Medien durch seine Presse- und Öffentlichkeitsarbeit über seine Arbeit und Ziele" zu informieren habe.

40 Beispielhaft steht dafür die Vorbemerkung zum Titel 0403 des Haushaltsplans 2012, in dem der größte „Anbieter" staatlicher Öffentlichkeitsarbeit behandelt wird, das Presse- und Informationsamt der Bundesregierung. Hier heißt es nur, dass das Amt „mit den Mitteln der Öffentlichkeitsarbeit [...] Tätigkeiten, Vorhaben und Ziele der Bundesregierung" vertreten solle.

41 Vgl. *Jensen*, Rechtsprobleme regierungsamtlicher Öffentlichkeitsarbeit im Internet-Zeitalter, 9.

die als „Öffentlichkeitsarbeit" veranschlagt werden, die Verwaltungs- und Verfassungsgerichte regelmäßig beschäftigen, gibt es auch für die Zukunft keine Anzeichen für den Erlass einer Legaldefinition. Zu vielfältig scheinen die als „Öffentlichkeitsarbeit" gehandelten öffentlichen Maßnahmen zu sein und zu verlockend ist wohl der Spielraum, der sich aus nicht vollends konkretisierten Titeln im Haushaltsplan ergibt.

b. Rechtsprechung

Mangels konkreter Bestimmungen in der Verfassung und im einfachen Recht blieb es bisher weitgehend der Rechtsprechung und der Literatur überlassen, die Grundlagen für die rechtliche Behandlung der staatlichen Öffentlichkeitsarbeit herauszuarbeiten. Den Anlass dazu gab für die Rechtsprechung oftmals das Informationsverhalten der Exekutivspitze im Vorfeld von Wahlen. Im bis heute grundlegenden Urteil vom 2. März 1977 stellte das BVerfG fest, dass „die Öffentlichkeitsarbeit der Regierung [...] dort ihre Grenze [finde], wo die Wahlwerbung beginnt".[42] Das Gericht nahm das Verhalten der Bundesregierung vor der Bundestagswahl 1976 zum Anlass, um erstmals detailliert über die verfassungsrechtliche Pflicht zur „Öffentlichkeitsarbeit" zu urteilen und deren Inhalt und Grenzen auszuloten. In den Rahmen zulässiger staatlicher Öffentlichkeitsarbeit falle demnach, „dass Regierung und gesetzgebende Körperschaften – bezogen auf ihre Organtätigkeit – der Öffentlichkeit ihre Politik, ihre Maßnahmen und Vorhaben sowie die künftig zu lösenden Fragen darlegen und erläutern".[43] Eine wirkliche Definition blieb das BVerfG zwar weiterhin schuldig.[44] In den Augen mancher hatte das Gericht aber die – ehemals noch „sogenannte" – Öffentlichkeitsarbeit zumindest inhaltlich eingegrenzt auf selbstdarstellende Publikumsinformation von Hoheitsträgern.[45]

Zahlreiche Anschlussentscheidungen bestätigten diese Hoffnung auf einen allgemein akzeptierten Begriff der Öffentlichkeitsarbeit in der

---

42 BVerfGE 44, 125, 150.

43 BVerfGE 44, 125, 147 mit Verweis auf BVerfGE 20, 56, 100.

44 Kritisiert wurde dies im abweichenden Votum des Richters *Geiger*, BVerfGE 44, 125, 167 f.; vgl. auch *Schürmann*, NVwZ 1992, 853: Das BVerfG habe es bis dato „gemieden wie der Teufel das Weihwasser", einen Rechtsbegriff „Öffentlichkeitsarbeit" zu schaffen.

45 Vgl. z.B. *Zuck*, ZRP 1977, 146; *Gröschner*, DVBl 1990, 620: „allgemein akzeptierte[r] Kern".

Rechtswissenschaft.[46] Als das BVerwG jedoch 1989 im Jugendsektenurteil[47] erstmals ausführte, dass die Befugnis der Bundesregierung zur Öffentlichkeitsarbeit auch das Recht zu öffentlichen Warnungen einschließen solle, war die Verwunderung in der Rechtswissenschaft groß.[48] Hoheitliche Warnungen und Empfehlungen werden als Instrumente zur Steuerung des Verhaltens der Adressaten eingesetzt und gehen somit weit über bloße Selbstdarstellung staatlicher Stellen hinaus.

Spätestens seit den Entscheidungen des BVerfG vom 26. Juni 2002[49] ist jedoch gewiss, dass die höchstrichterliche Rechtsprechung den Begriff nicht näher einschränkt, sondern damit nahezu alle amtlichen Verlautbarungen zur „Teilhabe an der öffentlichen Kommunikation"[50] bezeichnet. Nach Ansicht des Gerichts sei Öffentlichkeitsarbeit zwar „herkömmlich insbesondere auf die Darstellung von Vorhaben und Maßnahmen" bezogen gewesen. „Informationshandeln unter heutigen Bedingungen" gehe aber über solche Öffentlichkeitsarbeit weit hinaus und erfordere vielfach „die Verbreitung von Informationen [...], welche die Bürger zur eigenverantwortlichen Mitwirkung an der Problembewältigung befähigen".[51] Aus diesem Grund sollen auch hoheitliche Warnungen und Empfehlungen zur staatlichen Öffentlichkeitsarbeit gehören bzw. von deren verfassungsrechtlicher Legitimation gedeckt sein.[52] Abgesehen von den großen grundrechtsdogmatischen Problemen, die mit dieser gewandelten Rechtsprechung einhergingen, sorgte auch der „bis zur Unkenntlichkeit verzerrte Begriff der *Öffentlichkeitsarbeit*",[53] den BVerfG und BVerwG zugrunde legten, für Kritik aus der Wissenschaft.

---

46 Aus der zustimmenden Anschlussjudikatur beispielhaft VerfGH Saarbrücken, NJW 1980, 2181; StGH Bremen, NVwZ 1985, 649; VerfGH Münster, NVwZ 1986, 463.

47 BVerwGE 82, 76.

48 Vgl. *Gröschner*, DVBl 1990, 628; *Meyn*, JuS 1990, 633; *Wahl/Masing*, JZ 1990, 554; *Discher*, JuS 1993, 468 f.

49 BVerfGE 105, 252 – „Glykol"; 105, 279 – „Osho".

50 BVerfGE 105, 252, 268 f.; 105, 279, 301 f.; ähnlich bereits BVerwGE 82, 76, 80 f.; BVerwG, NJW 1991, 2770 ff.; BVerwGE 87, 37.

51 BVerfGE 105, 252, 269; 105, 279, 302.

52 BVerfGE 105, 252, 271; 105, 279, 306 f.; BVerfG, NVwZ 2018, 485, Rn. 51.

53 *Schoch*, NVwZ 2011, 194, Hervorhebung im Original.

c. Literatur

Allerdings zeigt sich auch in der rechtswissenschaftlichen Literatur kein einheitliches Bild.[54] In den frühen Arbeiten zum Thema wird der Begriff entweder sehr allgemein definiert[55] oder als feststehend vorausgesetzt.[56] Welche Arten staatlicher Publikationen konkret zur „staatlichen Öffentlichkeitsarbeit" gehören sollen, wird – entsprechend den Zwecken der jeweiligen Arbeit – unterschiedlich gehandhabt. Teilweise soll dem Begriff in Abgrenzung zur Pressearbeit lediglich die unmittelbare Informationstätigkeit staatlicher Organe gegenüber der Bevölkerung unterfallen.[57] Andere Autoren stellen die Pressearbeit als klassische Ausprägung der Öffentlichkeitsarbeit gerade in den Mittelpunkt der Arbeit.[58]

Der Großteil der Darstellungen zum Thema beschränkte sich bislang auf den Bereich der regierungsamtlichen Öffentlichkeitsarbeit. Die Literatur hielt sich insofern eng an die höchstrichterlichen Gerichtsentscheidungen zu staatlicher Öffentlichkeitsarbeit, die fast durchgehend Veröffentlichungen von Regierungsvertretern zum Thema hatten. Der oben dargestellte Wandel der Rechtsprechung spaltet auch die rechtswissenschaftliche Literatur. Ein Teil der Autoren beschränkt die Kategorie Öffentlichkeitsarbeit auf Information zu Zwecken der Darstellung staatlicher Aktivitäten. Davon zu unterscheiden seien verbraucherbezogene Warnungen und Empfehlungen, die selbst staatliche Aktivität sind und nicht lediglich darstellend wirken sollen.[59] Demgegenüber fasst die Gegenmeinung alles unter dem Begriff zusammen, „was der Staat zum Zwecke der Information, Werbung, Aufklärung und Warnung an die Öffentlichkeit adressiert".[60]

„Öffentlichkeitsarbeit" wird von vielen dieser Autoren nicht normativ im Sinne einer formalen juristischen Kategorie verstanden. Es handle sich

54 Einen Überblick über die bis 1991 zugrunde gelegten Begriffe bietet *Schürmann*, Öffentlichkeitsarbeit der Bundesregierung, 53 ff.

55 So z.B. *Leisner* in seiner 1966 erschienenen Pionierarbeit „Öffentlichkeitsarbeit der Regierung im Rechtsstaat", 31: „Arbeit nach außen", 32: „Information gegenüber den Nachrichtenträgern und der Allgemeinheit".

56 *Stern*, Das Staatsrecht der Bundesrepublik Deutschland, Bd. 1, 310 f.

57 So z.B. *Sänger*, Funktion amtlicher Pressestellen in der demokratischen Staatsordnung, 132 f.; *Mandelartz*, DÖV 2009, 513.

58 Vgl. *Leisner*, Öffentlichkeitsarbeit der Regierung im Rechtsstaat.

59 *Heintzen*, VerwArch 81 (1990), 551; *Gröschner*, DVBl 1990, 620, der diese Aktivitäten unter dem Begriff „Öffentlichkeitsaufklärung" zusammenfasst.

60 *Schürmann*, Öffentlichkeitsarbeit der Bundesregierung, 74; *ders.*, NVwZ 1992, 853; ähnlich *Schwarzer*, Staatliche Öffentlichkeitsarbeit, 25 sowie *Engel*, HStR IV, § 80 Rn. 3.

eher um einen deskriptiv-phänomenologischen Oberbegriff für die Vielzahl unterschiedlicher Erscheinungen der Informationstätigkeit von Amtsträgern gegenüber der Bevölkerung.[61] Diese Maßnahmen seien zu vielfältig, als dass sie sich sinnvoll zusammenfassen und mit einheitlichen Maßstäben beurteilen ließen.[62] Die rechtliche Beurteilung solle deshalb eher anhand der Wirkungen als anhand ihrer begrifflichen Einordnung erfolgen.[63]

d. Zwischenergebnis: Kein gesicherter Rechtsbegriff

Schon ein grober Überblick über den Stand von Gesetzgebung, Rechtsprechung und Literatur zeigt, dass es derzeit keinen gesicherten Rechtsbegriff der staatlichen Öffentlichkeitsarbeit gibt.[64] Umstritten ist zum einen, ob der Begriff überhaupt einen spezifischen rechtlichen Gehalt hat. Während auf der einen Seite auf den Inhalt der Veröffentlichungen abgestellt wird und die staatliche Selbstdarstellung als Abgrenzungskriterium herangezogen wird, sieht die Gegenansicht „Öffentlichkeitsarbeit" lediglich als empirischen Überbegriff für öffentlichkeitswirksame Staatskommunikation. Statt des Inhalts sind nach letzterer Ansicht also eher die verwandten Kommunikationsmittel entscheidend.[65] Zum anderen ist umstritten, welche Maßnahmen konkret unter den Begriff zu fassen sind, insbesondere ob auch hoheitliche Warnungen und Empfehlungen oder die amtliche Pressearbeit zur staatlichen Öffentlichkeitsarbeit gerechnet werden können. Un-

61 Vgl. *Jensen*, Rechtsprobleme regierungsamtlicher Öffentlichkeitsarbeit im Internet-Zeitalter, 13; *Schürmann*, Öffentlichkeitsarbeit der Bundesregierung, 61.

62 In diese Richtung deutet auch die Argumentation des BVerfG, wenn es in BVerfGE 105, 305 feststellt, dass „Gegenstand und Modalitäten staatlichen Informationshandelns […] so vielgestaltig [sind], dass sie […] allenfalls in allgemein gehaltenen Formeln und Generalklauseln gefasst werden könnten.".

63 Vgl. etwa *Engel*, HStR IV, § 80, Rn. 3.

64 Vgl. schon die Untersuchungen von *Schürmann*, Öffentlichkeitsarbeit der Bundesregierung, 73 f. und *Schwarzer*, Staatliche Öffentlichkeitsarbeit, 13; aus jüngerer Zeit BVerwGE 127, 1, 14; *Jensen*, Rechtsprobleme regierungsamtlicher Öffentlichkeitsarbeit im Internet-Zeitalter, 8 f.; *Mandelartz*, DÖV 2009, 510; a.A. ohne nähere Begründung *Fuchs*, VBlBW 2015, 402.

65 Für dieses Verständnis kann man § 25 Abs. 1 GGO sowie Titel 0403 des Haushaltsplanes geltend machen, nach denen das Presse- und Informationsamt der Bundesregierung die Bürger „mit den Mitteln der Öffentlichkeitsarbeit" informieren solle.

ter diesen Umständen fällt die juristische Erfassung staatlichen Informationshandelns selbstverständlich schwer.

2. Entwicklung eines Rechtsbegriffs staatlicher Öffentlichkeitsarbeit

Mit Hilfe der bereits vorliegenden Ansätze wird deshalb im Folgenden ein Rechtsbegriff „Öffentlichkeitsarbeit" herausgearbeitet. Ein solcher Begriff muss einerseits normativ gleichartige staatliche Aktivitäten zusammenfassen und andererseits die Abgrenzung zum übrigen Staatshandeln gewährleisten können. Erst dann wird es möglich sein, Aussagen über Funktionen und rechtliche Rahmenbedingungen dieser Form des Staatshandelns zu treffen.

a. Ausgangspunkt: Informales Staatshandeln

Auf der Suche nach einem Ausgangspunkt für eine geeignete Begriffsdefinition helfen gängige Ansätze aus den Kommunikations- und Wirtschaftswissenschaften zunächst nur wenig weiter, nach denen Öffentlichkeitsarbeit als Oberbegriff die Kommunikation einer Institution mit ihrer Außenwelt umfasst[66]. Fast alle Bereiche staatlichen Handelns münden in eine Form von Kommunikation mit dem Bürger. Ein Verwaltungsakt wird gem. § 43 Abs. 1 Satz 1 VwVfG „bekannt gegeben", ein Gerichtsurteil gem. §§ 311 Abs. 2 Satz 1 ZPO, 268 Abs. 2 Satz 1 StPO, 116 Abs. 1 Satz 1 VwGO „verkündet". Schließlich stellt das Recht selbst größtenteils eine Form von Kommunikation dar.[67]

Äußerungen staatlicher Funktionsträger, die in Ausübung eines öffentlichen Amtes getätigt werden und nicht im Zusammenhang mit privatrechtlich zu erfüllenden Aufgaben stehen, unterfallen dem öffentlichen Recht.[68] Um das Handeln des Staates in diesem Bereich zu strukturieren und dogmatisch erfassen zu können, bietet sich ein Rückgriff auf die Lehre

66 Vgl. z.B. *Grunig/Hunt*, Managing Public Relations, 6: „management of communication between an organization and its publics".

67 *Schoch*, HStR III, § 37 Rn. 26; *Müller-Neuhof*, Verfassung als Nachricht, 19 ff.; *ders.*, in: Boehme-Neßler (Hrsg.), Die Öffentlichkeit als Richter?, 140 f; *Kloepfer*, Staatliche Informationen als Lenkungsmittel, 35; *Struck*, Rechtstheorie 32 (2001), 375.

68 Vgl. *Ehlers/Schneider* in: Schoch/Schneider/Bier (Hrsg.), VwGO, § 40, Rn. 433 f.; *Schmidt*, Verhaltenslenkende Informationsmaßnahmen der Bundesregierung, 9 f.; *Lübbe-Wolff*, NJW 1989, 2706.

von den Handlungsformen des Staates an.[69] Auf diese Weise lässt sich die Ausübung von Hoheitsgewalt kategorisieren. Die Zuordnung staatlichen Handelns zu einer Handlungsform gibt Aufschluss über die anwendbaren Rechtsregeln und erfüllt somit eine rationalisierende und disziplinierende Funktion.[70]

Staatliche Öffentlichkeitsarbeit unterfällt nur leider keiner der „klassischen" Handlungsformen wie Gesetz oder Verwaltungsakt, und sie wird sowohl seitens der Exekutive wie auch der Legislative oder der Judikative praktiziert. Charakteristisch für Öffentlichkeitsarbeit ist, dass es an einer unmittelbaren rechtlichen Wirkung bzw. einem Befehl fehlt, der mit staatlichen Zwangsmitteln durchsetzbar wäre.[71] Wenn die Bundeskanzlerin eine Pressekonferenz abhält oder in ihrem wöchentlichen Internet-Podcast über aktuelle politische Vorhaben berichtet, mag dies beim interessierten Publikum tatsächliche Wirkungen hervorrufen – eine Änderung der Rechtslage wird jedenfalls regelmäßig weder bewirkt noch bezweckt. Es handelt sich um einen Bereich des Staatshandelns, in dem die Organisations- und Verfahrensmodalitäten nicht rechtlich formalisiert sind. Die rechtliche Erfassung dieses „informalen Staatshandelns"[72] wird dadurch erschwert, dass gerade detaillierte Vorgaben – etwa bezüglich Verfahren, Kompetenz und Form – fehlen, auf die man im Bereich formalisierter Staatstätigkeit zurückgreifen kann. Informale Staatsakte bewegen sich zwar somit zum großen Teil im gesetzesfreien Raum, nicht aber im rechtsfreien Raum: Die durch Art. 1 Abs. 3 GG sowie Art. 20 Abs. 3 GG gewährleistete Bindung aller Staatsgewalten an Recht und Gesetz steht nicht zur Disposition, unabhängig davon, welcher Handlungsmittel sich der Staat bedient.[73]

---

69 Diese Lehre geht zurück auf *Otto Mayer*; vgl. *ders.*, Deutsches Verwaltungsrecht, Bd. 1, 13: „rechtliche Ordnung der Verhältnisse zwischen dem verwaltenden Staate und den ihm dabei begegnenden Untertanen".

70 Vgl. *Hoffmann-Riem*, GVerwR II, § 33 Rn. 1, 3; *Brohm*, VVDStRL 30 (1972), 248; *Ossenbühl*, JuS 1979, 681 f.; *Lehr*, Staatliche Lenkung durch Handlungsformen, 20 ff.; *Lüdemann*, Edukatorisches Staatshandeln, 86.

71 Im Verwaltungsrecht werden solche Tätigkeiten der neueren Kategorie des „schlichten Verwaltungshandelns" zugeordnet, vgl. *Schulte*, Schlichtes Verwaltungshandeln, 29.

72 Zu Begriff und Einzelheiten des informalen Staatshandelns vgl. *Schoch*, HStR III, § 37 Rn. 22 ff.; *Schulze-Fielitz*, Der informale Verfassungsstaat, 12; *Schmidt*, Verhaltenslenkende Maßnahmen der Bundesregierung, 13 ff.; kritisch *Gröschner*, Das Überwachungsrechtsverhältnis, 278, sowie *Porsch*, Warnungen und kritische Äußerungen als Mittel gemeindlicher Öffentlichkeitsarbeit, 52.

73 Vgl. *Schoch*, HStR III, § 37 Rn. 115; *Schmidt-Aßmann*, Das allgemeine Verwaltungsrecht als Ordnungsidee, 348 f.

Die informale Hoheitstätigkeit muss deshalb genau wie im Bereich des formalisierten Staatshandelns den für sie bestehenden rechtlichen Anforderungen entsprechen.[74] Die Bestimmung eben dieser rechtlichen Anforderungen fällt nur im Bereich des informalen Staatshandelns etwas schwerer – nicht zuletzt aufgrund der Tatsache, dass dieser Bereich der Staatstätigkeit mangels detaillierter gesetzlicher Vorgaben und angesichts weiter Betätigungsformen unüberschaubar vielfältig sein kann.

Schon deshalb kommt man um weitere Differenzierungen nicht umhin. Zunächst kann man im weiten Feld des rechtlich unverbindlichen informalen Staatshandelns zwischen den Bereichen Information und Interaktion unterscheiden.[75] Ersterer umfasst die (einseitige) staatliche Informationstätigkeit, in letzteren fallen informale Absprachen und Verhandlungen. Staatliche Öffentlichkeitsarbeit fällt in den Bereich der staatlichen Informationstätigkeit. Innerhalb der großen Vielfalt des öffentlichen Informationsangebots kann man an dieser Stelle bereits einige begriffliche Abgrenzungen treffen, wenn man die Beteiligten des mit „staatlicher Öffentlichkeitsarbeit“ beschriebenen Kommunikationsvorgangs genauer betrachtet und anhand dieser strukturiert.

b. Kommunikator: „Staat“

Beachtung verdient dabei zunächst das Adjektiv: „Staatliche“ Öffentlichkeitsarbeit kann sich nur auf Informationen beziehen, die auf eine als Absender erkennbare staatliche Stelle zurückzuführen sind.[76] Bei der Frage, welche Stellen zu diesem Kreis gehören, kann man sich an der Auslegung des Begriffs der „staatlichen Gewalt“ in Art. 1 Abs. 1 Satz 2 GG orientieren. „Staatlich“ sind in diesem Sinne alle Träger mittelbarer oder unmittelbarer Staatsgewalt von Bund und Ländern, gleich ob Legislative, Judikative oder

---

74 So die ganz herrschende Meinung in der Literatur, vgl. nur *Maurer/Waldhoff*, Allgemeines Verwaltungsrecht, § 15 Rn. 5; entsprechend auch die Feststellung *Brohms*, dass „die Normativität des Rechts nicht der Faktizität der Entwicklung weichen“ dürfe, siehe VVDStRL 30 (1972), 251. Für Verwirrung und Kritik sorgte deshalb die Rechtsprechung von BVerwG und BVerfG zu hoheitlichen Warnungen und Empfehlungen, in der diese Form der hoheitlichen Informationstätigkeit von elementaren verfassungsrechtlichen Bindungen freigestellt wurde. Vgl. zur Kritik *Schoch*, HStR III, § 37 Rn. 111 ff. m.w.N., insb. Rn. 113: „rechtsdogmatische und rechtsstaatliche Ratlosigkeit“.

75 Vgl. *Schoch*, HStR III, § 37 Rn. 27; *Lüdemann*, Edukatorisches Staatshandeln, 87.

76 Vgl. *Gramm*, Der Staat 30 (1991), 53.

Exekutive. Bezeichnet werden somit alle öffentlich-rechtlichen Kompetenzträger, die durch die Rechtsordnung zu Regelungen und Maßnahmen ermächtigt sind.[77] Hieraus ergibt sich das Charakteristikum der Ausübung staatlicher Gewalt: Sie erfolgt aufgrund von rechtlich verliehenen Kompetenzen und nicht auf der Grundlage von Freiheitsrechten, wie es bei Aktivitäten aus der gesellschaftlichen Sphäre der Fall ist.

aa. Private und hoheitliche Äußerungen

Nicht zur staatlichen Öffentlichkeitsarbeit gehören daher *private* Äußerungen von Amtsträgern. Außerhalb ihrer amtlichen Funktion können sich auch Beamte und andere staatliche Funktionsträger grundsätzlich auf die Meinungsfreiheit nach Art. 5 Abs. 1 Satz 1 GG berufen.[78] Ein öffentliches Amt darf keine unzumutbare Einschränkung des Rechts bedeuten, sich als Bürger des Rechts der freien Meinungsäußerung zu bedienen.[79] Den Kandidaten für eine Kommunalwahl kann beispielsweise nicht das Recht entzogen werden, sich im Vorfeld der Wahl auf privaten Veranstaltungen für bestimmte Inhalte stark zu machen oder schlichte Sympathiewerbung zu betreiben. Dies muss auch dann gelten, wenn sie bereits ein öffentliches Amt in der Kommune bekleiden.[80] Sobald eine Äußerung aber nicht mehr als Privatperson, sondern in der Rolle als Amtsträger getroffen wird, stellt sich die Angelegenheit anders dar: Hier richtet sich die Zulässigkeit nicht nach den Grundrechten, sondern nach öffentlichem Recht.[81] Anstatt der Vermutung der freien Rede im öffentlichen Meinungskampf gelten hier andere Gesetzmäßigkeiten wie etwa die staatliche Kompetenzordnung sowie das Neutralitätsgebot.[82]

Bei Veröffentlichungen von Gerichten, Parlamenten und Behörden stellt sich die Frage nach der Abgrenzung von privaten und hoheitlichen Äuße-

---

77 *Starck* in: v. Mangoldt/Klein/ders., Kommentar zum Grundgesetz, Bd. 1, Art. 1, Rn. 37; *Schwarzer*, Staatliche Öffentlichkeitsarbeit, 5.

78 *Porsch*, Warnungen und kritische Äußerungen als Mittel gemeindlicher Öffentlichkeitsarbeit, 41; *Oebbecke*, NVwZ 2007, 31.

79 BVerwGE 24, 315, 319; 104, 323, 326.

80 Vgl. *Schenke/Ruthig*, in: Kopp/Schenke, VwGO, § 40 Rn. 28a.

81 *Porsch*, Warnungen und kritische Äußerungen als Mittel gemeindlicher Öffentlichkeitsarbeit, 41.

82 BVerfGE 19, 206, 216; 44, 125, 141 f., 149 f.; BVerwG, NVwZ 2018, 433, Rn. 28; *Pitschas*, in: Hoffmann-Riem/Schmidt-Aßmann/Schuppert (Hrsg.), Reform des Allgemeinen Verwaltungsrechts, 305.

rungen nicht. Als Teil der organisierten Staatsgewalt können sie sich – von einigen Ausnahmen für öffentlich-rechtliche Stellen abgesehen, die dem spezifischen Anwendungsbereicht eines Grundrechts zuzuordnen sind – nicht auf private Meinungsfreiheit berufen. Sie sind insofern nicht grundrechtsfähig.[83] Wendet sich hingegen ein einzelner Amtsträger an die Öffentlichkeit, muss man zunächst bestimmen, ob die Äußerung seiner amtlichen Tätigkeit zugerechnet werden kann, oder ob er sie als Privatperson trifft.[84] Für diese Unterscheidung haben Rechtsprechung und Literatur eine Reihe von Kriterien herausgearbeitet. Im Zentrum steht dabei die Frage, ob eine konkrete Äußerung hoheitliche Autorität in Anspruch nimmt.[85] In diesem Fall nimmt der Amtsträger nicht nur als Staatsbürger unter vielen am öffentlichen Diskurs teil, sondern macht von seiner amtlichen Stellung Gebrauch.

Der Anschein hoheitlicher Autorität kann sich zunächst aus dem Inhalt einer Publikation ergeben. Wendet sich der sich Äußernde ausdrücklich in seiner offiziellen Funktion an die Öffentlichkeit, beispielsweise in einem „Rundbrief des Bürgermeisters", ist dies stets ein Indiz für den amtlichen Charakter. Zwar solle die bloße Verwendung der Amtsbezeichnung allein noch nicht ausreichen,[86] ebenso wenig die Weitergabe dienstlich erlangten

83 Vgl. BVerfGE 21, 362, 369 f.; 70, 1, 15 f.; *Porsch*, Warnungen und kritische Äußerungen als Mittel gemeindlicher Öffentlichkeitsarbeit, 41. Dies liefe der Funktion der Grundrechte zuwider, den Bürger vor staatlichem Zugriff zu schützen. Würde man Trägern hoheitlicher Gewalt neben gesetzlich festgelegten Kompetenzen auch Grundrechte zugestehen, wären sie Grundrechtsberechtigte und -verpflichtete zugleich („Konfusionsargument"). Ausnahmen sind in Fällen anerkannt, in denen eine staatliche Einrichtung Grundrechte in einem besonderen Bereich wahrnimmt, in dem sie unabhängig von der organisierten Staatlichkeit agiert. Dies ist insbesondere bei Universitäten im Hinblick auf Art. 5 Abs. 3 Satz 1 Alt. 2 GG sowie bei öffentlich-rechtlichen Rundfunkanstalten im Hinblick auf Art. 5 Abs. 1 Satz 2 Alt. 2 GG der Fall. Siehe zu diesen sowie weiteren Ausnahmen *Epping*, Grundrechte, Rn. 162.

84 Besonders schwer fällt diese Unterscheidung regelmäßig im Bereich der Kommunalpolitik, so ausdrücklich auch VG Frankfurt, NVwZ 1997, 1241. Wegen des engen Wirkungskreises und des hohen Bekanntheitsgrades von Lokalpolitikern lässt sich die Rolle des Amtsträgers hier nur sehr schwer von der Rolle des „politisch engagierten Bürgers" trennen.

85 Vgl. BVerfGE 138, 102, 118 f.; VGH Kassel, Beschl. v. 11.07.2017, Az. 8 B 1144/17, Rn. 30 (juris); *Heintzen*, VerwArch 81 (1990), 547; Gusy, NVwZ 2015, 702 f.; *Ferreau*, NVwZ 2017, 1260; siehe auch die ausführliche Erörterung der einzelnen Kriterien in VG Trier, Urteil v. 20.01.2015 – Az. 1 K 1591/14.TR, Rn. 124 ff. (juris); VerfGH Koblenz, NVwZ-RR 2014, 665, 667 f. sowie VG Köln, Beschl. v. 30.03.2017, Az. 4 L 750/17, Rn. 46 ff. (juris).

86 VGH Kassel, NVwZ 2006, 611.

Wissens.[87] Insofern sich aus dem Inhalt der Äußerung aber daneben noch ein Bezug zur amtlichen Tätigkeit ergibt, ist im Zweifel von einer hoheitlichen Äußerung auszugehen. Dies ist etwa der Fall, wenn die dienstliche Tätigkeit des Amtsträgers im Mittelpunkt der Äußerung steht.[88]

Der amtliche Charakter kann sich außerdem aus der Form und der Verbreitungsweise ergeben. Wird die Information auf eine Art und Weise veröffentlicht, die nur der öffentlichen Hand zur Verfügung steht, ist die Äußerung stets als amtlich zu bewerten. Dazu zählen etwa die Publikation im Mitteilungsblatt einer Gemeinde[89] oder auf einer offiziellen amtlichen Internetseite,[90] die Verwendung dienstlicher Adressregister für Briefkampagnen[91] oder das Versenden von Rundschreiben mit einem amtlichen Briefkopf.[92] Eine rein private Äußerung ist auch dann ausgeschlossen, wenn deren Erstellung und Verbreitung ausschließlich mit öffentlichen Geld- und Sachmitteln erfolgt.[93] Das heißt allerdings nicht, dass im Gegenzug alle privat finanzierten Publikationen als nichtamtlich zu werten wären: Insofern ein Amtsträger in inhaltlicher Hinsicht amtliche Autorität in Anspruch nimmt, können auch privat finanzierte Publikationen als hoheitliche Äußerungen gelten.[94]

bb. Veröffentlichungen von politischen Parteien

Aus dem gleichen Grund wie private Äußerungen von Amtsträgern stellen auch die Veröffentlichungen von politischen Parteien wie z. B. Wahlwerbung kein Produkt „staatlicher“ Öffentlichkeitsarbeit dar. Die Parteien sind zwar wegen ihrer wichtigen Funktion im demokratischen Gemeinwesen mit einer Reihe von Rechten ausgestattet, jedoch sind sie organisatorisch und funktionell vom Staatswesen getrennt. So hat auch das BVerfG

---

87 VGH Kassel, NVwZ-RR 2004, 59.

88 Vgl. *Oebbecke*, NVwZ 2007, 31.

89 VGH München, NVwZ 1992, 288; VGH Mannheim, VBlBW 1992, 423; VG Freiburg (Breisgau), Urteil v. 10.11.2015, Az. 5 K 1472/15, Rn. 28 (juris).

90 Vgl. BVerfG, NVwZ 2018, 485, Rn. 68.

91 Vgl. VG Frankfurt, NVwZ 1997, 1240 ff.

92 Vgl. VGH Kassel, NVwZ 1992, 284. Nicht ausreichend soll allerdings die Verwendung eines Gemeindewappens auf einer ansonsten erkennbar privaten Homepage sein, vgl. VG Wiesbaden, HSGZ 2005, 173, 178.

93 Vgl. BVerfGE 44, 125, 154; VGH München, NVwZ 1992, 405, 407 f.

94 Etwa bei einer privat finanzierten Anzeige eines Stadtdirektors im Wahlkampf um den Bürgermeisterposten, vgl. VG Osnabrück, NdsVBl 1999, 270.

wiederholt betont, dass es sich bei den Parteien um „frei gebildete, im gesellschaftlich-politischen Raum wurzelnde Gruppen“ handelt,[95] die keine öffentliche Gewalt ausüben können.[96] Sie verfügen über keine externen Regelungsbefugnisse, unterliegen andererseits auch nicht den besonderen Restriktionen, die im staatlichen Bereich gelten.

Gemäß Art. 21 Abs. 1 Satz 1 GG sollen die Parteien an der politischen Willensbildung des Volkes mitwirken. Es gehört also zu ihrer verfassungsrechtlich anerkannten Aufgabe, ihre Ideen in den gesellschaftlichen Willensbildungsprozess einzubringen und eine möglichst große Anzahl von Bürgern dafür zu gewinnen.[97] Für staatliche Funktionsträger herrscht hier ein anderes Regime: Sie haben sich im Rahmen ihrer amtlichen Tätigkeit gegenüber gesellschaftlichen Anschauungen möglichst neutral zu halten.[98] Es ist ihnen untersagt, unter Ausnutzung ihrer amtlichen Autorität in den freien Parteienwettbewerb einzugreifen und auf Wähler Einfluss zu nehmen.[99] Um das System der Volkssouveränität nicht in ihr Gegenteil zu verkehren, solle die Willensbildung im Staate grundsätzlich „von unten nach oben“ verlaufen, die politische Willensbildung der Bürger solle daher grundsätzlich „staatsfrei“ erfolgen.[100] Deshalb stellte das BVerfG im Grundsatzurteil vom 2. März 1977 fest, dass staatliche Öffentlichkeitsarbeit im Gegensatz zur Publikationstätigkeit der politischen Parteien dort ihre Grenze finde, wo Wahlwerbung beginnt.[101]

Nach der abweichenden Meinung der Richter *Geiger* und *Hirsch* sollen staatliche Publikationen, die die Grenze zur Wahlwerbung überschreiten, nicht einmal mehr unter den Begriff der staatlichen Öffentlichkeitsarbeit fallen.[102] Welche Grenzen Amtsträger bei der inhaltlichen Ausgestaltung von Publikationen konkret zu beachten haben, um nicht in den freien Wettbewerb der Parteien einzugreifen, ist jedoch eine Frage der Zulässigkeit bzw. Rechtmäßigkeit staatlicher Öffentlichkeitsarbeit und nicht eine

---

95 BVerfGE 20, 56, 101; 85, 264, 287; 91, 276, 285 f.; 107; 339; 363; 121, 30, 53 f.; 138, 102, 110; BVerfG, NVwZ 2018, 485, Rn. 41; vgl. auch *Isensee*, Grundrechte und Demokratie, 16, wonach Parteien aufgrund ihrer primären Verortung im gesellschaftlichen Bereich über ein „grundrechtliches Fundament“ verfügen.

96 *Fuchs*, VBlBW 2015, 403.

97 *Klein*, in: Maunz/Dürig, GG, Art. 21 Rn. 163.

98 *Oebbecke*, NVwZ 2007, 30 f.

99 BVerfGE 44, 125; 63, 230; BVerfG, NVwZ 2018, 485, Rn. 45 ff.

100 BVerfGE 20, 56, 99; siehe dazu näher unten B.II.1.b.bb.

101 BVerfGE 44, 125, 150.

102 Vgl. BVerfGE 44, 125, 167.

Frage des Begriffs.[103] Verdeckte Wahlwerbung ist ein klassischer Fall von unzulässiger staatlicher Öffentlichkeitsarbeit. Die Kategorisierung in staatliche Handlungsformen soll gerade dazu dienen, die anwendbaren Rechtsregeln und Grundsätze herauszuarbeiten, anhand derer zwischen rechtmäßiger und rechtswidriger Staatstätigkeit zu unterscheiden ist. Würde man nun rechtswidriges Staatshandeln – in diesem Fall Öffentlichkeitsarbeit, die unzulässig in den Parteienwettbewerb eingreift – bereits von vornherein aus dem Rechtsbegriff herausnehmen, hätte man sich selbst des Erkenntnisgewinns beraubt.

Für die Qualifikation von veröffentlichten Informationen als „staatlich" ist lediglich entscheidend, ob die staatlichen Funktionsträger im Rahmen ihrer amtlichen Funktion gehandelt haben. Da Amtsträger in entscheidenden Positionen in der Regel auch parteipolitisch aktiv sind, ist es nicht immer einfach zu unterscheiden, ob eine Äußerung in amtlicher Funktion oder in der Rolle als Parteifunktionär abgegeben wird. Hier muss man auf die oben herausgearbeiteten Kriterien zurückgreifen. Bei der Abgrenzung von staatlichen Veröffentlichungen und parteieigenen Veröffentlichungen ist in der Regel der Einsatz von öffentlichen Mitteln für Öffentlichkeitsarbeitsprodukte entscheidend.[104] Parteien finanzieren ihre Publikationen mit den Mitteln, die ihnen nach dem vierten Abschnitt des Parteiengesetzes zur Verfügung gestellt werden, nicht jedoch aus dem öffentlichen Haushalt.

c. Adressat: „Öffentlichkeit"

Dem Begriff „Öffentlichkeitsarbeit" kann man eine weitere Einschränkung entnehmen: Es können nur solche Kommunikationsakte erfasst werden, die sich an die „Öffentlichkeit" richten.[105] Der Adressatenkreis muss grundsätzlich offen und damit durch kein anderes Kriterium als das per-

---

103 So auch *Häberle*, JZ 1977, 367; *Jensen*, Rechtsprobleme regierungsamtlicher Öffentlichkeitsarbeit im Internet-Zeitalter, 11.

104 BVerfGE 138, 102, 117 f.; kritisch zur Unterscheidung zwischen den Rollen als Amtsträger und Parteimitglied bei Regierungsmitgliedern *Krüper*, JZ 2015, 414 ff.; vgl. zu den Besonderheiten bei Veröffentlichungen von Parlamentsfraktionen *Lenski*, DÖV 2014, 585 ff.

105 Der Begriff „Öffentlichkeit" erfasst sowohl ein kommunikatives Phänomen – das Gegenteil des Vertraulichen, Geheimen oder Verborgenen – als auch die Adressaten dieses Vorgangs. Siehe zu Bedeutung und Entwicklung des Begriffs „Öffentlichkeit" *Holznagel*, VVDStRL 68 (2009), 383 ff.

sönliche Interesse des Adressaten beschränkt sein.[106] In Abgrenzung zu vertraulicher oder geheimer Kommunikation spricht die Kommunikationswissenschaft in diesen Fällen von „öffentlicher Kommunikation".[107]

Obwohl die Offenheit des Publikums als eines der Definitionsmerkmale von Massenkommunikation gilt,[108] ist die tatsächliche Anzahl der Adressaten für dieses Kriterium nicht entscheidend. Für die Qualifikation von Kommunikation als „öffentlich" geht es einzig darum, dass die Entgegennahme der Information im freien Ermessen jedes Einzelnen liegt. Diese Facette von Öffentlichkeit ist aus dem Strafprozess bekannt: So ist dem in § 169 Abs. 1 Satz 1 GVG statuierten und nach § 338 Nr. 6 StPO absolut revisiblen Öffentlichkeitsgrundsatz bereits dann Genüge getan, wenn jedermann die abstrakte Möglichkeit hat, ungehindert als Zuhörer an der Verhandlung teilzunehmen.[109] Ob zu einer konkreten Verhandlung auch tatsächlich interessierte Bürger oder Journalisten erscheinen, ist für den Charakter des Prozesses als „öffentlich" unbedeutend. Ebenso verhält es sich mit der informalen Staatskommunikation. Sie richtet sich dann an die Öffentlichkeit, wenn der Empfang der angebotenen Information grundsätzlich jedermann möglich ist.[110] Die tatsächliche Annahme dieser Angebote mag ein Hinweis auf die Qualität der staatlichen Öffentlichkeitsarbeit sein, an deren Klassifikation ändert sie nichts.

Nicht zur Kategorie der Öffentlichkeitsarbeit gehört die staatsinterne Kommunikation ohne intendierte Außenwirkung wie etwa das innerstaatliche Berichtswesen, die parlamentarischen Interpellationsrechte sowie die Beantwortung von internen Anfragen. Der Adressatenkreis ist hier auf den innerstaatlichen Bereich beschränkt, die Kommunikation ist somit grundsätzlich nichtöffentlich. Zwar gelangen die hier behandelten Informationen regelmäßig an die Öffentlichkeit, dies geschieht jedoch entweder durch eigene Recherchen der grundsätzlich staatsfernen Medien oder aber

---

106 Vgl. *Gramm*, Der Staat 30 (1991), 53 f.; *Kloepfer*, Staatliche Informationen als Lenkungsmittel, 11 f.; *v. Coelln*, Zur Medienöffentlichkeit der Dritten Gewalt, 14; *Müller-Neuhof*, Verfassung als Nachricht, 34: „bedingungslose Wahrnehmungsmöglichkeit".

107 Zum Begriff *Schulz*, Politische Kommunikation, 113 ff. sowie *Scherzberg*, Die Öffentlichkeit der Verwaltung, 175 ff. m.w.N.

108 Vgl. *Schulz*, Politische Kommunikation, 113.

109 *Pfeiffer*, StPO, § 338 Rn. 22 f.

110 Bei lokalen Veranstaltungen wie einem „Tag der offenen Tür" hängt Öffentlichkeit somit mit der freien Zugänglichkeit des Ortes zusammen, bei Medienpublikationen mit der Empfangsmöglichkeit. Zur empirischen Unterscheidung zwischen Präsenz- und Medienöffentlichkeit *Müller-Neuhof*, Verfassung als Nachricht, 36.

durch nachgelagerte Maßnahmen der Öffentlichkeitsarbeit, mit denen die staatlichen Stellen über die staatsinterne Arbeit Rechenschaft ablegen. Die zunächst ausschließlich im Binnenbereich des Staates ablaufenden Vorgänge gehören dagegen nicht zur staatlichen Öffentlichkeitsarbeit.

Ferner müssen alle Formen individualbezogenen Informationshandelns ausgeklammert werden.[111] Darunter fallen behördliche Beratungstätigkeiten, wie sie allgemein in § 25 VwVfG sowie in zahlreichen Spezialgesetzen festgelegt sind, Akteneinsichtsrechte und jede Form von Individualauskünften, sei es auf Grundlage von Informationsfreiheitsgesetzen oder aus anderem Grund. Adressat dieser Informationsakte ist jeweils nicht die Öffentlichkeit. Die Informationsberechtigung wird entweder an eine Partikulareigenschaft geknüpft, etwa die Beteiligteneigenschaft in einem konkreten Verwaltungsverfahren bei § 25 und § 29 VwVfG, oder es wird ein materiell voraussetzungsloser Informationsanspruch individuell geltend gemacht, etwa im Falle von Informationsauskunftsbegehren nach IFG und UIG. In beiden Fällen wird nicht die Öffentlichkeit informiert, sondern ein einzelner Verfahrensbeteiligter.

d. Normativer Anknüpfungspunkt: „Öffentlichkeit" als Verfassungsgebot

Mit der Eingrenzung auf öffentliche staatliche Informationstätigkeit ohne rechtliche Bindungswirkungen ist indes noch nicht viel gewonnen. Zu vielgestaltig sind deren Erscheinungsformen. Eine Behörde kann beispielsweise „Erfolgsberichte" über erledigte Aufgaben herausgeben, sie kann über ihre zukünftige Agenda informieren oder sie kann mit konkreten Handlungsempfehlungen versuchen, die Bürger zu einem bestimmten Verhalten zu bewegen. Diese Informationsmaßnahmen sind von Zielsetzungen und Wirkungen zu unterschiedlich, als dass man sie unter einem juristischen Oberbegriff zusammenfassen könnte. Es ist bedenklich, wenn das BVerfG diesen Versuch in der bereits erwähnten Glykol-Rechtsprechung mit dem sog. „Informationshandeln unter heutigen Bedingungen"[112] unternimmt.

Um innerhalb des informalen Staatshandelns sinnvolle Abgrenzungen treffen zu können, erweisen sich faktische Kriterien wie etwa die Unbe-

---

111 Vgl. zur Unterscheidung zwischen öffentlichkeitsbezogener und individualbezogener staatlicher Informationstätigkeit *Kloepfer*, Informationsrecht, § 10 Rn. 78 ff.; *ders.*, DÖV 2003, 221.

112 Vgl. BVerfGE 105, 252, 269.

schränktheit des Adressatenkreises als unzureichend. Wie gezeigt wurde, münden ganz unterschiedliche Staatstätigkeiten mit unterschiedlichen rechtlichen Anforderungen regelmäßig in Kommunikation mit der Öffentlichkeit. Das empirische Kriterium der öffentlichen Staatskommunikation hilft hier also nicht weiter bei der Frage nach Grund und Grenzen staatlichen Handelns. Ziel muss es deshalb sein, einen gemeinsamen *normativen* Anknüpfungspunkt für alle Hoheitsakte zu finden, die unter den Rechtsbegriff der staatlichen Öffentlichkeitsarbeit fallen sollen. Am Anfang muss dabei wieder die Erkenntnis stehen, dass der Staat sich im informalen Bereich nicht von der Rechtsordnung lösen kann und darf. Auch wenn es weitgehend ohne einfachgesetzliche Grundlagen erfolgt, muss informales Handeln jedenfalls vom Grundgesetz legitimiert sein.[113] Hieraus wiederum ergibt sich eine Möglichkeit zur sinnvollen Kategorisierung: Es bietet sich an, Informationsakte mit ähnlichen Legitimationsbedingungen zusammenzufassen.[114]

Bei der Suche nach der normativen Grundlage staatlicher Öffentlichkeitsarbeit lohnt sich ein genauer Blick auf den Begriff selbst. Die „Öffentlichkeit" hat nicht nur deskriptive Facetten, sondern erhebt darüber hinaus vor allem im staatsrechtlichen Bereich den Anspruch eines Wertbegriffs.[115] Sie ist nicht nur ein Medium, in dem sich staatlich und gesellschaftlich relevante Sachverhalte vollziehen – aufgrund ihrer vielfältigen Wirkungen kann Öffentlichkeit selbst zum Auftrag werden. Der Staat ist in diesen Fällen aufgerufen, Öffentlichkeit aktiv herzustellen.[116] Einem Rechtsbegriff der Öffentlichkeitsarbeit kann man Kontur verleihen, wenn man auf den Zweck der Staatskommunikation abstellt. Während auch das übrige exekutive, legislative oder judikative Staatshandeln „öffentlich" erfolgen kann, besteht das Anliegen von Öffentlichkeitsarbeit gerade in der Herstellung von Öffentlichkeit für den Staat und sein Handeln. Gemäß dem oben Ge-

---

113 *V. Coelln*, Zur Medienöffentlichkeit der Dritten Gewalt, 513; *Müller-Neuhof*, Verfassung als Nachricht, 104.

114 Vgl. *Gersdorf*, Parlamentsfernsehen des Deutschen Bundestages, 28.

115 Dazu *Horn*, VVDStRL 68 (2009), 422 ff.; *Tiemann*, Parlamentarische Öffentlichkeitsarbeit im vertikalen Kommunikationsprozess zwischen Parlament und Publikum, 23 f.; *Schulze-Fielitz*, in: Schuppert/Bumke (Hrsg.), Bundesverfassungsgericht und gesellschaftlicher Grundkonsens, 115 f.; *Kugelmann*, Die informatorische Rechtsstellung des Bürgers, 10; *Häberle*, Die Verfassung des Pluralismus, 130, 132: „Publizität hat einen eigenen Rechtswert.".

116 Zur normativen Dimension von Öffentlichkeit *Müller-Neuhof*, Verfassung als Nachricht, 39 ff.; *Holznagel*, VVDStRL 68 (2009), 385 ff.; *Klier*, Im Dreieck von Demokratie, Öffentlichkeit und Massenmedien, 23 ff., jeweils m.w.N.

sagten müsste sich ein entsprechender Auftrag aus der Verfassung ableiten lassen.[117] Im Folgenden ist also zu untersuchen, ob das Grundgesetz von Trägern staatlicher Gewalt fordert, sich und ihr Handeln öffentlich darzustellen.

aa. Ausdrückliche Öffentlichkeitsgebote im Grundgesetz

Das Grundgesetz beinhaltet kein ausdrückliches allgemeines Öffentlichkeitsgebot für staatliche Tätigkeit. Nur in einzelnen Ausschnitten nimmt die Verfassung dazu Stellung, welche Aspekte des Staatshandelns „öffentlich" stattfinden sollen.

Im Mittelpunkt steht dabei Art. 42 Abs. 1 Satz 1 GG, der die Verhandlungsöffentlichkeit des Deutschen Bundestags vorschreibt und damit das „Zentrum der Repräsentativverfassung" bildet.[118] An der Debatte im direkt legitimierten Parlament soll grundsätzlich jeder teilhaben und das Ringen um die politischen Lösungen im Staat unmittelbar verfolgen können.[119] Nach Art. 52 Abs. 3 Satz 3 GG und Art. 44 Abs. 1 Satz 1 GG verhandeln auch Bundesrat und Untersuchungsausschüsse grundsätzlich öffentlich. Schließlich wurde gem. Art. 145 Abs. 1 GG das Grundgesetz selbst „in öffentlicher Sitzung" angenommen. Auch wenn der Anwendungsbereich dieser Öffentlichkeitsgebote im Vergleich mit der ganzen Breite des Staatshandelns denkbar gering ist, gibt die Verfassung mit der vorgeschriebenen Öffentlichkeit der demokratischen Repräsentationsgremien dennoch einen entscheidenden Hinweis: Das Grundgesetz erkennt die Bedeutung von Öffentlichkeit für seine Konzeption von Demokratie an.

Ferner legt die Verfassung fest, dass bestimmte Ergebnisse staatlicher Entscheidungsprozesse allgemein zugänglich gemacht werden müssen. Formelle Gesetze sind gem. Art. 82 Abs. 1 Satz 1 GG im Bundesgesetzblatt zu „verkünden", gleiches gilt nach Satz 2 für Rechtsverordnungen. Für Änderungen der Verfassung regelt Art. 79 Abs. 1 Satz 1 GG zudem, dass das betreffende Gesetz den Wortlaut des betreffenden Artikels ausdrücklich än-

117 Vgl. *Müller-Neuhof*, Verfassung als Nachricht, 107.

118 So *Kempen*, Grundgesetz, amtliche Öffentlichkeitsarbeit und politische Willensbildung, 166 m.w.N.

119 Die Bedeutung dieses Grundsatzes unterstrich zuletzt das BVerfGE 131, 152, 205: „Öffentliches Verhandeln von Argument und Gegenargument, öffentliche Debatte und öffentliche Diskussion sind wesentliche Elemente des demokratischen Parlamentarismus." Dies gelte „gerade [für] das […] nach Art. 42 Abs. 1 Satz 1 GG gewährleistete Maß an Öffentlichkeit der Auseinandersetzung".

dern oder ergänzen muss. Über den Grundsatz der „Urkundlichkeit und Einsichtbarkeit jeder Verfassungsänderung“[120] wird somit die Transparenz des Verfassungsrechts in besonderem Maße sichergestellt.[121] Schließlich war auch das Grundgesetz selbst nach Art. 145 Abs. 3 GG im Bundesgesetzblatt zu veröffentlichen. Die wichtigsten staatlichen Entscheidungen, die Rechte und Pflichten für jedermann zu begründen vermögen, muss der Staat also der Allgemeinheit aus eigenem Antrieb zur Verfügung stellen. Die Veröffentlichung im Bundesgesetzblatt ist eine zwingende Voraussetzung für die Geltung des betroffenen Rechtsakts.[122]

Dennoch bleibt festzuhalten, dass das Grundgesetz – im Gegensatz zu einigen Landesverfassungen[123] oder dem Europäischen Primärrecht[124] – die Öffentlichkeit staatlichen Handelns nur punktuell fordert. Zu wichtigen Bereichen des Staatshandelns wie etwa der Eingriffsverwaltung oder der Rechtsprechung trifft das Grundgesetz keine ausdrückliche Aussage. Ob man aus der Verfassung einen allgemeinen Auftrag zur Offenlegung staatlicher Vorgänge – also ein *allgemeines Öffentlichkeitsprinzip* – gewinnen kann, lässt sich allein anhand der ausdrücklichen gesetzlichen Bestimmungen noch nicht beantworten.

bb. Öffentlichkeit und Demokratie

Neben konkreten Anweisungen in einzelnen Artikeln enthält das Grundgesetz eine weitere Rechtsquelle: die sogenannten Verfassungsprinzipien. Es handelt sich dabei insbesondere um die in Art. 20 GG festgelegten Grundsätze, die in Art. 79 Abs. 3 GG unter besonderen Schutz gestellt werden. Im Gegensatz zu den nach Tatbestand und Rechtsfolge aufgebauten Rechtssätzen enthalten sie keine subsumtionsfesten Anordnungen, sondern Optimierungsgebote.[125] Als „Grundgedanken“ des Staatswesens lei-

---

120 BVerfGE 9, 334, 336.

121 *Rösch*, Geheimhaltung in der rechtsstaatlichen Demokratie, 65.

122 Vgl. BVerfGE 63, 343, 353; 65, 283, 291; 72, 200, 241.

123 Vgl. etwa Art. 53 Satz 1 LVerf Schleswig-Holstein, der eine ausdrückliche Informationsverpflichtung der Verwaltung gegenüber den Bürgern vorsieht.

124 Vgl. Artt. 15 AEUV; 41 Abs. 2 lit. b), 42 GRC.

125 Vgl. *Alexy*, in: ders., Recht, Vernunft, Diskurs, 201, 203; *Schnapp*, in: v. Münch/Kunig, Grundgesetz, Bd. 1, Art. 20 Rn. 6 f.; *Müller-Neuhof*, Verfassung als Nachricht, 123; kritisch *Hain*, Die Grundsätze des Grundgesetzes, 131 ff.

ten diese Prinzipien die Interpretation der übrigen Rechtsnormen und können darüber hinaus auch ergänzende Einzelgehalte begründen.[126]

Die Bedeutung der Öffentlichkeit staatlichen Handelns für das politische System des Grundgesetzes erhellt sich, wenn man sie vor dem Hintergrund der zentralen Verfassungsprinzipien untersucht. In erster Linie gilt die Öffentlichkeit staatlicher Beratungs- und Entscheidungsprozesse als Gebot des Demokratieprinzips, das in Art. 20 Abs. 1 GG festgelegt wird und in Art. 20 Abs. 2 GG seine wesentlichen Konkretisierungen erfährt.

(1.) Legitimation des Staatshandelns

Nach Art. 20 Abs. 2 Satz 1 GG – dem „Fundamentalsatz demokratischer Ordnung"[127] – soll die Staatsgewalt vom Volke ausgehen. Über die Bestimmung von Legitimationssubjekt und -objekt legt das Grundgesetz damit einen wichtigen Grundsatz für die Begründung und die Ausübung hoheitlicher Befugnisse fest: Jede legitime Staatsgewalt muss vom Willen und Wissen des Volkes ausgehen und von ihm praktisch erreichbar bleiben.[128]

Schon im nachfolgenden Satz wird diese demokratische Ordnung allerdings primär repräsentativ ausgestaltet. Außer in den Fällen von Wahlen und Abstimmungen soll die Staatsgewalt nach Art. 20 Abs. 2 Satz 2 GG durch besondere Organe der Gesetzgebung, der vollziehenden Gewalt und der Rechtsprechung ausgeübt werden. Deshalb ist eine grundsätzliche Unterscheidung notwendig zwischen der Willensbildung des Volkes einerseits, wie sie in Art. 20 Abs. 2 Satz 1 GG vorausgesetzt und in Art. 21 Abs. 1 Satz 1 GG angesprochen wird, und der Willensbildung innerhalb des Staates andererseits.[129] Nur in den seltenen Fällen von direkten Abstimmungen fallen Volks- und Staatswillensbildung unmittelbar zusammen.[130] Abseits dessen werden die Entscheidungen im Staat ohne die unmittelbare Mitwirkung des Souveräns gefällt, sondern ausschließlich durch die „besonderen Organe" der Legislative, der Exekutive und der Judikative.

126 *Sachs*, in: ders. (Hrsg.), GG, Art. 20 Rn. 4.
127 *Dreier*, in: ders. (Hrsg.), GG, Bd. 2, Art. 20 (Demokratie), Rn. 86; *ders.*, Jura 1997, 250.
128 *Jestaedt*, Demokratieprinzip und Kondominialverwaltung, 270; *Di Fabio*, in: FS Badura, 78.
129 BVerfGE 20, 56, 98; *Schmitt Glaeser*, HStR III, § 38 Rn. 33; siehe dazu auch unten B.II.1.b.bb.
130 Vgl. BVerfGE 8, 104, 118; 20, 56, 98.

Dem Grundsatz der Volkssouveränität muss aber dennoch bestmöglich zur Geltung verholfen werden. Damit korrespondiert ein Verfassungsauftrag an die Repräsentanten, die Ausübung staatlicher Gewalt bestmöglich an den Willen des Volkes zurückzubinden.[131] Nur wenn der Staat diesen „Nexus" darlegen kann, ist sein Handeln legitim.[132] Es bedarf also verschiedener Mechanismen, um den Delegations- und Verantwortungszusammenhang vom Volk zu den Staatsorganen auch in den Fällen herzustellen und aufrechtzuerhalten, in denen es die Staatsgewalt nicht selbst ausüben kann.[133]

Den zentralen Legitimationsakt stellen dabei die periodisch stattfindenden Wahlen dar. Das Volk wählt seine Repräsentanten, jede konkrete Ausübung von Staatsgewalt muss durch eine ununterbrochene Legitimationskette auf die Äußerung des Volkswillens zurückführbar sein.[134] Um diese Legitimationswirkung erfüllen zu können, müssen für den Wahlakt selbst gewisse Voraussetzungen erfüllt sein. Zum einen müssen in personeller und sachlicher Hinsicht wirkliche Auswahlmöglichkeiten bestehen.[135] Zum anderen muss sichergestellt werden, dass die Wahl der unverfälschte Ausdruck des Willens des Souveräns ist. Dafür ist zunächst von Bedeutung, dass die Wähler sich frei von staatlicher Manipulation eine Meinung bilden können. Darüber hinaus müssen sie auch über alle Informationen verfügen, um sich über die zur Wahl stehenden Inhalte und Personen ein rationales Bild machen zu können.[136] Erst dann kann die Wahl als genuiner Ausdruck des Volkswillens gelten, der wiederum in der Lage ist, die Tätigkeit der gewählten Repräsentanten zu legitimieren.

Man würde das Prinzip der Volkssouveränität allerdings unzulässig verkürzen, wollte man den Einfluss des Volkes auf die Staatsgewalt – und damit seine politische Selbstbestimmung – auf Wahlen und Abstimmungen

---

131 *Jerschke*, Öffentlichkeitspflicht der Exekutive und Informationsrecht der Presse, 75.

132 *Müller-Neuhof*, Verfassung als Nachricht, 108.

133 Vgl. *Holznagel*, VVDStRL 68 (2009), 384 f.

134 BVerfGE 47, 253, 275; 68, 1, 88; 77, 1, 40; 83, 60, 71 f.; *Böckenförde*, HStR II, § 24 Rn. 11, 16.

135 *Zippelius/Würtenberger*, Deutsches Staatsrecht, § 10 Rn. 23; *Britz*, Fernsehaufnahmen im Gerichtssaal, 213.

136 *Hesse*, Grundzüge des Verfassungsrechts, Rn. 152; *Martens*, Öffentlich als Rechtsbegriff, 60; *v. Coelln*, Zur Medienöffentlichkeit der Dritten Gewalt, 169; *Zippelius/Würtenberger*, Deutsches Staatsrecht, § 10 Rn. 28.

reduzieren.[137] Auch wenn allein diese Form des Einflusses des Souveräns auf die Entscheidungen des Staates in Art. 20 Abs. 2 Satz 2 GG explizit geregelt ist, haben Volks- und Staatswillensbildung noch zahlreiche weitere Schnittstellen.[138] Die Bürger können ihre Ansichten in ganz verschiedenen Formen in den politischen Prozess einbringen. Sie können sich in politischen Parteien und Interessenverbänden engagieren, sie können sich unmittelbar an Politiker und Parlamente wenden oder im gesellschaftlichen Bereich am politischen Diskurs teilnehmen. Auch darf der implizite Einfluss nicht unterschätzt werden, den das Stimmungsbild in der Gesellschaft tagtäglich auf die Entscheidungen von Amtsträgern ausübt.[139] Die sogenannte „öffentliche Meinung" verhilft dem Staat auf diese Weise zu ihrer beständigen Legitimation.[140]

Der Begriff der öffentlichen Meinung[141] ist schwer zu fassen[142] und deshalb aus Sicht mehrerer Disziplinen umstritten.[143] Die Staatsrechtswissenschaft befasst sich bereits seit über einem Jahrhundert mit diesem Begriff[144] und bezeichnet damit die Wirkungsmechanismen und den jeweils

---

137 Vgl. *Jerschke*, Öffentlichkeitspflicht der Exekutive und Informationsrecht der Presse, 75; *Scheuner*, DÖV 1965, 580; BVerfGE 8, 51, 68; 20, 56, 98 f.; 107, 339, 30.

138 *Kloepfer*, HStR III, § 42 Rn. 22.

139 Vgl. *Morlok/Schindler*, in: Lhotta (Hrsg.), Die Integration des modernen Staates, 25 f.; BVerfGE 44, 125, 139 f.; *Müller-Neuhof*, Verfassung als Nachricht, 86; *Kloepfer*, HStR III, § 42 Rn. 19, 28; dass die öffentliche Meinung sogar effektiven Druck auf die Entscheidungspraxis des BVerfG ausübt, zeigt *Schulze-Fielitz*, in: Schuppert/Bumke (Hrsg.), Bundesverfassungsgericht und gesellschaftlicher Grundkonsens, 127. Zu den Gefahren eines allzu großen Einflusses der öffentlichen Meinung siehe *Herzog*, Staat und Recht im Wandel, 1993, 65 f.

140 *Müller-Neuhof*, Verfassung als Nachricht, 108; ähnlich *Jestaedt*, AöR 126 (2001), 215: Der demokratische Staat legitimiert sich als „Beteiligungsstaat".

141 Zum Begriff ausführlich *Kloepfer*, HStR III, § 42; *Zentara*, Medienordnung und öffentlicher Diskurs, 23 ff.; *Gostomzyk*, Die Öffentlichkeitsverantwortung der Gerichte in der Mediengesellschaft, 65 ff.; *Steinberg*, Die Repräsentation des Volkes, 62 ff., 275 ff.; *Britz*, Fernsehaufnahmen im Gerichtssaal, 214 ff., jeweils m.w.N.

142 Nach *Krüger*, Allgemeine Staatslehre, 437 beschreibt der Begriff einen „schwer greifbaren Gegenstand".

143 So hält die Kommunikationswissenschaftlerin *Elisabeth Noelle-Neumann* den Begriff angesichts mehr als 50 vorliegender Definitionsversuche im Schrifttum für praktisch unbrauchbar, vgl. *dies.*, Öffentliche Meinung – Entdeckung der Schweigespirale, 84; zur historischen Dimension *Habermas*, Strukturwandel der Öffentlichkeit, 161 ff.

144 Vgl. die wortgewaltige Umschreibung von *Oncken* aus dem Jahr 1904: „Öffentliche Meinung ist ein Komplex von gleichartigen Äußerungen größerer oder ge-

aktuellen Stand der Volkswillensbildung. Unzweifelhaft fest steht die Notwendigkeit einer fundierten öffentlichen Meinung für das Gelingen repräsentativer Demokratie. Diese Bedeutung hat auch das BVerfG mehrfach betont.[145] Die öffentliche Meinung trägt als wesentlicher Faktor dazu bei, den Legitimationszusammenhang zwischen Volk und Staatsgewalt herzustellen und die dahingehenden Defizite der repräsentativen Demokratie auszugleichen.[146] Eine ihrer wesentlichen Leistungen besteht darin, auch im Zeitraum zwischen den Wahlen eine Rückkoppelung zwischen Volk und Staat herzustellen, sozusagen den „Kontrollwillen des Souveräns zwischen den Organkreationen“ präsent zu machen.[147] Sie kann deshalb als „prozeduralisierte Volkssouveränität“[148] bezeichnet werden.

Die ungehinderte Bildung des Volkswillens auf ausreichender Informationsgrundlage ist für das demokratische Gemeinwesen deshalb auch abseits von Wahlen und Abstimmungen relevant. Nur wenn das Volk hinreichend über die Vorgänge im Staat informiert ist, kann sich eine fundierte öffentliche Meinung herausbilden, die als stetes Bindeglied zwischen Souverän und Staatsgewalt fungiert und sich regelmäßig in Wahlen manifestiert[149] – ein legitimierter Staat ist in diesem Sinne auf informierte Bürger angewie-

---

ringerer Schichten eines Volkes über Gegenstände des öffentlichen Lebens, bald spontan hervorbrechend, bald künstlich gemacht; in verschiedenartigsten Organen sich ausdrückend, in Vereinen, Versammlungen, vor allem aber in der Presse und Publizistik, oder auch nur in dem unausgesprochenen Empfinden eines jeden, des gemeinen Mannes auf der Straße oder eines kleinen Kreises von Gebildeten; hier eine wirkliche Macht, auf die auch die Staatsmänner blicken, dort ein Faktor ohne politische Bedeutung; und immer anders zu werten in jedem Volke; bald einheitlich, wie eine gewaltige Flutwelle gegen die Regierenden und Sachverständigen sich erhebend, bald in sich zerteilt und die widerstrebendsten Tendenzen bergend; einmal das einfache und natürliche Gefühl des Menschen zum Ausdruck bringend, das andere Mal ein lärmender und unsinniger Ausbruch wilder Instinkte; immer geleitet und doch immer führend; von den Kennenden und Wissenden über die Achsel angesehen und doch wieder den Willen der Menschen bezwingend, ansteckend wie eine Epidemie, launisch und treulos und herrschsüchtig wie Menschen selber, und dann doch wieder nichts als ein Wort, mit dem sich die Machthaber betrügen.“; *ders.*, Historisch-politische Aufsätze und Reden, Bd. 1, 236.

145 Vgl. BVerfGE 5, 85, 135; 12, 113, 125; 69, 315, 345 f.; 89, 155, 185; 123, 267, 358; dazu *Dreier*, in: ders. (Hrsg.), GG, Art. 20 (Demokratie) Rn. 82 f.

146 Vgl. *Kloepfer*, HStR III, § 42 Rn. 17.

147 *Lenz*, JZ 1963, 346.

148 So *Scherzberg*, Die Öffentlichkeit der Verwaltung, 294; ähnlich *v. Arnim*, Staatslehre der BRD, 509.

149 Vgl. *Kloepfer*, HStR III, § 42 Rn. 20; *v. Coelln*, Zur Medienöffentlichkeit der Dritten Gewalt, 171 f.; *Britz*, Fernsehaufnahmen im Gerichtssaal, 214; *Drefs*, in: Drei-

sen. Das BVerfG stellt dazu treffend fest, dass „eine verantwortliche Teilhabe der Bürger an der politischen Willensbildung“ voraussetze, dass „der Einzelne von den zu entscheidenden Sachfragen, von den durch die verfassten Staatsorgane getroffenen Entscheidungen, Maßnahmen und Lösungsvorschlägen genügend weiß, um sie beurteilen, billigen oder verwerfen zu können“.[150] Die Öffentlichkeit staatlichen Handelns kann dafür sorgen, dass die Informationen allgemein verfügbar sind, auf deren Grundlage sich die Bürger individuell und kollektiv eine Meinung zu politischen Fragen bilden können. Und erst unter dieser Voraussetzung ist es möglich, politische Entscheidungen aus der Willensbildung des Volkes abzuleiten und in legitime staatliche Verbindlichkeit zu überführen.

(2.) Demokratische Kontrolle des Staatshandelns

Neben der Legitimation staatlichen Handelns kann eine wohlinformierte öffentliche Meinung eine weitere wichtige Funktion erfüllen.[151] Sie ist ein demokratisches Korrektiv, mit dem sich der Wille des Volkes gegen staatliche Entscheidungen wenden kann. Damit wird die öffentliche Meinung zur politischen Kontrollinstanz.[152] Bei staatlichen Entscheidungsverfahren, die keiner nachträglichen Prüfung unterliegen, kann die Öffentlichkeit sogar zur einzigen politischen Kontrollinstanz für die Staatsgewalt werden. Dies gilt beispielsweise bei der Festsetzung der Höhe der Diäten durch das Parlament. Gerade in diesen Fällen betont das BVerfG, dass „der gesamte [staatliche] Willensbildungsprozess für den Bürger durchschaubar“ sein und „das Ergebnis vor den Augen der Öffentlichkeit beschlossen“ werden müsse.[153]

---

er/Fischer/van Raay/Spiecker gen. Döhmann (Hrsg.), Informationen der öffentlichen Hand, 94 ff.

150 BVerfGE 44, 125, 147.

151 Zu den Funktionen der öffentlichen Meinung ausführlich *Kloepfer*, HStR III, § 42 Rn. 15 ff.

152 *V. Coelln*, Zur Medienöffentlichkeit der Dritten Gewalt, 170 f.; *Roßnagel*, MMR 2007, 17; *Müller-Neuhof*, Verfassung als Nachricht, 108; *Arndt*, Landesverrat, 36 f.; die Notwendigkeit der Kontrolle der Regierung durch die Öffentlichkeit aufgrund des „Informationsvorsprungs“ der Regierung vor dem Parlament betonen *Engelbert/Kutscha*, NJW 1993, 1236.

153 So BVerfGE 40, 296, 327. Hier ging es um die Festlegung der Höhe von Abgeordnetendiäten durch das Präsidium des Saarländischen Landtages. Mit ähnlicher Argumentation wird auch die Forderung nach der Öffentlichkeit der Judikative begründet: Die Öffentlichkeit sei hier der nötige Ausgleich für die auf-

Durch ihre repräsentative Ausgestaltung entzieht die Demokratie des Grundgesetzes dem Souverän weitgehend den unmittelbaren Einfluss auf die Ausübung von Staatsgewalt. Die Repräsentanten selbst sind im Rahmen der Rechtsordnung zudem mit einer gewissen Unabhängigkeit gegenüber Einflüssen aus der Gesellschaft ausgestattet.[154] Das Grundgesetz kann und will dem Volk somit nicht garantieren, dass in jedem Fall die „richtigen" Entscheidungen getroffen werden und die staatlichen Institutionen mit den „richtigen" Personen besetzt werden.[155] Es kann dafür nur die Rahmenbedingungen schaffen. Über die Zusammensetzung des Parlaments, das im Bereich der staatlichen Willensbildung und Entscheidungsfindung die zentrale Position einnimmt,[156] wird regelmäßig vom Volk neu entschieden. Repräsentative Demokratie bedeutet damit „anvertraute Herrschaft auf Zeit".[157] Während dieser Zeit müssen die Repräsentanten der kritischen Beobachtung durch die Öffentlichkeit unterliegen, damit die Bürger spätestens bei der nächsten Wahl notwendige Korrekturen veranlassen können. Dies setzt in den Worten des BVerfG voraus, dass „die Entscheidungsverfahren der Hoheitsgewalt ausübenden Organe und die jeweils verfolgten politischen Zielvorstellungen allgemein sichtbar und verstehbar sind."[158]

Die demokratische Kontrolle erfüllt eine andere Funktion als die (dem Rechtsstaatsgebot zuzuordnende) juristisch-fachliche Kontrolle. Anstatt im Einzelfall die Rechtmäßigkeit staatlichen Handelns zu gewährleisten, geht es eher darum, den Bürgern die Möglichkeit zu geben, die „staatliche Machtausübung kritisch mitzuerleben",[159] um auf bedenkliche Tendenzen

---

grund der richterlichen Unabhängigkeit fehlenden Kontrollinstanzen; vgl. dazu *v. Coelln*, Zur Medienöffentlichkeit der Dritten Gewalt, 183; *Eberle*, NJW 1994, 1638; *Berkemann*, VerwArch 87 (1996), 374.

154 Siehe dazu unten B.III.2.b.

155 *Müller-Neuhof*, Verfassung als Nachricht, 125.

156 *Klein*, in: Maunz/Dürig, GG, Art. 38 Rn. 30; gerade wegen dieser zentralen legitimatorischen Bedeutung der Parlamentswahl leitet das BVerfG auch den Grundsatz der „Öffentlichkeit der Wahl" aus Art. 20 Abs. 1, 2 GG ab, siehe BVerfGE 123, 39, 68 f.

157 *Jestaedt*, AöR 126 (2001), 216; *Kuch*, AöR 142 (2017), 509 f.; *Rösch*, Geheimhaltung in der rechtsstaatlichen Demokratie, 61. Die zeitliche Begrenzung der durch Wahlen verliehenen Legitimation bewirkt eine Veränderungsoffenheit des demokratischen Entscheidungssystems und gehört damit zu den zentralen Mechanismen der Demokratie zur Bewältigung von Fragmentierungen und Wandel, siehe dazu *Spiecker gen. Döhmann*, VVDStRL 77 (2018), 17 ff.

158 BVerfGE 97, 350, 369 mit Verweis auf BVerfGE 89, 155, 185.

159 Vgl. *v. Coelln*, Zur Medienöffentlichkeit der Dritten Gewalt, 185 f.;.

reagieren zu können. Dies geschieht in erster Linie durch Ausübung ihres Wahlrechts, das nicht nur zur Auswahl, sondern im gleichen Zug auch zur Abwahl des politischen Entscheidungspersonals dienen kann.[160] Daneben stehen den Bürgern das Petitionsrecht aus Art. 17 GG sowie grundrechtlich verbürgte Mitwirkungsmöglichkeiten[161] zur Verfügung.

(3.) Demokratische Grundrechte

Mit seinem Modell der Demokratie konstruiert das Grundgesetz gleichzeitig Vorstellungen von einem öffentlichen Diskurs, in dem Meinungen gebildet und ausgetauscht werden.[162] Die Pole dieses Diskurses sind der Staat auf der einen Seite und die Öffentlichkeit auf der anderen Seite, die sich über das Instrument der öffentlichen Meinung zu artikulieren vermag. In diesem Diskurs können Lösungen für gesellschaftliche Probleme entwickelt und die nach Art. 20 Abs. 2 Satz 1 GG geforderte Mitwirkung des Volkes an der staatlichen Willensbildung etabliert werden. Die öffentliche Meinung ist dabei das Bindeglied, über das die Bürger auf die staatlichen Prozesse einwirken können.[163] Ihre Berechtigung und Notwendigkeit ergibt sich aus dem „status activus", dem Recht der Bürger, ihre „Freiheit im und für den Staat" auszuüben".[164]

Obwohl das Grundgesetz die „öffentliche Meinung" als solche nicht erwähnt, schützt es ihre Herausbildung durch einige starke Grundrechtsverbürgungen.[165] Dabei handelt es sich vor allem um die Kommunikationsgrundrechte aus Art. 5 Abs. 1 GG, die Versammlungsfreiheit aus Art. 8 Abs. 1 GG sowie die Vereinigungsfreiheit aus Art. 9 GG, die mit den Worten des BVerfG „für eine freiheitlich-demokratische Grundordnung [...]

---

160 *Böckenförde*, HStR III, § 34 Rn. 16.
161 Siehe dazu sogleich.
162 *Müller-Neuhof*, Verfassung als Nachricht, 125; zur grundrechtlichen Fundierung der „Begegnungsöffentlichkeit" *Holznagel*, VVDStRL 68 (2009), 385. Siehe zum Zusammenhang zwischen Demokratie und grundrechtlicher Freiheit ferner *Spiecker gen. Döhmann*, VVDStRL 77 (2018), 23, 27 ff., 55 f.
163 BVerfGE 20, 56, 98; *Kugelmann*, Die informatorische Rechtsstellung des Bürgers, 8.
164 *Kingreen/Poscher*, Staatsrecht II, Rn. 99; *Kloepfer*, DÖV 2003, 222: „[Der status activus] räumt dem Bürger politische Mitwirkungsrechte ein, die es ihm erlauben, informationell auf die staatliche Willensbildung und auf die öffentliche Meinung einzuwirken.".
165 Vgl. *Kempen*, Grundgesetz, amtliche Öffentlichkeitsarbeit und politische Willensbildung, 193.

schlechthin konstituierend"[166] sind. Sie gewährleisten dem Einzelnen die Freiheit, allein oder im Zusammenschluss mit anderen Meinungen zu bilden, zu äußern und entgegenzunehmen. Neben ihrer individualrechtsschützenden Funktion haben diese Grundrechte eine weitere wesentliche Facette: Sie gewährleisten die freie Bildung einer öffentlichen Meinung und somit eine der Grundvoraussetzungen des demokratischen Staates.[167] Im Zusammenhang mit dem Demokratieprinzip entfalten diese Grundrechte einen zusätzlichen objektivrechtlichen Gehalt. Werden sie in Anspruch genommen, um zur Bildung der öffentlichen Meinung beizutragen, genießt der Grundrechtsträger eine privilegierte Stellung gegenüber staatlichen Beschränkungen, die bei der Auslegung des Rechts zu beachten ist.[168] Die Kerngehalte der Grundrechte aus Artt. 5, 8 und 9 GG werden gleichsam als vom Demokratieprinzip mitumfasst angesehen.[169] Die Ausübung dieser Grundrechte ist zwar keine Pflicht. Die Legitimation des demokratischen Gemeinwesens hängt allerdings davon ab, dass die Bürger mit ihren Grundrechten verantwortungsvoll umgehen.[170] Das grundgesetzliche Modell der Demokratie basiert folglich zu einem großen Grad auf der Inanspruchnahme von Grundrechtsschutz.[171]

Der Hinweis auf eine staatliche Kommunikationsordnung soll nicht darüber hinwegtäuschen, dass das Grundgesetz den Prozess der öffentlichen Meinungsbildung durch eine Reihe aufeinander abgestimmter Einzelver-

---

166 So BVerfGE 7, 198, 208 für die Meinungsäußerungsfreiheit; nach BVerfGE 27, 72, 81 f. ist auch die Informationsfreiheit „eine der wichtigsten Voraussetzungen der freiheitlichen Demokratie"; für die Versammlungsfreiheit wird diese Bedeutung in BVerfGE 69, 315, 344 ff. herausgearbeitet. Zur demokratischen Funktion der Medienfreiheiten aus Art. 5 Abs. 1 Satz 2 GG vgl. BVerfGE 12, 205, 259 f.; 20, 56, 97 f.; 20, 162, 174 f.; 36, 193, 204; 50, 234, 239 f.; 52, 283, 296.

167 *Kloepfer*, DÖV 2003, 222.

168 *Kloepfer*, HStR III, § 42 Rn. 48; *Müller-Neuhof*, Verfassung als Nachricht, 141; *Schulze-Fielitz*, in: Dreier (Hrsg.), GG, Art. 5 I, II, Rn. 212 ff.; vgl. schon BVerfGE 7, 198, 212, wonach diese objektivrechtliche Komponente auch bei der Auslegung des Privatrechts zu beachten ist.

169 *Grzeszick*, in: Maunz/Dürig, GG, Art. 20, II, Rn. 17 m.w.N.

170 Vgl. *Schmitt Glaeser*, HStR III, § 38 Rn. 11; zur sog. demokratisch-funktionalen Grundrechtstheorie *Böckenförde*, NJW 1974, 1534 f.; vgl. aber auch *Kloepfer.*, HStR III, § 42 Rn. 49: „Dies mag alles vertretbar sein, allerdings nur solange, wie die primäre „Privatnützigkeit" der Meinungsfreiheit nicht vernachlässigt oder gar vergessen wird."; kritisch auch *Rupp*, JZ 2001, 271 ff.

171 *Kunig*, in: FS Raue, 193 f.; *Müller-Neuhof*, Verfassung als Nachricht, 126.

bürgungen schützt.[172] Die Meinungsäußerungsfreiheit aus Art. 5 Abs. 1 Satz 1 Alt. 1 GG gibt dem Einzelnen die Freiheit, sich eine Meinung zu bilden,[173] diese Meinung zu äußern und somit Einfluss auf die öffentliche Meinung zu nehmen. Diese kollektive Funktion der Meinungsäußerungsfreiheit wird auch durch die Auslegung des Begriffs „Meinung“ in Art. 5 Abs. 1 Satz 1 GG durch das BVerfG gestützt. Demnach sollen dem besonderen Schutz der Meinungsfreiheit nicht nur Werturteile unterfallen, die durch „das Element der Stellungnahme, des Dafürhaltens, des Meinens“ gekennzeichnet sind, sondern auch Tatsachen, „weil und soweit sie Voraussetzungen der Bildung von Meinungen“ sind.[174]

Die Meinungsäußerungsfreiheit wird flankiert von der Informationsfreiheit aus Art. 5 Abs. 1 Satz 1 Alt. 2 GG, die die Vielfalt der Quellen für die Meinungsbildung sichern soll.[175] Dem Staat ist es danach verwehrt, die Bürger am Zugang zu „allgemein zugänglichen Quellen“ zu hindern. Art. 5 Abs. 1 Satz 1 Alt. 2 GG schützt damit die Ressourcen des öffentlichen Meinungsbildungsprozesses: „Nur durch umfassende Informationen, für die durch ausreichende Informationsquellen Sorge getragen wird“,[176] könne dieser Prozess in den Worten des BVerfG gewährleistet werden.

Der Reichweite der Vermittlung von Meinungen und Tatsachen widmet sich Art. 5 Abs. 1 Satz 2 GG. Ausgehend von der Tatsache, dass öffentliche Meinungsbildung auf Massenkommunikationsmittel angewiesen ist,[177] werden die in diesem Bereich tätigen Personen gerade im Hinblick auf ihre Vermittlungsleistung geschützt.[178] Den Medien kommt in der Demo-

---

172 Vgl. *Müller-Neuhof*, Verfassung als Nachricht, 141, wonach insbesondere Art. 5 Abs. 1 GG nicht „zu einer allgemeinen Kommunikationsfreiheitsgewährleistung verschwimmen“ darf.

173 Die Freiheit der Meinungsbildung ist in Art. 5 Abs. 1 Satz 1 GG zwar nicht ausdrücklich erwähnt, wird nach einhelliger Auffassung aber als notwendige Bedingung der Meinungsäußerungsfreiheit davon umfasst, vgl. nur BVerfGE 57, 295, 319; 97, 391, 399.

174 Ständige Rechtsprechung seit BVerfGE 61, 1, 8; zum Streit um die Auslegung des Meinungsbegriffs in der Literatur *Grabenwarter*, in: Maunz/Dürig, GG, Art. 5 I, II, Rn. 47 ff.

175 *Kloepfer*, HStR III, § 42 Rn. 51. *Müller-Neuhof* weist in diesem Zusammenhang zu Recht darauf hin, dass die Informationsfreiheit der Meinungsäußerungsfreiheit eigentlich vorgelagert ist – „erst Information, dann Meinung“, vgl. *ders.*, Verfassung als Nachricht, 130.

176 BVerfGE 27, 71, 81.

177 *Lodde*, Informationsrechte des Bürgers gegen den Staat, 110; *Kloepfer*, HStR III, § 42 Rn. 65.

178 *Jarass*, in: ders./Pieroth, GG, Art. 5 Rn. 1, 31, 36; *Müller-Neuhof*, Verfassung als Nachricht, 137.

kratie des Grundgesetzes die Aufgabe zu, gesellschaftlich relevante Entwicklungen zu identifizieren und zu selektieren und diese für das Publikum aufzubereiten.[179] Über Rundfunk und Presse erhalten die Bürger somit einerseits die Möglichkeit, sich über die verschiedenen Meinungen zu gesellschaftsrelevanten Themen zu informieren, andererseits werden Bürger und gesellschaftliche Gruppen mithilfe der Medien in die Lage versetzt, selbst mit großer Reichweite meinungsbildend zu wirken. Durch die Leistung der Medien, die Menge der vertretenen Einzelansichten zu gruppieren und zu bündeln, können die herrschenden Ansichten mit inhaltlichem Gewicht versehen werden. Somit können sie sich effektiv in der öffentlichen Meinung widerspiegeln.[180] Schließlich stellen auch die Medien selbst durch die Produktion von Meinungen einen wichtigen Faktor im System der öffentlichen Meinungsbildung dar.[181]

Zu den für die öffentliche Meinungsbildung besonders relevanten Grundrechten gehören ferner Art. 8 und Art. 9 GG, die die Bündelung von Interessen im öffentlichen Meinungsbildungsprozess betreffen. Die Versammlungsfreiheit aus Art. 8 GG schützt eine besonders spontane und unmittelbare Form der kollektiven Einflussnahme auf die öffentliche Meinung.[182] Die Vereinigungsfreiheit in Art. 9 Abs. 1 GG sichert demgegenüber die Meinungsbildung in organisierten Gruppen, um den eigenen Einfluss auf die Öffentlichkeit zu bündeln und zu verstärken.[183]

Die genannten Grundrechte haben neben ihren Einzelverbürgungen eine gemeinsame Zielrichtung. Sie sichern den freien gesellschaftlichen Meinungs- und Willensbildungsprozess und können somit als die „grundgesetzliche Kommunikationsverfassung“ bezeichnet werden.[184] In ihrem Zusammenwirken ermöglichen sie „die geistige Auseinandersetzung und den Meinungskampf als konstituierende Elemente der freiheitlich-demokratischen Staatsform.“[185] Ebenso wie die angesprochenen demokratischen Grundrechte einen öffentlichen gesellschaftlichen Meinungsbildungsprozess konstituieren und absichern sollen, setzen sie ihrerseits Information über das Objekt der Meinungsbildung voraus. Die Tätigkeit einzelner

---

179 BVerfGE 20, 162, 175; *Kloepfer*, HStR III, § 42 Rn. 38 f.

180 *Spiecker gen. Döhmann*, VVDStRL 77 (2018), 28 f. m.w.N.

181 BVerfGE 35, 202, 222.

182 Man kann so weit gehen, in der kollektiven Kundgebung „ein Stück ursprünglich-ungebändigter unmittelbarer Demokratie“ zu sehen, so etwa BVerfGE 69, 315, 347 mit Bezug auf *Konrad Hesse*.

183 *Kloepfer*, HStR III, § 42 Rn. 52.

184 *Scholz*, in: Maunz/Dürig, GG, Art. 9, Rn. 9; *Kloepfer*, HStR III, § 42 Rn. 52.

185 Vgl. BVerfGE 7, 198, 208.

Staatsträger findet zu einem großen Teil im staatlichen Binnenbereich statt. Erst wenn der Staat sein Handeln der Öffentlichkeit zugänglich macht, können die Bürger zu Themen von politischer Relevanz Meinungen bilden, äußern und aufnehmen.[186] Sie werden so in die Lage versetzt, effektiven und verantwortungsvollen Einfluss auf die staatliche Willensbildung zu nehmen. Wegen der Bedeutung der Kommunikationsgrundrechte für die Bildung einer öffentlichen Meinung ist die grundsätzliche Offenheit der staatlichen Prozesse mithin unentbehrlich. Nur so können die Kommunikationsgrundrechte ihre in hohen Tönen gelobte Funktion als „Lebenselemente der freiheitlich-demokratischen Staatsform"[187] oder als „Lebensluft" demokratischer Prozesse[188] erfüllen.[189]

(4.) Zwischenergebnis: Allgemeines Öffentlichkeitsprinzip der Demokratie

Die Öffentlichkeit des Staatshandelns ist auch abseits der konkreten Öffentlichkeitsgebote des Grundgesetzes ein zentrales demokratisches Anliegen. Sie ist nötig, um die Bürger in die Lage zu versetzen, die Ausübung der Staatsgewalt durch Repräsentanten zu legitimieren und zu kontrollieren und von ihren politischen Mitwirkungsrechten sinnvoll Gebrauch zu machen. Öffentlichkeit wird somit zu einem „Strukturmerkmal der Volkssouveränität".[190]

---

186 Vgl. *Kugelmann*, Die informatorische Rechtsstellung des Staatsbürgers, 10. *Bull* ordnet die Verfügbarkeit von Informationen zur freien Meinungsbildung einer staatlichen Grundrechtsgewährleistungspflicht zu: „Der Staat hat auch im Bereich der Meinungsfreiheit die Pflicht, *Voraussetzungen* zu schaffen und zu erhalten, damit aus der grundgesetzlichen Freiheitschance reale Freiheit wird.", siehe *ders.* Die Staatsaufgaben nach dem Grundgesetz, 315, Hervorhebung im Original. Zustimmend *Schürmann*, Öffentlichkeitsarbeit der Bundesregierung, 163.

187 BVerfGE 7, 198, 208; *Kloepfer*, HStR III, § 42 Rn. 11.

188 *Dreier*, in: ders. (Hrsg.), GG, Art. 20 (Demokratie) Rn. 84.

189 Vgl. zu diesem Themenkreis auch *Spiecker gen. Döhmann*, VVDStRL 77 (2018), 55 f. mit dem Vorschlag, demokratierelevante Effekte verstärkt bei der Grundrechtsintnerpretation zu berücksichtigen. Neben den angesprochenen Kommunikationsgrundrechten sind dabei insbesondere das Recht auf informationelle Selbstbestimmung sowie die Telekommunikationsfreiheit von Bedeutung.

190 *Rösch*, Geheimhaltung in der rechtsstaatlichen Demokratie, 60; ähnlich *Häberle*, Die Verfassung des Pluralismus, 130 ff.; *Müller-Neuhof*, Verfassung als Nachricht, 108.

Aus diesen Gründen konstatiert auch das BVerfG ein „allgemeines Öffentlichkeitsprinzip der Demokratie".[191] Es bezieht sich – wenn auch in unterschiedlich starker Ausprägung – auf alle drei Staatsgewalten[192] und soll die kommunikative Rückbindung der Hoheitsträger an die Bürger sicherstellen. Erst wenn die Bürger wissen, wie die Hoheitsträger mit der ihnen verliehenen Gewalt umgehen, kann sich die vom BVerfG geforderte Willensbildung vom Volk zu den Staatsorganen hin entfalten.[193] Andernfalls besäße der Staat „kraft überlegenen Wissens" die faktische Kontrolle über den gesellschaftlichen Willensbildungsprozess; das Konzept der Volkssouveränität wäre in ihr Gegenteil verkehrt.[194]

Der Öffentlichkeit staatlicher Machtausübung kommt damit aus dem Demokratieprinzip ein normativer, wenn auch nicht zwangsläufig ein bindender Charakter zu.[195] Obgleich Amtsträger zur Offenheit gegenüber der Allgemeinheit verpflichtet sind, lassen sich grundsätzlich keine konkreten Publizitätspflichten[196] und keine korrespondierenden subjektiven Rechte auf Information[197] aus dem Demokratieprinzip ableiten. Auch die demokratischen Grundrechte entfalten in erster Linie in ihrer abwehrrechtlichen Dimension Bedeutung.[198] Insbesondere die Informationsfreiheit aus

---

191 BVerfGE 70, 324, 358; 103, 44, 63.

192 *Holznagel*, VVDStRL 68 (2009), 386; *Kühling*, DVBl 2008, 1099; *Grzeszick*, in: Maunz/Dürig, GG, Art. 20, II, Rn. 21 ff.

193 Vgl. BVerfGE 20, 56, 99; 44, 125, 140.

194 Vgl. *Rösch*, Geheimhaltung in der rechtsstaatlichen Demokratie, 61.

195 Vgl. *Müller-Neuhof*, Verfassung als Nachricht, 105: „Entscheidend für die Normativität einer Aussage ist ihr präskriptiver Charakter: Rechtsnormen beschreiben Verhaltenserwartungen, die ein Postulat darstellen können, ohne zugleich Verbindlichkeit durchsetzen zu müssen.".

196 *Kloepfer*, HStR III, § 42 Rn. 56.

197 *Jarass*, NJW 1981, 195; *ders.*, in: Haedrich/Barthenheier/Kleinert (Hrsg.), Öffentlichkeitsarbeit, 204.

198 Eine Ausnahme zu diesem Grundsatz lässt das BVerwG in jüngerer Rechtsprechung für presserechtliche Auskunftsansprüche gegenüber Bundesbehörden zu, siehe BVerwGE 146, 56 sowie BVerwG, NVwZ 2018, 414: Der Bundesgesetzgeber hatte es bis dato versäumt, presserechtliche Auskunftsrechte gegen Bundesbehörden zu regeln und war somit seinem durch Art. 5 Abs. 1 Satz 2 GG gebotenen Ausgestaltungsauftrag zur institutionellen Eigenständigkeit der Presse nicht nachgekommen. In diesem Ausnahmefall soll der objektivrechtliche Gewährleistungsgehalt der Pressefreiheit in einen subjektivrechtlichen Auskunftsanspruch umschlagen. Dieser verfassungsunmittelbare Anspruch soll sich aber auf den „Minimalstandard" beschränken, den auch der Gesetzgeber bei der Ausgestaltung des Presserechts nicht unterschreiten dürfte und hat angesichts bestehender gesetzlicher Regelungen in allen 16 Ländern geringe praktische Bedeutung.

Art. 5 Abs. 1 Satz 1 Alt. 2 GG kann nach herrschender Meinung nicht als Leistungsrecht auf Lieferung von Informationen durch den Staat verstanden werden.[199] Sie verbürgt zwar freien Zugang zu allen öffentlich zugänglichen Quellen, wozu prinzipiell auch Informationen in der Hand des Staates gehören können. Die Entscheidung darüber, welche staatlichen Informationen frei zugänglich sein sollen, liegt aber in erster Linie bei den zuständigen Amtsträgern. Ein Anspruch auf Eröffnung von Informationsquellen lässt sich aus Art. 5 Abs. 1 Satz 1 GG nach herrschender, wenngleich nicht unbestrittener Auffasung nicht ableiten.[200]

An der Bedeutung des Grundsatzes darf jedoch kein Zweifel bestehen. Als conditio sine qua non für eine funktionsfähige Demokratie hat die demokratische Öffentlichkeit den Rang einer Verfassungsvoraussetzung:[201] „Die freiheitliche Demokratie ist eine öffentliche – oder sie ist nicht."[202]

cc. Öffentlichkeit im Rechtsstaat

Auch das Rechtsstaatsprinzip, wie es im Grundgesetz vor allem über den Vorrang des Gesetzes nach Art. 20 Abs. 3 GG, durch den Gewaltenteilungsgrundsatz in Art. 20 Abs. 2 Satz 2 GG und durch die Bindung aller Staatsgewalten an die Grundrechte nach Art. 1 Abs. 3 GG Ausdruck findet, kann zur Begründung eines allgemeinen Öffentlichkeitsgrundsatzes geltend gemacht werden. Da das Grundgesetz den Begriff selbst nicht näher definiert, begegnet die Argumentation mit der Rechtsstaatlichkeit an sich gewissen Bedenken. So ist beispielsweise umstritten, ob das Rechtsstaatsprinzip ein vorkonstitutionelles bzw. überpositives Element des Rechtssystems darstellt[203] oder ob es sich in den normativen Verbürgungen des Grundge-

199 Vgl. BVerfGE 103, 44, 59 f.; 119, 309, 319; *Kloepfer*, HStR III, § 42 Rn. 57; *Gostomzyk*, Die Öffentlichkeitsverantwortung der Gerichte in der Mediengesellschaft, 117 f.; *Kugelmann*, Die informatorische Rechtsstellung des Bürgers, 60; *Kloepfer*, DÖV 2003, 227; *Gurlit*, DVBl 2003, 1122; *Roßnagel*, MMR 2007, 17; *Kloepfer/Schärdel*, JZ 2009, 459; a.A. *Scherer*, Verwaltung und Öffentlichkeit, 31 ff.; *Scherzberg*, Die Öffentlichkeit der Verwaltung, 378 ff.

200 Siehe dazu ferner unten B.II.1.b.aa.(3.).

201 *Holznagel*, VVDStRL 68 (2009), 383 ff.

202 *Jestaedt*, AöR 126 (2001), 215.

203 Diesen Schluss legten einige frühe Entscheidungen des BVerfG nahe; so bezeichnete das Gericht das Rechtsstaatsprinzip in BVerfGE 2, 380, 403 noch als „Leitidee", die „das vorverfassungsmäßige Gesamtbild" geprägt hätte, oder in BVerfGE 22, 387, 426 als „fundamentalen Grundsatz" jeder freiheitlich-demo-

setzes erschöpft.[204] Aufgrund der Unbestimmtheit mahnt auch das BVerfG dazu an, bei der Konkretisierung des Rechtsstaatsbegriffs „mit Behutsamkeit vorzugehen".[205]

In Rechtsprechung und Literatur hat sich mit der Zeit ein Konsens über eine Reihe gefestigter Ausprägungen des Rechtsstaatsprinzips entwickelt.[206] Ein Rückgriff auf ein „allgemeines" Rechtsstaatsprinzip erübrigt sich deshalb in der Regel, solange diese Einzelgehalte die für die konkrete Untersuchung relevanten Rückschlüsse zulassen. Für die Begründung eines Öffentlichkeitsgebots für staatliches Handeln kommen zwei Anknüpfungspunkte in Betracht.

(1.) Kontrolle und Mäßigung staatlicher Gewaltausübung

Der Grundgedanke, aus dem sich „der Rechtsstaat" in Europa entwickelt hat,[207] besteht darin, staatliche Gewalt zu begrenzen und ihre Ausübung zu rationalisieren. Politische Herrschaft darf deshalb nur aufgrund und im Rahmen des Rechts ausgeübt werden.[208] Das Grundgesetz gewährleistet dies in erster Linie durch die umfassende Rechtsbindung der öffentlichen Gewalt nach Art. 20 Abs. 3 GG und Art. 1 Abs. 3 GG. Zur Sicherung dieses Zustands installiert das Grundgesetz verschiedene Kontrollmechanismen. Zentral sind dabei zum einen die Aufteilung der Staatsgewalt in drei untereinander verschränkte Staatsfunktionen, zum anderen der durch Art. 19 Abs. 4 Satz 1 GG garantierte Individualrechtsschutz durch die Gerichte. Aufgrund dieser Gewährleistungen kann der Rechtsstaat des Grundgesetzes als „Organisationsprinzip" bezeichnet werden, das primär dazu dient, die staatliche Machtausübung zu mäßigen, um dadurch individuelle Freiheiten zu schützen.[209] Kontrolle und Korrigierbarkeit gehören zu den ver-

---

kratischen Verfassungsordnung. Vgl. auch *Buchwald,* Prinzipien des Rechtsstaates, 173 ff.

204 Vgl. etwa *Kunig*, Das Rechtsstaatsprinzip, 481 ff.; differenzierend *Kischel*, Die Begründung, 66 ff.

205 BVerfGE 57, 250, 276.

206 *Müller-Neuhof*, Verfassung als Nachricht, 144 f.: „weitgehend übereinstimmendes Bild".

207 Zur historischen Entwicklung *Schmidt-Aßmann*, HStR II, § 26 Rn. 10 ff. sowie *Gostomzyk*, Die Öffentlichkeitsverantwortung der Gerichte in der Mediengesellschaft, 98 ff.

208 *Grimm*, Die Zukunft der Verfassung, 159.

209 So *Rösch*, Geheimhaltung in der rechtsstaatlichen Demokratie, 66.

fassungsrechtlichen „Zielerwartungen“, um die umfassende Bindung der Gewalten zu gewährleisten.[210]

Die Kontrolle der Machtausübung auf ihre Rechtmäßigkeit ist nur auf Grundlage ausreichender Informationen möglich. Für den Binnenbereich des Staates statuiert das Recht umfangreiche Berichts- und Rechenschaftspflichten und schafft somit ein „system of checks and balances“,[211] um die gegenseitige Kontrolle der Staatsgewalten zu ermöglichen und zu gewährleisten. Daneben kann jedoch auch eine informierte Öffentlichkeit die Gewaltenteilung und -verschränkung als zusätzliche Kontrollinstanz ergänzen. Wenn die Ausübung von Staatsgewalt öffentlich einsichtig ist, kann sich eine öffentliche Meinung herausbilden, die die Einhaltung des Rechts durch ihre Repräsentanten kontrollieren und auf mögliche Missstände aufmerksam machen kann.[212] Das Bewusstsein, bei der Ausübung der anvertrauten Befugnisse beobachtet zu werden, zwingt die Repräsentanten zu reflektiertem und verantwortungsvollem Handeln. Öffentlichkeit wirkt somit per se rationalisierend auf die Ausübung von Staatsgewalt.[213]

Zur Kontrolle staatlichen Handelns als Voraussetzung seiner rechtsstaatlichen Mäßigung sind nicht nur die dafür vorgesehenen Stellen im Binnenbereich des Staates wie die Gerichte, die Rechnungshöfe oder die parlamentarische Opposition aufgerufen, sondern eben auch die Bürger. Das zeigt sich an der Garantie des Art. 19 Abs. 4 Satz 1 GG: Der Einzelne kann *seine Rechte* gegen die Verwaltung vor Gericht durchsetzen. Die Kehrseite dessen darf dabei nicht übersehen werden: Da die Rechtsweggarantie auf den Bürger und sein *subjektives Recht* abstellt, sind die Gerichte nicht die universalen Kontrollinstanzen gegenüber der Ausübung von Staatsgewalt.[214] Es gilt vielmehr der Satz: „Wo kein Kläger, da kein Richter“ – die

210 *Gostomzyk*, Die Öffentlichkeitsverantwortung der Gerichte in der Mediengesellschaft, 100.

211 Vgl. *Böckenförde*, NJW 1999, 15; *Gostomzyk*, Die Öffentlichkeitsverantwortung der Gerichte in der Mediengesellschaft, 101.

212 Vgl. etwa BVerfGE 123, 39, 69 f.; zur Bedeutung einer fundierten öffentlichen Meinung zur Mäßigung von Staatsgewalt auch BVerfGE 103, 44, 73 f. (abw. M. *Kühling/Hohmann-Dennhardt/Hoffmann-Riem*): „Dies verdeutlicht, dass Öffentlichkeit zwar auch, aber offensichtlich nicht nur auf die Sicherung des Rechtsstaats durch Kontrolle im Einzelfall zielt. (…) Wird eine fundierte öffentliche Meinung möglich, so bedeutet dies zugleich Kontrolle und kann mithelfen, den im Rechtsstaatsprinzip verankerten Gedanken der Hemmung der Gewalten zu verwirklichen.“.

213 *Häberle*, Die Verfassung des Pluralismus, 134; vgl. auch *Kugelmann*, Die informatorische Rechtsstellung des Bürgers, 11; *Gärditz*, GewArch 2011, 275.

214 *Schmidt-Aßmann*, in: Maunz/Dürig, GG, Art. 19 Abs. 4, Rn. 11.

Justiz kann die Rechtmäßigkeit des Staatshandelns in vielen Fällen nur überprüfen, wenn sie durch den betroffenen Bürger angerufen wird.[215] Ob die Bürger diesen Weg im Einzelfall gehen, hängt wiederum davon ab, wie sie ihre Erfolgsaussichten einschätzen. Dafür sind oftmals nicht nur Informationen über den konkreten, individuellen Verwaltungsvorgang erforderlich, sondern auch über rechtsetzende Tätigkeit im Vorfeld, über die Praxis des Gesetzesvollzugs oder über die Auslegung durch Gerichte.[216]

Einen weiteren Hinweis auf die rechtsstaatliche Bedeutung einer informierten Öffentlichkeit gibt das Grundgesetz mit der Möglichkeit der Individualverfassungsbeschwerde in Art. 93 Abs. 1 Nr. 4a GG. Dem Einzelnen ist es danach – obgleich in der Praxis nur unter sehr strengen Voraussetzungen – möglich, die Verletzung seiner Rechte direkt vor dem BVerfG zu rügen. Die Bedeutung dieser Regelung erhellt sich vor allem im Hinblick auf Verfassungsbeschwerden gegen formelle Gesetze.[217] Die Verfassungsbindung des Gesetzgebers aus Art. 20 Abs. 3 GG, zu deren Überwachung das BVerfG berufen ist, könnte ohne diesen Rechtsbehelf nur aufgrund abstrakter oder konkreter Normenkontrollen kontrolliert werden. Diesem Zustand will das Grundgesetz durch Art. 93 Abs. 1 Nr. 4a und die Einbindung der Bürger gerade abhelfen.[218] Das bloße Recht, vor Gericht zu ziehen, wäre jedoch wertlos, wenn die Informationen nicht zugänglich wären, anhand derer die Bürger die Rechtmäßigkeit des Staatshandelns beurteilen können.

Es bleibt festzuhalten, dass allein die Einrichtung einer unabhängigen Judikative nach dem deutschen Rechtssystem noch keine Gewähr für die umfassende Kontrolle des Staatshandelns bietet. Die Gesellschaft und der einzelne Bürger haben wichtigen Einfluss auf die rechtsstaatliche Hemmung der Gewalten und die Überwachung der Rechtsbindung aus Art. 20 Abs. 3 GG. Zur Wahrnehmung dieser Funktion sind sie auf ausreichende Informationen über die Ausübung von Staatsgewalt angewiesen.

---

215 *Müller-Neuhof*, Verfassung als Nachricht, 150.

216 Vgl. *Schürmann*, Öffentlichkeitsarbeit der Bundesregierung, 161 f.

217 *Müller-Neuhof*, Verfassung als Nachricht, 147.

218 Vgl. *Schreckenberger*, in: van Roermund (Hrsg.), Constitutional Review – Verfassungsgerichtsbarkeit – Constitutionele Toetsing, 26: Verfassungsbeschwerde als „Verfahrensart, die nicht nur dem Schutz individueller Interessen, sondern auch der allgemeinen verfassungsrechtlichen Erörterung dient."

(2.) Vorhersehbarkeit und Berechenbarkeit der Rechtsausübung

Der Kerngedanke des Rechtsstaatsprinzips besteht darin, staatliche Gewalt zu mäßigen, um individuelle Freiheit zu sichern. Nach diesem Grundsatz wird ein vor staatlicher Einwirkung geschützter Freiheitsbereich eines jeden Bürgers anerkannt.[219] Wenn der Einzelne mit seinen individuellen Freiheiten vor staatlicher Einwirkung geschützt sein soll, muss er in der Lage sein, seinen Freiheitsbereich zu bestimmen und sein Verhalten der Rechtsordnung entsprechend auszurichten. Ein wichtiges Anliegen des Rechtsstaates ist deshalb die Vorhersehbarkeit und Berechenbarkeit staatlicher Rechtsausübung.[220]

Mit den Mitteln des Rechts definiert der Staat den Handlungsspielraum des Bürgers. Innerhalb dieses Raums besteht die Vermutung der Freiheit – der Bürger hat das Recht, sich frei zu „entfalten", Art. 2 Abs. 1 GG.[221] Die oberste Voraussetzung für diese Freiheit ist die Publizität der Rechtsordnung. Der Einzelne muss sich über das geltende Recht informieren können[222] – diese Forderung wird für Bundesgesetze in Art. 82 Abs. 1 GG konkretisiert. Mit dem Erfordernis der Verkündung von Gesetzen soll in den Worten des BVerfG sichergestellt werden, „dass die Rechtsnormen der Öffentlichkeit in einer Weise förmlich zugänglich gemacht werden, dass die Betroffenen sich verlässlich Kenntnis von ihrem Inhalt verschaffen können".[223] Auf die tatsächliche Kenntnisnahme kommt es dagegen im Einzelfall nicht an. Dies zeigt beispielsweise die Existenz des Verbotsirrtums nach § 17 StGB, nach dem es für die Strafbarkeit nur darauf ankommt, was der Bürger *hätte wissen müssen*.[224]

Die rein formelle Normpublizität bietet allein allerdings keine hinreichende Gewähr dafür, dass der Bürger wirklich die Möglichkeit hat, seine

---

219 *V. Coelln*, Zur Medienöffentlichkeit der Dritten Gewalt, 199.

220 Vgl. *v. Coelln*, Zur Medienöffentlichkeit der Dritten Gewalt, 199 f.; *Scherzberg*, Die Öffentlichkeit der Verwaltung, 321; zum allgemeineren Postulat der „Rechtssicherheit" vgl. *Kunig*, Das Rechtsstaatsprinzip, 392 ff.

221 Wegen dieses Gesichtspunkts ist die Öffentlichkeit *normbezogenen* Staatshandelns in den Augen mancher Autoren eine Forderung, die schon aus der Existenz der Grundrechtsordnung an sich resultiert. Erst das sichere Wissen um die Handlungsalternativen gebe dem Einzelnen die Voraussetzung zur Ausübung von Freiheitsrechten. Vgl. dazu *Müller-Neuhof*, Verfassung als Nachricht, 167 sowie *Hill*, JZ 1988, 379.

222 *Degenhart*, Staatsrecht I, Rn. 374.

223 BVerfGE 65, 283, 291; ähnlich auch BVerfGE 16, 6, 18; 40, 237, 252 f.

224 Zur Fiktion der Rechtskenntnis eingehend *Towfigh*, Der Staat 48 (2009), 60.

Rechte und Pflichten zu bestimmen.[225] Zum einen unterliegen nicht alle Vorschriften, die Einfluss auf die Rechtsstellung des Einzelnen haben können, der Verkündungspflicht. Dies betrifft insbesondere Verwaltungsvorschriften, interne Dienstanweisungen sowie Auslegungsrichtlinien, die ihre Wirkungen erst in der alltäglichen Anwendung des Rechts entfalten.[226] Zum anderen hilft die bloße Zugänglichkeit zum Recht dem Bürger dann nicht weiter, wenn die Rechtsmaterialien selbst so gestaltet sind, dass der Bürger ihren Inhalt selbst mit fachkundiger Hilfe nicht bestimmen kann. Das BVerfG hat in seiner Rechtsprechung deshalb einige rechtsstaatliche Mindestanforderungen bestimmt, die Vorschriften inhaltlich und formal zu erfüllen haben. Dazu gehören die Gebote der Normenklarheit[227] und -bestimmtheit[228]. Gesetze müssen danach klar erkennen lassen, welche Vorschriften im Einzelfall gelten sollen,[229] die Vorschriften selbst müssen hinreichend bestimmt gefasst sein.[230] Gesetze, deren Formulierungen unvollkommen, missverständlich oder gar widersprüchlich sind, können nach der Rechtsprechung des BVerfG wegen des Verstoßes gegen das Rechtsstaatsprinzip sogar nichtig sein.[231]

Schließlich sind jedoch auch klar und bestimmt gefasste Gesetze keine Garanten dafür, dass die Bürger in jedem Fall „die Rechtslage erkennen und ihr Verhalten danach einzurichten vermögen".[232] Aufgrund des Umfangs und des teils sehr hohen Abstraktionsgrades rechtlicher Vorschriften kann der Bürger die Folgen des eigenen Handelns oftmals nicht absehen, ohne die praktische Handhabe des Rechts durch die Verwaltung und die Gerichte einsehen zu können. Um dem Gebot der Rechtsklarheit effektive Geltung zu verschaffen, sind deshalb Informationen aus der Praxis der

---

225 Vgl. *Schürmann*, Öffentlichkeitsarbeit der Bundesregierung, 159 f.; *Towfigh*, Der Staat 48 (2009), 48; *v. Coelln*, Zur Medienöffentlichkeit der Dritten Gewalt, 201.

226 *Schürmann*, Öffentlichkeitsarbeit der Bundesregierung, 159; zur Diskussion über die Publikationspflichtigkeit von Verwaltungsvorschriften vgl. *Gusy*, DVBl 1979, 720 ff.; BVerwGE 104, 220, 223 ff.; *Masing*, VVDStRL 63 (2004), 379 ff., 411.

227 BVerfGE 21, 73, 79; 27, 1, 8; 27, 195, 210; 45, 400, 420.

228 BVerfGE 20, 150, 158 f.; 21, 245, 261; 31, 255, 264.

229 BVerfGE 5, 25, 31; 22, 330, 346.

230 Vgl. BVerfGE 45, 400, 420 f.

231 Vgl. BVerfGE 1, 14, 45; 25, 216, 227.

232 So die Zielsetzung des Gebots der Normenklarheit aus BVerfGE 45, 400, 420; anders dagegen *Towfigh*, Der Staat 48 (2009), 29 ff., der das Gebot der Normenklarheit normativ am Prinzip Gewaltenteilung festmacht. Danach ist das entscheidende Kriterium nicht die Verständlichkeit des Rechts, sondern dessen Vollziehbarkeit.

Staatstätigkeit erforderlich.[233] Dem „Ideal der Berechenbarkeit staatlicher Machtausübung“[234] kann nur ein Staatswesen gerecht werden, in dem neben den rechtlichen Grundlagen auch die konkrete Ausübung der Staatsgewalt öffentlich gemacht wird.

Eine besondere Bedeutung spielt die Klarheit des Rechts für die Verwirklichung des Sozialstaatsprinzips, gerade im Bereich der Leistungsverwaltung. Sozial motivierte Gesetzgebung allein reicht nicht aus, um sozialstaatlich gebotene Ziele zu verwirklichen.[235] Die materiale Gleichheit als „Richtmaß der sozialen Gerechtigkeit“[236] kann nur erreicht werden, wenn die Adressaten dieser Gesetzgebung auch tatsächlich von den gewährten Vergünstigungen erreicht werden. Das Sozialstaatsprinzip setzt also, wenn es effektiv umgesetzt werden soll, neben gesellschaftlicher Solidarität auch die Einsicht in die seiner Verwirklichung dienenden Vorgänge voraus.[237]

Alles in allem wird eine gewisse Transparenz der Staatsordnung somit zum Charakteristikum des sozialen Rechtsstaats. Neben konkreten Ausprägungen, die im Einzelfall die Herausgabe von Informationen in der Hand des Staates zwingend erforderlich machen können,[238] streiten rechtsstaatliche Grundsätze auch für ein generelles Prinzip der Öffentlichkeit staatlicher Vorgänge.

---

233 Vgl. *Gostomzyk*, Die Öffentlichkeitsverantwortung der Gerichte in der Mediengesellschaft, 104.

234 *Jerschke*, Öffentlichkeitspflicht der Exekutive und Informationsrecht der Presse, 83.

235 Dies gilt ganz unabhängig davon, welchen konkreten inhaltlichen Gehalt man dem Sozialstaatsprinzip beimessen will; zur inhaltlichen Unbestimmtheit vgl. *Grzeszick*, in: Maunz/Dürig, GG, Art. 20, VIII, Rn. 18 ff.

236 *Isensee*, Subsidiaritätsprinzip und Verfassungsrecht, 193.

237 Dazu *Richter/Süssner-Job*, in: Dreier/Fischer/van Raay/Spiecker gen. Döhmann (Hrsg.), Informationen der öffentlichen Hand, 317 f.; *Jerschke*, Öffentlichkeitspflicht der Exekutive und Informationsrecht der Presse, 85: „Publizität lässt sich deshalb in diesem Bereich als systemimmanente Notwendigkeit bezeichnen.“; ähnlich *Herzog*, in: Rüthers/Stern (Hrsg.), Freiheit und Verantwortung im Verfassungsstaat, 131; *Schürmann*, Öffentlichkeitsarbeit der Bundesregierung, 159 f.

238 Zu denken ist hier etwa an die Begründungspflicht bei Verwaltungsakten und Gerichtsentscheidungen, vgl. dazu *Skouris*, Die Begründung von Rechtsnormen, 41 ff., sowie die für effektiven Rechtsschutz nach Art. 19 Abs. 4 GG im Einzelfall erforderlichen Informationen, vgl. dazu *Jerschke*, Öffentlichkeitspflicht der Exekutive und Informationsrecht der Presse, 80 f.; zu den verschiedenen Ausprägungen des Rechtsstaatsprinzips im Überblick *Görisch*, JuS 1997, 988 ff.

dd. Die „res publica“

Einen weiteren möglichen Anknüpfungspunkt für die Öffentlichkeit des Staatshandelns hält das Grundgesetz bereits in seiner Überschrift bereit: die Bezeichnung des Staatswesens als „Republik“, die in Artt. 20 Abs. 1, 21 Abs. 2 Satz 1 und 23 Abs. 1 GG aufgegriffen wird. Abgeleitet vom lateinischen „res publica“ soll das Gemeinwesen also eine „öffentliche Angelegenheit“ sein.[239] Es stellt sich die Frage, ob sich daraus Bestimmungen zur gebotenen Öffentlichkeit staatlichen Handelns ableiten lassen.

Mehr noch als bei den anderen Strukturprinzipien wie der Demokratie oder dem Rechtsstaat ist bei der Republik unklar, ob konkrete materielle Gehalte davon umfasst werden bzw. welche dies sein sollen. Ein großer Teil der Lehre sieht das Republikprinzip des Grundgesetzes lediglich als eine formelle Staatsformbestimmung an, als die Abkehr von der Staatsform der Monarchie.[240] Insofern manche Autoren dem Republikprinzip aber materielle Gehalte zumessen,[241] spielt die Öffentlichkeit des Staatshandelns dabei durchaus eine Rolle. Dies geht aus einer historischen Interpretation des Begriffs hervor, wonach die Republik eine der Folgen des Aufbegehrens des Bürgertums gegen die fürstliche Arkanpolitik war.[242] Das republikanische Staatswesen sollte sich von dieser Herrschaftsform gerade dadurch abgrenzen, dass die das Gemeinwesen betreffenden Fragen nunmehr als „öffentlich“ gelten und deshalb vor den Augen aller zu beraten sind. Als Gegenkonzept zur Monarchie – der „Herrschaft kraft eigenen Rechts eines Monarchen“[243] – wird die Republik auch als Legitimationsprinzip geltend gemacht, das jeder Form von „höherer“ Legitimation des Staates eine Absa-

239 Der ideengeschichtliche Hintergrund der „Republik“ reicht allerdings bis in das antike Griechenland zurück und wurde durch die aristotelische Philosophie der „politeia“ geprägt; dazu *Gröschner*, HStR II, § 23 Rn. 13 ff.

240 Vgl. *Sachs*, in: ders. (Hrsg.), GG, Art. 20, Rn. 9; *Stern*, Das Staatsrecht der Bundesrepublik Deutschland, Bd. 1, 578; *Grzeszick*, in: Maunz/Dürig, GG, Art. 20, III, Rn. 2 ff.; so bereits *Jellinek*, Allgemeine Staatslehre, 710 f.

241 Vgl. z.B. *Roßnagel*, MMR 2007, 17: „Republik meint nicht nur die Abwesenheit von Monarchie, sondern das Verständnis des Gemeinwesens als ‚res publica‘. Von öffentlichem Interesse ist danach, wie die Verwaltung ihre Gemeinwohlverpflichtung in ihrem öffentlichen Amt im Einzelfall konkretisiert“. Begründet wird der Ruf nach einer materiellen Interpretation des Republikprinzips mit der zentralen Stellung im Staatsnamen sowie mit dem Zusammenhang von Art. 20 Abs. 1, Art. 28 Abs. 1 und Art. 79 Abs. 3 GG; dazu *Gröschner*, HStR II, § 23 Rn. 3.

242 Vgl. *Jestaedt*, AöR 126 (2001), 209.

243 *Bernatzik*, Republik und Monarchie, 33.

ge erteilt.[244] Im Mittelpunkt der Staatstätigkeit solle in Anlehnung an die ciceronische Staatsdefinition die Konkretisierung des Gemeinwohls, die „salus publica", stehen.[245] Wenn staatliche Herrschaft nicht auf private Rechtstitel oder metaphysische Geltung gestützt ist, sondern allein dem Gemeinwohl verpflichtet ist, wird eine politische Öffentlichkeit vorausgesetzt, die willens und fähig ist, die Machthaber beständig zu legitimieren und zu kontrollieren.[246] Auch das BVerfG bekannte sich unlängst zu dieser Interpretation, als es den ungeschriebenen Grundsatz der Öffentlichkeit von Wahlen unter anderem aus dem republikanischen Prinzip herleitete.[247]

Die materiellen Auffassungen rücken das Republikprinzip in große Nähe zum Demokratieprinzip.[248] Die Forderung nach einer prinzipiellen Öffentlichkeit staatlichen Handelns kann deshalb unter den Gesichtspunkten Legitimation und Kontrolle ähnlich begründet werden wie dort.[249] Ein Gehalt, der über die grundsätzlichen Öffentlichkeitserfordernisse aus dem Demokratie- und Rechtsstaatsprinzip hinausgeht, ist dem Republikprinzip jedoch selbst dann nicht zu entnehmen, wenn man ihm materielle Gehalte beimessen will.[250] Bei der Bestimmung von Art und Reichweite eines Gebots der Öffentlichkeit für staatliches Handeln ist ein Rückgriff auf dieses Prinzip deshalb nicht erforderlich.

---

244 *Gröschner*, HStR II, § 23 Rn. 39.

245 Vgl. *Isensee*, JZ 1981, 3: „Das Staatswesen wird konstituiert durch das Gemeinwohl.".

246 *Meinel*, KJ 2004, 418.

247 BVerfGE 123, 39, 69: „In der Republik ist die Wahl Sache des ganzen Volkes und gemeinschaftliche Angelegenheit aller Bürger. Dem entspricht es, dass auch die Kontrolle des Wahlverfahrens eine Angelegenheit und Aufgabe der Bürger sein muss. Jeder Bürger muss die zentralen Schritte der Wahl [...] zuverlässig nachvollziehen und verstehen können.".

248 Vgl. z.B. *Rösch*, Geheimhaltung in der rechtsstaatlichen Demokratie, 70; anders *Gröschner*, HStR II, § 23 Rn. 74, der einen wesentlichen Unterschied zwischen den beiden Prinzipien daran festmacht, dass die Demokratie staatliches Handelns aus der Volkssouveränität und der prozeduralen Vermittlung durch Wahlen legitimiert, während die Republik sich legitimationstheoretisch am Gemeinwohl orientiert.

249 Siehe dazu oben B.I.2.d.bb.

250 So auch *Müller-Neuhof*, Verfassung als Nachricht, 142.

ee. Zwischenergebnis

Es gibt eine Reihe von Vorschriften im Grundgesetz, die die Publizität staatlichen Handelns fordern oder nahelegen. Neben einigen expliziten Publizitätsgeboten wie in Artt. 42 Abs. 1 Satz 1 GG und 52 Abs. 3 Satz 3 GG, die die Transparenz des Staatshandelns in bestimmten Bereichen zwingend vorschreiben, lässt sich aus dem Demokratie- und dem Rechtsstaatsprinzip ein grundsätzliches Öffentlichkeitsgebot für die Ausübung von Staatsgewalt ableiten. Somit wird Art. 20 GG zur „Kardinalnorm der Publizitätserfordernisse im grundgesetzlichen Staatsaufbau".[251] Die demokratischen und rechtsstaatlichen Öffentlichkeitserfordernisse gehen zwar von unterschiedlichen Prämissen aus, verstärken sich dabei aber gegenseitig und verdichten sich zu einem einheitlichen Prinzip der Öffentlichkeit staatlichen Handelns, das sich auf alle Gewalten und alle föderalen Ebenen bezieht.[252] Öffentlichkeit der staatlichen Vorgänge ist demnach der Grundsatz, das Arcanum die Ausnahme. Ein zentrales Anliegen dieses Verfassungspostulats ist die Bildung einer fundierten „öffentlichen Meinung".[253] In der modernen Demokratie erfüllt sie wesentliche Funktionen im Hinblick auf Legitimation und Kontrolle des Staatswesens. Diese Funktionen kann sie nur unter gewissen Voraussetzungen erfüllen. Neben einem öffentlichen Bildungssystem und ausreichender Kommunikationsinfrastruktur gehört dazu die Verfügbarkeit von Informationen aus dem staatlichen Bereich.[254]

---

251 *Rösch*, Geheimhaltung in der rechtsstaatlichen Demokratie, 67.

252 Vgl. *Jerschke*, Öffentlichkeitspflicht der Exekutive und Informationsrecht der Presse, 116; *Martens*, Öffentlich als Rechtsbegriff, 68; *Kugelmann*, Die informatorische Rechtsstellung des Bürgers, 64; *Meinel*, KJ 2004, 413; *Tiemann*, Parlamentarische Öffentlichkeitsarbeit im vertikalen Kommunikationsprozess zwischen Parlament und Publikum, 27 ff.; *Lücke*, Begründungszwang und Verfassung, 95 ff.; *Kühling*, DVBl 2008, 1098, 1099 f.; *Dreß*, in: Dreier/Fischer/van Raay/Spiecker gen. Döhmann (Hrsg.), Informationen der öffentlichen Hand, 102. Nach *Rudolf Smend* ist Öffentlichkeit das „der modernen Staatlichkeit aufgegebene eigentliche Wesen", vgl. *ders.*, „Zum Problem des Öffentlichen und der Öffentlichkeit", in: Bachof (Hrsg.), Gedächtnisschrift Jellinek, 17.

253 So nun ausdrücklich § 1 Abs. 1 HmbTG: „Zweck dieses Gesetzes ist es, durch ein umfassendes Informationsrecht die […] vorhandenen Informationen […] unmittelbar der Allgemeinheit zugänglich zu machen und zu verbreiten, um […] die demokratische Meinungs- und Willensbildung zu fördern […]".

254 Vgl. *Dreier*, in: ders. (Hrsg.), GG, Art. 20 (Demokratie) Rn. 82 f.; *Kühling*, DVBl 2008, 1100; *Kempen*, Grundgesetz, amtliche Öffentlichkeitsarbeit und politische Willensbildung, 126.

Das Anliegen der bisherigen Untersuchung bestand lediglich darin, festzustellen, dass die Herstellung von Öffentlichkeit für den Staat und sein Handeln zu den verfassungsrechtlich legitimierten Staatsaufgaben zählt. Zu den Modalitäten der Erfüllung dieser Aufgabe ist damit aber noch nichts ausgesagt. Allein aus dem Grundsatz der Öffentlichkeit lässt sich noch keine Aussage dazu treffen, wer diese Aufgabe zu erfüllen hat, auf welche Weise dies zu erfolgen hat, ob mit der Aufgabe unmittelbare Ansprüche auf Eröffnung von Informationen korrespondieren und aus welchen Gründen die Publizität staatlichen Handelns eingeschränkt werden kann oder muss.[255] Dies alles kann für die Begriffsbestimmung von „Öffentlichkeitsarbeit" auch vorerst dahinstehen. Es reicht festzustellen, dass die nach dem Grundgesetz prinzipiell geforderte „Öffentlichkeit" einen normativen Anknüpfungspunkt für öffentliches Informationshandeln der drei Staatsgewalten darstellen kann.

e. Verhältnis zur Öffentlichkeitsaufklärung

Wenn man nun also den Blick von den rein faktischen Aspekten von öffentlicher Kommunikation abwendet und „staatliche Öffentlichkeitsarbeit" als Ausprägung des grundgesetzlichen Öffentlichkeitsprinzips betrachtet, gelingt eine Kategorisierung staatlicher Kommunikationsakte einfacher. Wenn staatliche Stellen „Öffentlichkeitsarbeit" betreiben, erfüllen sie eine Aufgabe: Sie stellen die Hoheitsgewalt nach außen dar und veröffentlichen Vorgänge aus dem staatlichen Bereich. Damit erfüllen sie den entsprechenden Auftrag der Verfassung. Die übrigen legislativen, exekutiven und judikativen Staatsaufgaben, die den Staatsgewalten ausdrücklich durch die Verfassung aufgegeben sind, sind davon zu trennen.

---

255 Zu denken ist hier etwa an entgegenstehende Rechte Dritter oder die Funktionsfähigkeit der Exekutive. Siehe zu privaten Gegenrechten als Ausschlussgrund für staatliche Publizität *Dreier/Spiecker gen. Döhmann*, in: Dreier/Fischer/van Raay/Spiecker gen. Döhmann (Hrsg.), Informationen der öffentlichen Hand, 165 ff.; vgl. ferner *Kugelmann*, Die informatorische Rechtsstellung des Bürgers, 319 ff.; die Diskussion über Schranken der Publizität wurde vor allem im Hinblick auf die Publizität der Verwaltung vor dem Erlass der Informationsfreiheitsgesetze lebhaft geführt, vgl. *Grzeszick*, in: Maunz/Dürig, GG, Art. 20, II, Rn. 27 ff. m.w.N.; *Schoch*, VVDStRL 57 (1998), 201 ff.; *Gusy*, DVBl 2013, 942 f. spricht aufgrund dieser notwendigen Einschränkungen von einem „Grundsatz der limitierten Öffentlichkeit" in der BRD.

Diese wichtige Unterscheidung geht für den Bereich der Bundesverwaltung aus § 70 BBG hervor, wonach für Medienauskünfte ungeachtet der internen Aufgabenverteilung allein die Leitung der Behörde zuständig sein soll. Damit gibt der Gesetzgeber zu erkennen, dass die Öffentlichkeitsarbeit eine „selbstständige und für die ganze Behörde einheitlich wahrzunehmende Querschnittsaufgabe" sein soll, die von den jeweiligen Sachaufgaben getrennt behandelt werden soll. [256]

Bei der Kategorisierung staatlicher Informationsakte kann man deshalb eine grundsätzliche Unterscheidung treffen zwischen Information *zur Wahrnehmung von* Staatstätigkeit und Information *über* Staatstätigkeit.[257] Im ersten Fall wählt die handelnde Stelle Information lediglich als Mittel zur Erledigung einer anderweitig vorgegebenen Sachaufgabe, die Kommunikation ersetzt ein anderes staatliches Steuerungsmittel.[258] Der zweite Fall beschreibt dagegen das Charakteristikum der staatlichen Öffentlichkeitsarbeit: Es werden getroffene oder geplante Entscheidungen des Staates sowie dessen Organe vor der Bevölkerung präsentiert. Damit wird das verfassungsrechtliche Publizitätsgebot umgesetzt.

Auf dieser Grundlage lassen sich einige staatliche Informationsmaßnahmen vom hier vertretenen Begriff der staatlichen Öffentlichkeitsarbeit abgrenzen, insbesondere die in Literatur und Rechtsprechung viel beachteten hoheitlichen Warnungen und Empfehlungen.

aa. Staatliches Informationshandeln als Steuerungsinstrument

Das politische System der Bundesrepublik musste sich in den vergangenen Jahrzehnten einigen Herausforderungen stellen, die neue Handlungsinstrumente erforderlich gemacht haben. Die Aufgaben, die der Staat zu erfüllen hat, und die Erwartungen, die an ihn gestellt werden, haben sich stark gewandelt.[259] Durch den technologischen Fortschritt entstehen neue Bedrohungslagen, die staatliches Handeln in Bereichen erforderlich ma-

256 *Fuchs*, VBlBW 2015, 402; ähnlich *Gusy*, NVwZ 2015, 701: Staatliche Öffentlichkeitsarbeit als „Annexaufgabe" zur Erfüllung von Staatsaufgaben.

257 *Schoch*, HStR III, § 37 Rn. 74; VerfGH Münster, NVwZ 1992, 468; *Palm*, in: FS VerfGH Münster, 325; *Uddin*, Die Richtigkeit staatlicher Verbraucherinformationen im Bereich komplexer Informationsmaterien, 99.

258 Vgl. *Schoch*, HStR III, § 37 Rn. 25: „Parallelwertung" zum rechtserheblichen formalisierten staatlichen Handeln.

259 Prominente Beispiele dafür sind das Datenschutzrecht, das sich seit den 1970er-Jahren als Reaktion auf die elektronische Datenverarbeitung entwickelt hat, so-

chen, die zuvor überhaupt keiner Regelung bedurften. Gerade auf Feldern, die von Unsicherheit geprägt sind – wie etwa Umweltschutz oder Gentechnik –, wachsen die gesellschaftlichen Erwartungen an einen Staat, der mit seinem Handeln relative Entscheidungsgewissheit vermitteln soll.[260] Dies alles vollzieht sich in einer Zeit, in der neben der nationalen Rechtsordnung auch das Europarecht seine eigenen zusätzlichen Anforderungen an die nationale staatliche Aufgabenerfüllung stellt. Das Resultat ist ein neues Bild des Staates, dessen Aufgaben im Schwerpunkt nicht mehr in der obrigkeitsstaatlichen Ordnungsverwaltung, sondern in der gerechten Sozialgestaltung und Zukunftssicherung bestehen.[261]

Wegen der Geschwindigkeit und Unvorhersehbarkeit der Entwicklungen ist der Staat zunehmend auf spontane und flexible Steuerungsmittel angewiesen. Bei den „klassischen" Handlungsinstrumenten des Staates wird allerdings schon seit längerer Zeit ein Wirksamkeitsverlust festgestellt.[262] Die neuen Staatsaufgaben lassen sich demnach nur noch sehr begrenzt mit ordnungsrechtlichen Ge- und Verboten bewältigen. Gesetze eignen sich wegen des zeitaufwändigen Verfahrens nicht als kurzfristige Reaktion auf aktuelle Problemlagen.[263] Außerdem ist ihre Steuerungswirkung aufgrund mangelnder Kenntnisse des positiven Rechts in der Bevölkerung und eines Vollzugsdefizits mitunter sehr gering.[264] In vielen Bereichen ist der Staat deshalb darauf angewiesen, dass Bürger und Wirtschaftsunternehmen sich auch ohne Befehl und Zwang im Interesse des Gemeinwohls verhalten. So ist es staatlicherseits zwar erwünscht, dass die Bürger zum Schutz der Umwelt biologisch abbaubare Produkte bevorzugen, dass sie zum Schutz ihrer eigenen Gesundheit und des Sozialsystems auf das Rauchen verzichten, dass sie sich entgegen dem demographischen Wandel für Kinder entscheiden oder dass sie den Datenschutz nicht durch den allzu sorglosen Umgang mit Informationen im Internet aushöhlen. Effektiv

---

wie die Staatszielbestimmung Umweltschutz, die im Jahr 1994 mit dem neuen Art. 20a im Grundgesetz verankert wurde.

260 *Kloepfer*, Staatliche Informationen als Lenkungsmittel, 9 f.

261 *Schoch*, HStR III, § 37 Rn. 30.

262 Vgl. *Grimm*, HStR I, § 1 Rn. 70 ff.; *Schoch*, HStR III, § 37 Rn. 30; exemplarisch ist hier das oft beklagte Vollzugsdefizit im Umweltrecht zu nennen, vgl. dazu die empirische Untersuchung von *Mayntz u.a.*, Vollzugsprobleme der Umweltpolitik sowie *Lübbe-Wolff*, NuR 1993, 217 ff.

263 *Schneider*, Staatliche Informationstätigkeit als Steuerungsmittel im Umweltrecht, 18 f.

264 Vgl. *Schoch*, HStR III, § 37 Rn. 5; *Lüdemann*, Edukatorisches Staatshandeln, 38 ff.; *Towfigh*, Der Staat 48 (2009), 46 ff.; *Engel*, Learning the Law, 2.

sanktionieren können es die Behörden aber nicht, falls die Bürger sich anders verhalten wollen.

Vor diesem Hintergrund hat sich die Erkenntnis durchgesetzt, dass der Staat neuer Steuerungsansätze bedarf, die die Eigenverantwortung der Gesellschaft in den Vordergrund stellen.[265] Staatliche Informationstätigkeit wurde als wichtige Ressource erkannt,[266] um auf das Vorstellungsbild der Bürger einzuwirken und somit mittelbar ihr Verhalten zu beeinflussen. Wenn der Staat in rechtlich unverbindlicher Weise bestimmte Verhaltensweisen als schädlich und andere als empfehlenswert darstellt, appelliert er an den Bürger, sich rational und selbstverantwortlich zu verhalten. Das Potential der staatlichen Warnungen und Empfehlungen stellte die Enquete-Kommission „Gefahren von Aids und wirksame Wege zu ihrer Eindämmung" im Jahr 1988 fest, als sie in ihrem Zwischenbericht festhielt, dass „Furcht […] vermutlich der wichtigste Motor aller Prävention" sei und „als solcher genutzt werden" müsse.[267] So verwundert es nicht, dass staatliche Stellen in der mediengeprägten Welt immer häufiger zu diesen Mitteln greifen, um die Bürger über Gefahren und Möglichkeiten aufzuklären und ihr Verhalten in eine bestimmte Richtung zu beeinflussen. Vor allem in den Bereichen Umwelt- und Gesundheitsschutz, Familienplanung, Verkehrssicherheit sowie in sozialen Angelegenheiten sind staatliche Publikationen mittlerweile omnipräsent.[268]

Dabei darf die rechtliche Unverbindlichkeit nicht darüber hinwegtäuschen, dass es sich bei diesen Versuchen der geistigen Einflussnahme um

---

265 Vgl. *Kloepfer*, Staatliche Informationen als Lenkungsmittel, 10; *Trute*, in: Schuppert/Neidhardt (Hrsg.), Gemeinwohl – Auf der Suche nach Substanz, 342 f.; dabei darf natürlich nicht der Eindruck entstehen, dass Staaten Information als Mittel zur Verhaltenssteuerung nicht auch schon zu früheren Zeiten eingesetzt haben; in jüngster Vergangenheit nimmt diese Form der Steuerung jedoch stark zu. Verwaltungstheoretisch wird auch vom Konzept des „aktivierenden Staates" gesprochen, vgl. *Kugelmann*, DÖV 2005, 857; prägend für dieses Konzept war der Bereich des Umweltrechts, in dem schon früh erkannt wurde, dass durch Information und Beteiligung der Öffentlichkeit eine wesentlich effektivere Durchsetzung gewährleistet werden kann, vgl. dazu *v. Danwitz*, NVwZ 2004, 272 ff.; *Fisahn*, ZUR 2004, 136 ff.

266 Vgl. *Voßkuhle*, in: Hoffmann-Riem/Schmidt-Aßmann (Hrsg.), Verwaltungsrecht in der Informationsgesellschaft, 356; *Kloepfer*, Information als Intervention in der Wettbewerbsaufsicht, 12 ff.

267 BT-Drs. 11/2495, 27.

268 Vgl. *Schoch*, NVwZ 2011, 193; *Gramm*, Der Staat 30 (1991), 55 ff.; einen guten Überblick über unmittelbares und mittelbares Staatshandeln zur Erfüllung originärer staatlicher Aufgaben bieten *Martini/Kühl*, DÖV 2013, 573 ff.

eine Form staatlicher Herrschaftsausübung handelt,[269] bei der rechtliche Konflikte vorgezeichnet sind. Zum einen wird skeptisch gesehen, dass staatliche Stellen zu großen Einfluss auf die öffentliche Meinung ausüben, indem sie für bestimmte Verhaltensweisen oder gar Lebensbilder werben.[270] Der Staat habe schließlich „nicht die Aufgabe, seine Bürger zu ‚bessern'."[271] Es bestehe die Gefahr, dass zwischen verbotenem und erlaubtem Verhalten eine dritte Kategorie des sozial unerwünschten Verhaltens geschaffen werden soll. Zum anderen ist auch die Sonderstellung zu beachten, die der Staat im öffentlichen Diskurs innehat. Im Gegensatz zu Beiträgen aus dem gesellschaftlichen Sektor können sich staatliche Institutionen hinsichtlich der Glaubwürdigkeit ihrer Aussagen eines gewissen Vertrauensvorschusses sicher sein.[272] Die mittelbaren Konsequenzen staatlicher Warnungen und Empfehlungen können deshalb weitreichende Auswirkungen auf grundrechtlich geschützte Rechtspositionen haben. So können staatliche Produktwarnungen etwa wesentlich bedrohlicher auf die wirtschaftliche Lage betroffener Unternehmen wirken als ordnungsrechtliche Maßnahmen bzw. staatliche Werturteile über Personengruppen einen deutlich stigmatisierenderen Effekt haben als negative Berichte aus der privaten Presse. Es verwundert deshalb nicht, dass einige Fälle staatlicher Aufklärungsmaßnahmen die Gerichte in den letzten Jahrzehnten in teilweise sehr medienwirksamen Prozessen beschäftigt haben. Zu nennen sind etwa die Warnungen vor verunreinigtem Endiviensalat,[273] vor glykolhaltigen Weinen,[274] vor Religionsgemeinschaften,[275] vor mikrobiell belasteten Nu-

---

269 *Gramm*, Der Staat 30 (1991), 51; vgl. auch *Sarcinelli*, Politikvermittlung und politische Bildung, 14: „Und ebenso ist der Gebrauch kommunikativer Mittel immer auch ein Machtinstrument.".

270 Vgl. etwa *Vierhaus*, Umweltbewusstsein von oben, 139 ff.; *Hufen*, JuS 2013, 6; dazu auch schon *Faber*, der in seinem frühen Werk „Innere Geistesfreiheit und suggestive Beeinflussung" ein Verbot staatlicher Suggestion aus dem objektiven Verfassungsrecht ableitet.

271 BVerfGE 22, 180, 219.

272 BVerwGE 71, 183, 194; *Pitschas* in: Hoffmann-Riem/Schmidt-Aßmann/Schuppert (Hrsg.), Reform des Allgemeinen Verwaltungsrechts, 305; *Ossenbühl*, NVwZ 2011, 1358; *Spiecker gen. Döhmann*, in: Jahrbuch der juristischen Gesellschaft Bremen 2012, 125; *Martini/Kühl*, DÖV 2013, 573; *Knebel/Schoss*, DÖV 2016, 107; *Mast*, RuP 2017, 217 ff.; zu den presserechtlichen Auswirkungen der Eigenschaft von Hoheitsträgern als „privilegierte Quelle" siehe *Meyer*, Der Gerichtsprozess in der medialen Berichterstattung, 311 ff.

273 BVerwGE 12, 87.

274 BVerfGE 105, 252; BVerwGE 87, 37.

275 BVerfGE 105, 279; BVerwG, NJW 1991, 1770 ff.; BVerwGE 82, 76.

deln,[276] vor kontaminiertem Trinkwasser,[277] vor sog. „E-Zigaretten",[278] vor Brustimplantaten,[279] die Empfehlungen, in Kartons verpackte Getränke zu meiden,[280] „Müllspartipps" des Umweltministeriums,[281] die Veröffentlichung von Warentests durch eine Behörde[282] sowie die in einer Rechtsverordnung festgelegte Pflicht für Hersteller von Tabakwaren, Zigarettenschachteln mit Warnhinweisen zu versehen.[283]

Maßnahmen solcher Art können unter dem Begriff der *Öffentlichkeitsaufklärung* zusammengefasst werden.[284] Ihnen ist gemeinsam, dass die staatliche Stelle sich mit wertenden Aussagen an die Bürger richtet und diese die Wertung in ihre persönliche Entscheidungsfindung einfließen lassen sollen.[285] Auch der Gesetzgeber[286] und das BVerfG[287] sprechen von „Aufklärung", wenn eine Behörde in ihrem Aufgabenbereich bewertend Stellung beziehen soll, um den Bürger, insbesondere den Verbraucher, zu eigenverantwortlichem Handeln zu animieren.

---

276 OLG Stuttgart, NJW 1990, 2690 ff.; LG Stuttgart, NJW 1989, 2257 ff.

277 LG Göttingen, NVwZ 1992, 98 ff.

278 OVG Münster, GewArch 2012, 256 ff.; VG Düsseldorf, PharmR 2012, 154 ff.

279 VG Köln, Beschl. v. 14.10.2013, Az. 7 L 936/13; OVG Münster, Beschl. v. 03.04.2014, Az. 13 B 1309/13.

280 VGH Kassel, NVwZ 1995, 611 f.; VG Frankfurt, Urteil v. 18.05.1993, Az. 7 G 747/93.

281 VerfGH Münster NVwZ 1992, 467 ff.

282 BVerwG, DVBl 1996, 807 f.; OVG Koblenz, GewArch 1994, 234 ff.

283 BVerfGE 95, 173.

284 Für diesen Begriff prägend *Gröschner*, DVBl 1990, 619 ff., der die Öffentlichkeitsaufklärung in (allgemeine) Aufklärung, Warnungen und Empfehlungen unterteilt; ähnliche Kategorisierungen nach der Intensität der Beeinflussung finden sich auch bei anderen Autoren, wiederum jedoch sehr uneinheitlich; vgl. nur *Heintzen*, NuR 1991, 301, der zwischen Ankündigung, Appell, Aufklärung, Auskunft, Beratung, Empfehlung, Mahnung, Hinweis, Information, Stellungnahme und Warnung unterscheidet.

285 Vgl. *Pitschas*, in: Hoffmann-Riem/Schmidt-Aßmann/Schuppert (Hrsg.), Reform des Allgemeinen Verwaltungsrechts, 302 f.

286 Z.B. in § 44 Abs. 4 Satz 3 BNatSchG, § 1 Satz 3 SGB V, § 7 Abs. 1 SGB XI, §§ 1 Abs. 1, 2 Abs. 1 TPG.

287 Z.B. BVerfG, NJW 1987, 2287 f.

bb. Notwendigkeit der Unterscheidung von der staatlichen Öffentlichkeitsarbeit

Mittels Öffentlichkeitsaufklärung können staatliche Stellen ganz unterschiedliche Zwecke verfolgen. Die Gemeinsamkeit besteht aber darin, dass sie nicht lediglich der Herstellung von Öffentlichkeit für geplante oder bereits getroffene anderweitige Entscheidungen dient, sondern der originären Erfüllung von Verwaltungsaufgaben. Am häufigsten stehen dabei Umwelt- und Gesundheitsschutz im Mittelpunkt. Diese grundlegend unterschiedlichen Zielrichtungen staatlicher Informationsmaßnahmen wurden auch in der Rechtsprechung bereits früh erkannt.[288] So wertete das BVerfG die ersten staatlichen Aufklärungskampagnen gegen AIDS in einem Nichtzulassungsbeschluss als Umsetzung der Schutzpflicht aus Art. 2 Abs. 2 GG und nicht als Ausprägung eines Öffentlichkeitsauftrags.[289]

Dennoch sprechen BVerwG und BVerfG auch in solchen Fällen mittlerweile ausdrücklich von „Öffentlichkeitsarbeit", etwa wenn gesagt wird, dass „die verfassungsrechtlichen Befugnisse der Bundesregierung zur Information und Aufklärung der Öffentlichkeit (sog. Öffentlichkeitsarbeit) [...] das Recht zu öffentlichen Warnungen" einschlössen[290] oder dass zur regierungsamtlichen Öffentlichkeitsarbeit gehöre, „die Bürger auch außerhalb [...] ihrer eigenen gestaltenden politischen Tätigkeit zu unterrichten" und somit „zur eigenverantwortlichen Mitwirkung an der Problembewältigung" zu befähigen.[291] Gerade bei den Beschlüssen des BVerfG vom 26. Juni 2002 wird deutlich, dass das Gericht Öffentlichkeitsarbeit nicht an die verfassungsrechtliche Aufgabe zur Herstellung von Öffentlichkeit knüpft, sondern den Begriff als allgemeine Beschreibung staatlichen Informationshandelns benutzt. So betont das Gericht die „gewachsene Rolle der Massenmedien", den „Ausbau moderner Informations- und Kommunikationstechniken" und die „Entwicklung neuer Informationsdienste", die sich auf den Umfang der hoheitlichen Aufgabe zur Öffentlichkeitsarbeit auswirken sollen.[292] Anstatt der zu erreichenden Aufgabe – der Herstellung von Öffentlichkeit – stehen beim BVerfG also eher die angewandten Mittel im Vordergrund. Die Legitimation, im Rahmen der Öffentlichkeits-

288 Z.B. BVerwGE 71, 183, 190: Veröffentlichung von Transparenzlisten im Arzneimittelbereich als „Akt staatlicher Wirtschaftslenkung".

289 Vgl. BVerfG, NJW 1987, 2287 f.

290 BVerwGE 82, 76; ähnlich BVerwG, NJW 1991, 1770.

291 BVerfGE 105, 252, 269; 105, 279, 302.

292 BVerfGE 105, 252, 268; 105, 279, 301 f.

arbeit auch Warnungen und Empfehlungen herauszugeben, ergebe sich dagegen aus der „verfassungsunmittelbaren Aufgabe der Staatsleitung“,[293] deren „integraler Bestandteil“ die Informationsarbeit der Bundesregierung sei.[294]

Die staatliche Öffentlichkeitsarbeit ist ein gutes Beispiel für den Zwiespalt, in dem sich die Rechtswissenschaft bei der Begriffsbildung und -verwendung in Bereichen bewegt, in denen bislang weder der Gesetzgeber noch die Rechtsprechung eine allgemein akzeptierte Terminologie vorgegeben haben. Auf der einen Seite können zu viele begriffliche Differenzierungen eher zur Verwirrung als zur Klärung eines Problems beitragen.[295] Andererseits ist es auch ein berechtigtes Anliegen, aus angemessenen Problemlösungen zu vergleichbaren Fragestellungen wiederholt handhabbare Begriffe und Regeln zu erzeugen.[296] Die Bildung eigener, funktionsbestimmter Begriffe kann dabei helfen, aus der Bandbreite verschiedenster Lebensvorgänge diejenigen zu kennzeichnen, die im Hinblick auf ihre rechtliche Bedeutung und die dahinterstehenden Wertungen „gleich“ sind.[297] Nur in diesen Fällen ist der Schluss vom Rechtsbegriff auf die anwendbaren Rechtsregeln hilfreich und zulässig. Und von der Warte der rechtlichen Vergleichbarkeit sprechen einige Gründe dafür, staatliche In-

293 BVerfGE 105, 279, 301. Die weitreichenden Befugnisse, die die Exekutive somit über den unkonturierten Begriff der Staatsleitung erhielt, wurden vielfach kritisiert; vgl. etwa *Lepsius*, JZ 2004, 351: über diesen Topos werde wieder eingeführt, was „das Gericht lange [hatte] beseitigen wollen: vorbehaltsloses Staatshandeln [...] im Bereich der eingreifenden Verwaltung“. Leider haben sich diese Bedenken in nachfolgenden Entscheidungen zum Teil bestätigt: Wurde in BVerfGE 105, 279, 301 noch gesagt, dass es bei der Aufgabe der Staatsleitung um die „politische Führung, die verantwortliche Leitung des Ganzen der inneren und äußeren Politik“ gehe, die sich „die Bundesregierung mit den anderen dazu berufenen Verfassungsorganen“ teile, wurde diese Aufgabe in einer späteren Entscheidung sogar der Bundeszentrale für politische Bildung – einer nichtrechtsfähigen Anstalt – zugewiesen, vgl. BVerfG, NJW 2011, 511, 512. Das führt letztlich zur Frage, für welche staatlichen Funktionsträger der Gesetzesvorbehalt denn eigentlich noch gelten soll. Kritisch dazu *Schoch*, NVwZ 2011, 196 f.; *Becker/Harms/Sievers*, SchlHA 2015, 389; *Knebel/Schoss*, DÖV 2016, 106 ff. m.w.N.

294 BVerfGE 105, 252, 270.

295 *Jensen*, Rechtsprobleme regierungsamtlicher Öffentlichkeitsarbeit im Internet-Zeitalter, 13 spricht sich aus ebendiesem Grund gegen jede begriffliche Differenzierung im Bereich der „Öffentlichkeitsarbeit“ aus.

296 Dies ist einer der wesentlichen Grundgedanken der Rechtsdogmatik, siehe *Vesting*, Rechtstheorie, Rn. 21; vgl. ferner *Towfigh*, Der Staat 48 (2009), 72: dogmatische Begriffs- und Kategorienbildung als „Komplexitätsreduktion“.

297 Vgl. *Larenz/Canaris*, Methode der Rechtswissenschaft, 267, 316.

formationstätigkeit zur Umsetzung von gesetzlich aufgegebenen Sachaufgaben einerseits und selbstdarstellende Informationstätigkeit andererseits bereits auf begrifflicher Ebene voneinander zu unterscheiden.

Am Anfang muss dabei die oben dargelegte Erkenntnis stehen, dass diese Informationsakte unterschiedlichen Legitimationsbedingungen unterliegen. Auf der einen Seite steht eine Aufgabennorm wie z. B. der Umweltschutz, auf der anderen Seite der grundgesetzliche Öffentlichkeitsauftrag. Die rechtlichen Maßstäbe, die an die jeweilige Tätigkeit anzulegen sind, hängen damit untrennbar zusammen. Gerade im Bereich des staatlichen Informationshandelns ist es erst die verfassungsrechtliche Legitimationsgrundlage, die eine Ausnahme vom Grundsatz der Staatsfreiheit politischer Willensbildung rechtfertigen kann.[298] Die Reichweite der Ausnahme richtet sich wiederum nach der Rechtfertigungsnorm. So könnte ein Eingriff in die gesellschaftliche Willensbildung in Form eines hoheitlichen Warentestsystems beispielsweise schwerlich mit einer verfassungsrechtlichen Transparenzverpflichtung begründet werden.

Auch andere rechtliche Rahmenbedingungen werden durch die Qualifikation einer Maßnahme maßgeblich beeinflusst. So fordert die Rechtsprechung von Regierungen im Vorfeld von Wahlen Zurückhaltung, was die selbstdarstellende Öffentlichkeitsarbeit anbelangt.[299] Zwar gibt es ein allgemeines Neutralitätsgebot, das Amtsträgern partei- oder bewerberbezogene Wahlwerbung verbietet und für jede Form staatlichen Handelns gilt.[300] Weil selbstdarstellenden Publikationen – etwa in Form von Arbeits-, Leistungs- und Erfolgsberichten[301] – aber eine besondere Eignung zur Beeinflussung des Stimmenwettbewerbs unterstellt wird, sollen sich Amtsträger vor Wahlen mit solchen Publikationen absolut zurückhalten. Es werden also Einschnitte bei der Publizität des Staatshandelns zugunsten eines möglichst unverfälschten Wahlergebnisses in Kauf genommen. Diese Abwägung würde jedoch niemand ernsthaft anstellen, wenn es um primäre Staatstätigkeit wie den Schutz der Umwelt oder die Gesundheit der Bürger

---

298 BVerfGE 20, 56, 99 f.; *Lüdemann*, Edukatorisches Staatshandeln, 89. Siehe zu diesem Grundsatz ausführlich unten B.II.1.b.bb.

299 Vgl. BVerfGE 44, 125, 147; 63, 230, 242; VerfGH Koblenz, NVwZ 2007, 200 f.; VerfGH Weimar, Urteil v. 03.12.2014, Az. StGH 2/14, Rn. 65 (juris). Ob im Vorfeld von Wahlen verschärfte Anforderungen an die staatliche Neutralität gelten, wird in der neuesten Rechtsprechung des BVerfG dagegen offengelassen, vgl. BVerfG, NVwZ 2018, 485, Rn. 46.

300 BVerfG, NVwZ 2018, 485, Rn. 46; *Kuch*, AöR 142 (2017), 492 ff.; *Oebbecke*, NVwZ 2007, 31; *Schlaich*, Neutralität als verfassungsrechtliches Prinzip, 236 ff.

301 Dazu BVerfGE 44, 125, 147 ff.

ginge. Es würde schließlich niemand der Exekutive verbieten wollen, über einen bestimmten Zeitraum ihre originären Aufgaben zu erledigen, wenn sie sich dabei breitenwirksamer Medien bedienen müsste.[302] Dass die Wahlentscheidung der Bürger davon beeinflusst wird, ob Amtsträger ihre Aufgaben gut erfüllen, ist keine Bedrohung für die Chancengleichheit der Parteien, sondern der im demokratischen Wettbewerb angelegte Normalzustand. Aufgrund der unterschiedlichen Bewertungsmaßstäbe muss deshalb zwischen staatlicher Aufgabenerfüllung und staatlicher Selbstdarstellung unterschieden werden.[303]

Zu welchen großen Unsicherheiten eine pauschale Gleichsetzung führen kann, hat die Rechtsprechung von BVerfG und BVerwG zu hoheitlichen Warnungen und Empfehlungen sowie die umfangreiche Kritik aus der Literatur dazu in aller Deutlichkeit gezeigt. Probleme ergeben sich zum einen bei der Bestimmung der Zuständigkeit. So gesteht das BVerfG zwar ein, dass die Kompetenzordnung auch im Bereich staatlichen Informationshandelns zu beachten sei.[304] Für Warnungen und Empfehlungen – die in der Sache zu Zwecken der Gefahrenabwehr ergehen – sollen aber dennoch nicht Artt. 30, 83 ff. GG gelten, sondern ein anderes Regime. Über alle föderalen Grenzen hinweg solle die Bundesregierung immer dann zuständig sein, wenn ihr eine „gesamtstaatliche Verantwortung“ zukommt, die „mit Hilfe von Informationen erfüllt werden kann.“[305] Die Bestimmung der Zuständigkeit bei der selbstdarstellenden Öffentlichkeitsarbeit fällt indes wesentlich leichter: Die Informationskompetenz ist notwendigerweise auf den Aufgaben- und Zuständigkeitsbereich der zuständigen Stelle begrenzt und fließt somit aus der Sachkompetenz.[306] Wenn man nun aber wie das BVerfG auf eine Öffentlichkeitsverantwortung rekurriert, um die Sachkompetenz erst noch zu begründen, und aus dieser Sachkompetenz wiederum Informationsbefugnisse ableitet, begibt man sich in einen Zirkelschluss.[307] Nur wenn man zwischen den beiden Bereichen Aufgabenerfüllung und Darstellung der Aufgabenerfüllung unterscheidet,

---

302 Vgl. *Palm*, in: FS VerfGH Münster, 328.

303 So ausdrücklich auch VerfGH Münster, NVwZ 1992, 468; gegen diese Unterscheidung wendet sich hingegen *Schürmann*, NVwZ 1992, 853 f., der die einschlägigen Entscheidungen des BVerfG anders interpretiert. Siehe dazu schon oben B.I.2.e.

304 BVerfGE 105, 252, 268; 105, 279, 306.

305 BVerfGE 105, 252, 270.

306 VerfGH Koblenz, NVwZ 2007, 200; BVerwGE 127, 1, 15 f.; BVerwG, NVwZ 2018, 433; *Heintzen*, NJW 1990, 1450.

307 *Heintzen*, VerwArch 81 (1990), 552; ähnlich *Meyn*, JuS 1990, 633.

ist es möglich, die Kompetenzen der einzelnen Hoheitsträger zum Informationshandeln sinnvoll zu bestimmen.

Darüber hinaus ergeben sich vor allem im Bereich hoheitlicher Warnungen und Empfehlungen zahlreiche grundrechtsdogmatische Probleme, die Rechtsprechung und Wissenschaft bis heute beschäftigen, wie etwa der Eingriffscharakter staatlicher Information sowie der Vorbehalt des Gesetzes.[308] Im Rahmen einer Begriffsbestimmung können und müssen diese Probleme nicht erschöpfend behandelt werden. Und selbstverständlich ist allein durch die Wahl der Begrifflichkeiten noch nichts darüber ausgesagt, unter welchen Bedingungen der informierende Staat in Grundrechte eingreifen darf, insbesondere ob er dazu eine gesetzliche Grundlage benötigt. Fest steht aber jedenfalls, dass sich etwa die Legitimation zu einer Warnung zu Zwecken der Gefahrenabwehr nicht allein aus dem demokratisch und rechtsstaatlich begründeten Öffentlichkeitsgrundsatz ergeben kann. Hier pauschal mit einer „Befugnis zur Öffentlichkeitsarbeit“[309] oder der „staatlichen Teilhabe an der öffentlichen Kommunikation“[310] zu argumentieren, ist – wenn auch in der Sache nicht zwangsläufig falsch – jedenfalls juristisch unpräzise. Alles in allem hilft eine begriffliche Unterscheidung in diesem umstrittenen Bereich dabei, die Rechtanwendung transparenter zu gestalten und Unsicherheiten zu verringern.

Schließlich streiten auch haushaltsrechtliche Aspekte für diese Unterscheidung: Wenn das Budgetrecht des Parlamentes neben den Interpellationsrechten als „eines der wesentlichen Instrumente der parlamentarischen Regierungskontrolle“[311] fungieren soll, muss aus dem Haushaltsplan klar hervorgehen, für welche Art von Maßnahmen bereitgestellte Mittel ver-

308 Aus der großen Zahl der kritischen Beiträge beispielhaft *Schoch*, NVwZ 2011, 193 ff.; *ders.*, HStR III, § 37 Rn. 73, 111 ff.; *ders.*, DVBl 1991, 667 ff.; *Murswiek*, NVwZ 2003, 1 ff.; *Huber*, JZ 2003, 290 ff.; *Bethge*, Jura 2003, 327 ff.; *Dreier*, Verw 36 (2003), 129 ff.; *Becker/Blackstein*, NJW 2011, 491 f.; *Kirchhof*, HStR V, § 99 Rn. 214; *Sachs*, in: FS Selmer, 209 ff.; *Hellmann*, NVwZ 2005, 163 ff.; *Gramm*, Der Staat 30 (1991), 79 ff.; *Heintzen*, VerwArch 81 (1990), 532 ff.; *Meyn*, JuS 1990, 630 ff.; *Gusy*, JZ 1989, 1004 f.; *Walter*, Religionsverfassungsrecht, 264 ff.

309 So BVerwGE 82, 76, 79.

310 So BVerfGE 105, 252, 268; 105, 279, 301.

311 BVerfGE 70, 324, 356. Nur wegen dieses zentralen Kontrollinstruments sieht es das BVerfG auch als zulässig an, dass nicht alle weitreichenden politischen Entscheidungen durch das Parlament selbst getroffen werden müssen, sondern einige von ihnen auch an andere oberste Staatsorgane delegiert werden können. Betont wurde die Bedeutung des parlamentarischen Budgetrechts zuletzt in den Urteilen des BVerfG zum europäischen Stabilitätsmechanismus ESM, vgl. BVerfGE 131, 152, 104 ff. sowie BVerfGE 135, 317, 416.

wendet werden dürfen.[312] Abgesehen davon, dass sie über dieselben Kommunikationskanäle erfolgen, haben Informationskampagnen zur Darstellung der eigenen Politik nichts gemeinsam mit Kampagnen zum Vollzug von Verwaltungstätigkeiten. In den Haushaltsplänen des Bundes und der Länder sind Ausgaben für Verwaltung und Öffentlichkeitsarbeit deshalb in verschiedenen Titeln ausgezeichnet. Demzufolge sollte auch das für die eine Aufgabe bereitgestellte Geld nicht zur Erfüllung der jeweils anderen Aufgabe aufgewendet werden dürfen. Jedoch wird wegen der Unbestimmtheit des Begriffs „Öffentlichkeitsarbeit“ mit Sorge beobachtet, dass Gelder für Kommunikationszwecke in verschiedenen Haushaltstiteln verborgen werden.[313] Diese nach § 17 Abs. 4 BHO verbotene Praxis wurde etwa in der 15. Legislaturperiode des Deutschen Bundestages durch den Bundesrechnungshof aufgedeckt. Die einzelnen Ministerien hatten die Ausgaben für selbstdarstellende Informationskampagnen nicht nur unter der Funktionskennziffer 013 (Öffentlichkeitsarbeit) veranschlagt, sondern darüber hinaus „quer über den Bundeshaushalt“ verteilt.[314] So wendete beispielsweise das Ministerium für Verbraucherschutz 5,8 Millionen Euro aus einem Bundesprogramm zur Förderung des öffentlichen Landbaus für Öffentlichkeitsarbeit auf und konnte seinen eigentlichen Etat für Öffentlichkeitsarbeit dadurch um mehr als 400 % erhöhen.[315] Der Realbefund zeigt, dass die begrifflichen Unsicherheiten zu Lasten der Kontrollfunktion des Haushaltsplans gehen. Eine klare Unterscheidung und eine entsprechende Handhabe der Begrifflichkeiten werden deshalb auch zum Anliegen des parlamentarischen Rechtsstaates.

cc. Gegenargumente in der Literatur

Jedoch teilen viele Autoren die Auffassung von BVerfG und BVerwG und sehen Öffentlichkeitsarbeit als empirisch-deskriptiven Begriff, nicht jedoch

---

312 Aus diesem Grund haben die für „Öffentlichkeitsarbeit“ ausgewiesenen Mittel bei der parlamentarischen Debatte um den Bundeshaushaltsplan bereits öfter eine Rolle gespielt. Nachweise bei *Schürmann*, Öffentlichkeitsarbeit der Bundesregierung, 61 ff.

313 Vgl. BT-Drs. 15/2912, 1 f., 28; *Gasde*, in: Köhler/Schuster (Hrsg.), Handbuch Regierungs-PR, 416.

314 *Kaster*, in: Köhler/Schuster (Hrsg.), Handbuch Regierungs-PR, 186 f.

315 Bundesrechnungshof, Bemerkungen zur Haushalts- und Wirtschaftsführung des Bundes 2004, 122 ff.; der eigene Etat des Ministerium für Öffentlichkeitsarbeit betrug dagegen lediglich € 1.350.000.

als juristische Kategorie an. Demnach solle alles umfasst sein, was der Staat „zum Zwecke der Information, Werbung, Aufklärung und Warnung an die Öffentlichkeit adressiert, um dort Wirkungen hervorzurufen".[316] Die Motive dafür, diesen weiten Begriff von Öffentlichkeitsarbeit zu wählen, sind unterschiedlich. Entscheidend kann dabei der Zweck der jeweiligen Arbeit sein. So legt *Engel* seinem Beitrag etwa ausdrücklich deswegen ein weites Verständnis von Öffentlichkeitsarbeit zugrunde, „weil sich weder die verzerrende Wirkung auf Wahlen noch der steuernde Effekt auf Öffentlichkeitsarbeit in einem engeren Sinne" beschränken ließe.[317] Gegen diese Vorgehensweise ist auch nichts einzuwenden, weil *Engel* nicht „Öffentlichkeitsarbeit" als rechtliche Kategorie in den Mittelpunkt stellt, sondern sich auf die Wechselwirkungen von staatlichem Informationshandeln und Stimmenwettbewerb beschränkt. Will man „Öffentlichkeitsarbeit" allerdings mit seinen spezifischen Funktionen gerade im Vergleich zu verschiedenartigem Staatshandeln betrachten, scheidet eine solche Vorgehensweise aus. Durch eine Ausweitung des Begriffs auf jede Form von informaler Staatskommunikation würde jegliche Unterscheidungskraft verloren gehen, da deren Zwecke so vielfältig sein können, wie es die Aufgabenfelder des Staates sind.

Oftmals wird mit Verweis auf die angeführte Rechtsprechung von BVerfG und BVerwG auf eine Begründung für die entsprechende Wortwahl völlig verzichtet.[318] Aber auch in den Fällen, in denen die Autoren sich mit dem Begriffsstreit auseinandersetzen, vermag keines der Argumente die oben aufgezeigte Notwendigkeit eines auf Selbstdarstellung beschränkten Rechtsbegriffs der staatlichen Öffentlichkeitsarbeit zu widerlegen. So führt *Jensen* beispielsweise aus, dass der Begriff wegen des „in einem natürlichen Prozess entstandenen" tatsächlichen Sprachgebrauchs im umfassenden Sinne zu verstehen sei. Alle notwendigen Differenzierungen können ebenso gut auf der Ebene der Voraussetzungen und Grenzen vorgenommen werden.[319] Der oben dargestellte Befund zeigt allerdings, dass die Rechtswissenschaft weit entfernt ist von einem einheitlichen

---

316 So die von *Schürmann* als „Subjektlehre" bezeichnete Definition; siehe *ders.*, NVwZ 1992, 853 sowie *ders.*, Öffentlichkeitsarbeit der Bundesregierung, 60 f., 74; diese Definition gilt aber ausdrücklich nur für die regierungsamtliche Öffentlichkeitsarbeit.

317 Vgl. *Engel*, HStR IV, § 80 Rn. 3.

318 Vgl. z.B. *Gusy*, NJW 2000, 977 ff.; *ders.*, GVerwR II, § 23 Rn. 95 ff.

319 Vgl. *Jensen*, Rechtsprobleme regierungsamtlicher Öffentlichkeitsarbeit im Internet-Zeitalter, 13; ähnlich argumentiert *Porsch*, Warnungen und kritische Äußerungen als Mittel gemeindlicher Öffentlichkeitsarbeit, 40 f.

Sprachgebrauch.[320] Zwar verhindert die bloße Begriffswahl noch nicht die gebotenen Differenzierungen bei der rechtlichen Behandlung – auf dieser Ebene soll das Problem ja schließlich erst benannt und nicht gelöst werden. Allerdings zeichnet die Begriffswahl stets auch die dogmatische Behandlung vor. Setzt man auf dieser Ebene strukturell verschiedene Sachverhalte gleich, erschwert man die Anwendung des Rechts und provoziert Unsicherheiten.[321] Das zeigen die oben genannten Probleme zur Zuständigkeit und im grundrechtlichen Bereich.

Ein weiteres Argument, mit dem Autoren und Rechtsprechung die begriffliche Gleichsetzung zu begründen versuchen, sind die Gemeinsamkeiten zwischen Information über Staatstätigkeit und Information zur Wahrnehmung von Staatstätigkeit. So sind beide auf mediale Präsentation angewiesen und bedienen sich somit derselben Mittel, wie etwa Broschüren, Anzeigenkampagnen oder Internetauftritte.[322] Dieses empirische Kriterium besitzt allerdings nur dann Aussagekraft, wenn man „Öffentlichkeitsarbeit“ keinen spezifisch rechtlichen normativen Gehalt zuweisen will, sondern lediglich als Umschreibung für nichtimperative Staatskommunikation ansieht. Weiterhin wird argumentiert, dass die beiden Arten staatlichen Informationshandelns ähnlichen Zwecken dienen und deshalb schwer zu unterscheiden seien. Öffentlichkeitsarbeit, mit der staatliche Stellen ihre vergangene und zukünftige Arbeit darstellen, dient als „Bindeglied“ zwischen Bürgern und Staat und fördert die Herausbildung einer öffentlichen Meinung. Der Beitrag, den die öffentliche Meinung zur Legitimation des Gemeinwesens leistet, ist einer der wesentlichen Ansatzpunkte zur verfas-

---

320 Auch insofern damit ein angeblich einheitlicher Gebrauch des Begriffs in Wirtschaft und Gesellschaft gemeint sein sollte, spricht das nicht zwangsläufig gegen eine Differenzierung im Bereich der Rechtswissenschaft. Es gibt viele Beispiele, bei denen die Bedeutung eines Rechtsbegriffs aus Gründen höherer Präzision vom allgemeinen Sprachgebrauch abweicht. Zu denken ist hier etwa an den „Besitz“ nach § 854 Abs. 1 BGB, der im Volksmund auch mit dem Eigentum gleichgesetzt wird. Ein weiteres Beispiel ist die „Freizügigkeit“, die in Art. 11 Abs. 1 GG nur die freie Wahl des Aufenthaltsortes, im nichtjuristischen Sprachgebrauch aber das „Ausleben von Freiheiten“ in einem allgemeineren Sinn bezeichnet.

321 Dazu *Gramm*, Der Staat 30 (1991), 79: „Eine unkritische Ausdehnung des verfassungsrechtlichen Öffentlichkeitsauftrages […] liefe de facto auf [eine] Blankovollmacht zu staatlichem Informationshandeln hinaus“.

322 Vgl. *Jensen*, Rechtsprobleme regierungsamtlicher Öffentlichkeitsarbeit im Internet-Zeitalter, 14 ff.

sungsrechtlichen Begründung selbstdarstellender Öffentlichkeitsarbeit.[323] Bei hoheitlichen Warnungen und Empfehlungen sei dies aber ganz ähnlich. Zwar verfolgten diese primär das Ziel, den Bürger vor Gefahren zu schützen. Gleichzeitig werde dem Bürger aber auch das Gefühl vermittelt, vom Staat Schutz zu erfahren.[324] Gerade zur Bewältigung aktueller gesellschaftlicher Probleme könne das Schweigen des Staates „als Versagen bewertet werden“ und somit „zu Legitimationsverlusten führen“.[325] Hoheitliche Warnungen und Empfehlungen können als Beleg für politisches Handeln eines hoheitlichen Akteurs dienen und auf diesem Wege das Vertrauen in den Staat erhöhen.[326] Da die verschiedenen Erscheinungsformen des staatlichen Informationshandelns somit ganz ähnliche Funktionen erfüllen, sei kein Grund für eine begriffliche Unterscheidung ersichtlich.

Die Argumentation, dass beide Arten der Informationstätigkeit einen Bezug zur Legitimität des Gemeinwesens haben und somit strukturell ähnlich sind, vermag allerdings nicht zu überzeugen. Zum einen ist damit nur eine Funktion unter vielen angesprochen.[327] Im Kern bleibt es dabei, dass die bloße Offenlegung staatlicher Vorgänge wenig mit Öffentlichkeitsaufklärung zu Zwecken der Prävention im Gesundheits- oder Umweltbereich zu tun hat. Zum anderen ist dieses Kriterium auch deswegen für eine Begriffsbestimmung ungeeignet, weil es ihm an Unterscheidungskraft fehlt. Die Frage, ob Bürger das Handeln des Staates als begrüßenswert oder als „Versagen“ werten, hängt nicht damit zusammen, dass sich der Staat für ein informales Handlungsinstrument entschieden hat. Auch ein gutes Gesetz oder ein wegweisendes Gerichtsurteil können dem Bürger das Gefühl geben, „vom Staat Schutz zu erfahren“, oder als Handlungsbeleg dienen. Vertrauensbildende Maßnahmen sind selbstverständlich nicht auf den Bereich der Öffentlichkeitsarbeit beschränkt. Würde man diese Argumentation konsequent durchhalten, hätte der Begriff der staatlichen Öffentlichkeitsarbeit jede Kontur verloren und würde letztendlich jede Form öffentlichkeitswirksamen Staatshandelns umfassen.

---

323 Vgl. BVerfGE 44, 125, 147; *v. Coelln*, Zur Medienöffentlichkeit der Dritten Gewalt, 172; zur „Integrationsfunktion“ der öffentlichen Meinung näher unten B.II.2.b.bb.(2.).

324 *Schwarzer*, Staatliche Öffentlichkeitsarbeit, 24.

325 BVerfGE 105, 252, 270; 105, 279, 302 f.

326 *Jensen*, Rechtsprobleme regierungsamtlicher Öffentlichkeitsarbeit im Internet-Zeitalter, 12.

327 Zu den weiteren Funktionen selbstdarstellender staatlicher Öffentlichkeitsarbeit siehe unten B.II.2.b.

Ein Problem, das wesentlich zum Begriffsstreit beiträgt, ist die Fixierung eines großen Teils der Literatur zum Thema auf die Exekutive, vor allem auf den Regierungsbereich.[328] Das ist einerseits verständlich, weil in diesem Bereich die meisten einschlägigen höchstrichterlichen Urteile ergangen sind. Andererseits verleitet gerade die isolierte Kategorie der „regierungsamtlichen Öffentlichkeitsarbeit" dazu, auch hoheitliche Warnungen und Empfehlungen in den Begriff einzubeziehen, weil sie oft von Regierungsvertretern geäußert werden und über dieselben Wege vermittelt werden wie selbstdarstellende Öffentlichkeitsarbeit.[329] Das darf jedoch nicht darüber hinwegtäuschen, dass auch die anderen Gewalten dazu aufgerufen sind, sich und ihr Wirken in der Öffentlichkeit darzustellen. Auch sie müssen sich – in Erfüllung des oben dargestellten Öffentlichkeitsauftrags der Verfassung – der kritisch-kontrollierenden Beobachtung durch die Gesellschaft stellen und sich vor der öffentlichen Meinung rechtfertigen.[330] Die damit verbundene staatliche Aufgabe zur Herstellung von Öffentlichkeit gilt über die Grenzen der einzelnen Staatsfunktionen hinweg. Wenn man aber dieselbe Aufgabe für mehrere Staatsfunktionen formuliert, ergibt sich eine notwendige Konsequenz: Sie kann nicht auf die Wahrnehmung primärer Staatsfunktionen gerichtet sein kann. Im Rechtsstaat des Grundgesetzes würde es einen Verstoß gegen die Gewaltenteilung bedeuten, würde man Aufgaben der Legislative, der Exekutive oder der Judikative einer der jeweils anderen Gewalten zuordnen. Unter den Begriff der Öffentlichkeitsarbeit sollte also keine Form der Herrschaftsausübung fallen, die exklusiv einer der drei Gewalten zuzurechnen ist. Öffentlichkeitsarbeit kann über primäre Staatstätigkeit berichten, nicht aber selbst primäre Staatstätigkeit sein.

Zwar sind in den Bereichen Gesetzgebung und Rechtsprechung im Gegensatz zur Exekutive nicht viele Fälle denkbar, in denen bereichsspezifi-

---

328 So z.B. *Leisner*, Öffentlichkeitsarbeit der Regierung im Rechtsstaat; *Schürmann*, Öffentlichkeitsarbeit der Bundesregierung; *ders.*, NVwZ 1992, 852 ff.; *Engel*, HStR IV, § 80; *Jensen*, Rechtsprobleme regierungsamtlicher Öffentlichkeitsarbeit im Internet-Zeitalter; *Voßkuhle/Kaiser*, JuS 2018, 343 f.; ausdrücklich *Gusy*, NJW 2000, 980: „Öffentlichkeitsarbeit ist Handeln der vollziehenden Gewalt".

329 Kritisch dazu, einen eigenständigen Bereich der regierungsamtlichen Öffentlichkeitsarbeit verfassungsrechtlich zu etablieren, äußert sich auch *Goerlich*, NWVBl 1992, 161.

330 Dazu *v. Coelln*, Zur Medienöffentlichkeit der Dritten Gewalt, 175 ff., der die unterschiedlichen Ausprägungen der Öffentlichkeitsverpflichtung für die drei Gewalten herausarbeitet; ferner *Kempen*, Grundgesetz, amtliche Öffentlichkeitsarbeit und politische Willensbildung, 85 ff. sowie *Schoch*, HStR III, § 37 Rn. 77.

sche Aufgaben mittels informaler Öffentlichkeitskommunikation wahrgenommen werden können. Die grundsätzliche Unterscheidung zwischen Aufgabenerfüllung und der Information über die Aufgabenerfüllung muss jedoch auch hier beachtet werden. Legt beispielsweise ein Gerichtspräsident in einem Pressegespräch[331] den Parteien eines konkret bezeichneten Rechtsstreits eine außergerichtliche Streitbeilegung nahe, tut er dies – ob auf rechtmäßige, geschweige denn angemessene Weise sei dahingestellt –, um die Pflicht des Gerichtes aus § 278 Abs. 1 ZPO zu erfüllen. Zur Kategorie der staatlichen Öffentlichkeitsarbeit zählt eine solche Äußerung jedenfalls nicht mehr.

Damit lässt sich festhalten, dass die in der Literatur angeführten Argumente nicht gegen die hier vorgeschlagene Unterscheidung in Position gebracht werden können. Es ist sicherlich richtig, dass eine saubere Differenzierung in einzelnen Fällen mit Schwierigkeiten verbunden sein mag.[332] Diese Schwierigkeiten wird man aber auf sich nehmen müssen, um das unübersichtliche Gebiet des staatlichen Informationshandelns präzise beurteilen zu können.

dd. Unterscheidungskriterien

Das nächste Anliegen muss es deshalb sein, Kriterien zu finden, anhand derer sich Öffentlichkeitsarbeit vom Informationshandeln zur Erfüllung anderer Sachziele unterscheiden lässt. Formale Kriterien stehen dabei nicht zur Verfügung. Warnungen und Empfehlungen mit dem Ziel, primäre Staatsaufgaben wahrzunehmen, folgen keinem vorgegebenen Verfahren und tragen in aller Regel keine entsprechende Überschrift. Abgrenzungsprobleme stellen sich im Bereich des informalen Staatshandelns deshalb regelmäßig.[333]

---

331 Auch dies kann ein Mittel gerichtlicher Öffentlichkeitsarbeit sein, siehe *Schoch*, HStR III, § 37 Fn. 334.

332 Dies betont *Jensen*, Rechtsprobleme regierungsamtlicher Öffentlichkeitsarbeit im Internet-Zeitalter, 13.

333 *Schoch*, HStR III, § 37 Rn. 75 erinnert zu Recht daran, dass solche Probleme durchaus auch beim rechtsförmlichen Staatshandeln „das tägliche Geschäft des Juristen" bestimmen, etwa bei der Unterscheidung von Verwaltungsakt und Realakt oder von Allgemeinverfügung und Rechtsnorm.

(1.) „Verhaltenssteuernde Maßnahmen“?

Einige Autoren unterscheiden staatliche Öffentlichkeitsarbeit grundsätzlich von „verhaltenssteuernden Maßnahmen“.[334] Erstere ist – im Einklang mit der hier zugrunde gelegten Definition – auf die Darstellung staatlicher Tätigkeiten und Akteure beschränkt. Sobald die Informationsvermittlung aber darauf zielt, über die Veränderung des Kenntnisstandes oder des Vorstellungsbildes hinaus auch das Verhalten der Adressaten zu beeinflussen, soll es sich dabei um die primäre Staatstätigkeit handeln.

Das Kriterium der Verhaltenssteuerung ist insofern ein guter Ansatzpunkt, als es die Wirkungsweise von Öffentlichkeitsaufklärung gut beschreibt. Der Staat informiert, um die Bürger zu einem bestimmten Verhalten oder Unterlassen zu bewegen, das dem Staat bei der Erfüllung einer öffentlichen Aufgabe dient.[335] Das Ziel kann dabei sein, eine unmittelbare Verhaltensänderung beim Adressaten zu veranlassen. Dies ist etwa der Fall, wenn der Staat den Bürgern zur AIDS-Prävention die Verwendung von Kondomen empfiehlt. Die Behörden können zudem aber auch versuchen, Steuerungswirkungen bei Dritten zu erzielen, deren Interessen nur mittelbar betroffen sind: Klären sie die Bürger darüber auf, dass bestimmte Stoffe in Produkten gesundheitsschädlich sein können, bleibt den Herstellern dieser Produkte wenig anderes übrig, als auf diese Stoffe zu verzichten, wenn sie nicht Gefahr laufen wollen, Kunden zu verlieren. In beiden Fällen hat der Staat die Aufgabe des Gesundheitsschutzes günstigenfalls nur durch verhaltenslenkende Informationsmaßnahmen, aber ohne Einsatz von Zwangsmitteln erfüllt. Es stellt sich aber die Frage, ob man aus diesem Charakteristikum von Öffentlichkeitsaufklärung ein geeignetes Abgrenzungskriterium gewinnen kann.

(a.) Objektive Eignung zur Verhaltenssteuerung

Ein Ansatzpunkt wäre, bei einer Informationskampagne darauf abzustellen, ob sie objektiv geeignet ist, das Verhalten der Bürger zu beeinflussen.

---

334 So etwa *Leidinger*, DÖV 1993, 925 f.; *Schmidt*, Verhaltenslenkende Maßnahmen der Bundesregierung, 17 ff.; *Feik*, Öffentliche Verwaltungskommunikation, 313; *Gersdorf*, Parlamentsfernsehen des Deutschen Bundestages, 29; *Schoch*, HStR III, § 37 Rn. 76, der aber in Rn. 90 auch der staatlichen Öffentlichkeitsarbeit ein gewisses verhaltenssteuerndes Potential zuspricht.

335 Vgl. *Lüdemann*, Edukatorisches Staatshandeln, 121.

Bei selbstdarstellender Öffentlichkeitsarbeit ist dies nämlich – im Gegensatz zu staatlichen Warnungen – regelmäßig nicht der Fall.[336] Wenn die Bundeskanzlerin bei der Bundespressekonferenz die Arbeit der Regierungskoalition resümiert oder wenn ein Gericht einen Newsletter mit aktueller Rechtsprechung versendet, führt dies in den meisten Fällen nicht zu einer Verhaltensänderung bei den Adressaten. Allerdings wäre es zu weit gegriffen, wenn man selbstdarstellende Öffentlichkeitsarbeit von jedem Verhaltensbezug freistellen wollte. Das hängt bereits mit dem Begriff der „Information" zusammen, der – im Gegensatz zu Daten, Zeichen oder Signalen – von vornherein „sozial geprägt" ist.[337] Erst der Empfänger konstituiert die Information bzw. deren Gehalt, da er das Aufgenommene interpretiert, in einen konkreten Zusammenhang setzt und damit einen Handlungsbezug herstellt oder nicht.[338] So kann ein Bericht der Bundeskanzlerin über ihre aktuelle politische Agenda eine ganz erhebliche verhaltenssteuernde Wirkung haben, beispielsweise wenn steuerrechtliche Änderungen in Aussicht gestellt werden und betroffene Bürger ihre Vermögenswerte umstrukturieren, um keine Verluste zu erleiden. Ebenso kann das Auftreten von Amtsträgern in der Öffentlichkeit dazu führen, dass Bürger Vertrauen aufbauen und enger mit dem Staat zusammenarbeiten – dies ist sogar eines der zentralen Ziele von Öffentlichkeitsarbeit.

Auch wenn selbstdarstellende Öffentlichkeitsarbeit im Gegensatz zur Öffentlichkeitsaufklärung in den meisten Fällen nicht auf Verhaltenssteuerung ausgelegt und ausgerichtet ist, besitzt sie in vielen Fällen dennoch das Potential, Verhaltenänderungen bei den Adressaten zu bewirken. Dieses Kriterium eignet sich daher nicht als Abgrenzungskriterium zwischen den verschiedenen staatlichen Kommunikationsmaßnahmen.

(b.) Motive der handelnden Stelle

Um das Kriterium der Verhaltenssteuerung zu konkretisieren, bietet sich eine zweite Möglichkeit an: Anstatt auf die entsprechende objektive Eig-

---

336 Vgl. *Gersdorf*, Parlamentsfernsehen des Deutschen Bundestages, 29; *Engel*, Die staatliche Informationstätigkeit in den Erscheinungsformen Warnung, Empfehlung und Aufklärung, 32; *Leidinger*, DÖV 1993, 925.

337 Vgl. *Kugelmann*, Die informatorische Rechtsstellung des Bürgers, 17.

338 *Augsberg*, in: Dreier/Fischer/van Raay/Spiecker gen. Döhmann (Hrsg.), Informationen der öffentlichen Hand, 44 f.; *Frenzel*, in: Dreier/Fischer/van Raay/Spiecker gen. Döhmann (Hrsg.), Informationen der öffentlichen Hand, 60; *Trute*, JZ 1998, 825.

nung einer Publikation könnte man auch auf die Absichten der jeweils handelnden Behörde abstellen.[339] Die Frage würde dabei lauten: Verfolgt die Behörde *konkrete Steuerungsziele* oder zielt sie nur darauf ab, ihre Tätigkeit publik zu machen?

Die Abgrenzung somit anhand eines quasi-subjektiven Kriteriums vorzunehmen, begegnet jedoch zweierlei Bedenken. Zum einen kann es bei der rechtlichen Bewertung nicht der Behörde überlassen werden, anhand welcher Maßstäbe ihr Handeln zu beurteilen ist. Will man das staatliche Informationshandeln rechtsstaatlich disziplinieren, kann man dies nur anhand objektiver Kriterien tun. Man würde den Unterschied zwischen gesetzesgebundenem und (nur rechtsgebundenem) sonstigem Staatshandeln sonst eher noch vertiefen. Darüber hinaus wäre dieses Kriterium aber auch unergiebig. Konkrete Begründungspflichten sind im Bereich des informalen Staatshandelns nicht vorgeschrieben. In den meisten Fällen wird man deshalb mangels konkreter Anhaltspunkte ohnehin auf den Inhalt der Publikation abstellen müssen, um Rückschlüsse auf die Motive zu erhalten. Man hätte das Problem nur verschoben, nicht aber gelöst.

(2.) „Neutralität“ der Information?

Auf der Suche nach inhaltlichen Unterscheidungskriterien könnte man darauf abstellen, dass Öffentlichkeitsaufklärung typischerweise ein Wertungselement beinhaltet, um die gewünschten Wirkungen zu erzielen.[340] Warnt der Staat vor einem bestimmten Verhalten oder empfiehlt er ein anderes, bringt er damit ein Urteil gegenüber bestimmten Verhaltensalternativen zum Ausdruck, von denen er einige als besser darstellt als die anderen. Die Öffentlichkeitsarbeit zeichnet sich demgegenüber durch eine gewisse Neutralität aus. Sie soll das staatliche Handeln lediglich sachlich darstellen.[341]

Dem ist zuzugeben, dass Warnungen und Empfehlungen eine eindeutige Wertung gegenüber Verhalten im gesellschaftlichen Bereich beinhalten und deshalb leicht erkennbar über die staatliche Selbstdarstellung hinaus-

---

339 Dieses Kriterium scheint *Schmidt*, Verhaltenslenkende Informationsmaßnahmen der Bundesregierung, 17 in den Mittelpunkt zu stellen: Im Gegensatz zu verhaltenssteuernden Informationsmaßnahmen gehöre die Öffentlichkeitsarbeit zum bloß „mitteilende[n] Informationshandeln, das keine Verhaltenssteuerung *bezweckt*.“, Hervorhebung nicht im Original.

340 Vgl. *Gröschner*, DVBl 1990, 621.

341 Vgl. *Mandelartz*, DÖV 2009, 513; *ders.*, LKRZ 2010, 372; ähnlich *Leidinger*, DÖV 1993, 925: „darstellend und damit ‚nur‘ mitteilend“.

gehen. Allerdings sind Warnungen und Empfehlungen auch nur die am häufigsten diskutierten Fälle der Öffentlichkeitsaufklärung. Behörden können zu wesentlich subtileren Mitteln greifen, um Steuerungseffekte zu erzielen. Vor allem im Bereich des Gesundheitsschutzes ist es in der Regel völlig ausreichend, Informationen allgemein zugänglich zu machen, die die Interessen von Verbrauchern berühren können. Eines zusätzlichen warnenden oder empfehlenden Impetus bedarf es darüber hinaus gar nicht mehr. Veröffentlicht eine Lebensmittelaufsichtsbehörde beispielsweise unkommentierte und -bewertete Untersuchungsergebnisse, aus denen die Schadstoffbelastung getesteter Produkte hervorgeht, werden die Verbraucher die belasteten Produkte von sich aus meiden. Jeder noch so neutral gestalteten Aufklärung wohnt hier automatisch eine Warnung oder Empfehlung inne. Allein die Tatsache, dass staatliche Behörden überhaupt zu einem bestimmten Sachverhalt Stellung nehmen, kann in der Bevölkerung als Warnung empfunden werden.[342] Hier wird auch deutlich, dass eine sinnvolle Unterscheidung der verschiedenen Arten staatlichen Informationshandelns nicht nur anhand des Wortlauts einer Publikation erfolgen kann. Im Mittelpunkt muss vielmehr stehen, welche Wirkungen sie beim Publikum erzielt.[343]

Alles in allem wohnt der Auswahl und Zusammenstellung von publizierten Informationen stets ein suggestives Element inne.[344] Jede Publikation, auch wenn sie rein darstellend ist, vermittelt eine „gedeutete, gefilterte Wirklichkeit".[345] Wo hier die Grenze zwischen „neutraler" und wertender Informationstätigkeit verlaufen soll, müsste also ohnehin von weiteren Kriterien abhängig gemacht werden. Es ist natürlich richtig, dass sich Träger staatlicher Gewalt in bestimmten Bereichen neutral zu halten haben. In religiösen und weltanschaulichen Fragen sowie im parteipolitischen Wettbewerb herrscht für Amtsträger ein striktes Neutralitätsgebot.[346] Dieses ver-

---

342 *Schwarzer*, Staatliche Öffentlichkeitsarbeit, 23; *Uddin*, Die Richtigkeit staatlicher Verbraucherinformationen im Bereich komplexer Informationsmaterien, 105.

343 Vgl. OLG Stuttgart, NJW 1990, 2694 sowie BGHZ 27, 338, 341; dass sich staatliche Publikationen nach dem Verständnis der Adressaten beurteilen lassen müssen, ist aus anderem Zusammenhang bekannt - dem Gebot der Klarheit von Rechtsnormen; siehe dazu BVerfGE 21, 73, 79; 52, 1, 41; 108, 1, 20; *Herzog*, NJW 1999, 26; kritisch *Towfigh*, Der Staat 48 (2009), 61.

344 Vgl. *Leisner*, Öffentlichkeitsarbeit der Regierung im Rechtsstaat, 27 f.; *Schürmann*, Öffentlichkeitsarbeit der Bundesregierung, 70; *Gersdorf*, Parlamentsfernsehen des Deutschen Bundestages, 50; sogar das Schweigen zu gewissen Themen kann suggestive Wirkung haben, vgl. *Goerlich/Laier*, ZUM 2008, 482.

345 *Starck*, AfP 1978, 174.

346 Dazu *Schürmann*, Öffentlichkeitsarbeit der Bundesregierung, 302 ff.

langt von Amtsträgern *Schweigen* zu bestimmten Fragen und ist ein Rechtmäßigkeitskriterium für jede Form staatlichen Handelns. Wollte man aber darüber hinaus allgemeine „Neutralität" zum Unterscheidungskriterium innerhalb der staatlichen Informationstätigkeit machen, sähe man sich einem berechtigten Einwand der Kommunikationswissenschaft ausgesetzt: „There is no such thing as neutral information."[347]

(3.) Stellungnahme

Es hat sich gezeigt, dass die angesprochenen Kriterien zwar gewisse Charakteristika staatlichen Informationshandelns beschreiben, sich aber nicht für eine sachgerechte Abgrenzung zwischen Sachpolitik und Selbstdarstellung eignen. Dafür bedarf es objektiver Kriterien. Wegen der großen Ähnlichkeiten der Handlungsformen Öffentlichkeitsarbeit und Öffentlichkeitsaufklärung kann man sich zudem nicht auf ein isoliertes Kriterium zurückziehen. Eine verlässliche Unterscheidung wird nur durch eine Kombination verschiedener Ansätze zu bewerkstelligen sein.

(a.) Grundsatz: Akzessorietät

Um einen guten Ausgangspunkt für die Unterscheidung zu finden, ist in den meisten Fällen keine detaillierte inhaltliche Analyse nötig. Ob eine Behörde ihr Wirken lediglich vor der Öffentlichkeit präsentiert, ist in der Regel leicht zu unterscheiden von der Erfüllung exekutiver, legislativer oder judikativer Staatsaufgaben. Es genügt ein objektives Kriterium: Wenn man Öffentlichkeitsarbeit nämlich als Ausdruck einer Öffentlichkeitsverpflichtung und somit als „Sichtbarmachung" des Staates ansieht, ist sie nicht isoliert denkbar. Sie ist Information *über* Staatstätigkeit, nicht jedoch die Staatstätigkeit selbst. Sie setzt deshalb vergangene, aktuelle oder zukünftige staatliche Aktivität voraus und versucht, diese der Öffentlichkeit näherzubringen. Damit ist sie *akzessorisch* zur Erfüllung anderer staatlicher Aufgaben.[348] In diesem Sinne ist richtigerweise auch die Vorbemerkung zum

347 *Downing* in: ders./Mohammadi/Sreberny-Mohammadi (Hrsg.), Questioning the media, Preface, XXVIII.

348 *Heintzen*, VerwArch 81 (1990), 552. Nicht angesprochen ist damit selbstverständlich diejenige Öffentlichkeitsarbeit, mit der eine staatliche Stelle lediglich ihren Aufbau und ihre Funktion präsentiert, ohne damit überhaupt auf eine

Titel 0403 des Bundeshaushaltsplans 2012 zu verstehen, in der explizit zwischen (selbstständiger) „Informationspolitik“ und (akzessorischer) „Öffentlichkeitsarbeit“ unterschieden wird.

Für die Unterscheidung geht es also um folgende Fragen: Hat die Mitteilung bereits getroffene oder anstehende Maßnahmen zum Gegenstand? Oder kommt sie anderen Maßnahmen zuvor bzw. versucht, diese zu ersetzen? In letzterem Fall ist nicht ausgeschlossen, dass sich der Staat zu einem späteren Zeitpunkt auch anderer (förmlicher) Steuerungsmittel bedient.[349] Das wird vor allem dann der Fall sein, wenn die Aufklärungskampagne nicht den gewünschten Erfolg erzielt hat. Jedoch kann Öffentlichkeitsaufklärung als Steuerungsmittel günstigenfalls auch allein stehen.[350] Verzichtet ein signifikanter Teil der Bevölkerung beispielsweise nach einem entsprechenden Aufruf der Umweltbehörden freiwillig darauf, umweltschädliche Produkte zu kaufen, bedarf es einer gesetzlichen Regelung nicht mehr, die die Herstellung oder den Vertrieb dieser Produkte einschränkt. Der von der Behörde angestrebte Erfolg – Umweltschutz – ist bereits durch die Aufklärungsmaßnahme eingetreten. Öffentlichkeitsarbeit braucht demgegenüber in jedem Fall ein „Bezugsobjekt“. Sie kann nur Maßnahmen zum Gegenstand haben, die die Behörde in der Vergangenheit getroffen hat, die sie aktuell durchführt oder die sie für die absehbare Zukunft plant.[351] Über die Frage, ob eine Publikation anderweitiges Staatshandeln darstellt oder ersetzt, kann man die meisten Fälle von Öffentlichkeitsaufklärung erkennen und abgrenzen.

(b.) Ungeeignetheit bei staatlichen Aufsichtskonstellationen

Das Kriterium der Akzessorietät hilft allerdings dann nicht weiter, wenn es gerade die Veröffentlichung vergangenen Staatshandelns ist, die als Instru-

---

konkrete Tätigkeit einzugehen, z.B. der „Tag der offenen Tür“ des Bundesverwaltungsgerichts oder des Bundeskanzleramts. Hier bestehen aber weder Ähnlichkeiten noch Abgrenzungsschwierigkeiten zu anderen staatlichen Handlungsformen, auch nicht zur Öffentlichkeitsaufklärung.

349 Gerade im Fall von Verbraucherwarnungen kommen oft direkte staatliche Steuerungsmittel hinzu, vgl. *Gramm*, Der Staat 30 (1991), 52.

350 *Philipp*, Staatliche Verbraucherinformationen im Umwelt- und Gesundheitsrecht, 3.

351 Nicht ausreichend ist dagegen, dass zukünftige Maßnahmen bloß „denkbar“ sind. Mit diesem Argument könnte man ansonsten jede „erdenkliche“ Maßnahme zur Öffentlichkeitsarbeit erklären; vgl. dazu *Heintzen*, NJW 1990, 1450.

ment zur Erfüllung aktueller und zukünftiger Sachaufgaben eingesetzt wird. Hier fallen die Herstellung von Öffentlichkeit und primäre Staatstätigkeit unmittelbar zusammen. Solche Konstellationen ergeben sich vor allem in Bereichen, die der staatlichen Aufsicht unterliegen. Im Rahmen ihrer laufenden Tätigkeit sammeln Behörden hier in großem Ausmaß Informationen aus dem gesellschaftlichen Bereich, die für den am persönlichen Nutzenkalkül orientierten Verbraucher von hohem Interesse sind. Die bloße Veröffentlichung dieser Informationen kann der Aufsichtsbehörde völlig ausreichen, um die ihr aufgetragene Aufgabe zu erfüllen.

Ein besonders anschauliches Beispiel[352] dafür ist das Vorgehen der Bezirksverwaltung von Berlin-Pankow im Bereich der Lebensmittelaufsicht, das unter dem Namen „Pankower Ekelliste“ nicht nur in Juristenkreisen Aufsehen erregt hat.[353] Im Berliner Bezirk Pankow wurde im Rahmen der Lebensmittelaufsicht ein sogenanntes „Smiley-System“ eingeführt, um die Verbraucher über die Qualität und Hygiene der kontrollierten Betriebe aufzuklären.[354] Ab 2009 veröffentlichte die Bezirksverwaltung zudem die amtlichen Kontrollergebnisse aller Lebensmittelbetriebe unter Nennung von Namen und Anschrift des jeweiligen Betriebs auf der eigenen Internetseite. Mit einer Negativliste wurde explizit auf die Betriebe hingewiesen, bei denen lebensmittelrechtliche Verstöße aufgedeckt wurden. Die Behörde stellte in den ersten Jahren des Projekts zudem auch Fotos von besonders unhygienischen Zuständen ins Internet.

Mit hoheitlichen Publlikationen wie der „Pankower Ekelliste“ verfolgt die handelnde Behörde eine Reihe von Motiven. Im Mittelpunkt stehen die Herstellung von Markttransparenz und die Aufklärung der Verbraucher über Gefahren, jedoch auch die Ergänzung ordnungsrechtlicher Instrumente durch den Abschreckungseffekt gegenüber überwachten Betrie-

---

352 Siehe zu weiteren Beispielen behördlicher Verbraucherinformationsmodelle, insbesondere aus dem Lebensmittel- und Gesundheitsrecht, *Honegg*, Die Verwendung von staatlicher Verbraucherinformation als Mittel zur Beseitigung informationeller Ungleichgewichte, 45 ff.

353 Vgl. z.B. *Marguier*, in: Frankfurter Allgemeine Sonntagszeitung v. 08.03.2009, 60; aus der juristischen Literatur *Wallau*, ZLR 2010, 382 ff.; *Tsambikakis/Wallau*, StraFo 2010, 177 ff.; *Holzner*, NVwZ 2010, 489 ff.; *ders.*, DVBl 2012, 17 ff.; *Schink*, DVBl 2011, 253 ff.; *Gurlit*, NVwZ 2011, 1052 ff.;*Wollenschläger*, VerwArch 102 (2011), 20 ff.; *Spiecker gen. Döhmann*, in: Jahrbuch der juristischen Gesellschaft Bremen 2012, 120 ff.; *Martini/Kühl*, DÖV 2013, 578.

354 Siehe zu den rechtlichen Problemen der Verbraucherinformation mit „Smileys“, „Ampeln“ oder ähnlichen Bewertungssystemen *Holzner*, GewArch 2016, 59 ff. sowie *Honegg*, Die Verwendung von staatlicher Verbraucherinformation als Mittel zur Beseitigung informationeller Ungleichgewichte, 268 ff.

ben.[355] Die Steuerungsintention[356] der „Pankower Ekelliste" ist dabei offensichtlich: Die Behörde machte sich sowohl das Eigeninteresse der Verbraucher, ihre Gesundheit nicht durch unhygienisches Essen zu gefährden, als auch das Eigeninteresse der Unternehmer, keine zahlungswilligen Kunden durch drohende negative Berichte abzuschrecken, auf kreative Weise zunutze. Aufgrund des Wertungscharakters der „Negativliste", der Unterscheidung zwischen „gut" und „schlecht", handelt es sich nicht um eine marktneutrale Information, sondern um eine Publikation mit Lenkungscharakter.[357] Nicht zuletzt durch die Veröffentlichung von - teils ekelerregenden - Abbildungen aus den kontrollierten Betrieben sollte für die Verbraucher ein Anreiz gesetzt werden, sich auf eine bestimmte Weise zu verhalten. Behördliche Verbraucherinformationssysteme wie die „Pankower Ekelliste" werfen eine Reihe rechtlicher Problemstellungen auf, die in Rechtsprechung und Lehre ausgiebig diskutiert wurden. Dazu gehören insbesondere die Eingriffsqualität wertender Verbraucherinformation,[358] die Anforderungen an eine gesetzliche Ermächtigungsgrundlage[359] sowie Fragen der Geeignetheit, Erforderlichkeit und Angemessenheit von Grundrechtseingriffen durch Verbraucherinformationssysteme[360].

Das Potential der als „naming & shaming"[361] bezeichneten Vorgehensweise, verbraucherrelevante Missstände öffentlich bekannt zu machen und somit die Öffentlichkeit für die Aufsicht zu instrumentalisieren, machen

355 *Spiecker gen. Döhmann*, in: Jahrbuch der juristischen Gesellschaft Bremen 2012, 121.

356 Siehe dazu *Spiecker gen. Döhmann*, in: Jahrbuch der juristischen Gesellschaft Bremen 2012, 116 m.w.N.

357 *Holzner*, NVwZ 2010, 490.

358 Vgl. dazu *Schoch*, NVwZ 2011, 193, 195 m.w.N.

359 Gegenstand der Diskussion war insbesondere das Problem der hinreichenden Bestimmtheit der gesetzlichen Ermächtigungsgrundlage, vgl. *Spiecker gen. Döhmann*, in: Jahrbuch der juristischen Gesellschaft Bremen 2012, 122 f. sowie *Holzner*, GewArch 2016, 99 f., jeweils m.w.N.; das VG Berlin und das OVG Berlin-Brandenburg kamen zum Ergebnis, dass sich die Bekanntgabe von behördlichen vergleichenden Bewertungen durch die Bewirksverwaltung von Pankow auf keine Rechtsgrundlage stützen ließ, insbesondere nicht auf § 6 Abs. 1 Satz 3 VIG, vgl. VG Berlin, Beschl. v. 19.03.2014 – Az. 14 L 35.14 und OVG Berlin-Brandenburg, NVwZ-RR 2014, 843.

360 Vgl. *Spiecker gen. Döhmann*, in: Jahrbuch der juristischen Gesellschaft Bremen 2012, 124 ff.; *Holzner*, GewArch 2016, 98 m.w.N.

361 Vgl. etwa *Koch*, Verwaltungssanktionen im europäischen und niederländischen Verwaltungs- und Kartellrecht, 179 ff.; *Hartlapp*, Die Kontrolle der nationalen Rechtsdurchsetzung durch die Europäische Kommission, 72, 200; *Michaelis/Holtwisch*, NJW 2004, 2131.

sich zunehmend auch der Bundes- und der Unionsgesetgeber zunutze, vgl. § 40 Abs. 1, Abs. 1a LFGB, § 26 Abs. 2 Nr. 9 ProdSG, § 69 Abs. 4 AMG, § 40b WpHG sowie Art. 11 der Verordnung (EU) 2017/625 des Europäischen Parlaments und des Rates über amtliche Kontrollen und andere amtliche Tätigkeiten zur Gewährleistung der Anwendung des Lebens- und Futtermittelrechts und anderer Vorschriften vom 15. März 2017. Mittlerweile setzen Überwachungsbehörden die Veröffentlichung ihrer Kontrollergebnisse in vielen Bereichen ein, etwa im Umweltrecht[362] oder bei der Qualitätsüberwachung von Pflegeheimen.[363] Dass die Abgrenzung hier besonders schwerfällt, liegt auf der Hand: Die zuständigen Behörden stellen auf den ersten Blick nur die Ergebnisse ihrer vorherigen Tätigkeit dar und erfüllen somit die Transparenzerwartung der Verfassung. Gleichzeitig ist die Zielrichtung dieser Maßnahmen aber eindeutig die originäre Aufgabenerfüllung, zum Beispiel die Sicherung von Hygienestandards in der Gastronomie. Würde man allein das oben genannte Kriterium der Akzessorietät anlegen, müsste man solches Handeln stets als reine Öffentlichkeitsarbeit werten, selbst wenn die Behörde damit alle anderen ordnungsrechtlichen Verfügungen ersetzen wollte. In diesen Fällen bedarf es deshalb eines ergänzenden Unterscheidungskriteriums.

(c.) Private Willensbildung und politische Willensbildung

Man kann dabei auf einen wesentlichen Unterschied in der Zielrichtung der jeweiligen Informationsmaßnahmen abstellen. Zwar versuchen sowohl Öffentlichkeitsaufklärung als auch Öffentlichkeitsarbeit die Willensbildung ihrer Adressaten zu beeinflussen. Erstere zielt dabei aber auf die Bewusstseinsbildung des *privat* handelnden Individuums, in erster Linie des Verbrauchers.[364] Seine Kauf-, Konsum- und sonstigen Verhaltensentscheidungen sollen beeinflusst werden, um sachlich aufgegebene Verwaltungsziele zu erreichen. Diese Entscheidungen fallen in den gesellschaftlichen Bereich, in dem die Verhaltensoptionen der Bürger in der Regel grundrechtlich abgesichert sind. Solange es kein verfassungsgemäßes Gesetz verbietet, steht es ihnen frei, ihr Glück in „Psychosekten" zu suchen, ihre Gesundheit zu ruinieren und umweltschädliche Produkte herzustellen oder

---

362 Vgl. § 10 UIG; dazu *Kümper/Wittmann*, NuR 2011, 840 ff.

363 Vgl. VGH München, DVBl 2012, 283 ff.

364 *Gröschner*, DVBl 1990, 620; *Schmidt*, Verhaltenslenkende Informationsmaßnahmen der Bundesregierung, 18.

zu konsumieren.[365] Mittels Öffentlichkeitsaufklärung hält der Staat die Bürger allerdings dazu an, anderen Alternativen den Vorzug zu geben.

Demgegenüber betrifft die Öffentlichkeitsarbeit eine andere Sphäre: Als Ausdruck verfassungsrechtlich gebotener Transparenz berührt sie das Verhältnis des *Staatsbürgers* zum Gemeinwesen.[366] Sie hat primär die *politische* Willensbildung zum Ziel.[367] Wenn der Staat sich und sein Wirken darstellt, definiert er damit stets auch seine Beziehung zum Bürger.[368] Die regierungsamtliche Öffentlichkeitsarbeit adressiert dabei in erster Linie den von seinem Wahlrecht Gebrauch machenden Bürger.[369] Er soll über die anstehenden Probleme und Herausforderungen sowie die von der Regierung identifizierten Lösungsstrategien informiert werden. Damit leistet die Regierung ihren Beitrag zur öffentlichen Debatte, in der verschiedene Meinungen formuliert und aneinander gemessen werden können. Dies macht es dem Bürger möglich, den Gang zur Wahlurne auf einer möglichst guten Informationsgrundlage anzutreten und seine Stimme verantwortungsvoll einzusetzen. Jedoch sprechen nicht nur die Regierungen den Bürger als politisch handelndes Individuum an.[370] Auch die Publikationen der übrigen Staatsgewalten prägen die Einstellung des Staatsbürgers zum Gemeinwesen und ermöglichen es den Staatsbürgern, sich individuell oder kollektiv in den politischen Prozess einzubringen. Dieses Thema wurde oben im Zusammenhang mit der Legitimations- und Kontrollfunktion der öffentli-

---

365 Vgl. *Gramm*, Der Staat 30 (1991), 66 f.; *Hufen*, JuS 2013, 6.

366 Siehe zu dieser Unterscheidung *Drefs*, in: Dreier/Fischer/van Raay/Spiecker gen. Döhmann (Hrsg.), Informationen der öffentlichen Hand, 90; zur Doppelrolle des Bürgers in der Demokratie ferner *Kuch*, AöR 142 (2017), 519 f.

367 *Gröschner*, DVBl 1990, 620; *Schmidt*, Verhaltenslenkende Informationsmaßnahmen der Bundesregierung, 18.

368 Vgl. BT-Drs. 17/12290, 39: „Wie sich Institutionen nach außen präsentieren, sagt auch etwas über ihr Selbstverständnis aus und ihre Sichtweise auf das Verhältnis zu Bürgerinnen und Bürgern".

369 *Gröschner*, DVBl 1990, 620; VerfGH Münster, NVwZ 1992, 468; kritisch *Porsch*, Warnungen und kritische Äußerungen als Mittel gemeindlicher Öffentlichkeitsarbeit, 39 f.

370 Die Kritik von *Porsch* in *ders.*, Warnungen und kritische Äußerungen als Mittel gemeindlicher Öffentlichkeitsarbeit, 14 ff., diese Trennung könne nicht durchgehalten werden, weil die Öffentlichkeitsarbeit sonstiger Stellen (etwa der Polizei) „keine politische Dimension" habe, ist nicht überzeugend. Er reduziert das Interaktionsverhältnis von Staat und Staatsbürger auf den Wahlvorgang und lässt damit wesentliche Facetten politischer Öffentlichkeit außer Betracht. Dazu gehört – wie oben dargelegt – die Kontrollfunktion, die die öffentliche Meinung auch während der laufenden Legislaturperiode auf den politischen Prozess ausübt.

chen Meinung erörtert.[371] Wenn eine Behörde also beispielsweise ihre vergangene Arbeit darstellt, legt sie damit gleichzeitig vor der Bevölkerung Rechenschaft darüber ab, dass sie die ihr anvertraute Aufgabe erledigt hat. Erläutert ein Gericht in einer Pressemitteilung ein bedeutendes Urteil, versucht es dadurch auch, den Bürgern die Rechtsordnung näher zu bringen und die eigene Entscheidung zu rechtfertigen. Somit geht es im Kern um das Verhältnis des Bürgers zum Staat.

Das soll nicht heißen, dass selbstdarstellende Öffentlichkeitsarbeit keinen Bezug zum Verhalten der Bürger im gesellschaftlichen Bereich haben kann: Wenn Behörden im Rahmen ihrer Öffentlichkeitsarbeit Gesetzesänderungen darstellen und deren Sinn erläutern, tun sie dies natürlich auch, um bei den Bürgern Verständnis zu wecken und diese zu rechtstreuem Verhalten zu animieren. Sie „werben" damit aber für ein Verhalten, das durch die Rechtsordnung ohnehin schon geboten ist – die rechtspolitische Entscheidung wurde zuvor getroffen.[372] Es geht in diesem Fall darum, den Staat und seine Gebote sichtbar zu machen sowie die rechtlichen Bindungen zu erläutern, denen die Bürger und die Behörden unterliegen.

In den Fällen, in denen die Veröffentlichung vorherigen Staatshandelns und die Wahrnehmung von Sachaufgaben zusammenfallen, kann man sich den dargestellten Unterschied zunutze machen. Die Abgrenzung muss danach erfolgen, ob die konkrete Informationsmaßnahme schwerpunktmäßig auf die private oder auf die politische Willensbildung abzielt.[373] Das lässt sich wiederum an objektiven Indizien festmachen. Ob eine staatliche Stelle nämlich Rechenschaft für ihre Tätigkeit ablegt oder ob sie darüber hinaus gezielt in die private Präferenzordnung eingreifen will, ergibt sich zumeist aus dem Umfang der veröffentlichten Informationen. Im Zentrum steht dabei, ob die Behörde Details veröffentlicht, die Rückschlüsse auf konkrete Produkte, Personen, Unternehmen oder sonstige Institutionen zulassen.[374] In diesem Fall wird dem Bürger im Rahmen seiner privaten Entscheidungsfindung ein ganz konkretes Verhalten nahegelegt – zum Beispiel das bezeichnete Produkt nicht zu kaufen und stattdessen ein anderes.

---

371 Siehe oben B.I.2.d.bb.

372 Vgl. *Gramm*, Der Staat 30 (1991), 61.

373 Für eine Schwerpunktbetrachtung spricht sich auch *Mandelartz*, DÖV 2009, 513 aus.

374 Des Kriteriums der Individualisierung/Konkretisierung bedient sich auch *Gröschner*, DVBl 1990, 621; anders als hier vorgeschlagen dient es ihm aber zur Abgrenzung der allgemeinen „Aufklärung" von Warnungen und Empfehlungen; kritisch zur Kategorisierung von *Gröschner* äußert sich zurecht *Schmidt*, Verhaltenslenkende Informationsmaßnahmen der Bundesregierung, 19.

Man kann dies am oben beschriebenen Beispiel der „Pankower Ekelliste“ illustrieren: Wäre das Ziel der Pankower Bezirksverwaltung lediglich gewesen, die Bürger über ihre Arbeit zu informieren und eine Art „Leistungsbericht“ vorzulegen, wäre es nicht nötig gewesen, sämtliche Berichte mit Nennung des jeweils geprüften Betriebs zu veröffentlichen und mit pikanten Details zu versehen. Es hätte ausgereicht, die Prüfkriterien, Anzahl und Art der erlassenen Verfügungen, Veränderungen in der Lebensmittelhygiene zum Vorjahr oder ähnliche Beschreibungen zu veröffentlichen. Bei der tatsächlich umgesetzten Form des Internetauftritts wird aber sichtbar, dass hier nicht die Rechenschaft gegenüber den Bürgern, sondern die Steuerung des gesellschaftlichen Geschehens im Vordergrund steht. Den Bürgern werden einige private Handlungsoptionen nahegelegt, von anderen wird implizit abgeraten. Nach dem hier vorgeschlagenen Ansatz handelt es sich deshalb um einen Fall von Öffentlichkeitsaufklärung, nicht aber um staatliche Öffentlichkeitsarbeit.

ee. Zwischenergebnis

Staatliche Selbstdarstellung ist begrifflich abzugrenzen von der Erfüllung exekutiver, legislativer und judikativer Staatsaufgaben.[375] Es muss unterschieden werden zwischen *Öffentlichkeitsarbeit*, die über anderweitiges Staatshandeln berichtet, und *Öffentlichkeitsaufklärung*, die schwerpunktmäßig auf die Umsetzung hoheitlicher Sachaufgaben zielt. Diese Abgrenzung ist geboten, weil sich die Unterschiede zwischen den beiden Handlungsformen auch auf die rechtlichen Anforderungen an die Staatstätigkeit niederschlagen. Zudem ist Öffentlichkeitsarbeit als Ausprägung des Öffentlichkeitsprinzips entgegen einigen Darstellungen in der Literatur nicht auf

---

375 So auch *Philipp*, Staatliche Verbraucherinformation im Umwelt- und Gesundheitsrecht, 2 f.; *Heintzen*, VerwArch 81 (1990), 551 f.; *Gröschner*, DVBl 1990, 620 ff.; *Gramm*, Der Staat 30 (1991), 63; *Leidinger*, DÖV 1993, 925 f. mit Fn. 2; *Gersdorf*, Parlamentsfernsehen des Deutschen Bundestages, 28 f.; *Schmidt*, Verhaltenslenkende Informationsmaßnahmen der Bundesregierung, 17 ff.; *Lüdemann*, Edukatorisches Staatshandeln, 89 f.; *Schneider*, Staatliche Informationstätigkeit als Steuerungsmittel im Umweltrecht, 30 f.; *Krüdewagen*, Die Selbstdarstellung des Staates, 31 f.; *Feik*, Öffentliche Verwaltungskommunikation, 312 ff.; *Uddin*, Die Richtigkeit staatlicher Verbraucherinformationen im Bereich komplexer Informationsmaterien, 99; *Meyn*, JuS 1990, 633; *Schatzschneider*, NJW 1991, 3202; *Mandelartz*, DÖV 2009, 513; *Schoch*, NVwZ 2011, 194; VerfGH Münster, NVwZ 1992, 468; VerfGH Koblenz, NVwZ 2003, 77.

den Bereich der Exekutive beschränkt, sondern eine Aufgabe für alle Staatsgewalten. Man kann die staatliche Selbstdarstellung deshalb nur durch eine klare Unterscheidung zwischen den primären Staatsfunktionen und der Herstellung von Öffentlichkeit begrifflich erfassen.

Als Abgrenzungskriterium dient in erster Linie die Akzessorietät der Öffentlichkeitsarbeit. Sie setzt vergangene, aktuelle oder bevorstehende Staatstätigkeit voraus, über die berichtet wird. Als zusätzliches Kriterium kann die unterschiedliche Zielrichtung der beiden Handlungsformen dienen. Während Öffentlichkeitsarbeit das Verhältnis der Bürger zum Staat betrifft, zielt Öffentlichkeitsaufklärung auf die private Präferenzordnung. Denkbar sind aber auch Informationskampagnen, bei denen Elemente der Öffentlichkeitsarbeit und der Öffentlichkeitsaufklärung nebeneinanderstehen.[376] In diesen Fällen sind die einzelnen Elemente nach den jeweils für sie geltenden Rechtsregeln zu bewerten.

Dass der Staat Wege finden muss, um auf neuartige Herausforderungen zu reagieren und sich die „staatliche Teilhabe an der öffentlichen Kommunikation" deshalb „grundlegend gewandelt"[377] hat, ist unbestritten. Die rechtlichen Anforderungen, die staatliche Stellen bei der informalen Staatskommunikation zu beachten haben, sind leider noch nicht in allen Details geklärt. Die Frage, die es im Rahmen dieser Begriffsbestimmung zu beantworten galt, war nicht, ob und mit welchen Mitteln der Staat vor Gefahren warnen darf und ob er dabei in Grundrechte eingreifen darf. Aus den genannten Gründen ist es aber jedenfalls ein rechtsstaatliches Anliegen, dass er es nicht unter dem „Deckmantel der Öffentlichkeitsarbeit"[378] darf. Ohne diese wichtige terminologische Unterscheidung würden die oh-

---

376 Ein Beispiel dafür ist der von der Landesregierung von Rheinland-Pfalz herausgegebene Leitfaden „Kommunen gegen Rechtsextremismus". Im ersten Abschnitt der Broschüre wurden die von der Landesregierung ergriffenen Maßnahmen gegen Rechtsextremismus dargestellt, im zweiten Teil konkrete Ratschläge zur Vorbeugung vor rechtsextremistischen Tendenzen, vgl. VerfGH Koblenz, NVwZ 2008, 897 ff.
Weiterhin gehören zu diesem Bereich die Auftritte von Sicherheitsbehörden in sozialen Netzwerken, etwa die Seite der Polizei Hannover bei Facebook. Hier finden sich neben allgemeinen Informationen über den Aufbau und die Aufgaben der Polizeidirektion auch Fahndungsaufrufe. Die behördliche Selbstdarstellung und die Wahrnehmung polizeilicher Aufgaben mit dem Mittel der Öffentlichkeitsfahndung aus § 131a Abs. 3 StPO stehen also nebeneinander. Dazu etwa *Roggenkamp*, K&R 1/2013, I; *Martini/Kühl*, DÖV 2013, 579.

377 BVerfGE 105, 252, 268; 105, 279, 301.

378 *Gramm*, Der Staat 30 (1991), 79.

nehin schon bestehenden Unsicherheiten bei der rechtlichen Bewältigung staatlichen Informationshandelns noch vergrößert.

f. Öffentlichkeitsarbeit und Medienarbeit

Der Gegenstand der publizierten staatlichen Information ist die eine Seite der Medaille – auf welche Weise diese nun den Bürger erreichen soll, ist damit aber noch ungeklärt. Den staatlichen Stellen stehen hier ganz verschiedene Kommunikationskanäle zur Verfügung.[379] Zum einen können sie sich mit eigenen Publikationen direkt an die Bevölkerung wenden. Die gängigen Mittel dafür sind Druckschriften und Broschüren, Anzeigenkampagnen in Zeitungen, Plakatkampagnen im öffentlichen Straßenraum oder Veranstaltungen wie Publikumsmessen, Besucherdienste und Tage der offenen Tür. Nachdem das Internet zu einem allgemein verbreiteten Medium herangewachsen ist, ist eine weitere attraktive Möglichkeit der Eigenpublikation hinzugekommen. Staatliche Stellen aus allen Bereichen bieten auf eigenen Webauftritten umfangreiche Informationen über sich und ihr Schaffen, oftmals verbunden mit zusätzlichen Diensten wie E-Mail-Newslettern oder RSS-Feeds.[380]

Diese Formen von unmittelbarer Öffentlichkeitsarbeit können das öffentliche Bedürfnis an Informationen aus dem und über das Staatswesen jedoch nur teilweise erfüllen. Den übrigen Teil vermitteln die freien Massenmedien. Sie sorgen für eine große Reichweite von Nachrichten, ohne dabei das Staatswesen mit hohen Kosten für deren Zustellung zu belasten.[381] Aus diesem Grund haben alle größeren staatlichen Organe, Behörden und Gerichte eigene Pressestellen eingerichtet, die mittels Pressemitteilungen und -konferenzen für die mediengerechte Bereitstellung und den möglichst reibungslosen Austausch von Informationen sorgen. Auf der einen Seite steht dabei der kommunizierende Staat, auf der anderen Seite die Journalisten, die diese Informationen – gegebenenfalls nach redaktioneller Bearbeitung – an die Öffentlichkeit weitergeben sollen. Das promi-

379 Einen guten Überblick über die gängigen Kommunikationsmittel im Bereich der regierungsamtlichen Öffentlichkeitsarbeit bietet *Schürmann*, Öffentlichkeitsarbeit der Bundesregierung, 106 ff.

380 Vgl. den umfassenden Überblick über die bestehenden digitalen Informations- und Partizipationsangebote von Bund, Ländern, Kommunen sowie der Europäischen Union im siebten Zwischenbericht der Enquete-Kommission „Internet und digitale Gesellschaft“, BT-Drs. 17/12290.

381 *Feik*, Öffentliche Verwaltungskommunikation, 331.

nenteste Beispiel für die „offizielle“ Pressearbeit ist die dreimal wöchentlich stattfindende Bundespressekonferenz.[382] Zu den institutionalisierten Formen kommen Interviews und Hintergrundgespräche hinzu, die Behördenvertreter und Politiker in amtlicher Funktion mit Vertretern von Presse und Rundfunk führen.[383] Teilweise werden den Medien auch sendefertige Hörfunkberichte oder andere redaktionell vorbearbeitete Beiträge zur eigenen Verwendung überlassen.

Sowohl die Medienarbeit als auch die unmittelbare Öffentlichkeitsarbeit verfolgen das Ziel, die Bürger über staatliche Vorgänge zu informieren. In den Details bestehen aber einige Unterschiede. Bei eigenen Publikationen können Behörden den Inhalt des Informationsmaterials sowie den Zeitpunkt der Herausgabe selbst bestimmen. Presse und Rundfunk entscheiden dagegen in eigener Regie darüber, ob und wann sie angebotene Inhalte veröffentlichen, in welchen Kontext sie die Informationen stellen und ob sie gleichzeitig eine wertende Analyse vornehmen. Dadurch sind die Medien Verbindungs- und Kontrollorgan zugleich.[384] Die Gefahr, dass Politiker mit Mitteln der Öffentlichkeitsarbeit verdeckte Wahlwerbung betreiben oder in anderer Weise unzulässig in die öffentliche Meinungsbildung eingreifen, ist deshalb wesentlich geringer als bei der unmittelbaren Öffentlichkeitsarbeit. Zudem werden Informationen an die Presse als Teil des Tagesgeschäfts in wesentlich kürzeren Abständen herausgegeben als bei der unmittelbaren Öffentlichkeitsarbeit, die eher mittel- und langfristig angelegt ist.[385] Aufgrund dieser Unterschiede sprechen sich manche Autoren dafür aus, die Medienarbeit aus dem Begriff der Öffentlichkeitsarbeit auszunehmen.[386] Diese Abgrenzung legte auch der Haushaltsbeschluss des Bundestages von 1975 nahe, wonach „zur Öffentlichkeitsarbeit nur die Maßnahmen gehören, die zur *unmittelbaren* Darstellung der Politik“ dienen sollen.[387]

---

382 Dazu ausführlich *Schürmann*, Öffentlichkeitsarbeit der Bundesregierung, 113 ff.

383 Vor allem im Bereich der Lokalpolitik ist die inoffizielle Medienarbeit wegen der starken Vernetzung von Journalisten und politischen Eliten besonders stark ausgeprägt; kritisch dazu *Schulz*, Politische Kommunikation, 109 ff.

384 Vgl. BVerfGE 20, 162, 175.

385 *Fuchs*, VBlBW 2015, 404.

386 So z.B. *Sänger*, Funktion amtlicher Pressestellen in der demokratischen Staatsordnung, 132 f.; *Endres*, Strategien kommunaler Öffentlichkeitsarbeit, 18 f.; *Mandelartz/Grotelüschen*, NVwZ 2004, 649 f.; *Mandelartz*, DÖV 2009, 513; *ders.*, LKRZ 2010, 372.

387 Vgl. *Böckelmann/Nahr*, Staatliche Öffentlichkeitsarbeit im Wandel der politischen Kommunikation, 115.

Für den Begriff der Öffentlichkeitsarbeit zwischen unmittelbaren und mittelbaren Informationsmaßnahmen zu unterscheiden ist allerdings nicht zielführend. Die sogenannte Medienarbeit ist eben keine „Arbeit für die Medien". Sie dient ebenso der Herstellung von Öffentlichkeit vor dem Souverän wie die übrige Öffentlichkeitsarbeit auch. Die Medien nehmen als Sprachrohr zwischen Staat und Bürgern eine zentrale demokratische Funktion wahr, die die Verfassung in Art. 5 Abs. 1 Satz 2 anerkennt und entsprechend absichert. Dem Staat wäre es finanziell und organisatorisch kaum möglich, seine Öffentlichkeitsverantwortung vor der Bevölkerung ohne die Vermittlungsleistung der Medien zu erfüllen.[388] Einen Hinweis auf die Notwendigkeit dieser Leistung gibt auch das Grundgesetz selbst: In Art. 42 Abs. 3 werden „wahrheitsgetreue Berichte"[389] über die Arbeit des Bundestages gegen straf- und zivilrechtliche Verfolgung abgesichert. Auch wenn diese Norm nur einen engen Ausschnitt der staatlichen Öffentlichkeitsverantwortung betrifft, zeigt sie doch deutlich, dass die Vermittlung des Staatshandelns durch externe Multiplikatoren im System des Grundgesetzes angelegt ist.[390] Es kann deshalb für den Begriff der staatlichen Öffentlichkeitsarbeit nicht davon abhängen, ob ein Bürger Informationen über aktuelle politische Vorgänge auf der Homepage der Behörde oder abends in der Tagesschau zur Kenntnis nimmt.[391] Gerade bei den neueren Formen staatlicher Selbstdarstellung im Internet wäre diese Unterscheidung gar nicht mehr durchzuhalten. So bieten zum Beispiel alle obersten Bundesgerichte sowie das BVerfG entsprechende Dienste an, mit denen Bürger kostenfrei und teils sogar automatisch per E-Mail-Newsletter oder RSS-Feed aktuelle Pressemitteilungen beziehen können.[392] Auch die staatliche Öffentlichkeitsarbeit in den sozialen Netzwerken, beispielsweise die zuneh-

---

388 Vgl. dazu das bekannte Diktum von *Luhmann* in ders., Die Realität der Massenmedien, 9: „Was wir über unsere Gesellschaft, ja über die Welt, in der wir leben, wissen, wissen wir durch die Massenmedien.".

389 Kritisch zu dieser Formulierung *Versteyl*, in: v. Münch/Kunig, Grundgesetz, Bd. 1, Art. 42 Rn. 33.

390 Vgl. *Müller-Neuhof*, Verfassung als Nachricht, 160 f.

391 Die Unterschiede zwischen staatlicher Pressearbeit und der Berichterstattung in den freien Medien sind zudem in vielen Fällen marginal: Nach einer viel beachteten Studie von *Baerns* determinieren staatliche Pressemitteilungen den Inhalt wie auch das Timing der Berichterstattung der übrigen Medien; siehe *dies.*, Öffentlichkeitsarbeit oder Journalismus, 98 ff.; *dies.*, Publizistik 24 (1979), 309 ff.; kritisch *Sarcinelli*, Politikvermittlung und politische Bildung, 29.

392 https://www.bundesverfassungsgericht.de/DE/Service/Newsletter/newsletter_node.html; https://www.bundesgerichtshof.de/DE/Service/Newsletter/newsletter_node.html; https://www.bverwg.de/rss-feeds; https://www.bundesarbeitsgericht.

menden behördlichen Aktivitäten beim Online-Dienst Twitter[393], richtet sich gleichermaßen an Presseangehörige wie an die breite Öffentlichkeit. Presse- und sonstige Öffentlichkeitsarbeit verschwimmen hier zunehmend, ebenso wie durch Hyperlinks von Online-Medien auf behördliche Internetauftritte.

Ein juristisch-normativer Begriff staatlicher Öffentlichkeitsarbeit ist – wie oben gezeigt – mit der Aufgabe zur Herstellung von Öffentlichkeit für staatliche Vorgänge verknüpft. Staatliche Stellen können sich zur Erfüllung zwar auch der privaten Medien bedienen, letztlich bleiben sie jedoch die einzigen Adressaten des Öffentlichkeitsauftrags.[394] Es muss deshalb die Frage im Vordergrund stehen, ob die Information erkennbar durch eine staatliche Stelle mit dem Ziel der allgemeinen Veröffentlichung zugänglich gemacht wurde. Ob dabei der „Umweg" über die freien Medien gewählt wird, ist für die Terminologie zweitrangig.[395] Aus diesem Grund ist auch die Medienarbeit in den Begriff der staatlichen Öffentlichkeitsarbeit mit einzubeziehen.[396] Zuzugeben ist sicherlich, dass die Zusammenarbeit mit Presse und Rundfunk andere Arbeitstechniken erfordert als die Erstellung eigener Publikationen. Wenn die juristische Begriffslegung aber ihren Zweck erfüllen soll, normativ gleichgelagerte Hoheitsakte zusammenzufas-

---

de/rss.html; https://juris.bundessozialgericht.de/rechtsprechung/bsg/feed_ps.xml; https://juris.bundesfinanzhof.de/rechtsprechung/bfh/pm_feed.xml.

393 Derzeit betreiben beispielsweise das Bundesministerium des Innern, für Bau und Heimat (@BMI_Bund), das Auswärtige Amt (@AuswaertigesAmt), der Bundesrat (@Bundesrat) sowie diverse Kommunen und Behörden eigene Twitter-Accounts. Siehe dazu sowie zu den damit verbundenen rechtlichen Problemen *Engeler*, MMR 2017, 651 ff. sowie *Ingold*, VerwArch 108 (2017), 240 ff. m.w.N.

394 Bedenken gegen eine Delegierung des Öffentlichkeitsauftrags an Private werden vor allem in Bereichen geltend gemacht, in denen das Bedürfnis nach verbindlichen Informationen nur vom Staat selbst befriedigt werden kann. Dazu gehört insbesondere die Publizität des Rechts und der Rechtsprechung. Vgl. dazu *v. Coelln*, Zur Medienöffentlichkeit der Dritten Gewalt, 201 sowie *Müller-Neuhof*, Verfassung als Nachricht, 134, 171.

395 Unterschiede mögen sich auf der Ebene der Rechtmäßigkeit ergeben. Zu denken ist etwa an das Funktionsverbot für den Staat im Bereich des Rundfunks oder die Eignung staatlicher Publikationen zur Verzerrung des Stimmwettbewerbs.

396 Ebenso auch der Großteil der juristischen Literatur, in der lediglich zwischen „unmittelbarer" und „mittelbarer" Öffentlichkeitsarbeit unterschieden wird, so z.B. *Kempen*, Grundgesetz, amtliche Öffentlichkeitsarbeit und politische Willensbildung, 24 f.; *Schürmann*, Öffentlichkeitsarbeit der Bundesregierung, 106 ff.; *Schwarzer*, Staatliche Öffentlichkeitsarbeit, 17; *Jensen*, Rechtsprobleme regierungsamtlicher Öffentlichkeitsarbeit im Internet-Zeitalter, 29.

sen, müssen diese Unterschiede angesichts der damit verfolgten Aufgabe zurückstehen.[397]

3. Zwischenergebnis

„Staatliche Öffentlichkeitsarbeit" bezeichnet einen Ausschnitt der informalen Staatskommunikation. Entgegen einer in Literatur und Rechtsprechung vielfach vertretenen Ansicht ist sie nicht als deskriptiver Überbegriff für jede erdenkliche öffentlichkeitswirksame Informationstätigkeit anzusehen, sondern hat einen spezifischen normativen Gehalt: Öffentlichkeitsarbeit dient der *Herstellung von Öffentlichkeit* für den Staat, seine Institutionen und seine Tätigkeiten. Deswegen ist sie von anderen Formen hoheitlicher Öffentlichkeitskommunikation abzugrenzen, die selbst originäre Staatstätigkeit darstellen. Nur mit diesem Begriff der staatlichen Öffentlichkeitsarbeit ist es möglich, Staatstätigkeiten mit vergleichbaren rechtlichen Rahmenbedingungen zusammenzufassen.[398]

Inhaltlich beschränkt sich die Öffentlichkeitsarbeit auf die Sichtbarmachung des Staates und somit auf staatliche Selbstdarstellung.[399] Darunter fällt zum einen, wenn eine staatliche Stelle abstrakt ihren Aufbau, ihre Aufgaben und ihre Stellung im Staatsgefüge vor der Öffentlichkeit präsentiert. Zum anderen werden Informationen über die vergangene, aktuelle oder bevorstehende Tätigkeit erfasst. In diesem Fall ist die Unterscheidung von der Öffentlichkeitsaufklärung zu beachten, mittels derer eine Behörde auf die private Willensbildung der Bürger Einfluss zu nehmen versucht. Der normative Anknüpfungspunkt der Öffentlichkeitsarbeit ist der Grundsatz der Öffentlichkeit staatlichen Handelns, der aus mehreren Vorschriften des Grundgesetzes hervorgeht. Ebenso wie dieser Grundsatz alle Staats-

397 So auch *Böckelmann/Nahr*, Staatliche Öffentlichkeitsarbeit im Wandel der politischen Kommunikation, 115: „obsoleter Gegensatz".

398 Das Bedürfnis danach erkennen auch Autoren an, die sich ansonsten für einen weiteren Begriff von staatlicher Öffentlichkeitsarbeit aussprechen; vgl. etwa *Schürmann*, Öffentlichkeitsarbeit der Bundesregierung, 64 sowie *Porsch*, Warnungen und kritische Äußerungen als Mittel gemeindlicher Öffentlichkeitsarbeit, 40 f., die aus diesem Grund die Unterkategorien „Öffentlichkeitsarbeit im engeren Sinne" und „Öffentlichkeitsarbeit im weiteren Sinne" aufstellen.

399 So auch *Pitschas* in: Hoffmann-Riem/Schmidt-Aßmann/Schuppert (Hrsg.), Reform des Allgemeinen Verwaltungsrechts, 302; *Schoch*, HStR III, § 37 Rn. 76; *Quaritsch*, in: ders. (Hrsg.), Die Selbstdarstellung des Staates, 5; *Gersdorf*, Parlamentsfernsehen des Deutschen Bundestages, 52 f.; *Krüdewagen*, Die Selbstdarstellung des Staates, 136 f.; *Leidinger*, DÖV 1993, 925.

gewalten betrifft, stellt auch die Öffentlichkeitsarbeit nicht nur eine Handlungsform für die Exekutive, sondern für alle Staatsgewalten auf Bundes- und Landesebene dar.

Zum Begriff der Öffentlichkeitsarbeit zählt auch die Presse- oder Medienarbeit, bei der sich die staatlichen Stellen vermittelt über die staatsfreien Medien an die Öffentlichkeit wenden.

II. Die verfassungsrechtliche Legitimation staatlicher Öffentlichkeitsarbeit

Der erste Abschnitt dieser Arbeit hat gezeigt, dass „staatliche Öffentlichkeitsarbeit“ ein Rechtsbegriff ist, der eine spezifische Handlungsform des Staates bezeichnet. Es ist darunter die informale Staatskommunikation zu verstehen, mittels derer Träger staatlicher Gewalt sich und ihr Handeln darstellen. Auch wenn die Formulierung technisch und abstrakt wirken mag, beschreibt sie ein ganz ähnliches Phänomen wie die aus der Wirtschaft bekannten Begriffe Öffentlichkeitsarbeit oder Public Relations Management: die Außendarstellung des eigenen Wirkens.

Man darf daraus nun aber nicht den Schluss ziehen, der Staat dürfe in einer der freien Wirtschaft vergleichbaren Form Eigenwerbung betreiben. Allein die Tatsache, dass dem Staat eine Handlungsform „Öffentlichkeitsarbeit“ zur Verfügung steht, sagt noch nichts darüber aus, wann sie eingesetzt werden kann. Um das Potential staatlicher Öffentlichkeitsarbeit zur Förderung von Akzeptanz betrachten zu können, muss zunächst der rechtliche Rahmen erarbeitet werden, der für diese Handlungsform maßgeblich ist. Auf dieser Grundlage kann sodann die Frage geklärt werden, ob es staatlichen Stellen erlaubt ist, mit dem Mittel der Öffentlichkeitsarbeit um Akzeptanz für ihre Entscheidungen zu werben.

1. Legitimationsbedürftigkeit staatlicher Öffentlichkeitsarbeit

Als Ausgangspunkt ist es wichtig, sich nochmals den wesentlichen Unterschied zwischen Öffentlichkeitsarbeit im gesellschaftlichen und im staatlichen Bereich vor Augen zu führen: Träger öffentlicher Gewalt können sich nicht auf Freiheiten berufen, sondern handeln auf der Grundlage von Kompetenznormen, die ihren Handlungsspielraum zugleich eröffnen und begrenzen.[400] Die rechtlichen Rahmenbedingungen zur Kommunikation mit der Öffentlichkeit unterscheiden sich deshalb grundsätzlich vom privaten Äußerungsrecht. Stellen sich Bürger und Unternehmen selbst dar, tun sie dies in Ausübung ihrer Meinungsäußerungsfreiheit aus Art. 5 Abs. 1

---

400 BVerfGE 8, 104, 115 f.; *Lübbe-Wolff*, NJW 1987, 2706; *Kirchhof*, HStR V, § 99 Rn. 36; *Schürmann*, Öffentlichkeitsarbeit der Bundesregierung, 120; siehe dazu auch schon oben B.I.2.b.aa.

Satz 1 GG.[401] Dass sich deren Schutz auch auf kommerzielle Meinungsäußerungen sowie reine Wirtschaftswerbung mit meinungsbildendem Inhalt erstreckt, ist vom BVerfG ausdrücklich anerkannt.[402] Daneben kann unter Umständen auch der Schutz durch die Pressefreiheit oder die Berufsfreiheit treten. Öffentlichkeitsarbeit ist im privaten Bereich somit von grundrechtlich verbürgter Beliebigkeit geprägt – bis zur Grenze der Rechtswidrigkeit können Bürger und Unternehmen so oft und so intensiv für sich oder andere werben, wie sie es für richtig halten.

Der Staat ist hingegen Garant der Grundrechte, nicht deren Berechtigter. Er selbst kann aus ihnen grundsätzlich keine Handlungsermächtigungen ableiten.[403] Demzufolge steht auch die Kommunikation mit der Öffentlichkeit nicht im Belieben des Staates – eine wie auch immer geartete „Staatsmeinung" ist kein Schutzobjekt von Art. 5 GG.[404] Wie jede andere Staatstätigkeit auch besteht die Öffentlichkeitsarbeit von Amtsträgern und Behörden in der pflichtgebundenen Ausübung rechtlich zugewiesener Kompetenzen.[405] Da die Vermutung grundrechtlicher Freiheit für den Staat nicht gilt, müssen die Grundlagen für die einzelnen Hoheitsakte anderweitig bestimmt werden. Die staatliche Öffentlichkeitsarbeit ist grundsätzlich legitimationsbedürftig – es bedarf einer Anknüpfung an Aufgaben und Befugnisse, die dem Staat von der Rechtsordnung positiv zugewiesen

401 Zur wesensmäßigen Anwendbarkeit der Meinungsfreiheit auf inländische juristische Personen *Schmidt-Jortzig*, HStR VII, § 162 Rn. 17 sowie *Jarass*, in: ders./Pieroth, GG, Art. 5 Rn. 14.

402 Vgl. BVerfGE 30, 336, 352 f.; 71, 162, 175; 102, 347, 359; BVerfG, NJW 2001, 3404.

403 Vgl. BVerfGE 15, 256, 262; 21, 362, 369 f.; 61, 82, 100 f.; *Kempen*, Grundgesetz, amtliche Öffentlichkeitsarbeit und politische Willensbildung, 104; vgl. zu diesem Themenkreis auch BGHZ 65, 325, 331 ff., wonach sich die „Stiftung Warentest" gerade deshalb auf den Schutz durch Art. 5 Abs. 1 GG berufen kann, weil sie nicht Bestandteil organisierter Staatlichkeit ist.

404 Vgl. *Lenz*, JZ 1963, 342 f.; *Di Fabio*, JuS 1997, 6; *Schürmann*, Öffentlichkeitsarbeit der Bundesregierung, 120; BVerwG, NJW 1984, 2591; BVerfG, NJW 2011, 512; *Leisner*, Öffentlichkeitsarbeit der Regierung im Rechtsstaat, 128; *Bethge*, NJW 1985, 721; *ders.*, AfP 2007, 19; *Kempen*, Grundgesetz, amtliche Öffentlichkeitsarbeit und politische Willensbildung, 103; *Gramm*, Der Staat 30 (1991), 74; *Jarass*, NJW 1981, 194.

405 *Bethge*, NJW 1975, 663; *Wiese*, DVBl 1976, 317; *Schürmann*, Öffentlichkeitsarbeit der Bundesregierung, 122.

werden.[406] Im Gegensatz zu Privaten dürfen sich staatliche Stellen jedenfalls nicht „aus bloßer Eitelkeit“ [407] präsentieren.

Die Maßstäbe für diese Legitimation sind mangels einfachrechtlicher Bestimmungen aus dem Grundgesetz herauszuarbeiten. Bevor auf die legitimierenden Funktionen staatlicher Öffentlichkeitsarbeit eingegangen werden kann, müssen die Anforderungen bestimmt werden, die das Grundgesetz an die Legitimation von Öffentlichkeitsarbeit stellt.

a. Verfassungsrechtliche Aufgabenstellung: Publizität der Staatstätigkeit

Die Handlungsbefugnisse des Staates werden durch das Recht nicht nur begrenzt, sondern überhaupt erst begründet. Den Ausgangspunkt der rechtlichen Beurteilung von Öffentlichkeitsarbeit bildet die Frage, ob die Rechtsordnung den staatlichen Stellen eine entsprechende Aufgabe zuweist.[408] Unabhängig von den eingesetzten Mitteln gilt es also zunächst zu klären, ob sich der Staat überhaupt mit einer bestimmten Materie befassen darf. Die Aufgabenzuweisung dient dazu, die Tätigkeitsbereiche von Staat und Gesellschaft voneinander abzugrenzen, auf diese Weise prägt sie deren Verhältnis zueinander.[409]

Welche Anforderungen an die Qualifikation als „Staatsaufgabe“ zu stellen sind, wird in der Rechtswissenschaft unterschiedlich beurteilt. Während teilweise gefordert wird, dass sich jede Staatstätigkeit auf eine grundgesetzliche Ermächtigung zurückführen lassen müsse,[410] lehnt die Gegenmeinung diesen Verfassungsvorbehalt für Staatsaufgaben ab. Der Staat sei vielmehr frei darin, sich selbst Aufgaben zu geben und die verfassungsrechtliche Ordnung setze ihm dabei nur gewisse Grenzen, insbesondere durch die Freiheitsgrundrechte.[411] Dieser Meinung schloss sich auch das

---

406 *Isensee*, HStR IV, § 73 Rn. 14: Staatsaufgaben als „positive Kompetenznormen“ im Gegensatz zu den Grundrechten als „negative(n) Kompetenznormen“.

407 *Krüdewagen*, Die Selbstdarstellung des Staates, 36.

408 Vgl. *Schürmann*, Öffentlichkeitsarbeit der Bundesregierung, 119; *Lübbe-Wolff*, NJW 1987, 2706.

409 *Isensee*, HStR IV, § 73 Rn. 14; *Kirchhof*, HStR V, § 99 Rn. 29.

410 Vgl. *Schulze-Fielitz*, in: Grimm (Hrsg.), Wachsende Staatsaufgaben – sinkende Steuerungsfähigkeit des Rechts, 15 f.; *Bull*, Die Staatsaufgaben nach dem Grundgesetz, 116; *Schürmann*, Öffentlichkeitsarbeit der Bundesregierung, 119; zur Kritik an dieser Auffassung vgl. *Isensee*, HStR IV, § 73 Rn. 44 ff.

411 *Ossenbühl*, VVDStRL 29 (1971), 153; *Isensee*, HStR IV, § 73 Rn. 45 f.; *Kirchhof*, HStR V, § 99 Rn. 33.

BVerfG an, als es am plastischen Beispiel der Rechtschreibreform feststellte, dass dem Grundgesetz nicht die Vorstellung zugrunde liege, jede vom Staat ergriffene Maßnahme müsse sich „auf eine verfassungsrechtliche Ermächtigung zurückführen lassen." Es gehe vielmehr von „der generellen Befugnis des Staates zum Handeln im Gemeinwohlinteresse" aus.[412] Davon zu trennen sei die Frage nach den formellen und materiellen Beschränkungen der Ausübung von Staatsgewalt. Dieser Auffassung zufolge wird also die Befassung mit Interessen des Gemeinwohls bzw. „öffentlichen Aufgaben"[413] zum vorrangigen Begrenzungskriterium der „staatlichen Aufgaben". Zwar sei der Kreis der Staatsaufgaben nicht fest definiert, jedoch müsse der staatliche Wirkungskreis – im Unterschied zu den gesellschaftlichen Partikularinteressen – von vornherein auf die öffentlichen Belange beschränkt bleiben.[414] Im Ergebnis unterfallen den Staatsaufgaben alle öffentlichen Aufgaben, die der Staat nach der Verfassungsordnung zulässigerweise für sich in Anspruch nimmt.[415]

Zwar ist die staatliche Öffentlichkeitsarbeit weder verfassungsrechtlich noch einfachgesetzlich umfassend normiert. Die Rechtsordnung gibt lediglich an einzelnen Stellen Hinweise auf die grundsätzliche Zulässigkeit von aktiver informaler Kommunikation mit der Öffentlichkeit.[416] Dennoch verliert der skizzierte Streit seine Brisanz, wenn man den oben herausgearbeiteten Begriff von Öffentlichkeitsarbeit zugrunde legt. Dieser ist auf selbstdarstellende Informationsmaßnahmen beschränkt und klammert insbesondere die Öffentlichkeitsaufklärung als finales Steuerungsmittel

---

412 BVerfGE 98, 218, 246.

413 Zum Schlüsselbegriff der „öffentlichen Aufgabe" in diesem Zusammenhang vgl. *Butzer*, HStR IV, § 74 Rn. 8 sowie *Isensee*, HStR IV, § 73 Rn. 12: „Tätigkeiten, deren Ausübung im öffentlichen Interesse liegt, sind öffentliche Aufgaben".

414 Vgl. *Isensee*, HStR IV, § 73 Rn. 5; ähnlich schon *Krüger*, Allgemeine Staatslehre, 763: „Daß der Staat, als das Gemeinwesen schlechthin, ausschließlich im Dienste des Gemeinwohls tätig werden darf, versteht sich heute von selbst.".

415 *Ossenbühl*, VVDStRL 29 (1971), 153; *Kirchhof*, HStR V, § 99 Rn. 33; umstritten ist hier weiterhin die Frage, ob es neben den verfassungsrechtlich und einfachgesetzlich normierten Aufgaben auch eine Kategorie der „originär staatlichen Aufgaben" gibt; dazu eingehend *Ossenbühl*, VVDStRL 29 (1971), 154 f. sowie *Butzer*, HStR IV, § 74 Rn. 7 m.w.N.

416 So bestimmt § 4 Abs. 4 LPresseG BW etwa, dass Presseverleger einen Anspruch darauf haben, nicht später als ihre Mitbewerber mit „amtlichen Bekanntmachungen" versorgt zu werden; daraus wird berechtigterweise die grundsätzliche Zulässigkeit aktiver amtlicher Medienarbeit abgeleitet, vgl. *Knoblich*, in: Albers/Heine/Seyfarth (Hrsg.), Symposion zum Ausscheiden von Dieter Grimm aus dem BVerfG, 20.

aus.[417] Die mit Öffentlichkeitsarbeit verfolgte Aufgabe besteht in der Herstellung von Publizität für den Staat und sein Handeln. Wie gezeigt wurde, handelt es sich dabei um einen Auftrag an alle Staatsgewalten, der aus dem Demokratie- und dem Rechtsstaatsprinzip hervorgeht,[418] also aus zentralen verfassungsrechtlichen Bestimmungen zur Konkretisierung des Gemeinwohls. Die Anforderungen an die Aufgabenzuweisung sind für staatliche Öffentlichkeitsarbeit nach jeder der dargestellten Ansichten erfüllt. Da zur Herstellung der grundgesetzlich geforderten Transparenz Informationen erforderlich sind, über die oftmals nur die jeweiligen staatlichen Stellen verfügen, ist es verfassungsrechtlich unbedenklich, diese Aufgabe aus dem gesellschaftlichen Bereich auf die Seite des Staates zu ziehen.[419] Dass sich die staatlichen Stellen bei der Erfüllung dieser Aufgabe durchaus auch der Hilfe privater Stellen bedienen können, wird am Beispiel der juris GmbH („Juristisches Informationssystem für die Bundesrepublik Deutschland") deutlich.[420] Diese betreibt in Zusammenarbeit mit dem BVerfG, den obersten Gerichten der Bundesrepublik sowie dem Bundesjustizministerium ein computergestütztes Rechtsinformationssystem, in dem ein großer Teil der Rechtsprechung sowie die Gesetzgebung des Bundes und der Länder dokumentiert werden.[421]

Die Bestimmung der mit der Öffentlichkeitsarbeit verbundenen staatlichen Aufgabe hängt untrennbar mit dem zugrunde gelegten Begriff von Öffentlichkeitsarbeit zusammen. So verwundert es nicht, dass manche Autoren den Weg wählen, die Aufgabe „Öffentlichkeitsarbeit" als Annex zu einer der staatlichen Stelle anderweitig zugewiesenen Aufgabennorm abzuleiten.[422] Dies liegt daran, dass diese Autoren die bloße Herstellung von Öffentlichkeit nicht schon begrifflich von der Wahrnehmung primärer Staatstätigkeit trennen. Auch das BVerfG sah sich in den Entscheidungen

---

417 Siehe oben B.I.2.e.

418 Siehe oben B.I.2.d.

419 Nach *Isensee*, HStR IV, § 73 Rn. 31 unterfällt deshalb insbesondere die Öffentlichkeitsarbeit, die die Auffassung der Regierung wiedergibt, der Kategorie der „unvertretbaren Staatsaufgaben"; vgl. auch *Müller-Neuhof*, Verfassung als Nachricht, 104 f.

420 Einzelheiten zur Geschichte und zum zugrunde liegenden Vertragswerk zwischen der juris GmbH und den obersten Gerichten finden sich bei *Berkemann*, VerwArch 87 (1996), 362 ff.

421 Zur damit verfolgten öffentlichen Aufgabe VGH Mannheim, Urteil v. 07.05.2013, Az. 10 S 281/12.

422 So etwa *Schürmann*, Öffentlichkeitsarbeit der Bundesregierung, 122 ff.; *Kloepfer*, Information als Intervention in der Wettbewerbsaufsicht, 15 f.; *Gusy*, DVBl 2013, 943; vgl. auch BVerfGE 40, 287, 292 f.

Glykol und Osho – ausgehend von der Feststellung, dass „die Verbreitung staatlicher Information [...] eine Aufgabe der handelnden Stelle"[423] voraussetze – gezwungen, die „verfassungsunmittelbare Aufgabe der Staatsleitung"[424] zur Grundlage der Öffentlichkeitsarbeit zu erklären. Die mit dieser Vorgehensweise verbundenen dogmatischen Unsicherheiten wurden bereits oben behandelt[425] und bedürfen an dieser Stelle keiner weiteren Auseinandersetzung. Die mit dem in dieser Arbeit verwendeten Begriff von Öffentlichkeitsarbeit verbundene Aufgabe – die *Herstellung von Öffentlichkeit* – ist klar umrissen und als staatliche Aufgabe anerkannt.[426] Sofern auch für die selbstdarstellende Öffentlichkeitsarbeit gefordert wird, dass sie sich im Rahmen des Aufgaben- und Zuständigkeitsbereichs der handelnden Stelle zu halten hat,[427] ist damit lediglich eine formelle Rechtmäßigkeitsanforderung beschrieben. Die zugrunde liegende Aufgabe ist davon unabhängig zu betrachten und ergibt sich aus dem verfassungsrechtlichen Öffentlichkeitsauftrag.

b. Eingriff in die politische Willensbildung

Das Vorliegen einer staatlichen Aufgabe im Gemeinwohlinteresse ist freilich nur Ausgangspunkt der rechtlichen Prüfung der Zulässigkeit von Öffentlichkeitsarbeit.[428] Die konkrete Art der Aufgabenerfüllung muss sich an den übrigen rechtlichen Maßstäben messen lassen und verdient eine eigene Beurteilung. Es ist unzulässig, aus einer bloßen Aufgabenstellung unmittelbar konkrete Kompetenzen und Befugnisse abzuleiten.[429] Die Fest-

423 BVerfGE 105, 252, 268.

424 BVerfGE 105, 279, 301; ähnlich BVerfGE 105, 252, 268 f.; BVerfG, NVwZ 2018, 485, Rn. 51; BVerwGE 82, 76, 80; BVerwG, NJW 1991, 1772; BVerfG, NJW 2011, 512; zur Kritik vgl. *Schoch*, NVwZ 2011, 194; *ders.*, HStR III, § 37 Rn. 112.

425 Siehe oben B.I.2.e.bb.

426 Siehe etwa *Schoch*, AfP 2010, 321, der im Rahmen der staatlichen Informationstätigkeit die mit der Öffentlichkeitsarbeit verfolgte staatliche Aufgabe („Öffentlichkeit und Transparenz") ausdrücklich von der „darüber hinausgehende(n) Publikumsinformation" abgrenzt, die ihre rechtliche Grundlage „in der Aufgabenzuweisungsnorm der zuständigen öffentlichen Stelle" findet.

427 Vgl. BVerfGE 44, 125, 149; BVerwG, NVwZ 2018, 433.

428 *Isensee*, HStR IV, § 73 Rn. 5: „notwendige, wenn auch nicht hinreichende Bedingung der Zulässigkeit staatlichen Handelns".

429 Vgl. BVerfGE 12, 205, 252 f.; *Kirchhof*, HStR V, § 99 Rn. 214; zu den zugrunde liegenden Kategorien „Aufgabe", „Kompetenz" und „Befugnis" siehe ebenda, Rn. 29 ff.

stellung, die öffentliche Hand sehe sich „von Verfassungs und von Gesetzes wegen prinzipiell zur informierenden Publizität angehalten" und aufgrund dessen spreche automatisch „eine Vermutung für das Publikationsrecht",[430] ist deshalb zu kurz gegriffen. Ob die Öffentlichkeitsarbeit ein zulässiges Mittel ist, um den Verfassungsauftrag der Publizität[431] umzusetzen, bedarf näherer Betrachtung.

aa. „Öffentlichkeitsarbeit" im System der staatlichen Öffentlichkeitsmechanismen

Die Grundlage dieser Betrachtung bildet abermals der Verfassungsauftrag, zu dessen Umsetzung die Öffentlichkeitsarbeit dienen soll: Es geht um die Herstellung von „Öffentlichkeit" für den Staat und sein Handeln. Öffentlichkeit in diesem Sinne bezeichnet die voraussetzungslose Wahrnehmbarkeit bestimmter Sachverhalte.[432] Von wenigen oben behandelten Spezialnormen abgesehen beschränkt sich die verfassungsrechtliche Vorgabe somit auf den gewünschten Zielzustand – die Bürger sollen am Handeln des Staates teilhaben können. Darüber hinaus können dem demokratisch und rechtsstaatlich motivierten Öffentlichkeitsgrundsatz nur äußerst wenige zwingende Inhalte entnommen werden, ohne die zugrunde liegenden Verfassungsprinzipien zu weit auszudehnen.[433]

Ebenso wie das Demokratie- und das Rechtsstaatsprinzip in erster Linie als „Optimierungsgebote"[434] zu verstehen sind, können auch dem daraus abgeleiteten Grundsatz der Öffentlichkeit des Staatshandelns[435] grundsätzlich keine subsumtionsfesten Anordnungen entnommen werden. Er ist in erster Linie ein Auftrag an den Gesetzgeber, die Rechtsordnung öffentlichkeitsfreundlich auszugestalten und die Transparenz des Staatshandelns in

---

430 So aber *Scholz*, NJW 1973, 482 f.; kritisch *Schürmann*, Öffentlichkeitsarbeit der Bundesregierung, 119 f.

431 Siehe oben B.I.2.d.

432 Vgl. *Müller-Neuhof*, Verfassung als Nachricht, 34.

433 Siehe schon oben B.I.2.d.bb.(4.) sowie B.I.2.d.cc.

434 *Schnapp*, in: v. Münch/Kunig, Grundgesetz, Bd. 1, Art. 20 Rn. 6 f.; *Meinel*, KJ 2004, 424; *Müller-Neuhof*, Verfassung als Nachricht, 123. Siehe schon oben B.I.2.d.bb.

435 Siehe oben B.I.2.d.

den verschiedenen Bereichen gesetzlich festzulegen.[436] Darüber hinaus gebietet der Transparenzgrundsatz die öffentlichkeitsfreundliche Auslegung der Rechtsordnung, etwa bei behördlichen Ermessensentscheidungen.[437] Eine unmittelbare Offenlegungspflicht kann nur in ganz wenigen Ausnahmefällen abgeleitet werden – und selbst in diesen Fällen ist dem Transparenzgrundsatz nicht zu entnehmen, dass staatliche Stellen ihre Pflicht gerade mit den *Mitteln der Öffentlichkeitsarbeit* zu erfüllen hätten. Da die Öffentlichkeit als solche nicht als Trägerin subjektiver Rechte anerkannt ist, lässt sich kein subjektivrechtlicher Anspruch auf Öffentlichkeitsarbeit aus der Verfassung ableiten.[438] Alles in allem stellt der Öffentlichkeitsgrundsatz ein objektivrechtliches Prinzip dar, zu dessen Einlösung zwar alle Träger staatlicher Gewalt aufgerufen sind, bei dessen Ausfüllung sie allerdings großen Freiraum besitzen. Die verfassungsrechtliche Vorgabe lässt keinen unmittelbaren Rückschluss auf die Zulässigkeit oder Gebotenheit staatlicher Öffentlichkeitsarbeit zu.

Genauso wie es normative Öffentlichkeit nicht erst seit dem Zeitalter der Massenmedien gibt, ist der Zustand der „voraussetzungslosen Wahrnehmbarkeit“ der Staatstätigkeit nicht nur durch staatliche Eigenpublikationen erreichbar. Ganz im Gegenteil wäre eine Öffentlichkeit, die vom Staat einseitig durch Maßnahmen der Öffentlichkeitsarbeit konstituiert würde, nicht ausreichend, um dem Öffentlichkeitsgebot gerecht zu werden.[439] Die Entscheidung darüber, welche Informationen in den öffentlichen Diskurs gelangen, darf nicht allein in der Hand einzelner Amtsträger

---

436 Vgl. BVerfGE 103, 44, 64 f.; *Kloepfer*, HStR III, § 42 Rn. 56; *Roßnagel*, MMR 2007, 17 f.; *Jarass*, NJW 1981, 195; *ders.*, in: Haedrich/Barthenheier/Kleinert (Hrsg.), Öffentlichkeitsarbeit, 203; *Müller-Neuhof*, Verfassung als Nachricht, 105.

437 Vgl. *Kugelmann*, Die informatorische Rechtsstellung des Bürgers, 64; *Jarass*, in: Haedrich/Barthenheier/Kleinert (Hrsg.), Öffentlichkeitsarbeit, 203.

438 Vgl. *Jarass*, NJW 1981, 195; *Kloepfer*, HStR III, § 42 Rn. 56; *Kugelmann*, Die informatorische Rechtsstellung des Bürgers, 64. Die Forderung nach einem aus dem Demokratieprinzip abzuleitenden subjektiven Anspruch auf Transparenz kam auf, nachdem das BVerfG in der Maastricht-Entscheidung (BVerfGE 89, 155, 171) festgestellt hatte, dass sich die Garantie des Art. 38 Abs. 1 GG auch „auf den grundlegenden demokratischen Gehalt dieses Rechts“ erstrecke, vgl. etwa *Nolte*, DÖV 1999, 368 f. Einer Subjektivierung der Transparenz der Staatstätigkeit trat das BVerfG allerdings im Urteil zur Europäischen Währungsunion (BVerfGE 97, 350, 359) entgegen, als es die Öffentlichkeit des Staatshandelns als „vorrechtliche Verfassungsvoraussetzung“ ausdrücklich von der grundrechtsgleichen Gewährleistung des Art. 38 Abs. 1 GG ausnahm. Vgl. dazu *Bredemeier*, Kommunikative Verfahrenshandlungen im deutschen und europäischen Verwaltungsrecht, 252.

439 Vgl. *Scherzberg*, Die Öffentlichkeit der Verwaltung, 317 f.

liegen. Es sind deshalb ganz verschiedene Mittel erforderlich, um die gewünschte Öffentlichkeit des Staatswesens zu gewährleisten.[440] Erst in ihrem Zusammenwirken ist mit ihnen dieser Zielzustand zu erreichen. Um den besonderen Beitrag von staatlicher Öffentlichkeitsarbeit einerseits und deren besondere Gefährdungspotentiale andererseits näher betrachten zu können, lohnt sich ein kurzer Überblick über die weiteren Instrumente der Rechtsordnung zur Herstellung von Öffentlichkeit.

(1.) Unmittelbare Öffentlichkeit: Präsenz

Die klassische Vorstellung von Öffentlichkeit, die auch dem Grundgesetz in der Zentralnorm des Art. 42 Abs. 1 zugrunde liegt, ist die *Präsenz-* oder *Publikumsöffentlichkeit*.[441] Präsenzöffentlichkeit ist die freie Zugänglichkeit einer staatlichen Veranstaltung für interessierte Zuschauer. Gestattet der Staat seinen Bürgern die Anwesenheit bei seinen Veranstaltungen und Erkenntnisverfahren, erfüllt er dadurch seine demokratische Rechenschaftspflicht. Zwar beschränkt sich die Rolle der Bürger bei der Veranstaltung darauf, „Publikum" zu sein.[442] Wenn sie das Handeln des Staates unmittelbar vor Ort verfolgen können, können die Bürger aber dessen ordnungsgemäßen Ablauf kontrollieren und sich daraufhin erforderlichenfalls mit den ihnen zur Verfügung stehenden Einflussmitteln dafür einsetzen, es zu korrigieren.

In ganz zentralen Bereichen staatlicher Herrschaftsausübung ist die Präsenzöffentlichkeit deshalb auch rechtlich vorgeschrieben. Dazu zählen neben den Verhandlungen im Parlament auch die mündlichen Gerichtsverhandlungen. Während die Öffentlichkeit der Legislative umfassend verfassungsrechtlich normiert ist,[443] geht die Saalöffentlichkeit vor Gericht nicht ausdrücklich aus dem Grundgesetz hervor. Die Verfassungen der deutsch-

---

440 Vgl. *Rubbert*, Saal- und Medienöffentlichkeit mündlicher Verhandlungen zwischen Verwaltung und Bürgern, 22 f.; siehe ferner die Systematisierung des staatlichen Informationszugangsrechts bei *Gusy*, JZ 2014, 171 ff.

441 Vgl. *Müller-Neuhof*, Verfassung als Nachricht, 40: Präsenzöffentlichkeit als „Urform normativer Öffentlichkeit".

442 *Bora*, Differenzierung und Inklusion, 73 f.

443 Für den Bereich des Bundes sind Art. 42 Abs. 1 und Art. 52 Abs. 3 Satz 3 GG die Zentralnormen. Daneben treten ergänzende Bestimmungen in Art. 40 Abs. 1 Satz 2, Art. 43 Abs. 1 und Art. 44 Abs. 1 Satz 1 GG.

sprachigen Nachbarländer regeln diese Frage zwar ausdrücklich.[444] In Deutschland schreiben dagegen lediglich die Landesverfassungen von Bayern, Brandenburg und Sachsen die grundsätzliche Öffentlichkeit der Gerichtsverhandlungen vor.[445]

Dennoch besteht Einigkeit darüber, dass die Gerichtsöffentlichkeit im gesamten Geltungsbereich des Grundgesetzes nicht im freien Ermessen des Gesetzgebers steht.[446] Entscheidungen der Judikative greifen ganz unmittelbar in den Kreis der Rechte und Pflichten der beteiligten Bürger ein. Als Reaktion auf die weitläufig verbreitete Geheimjustiz kam der Gerichtsöffentlichkeit bei ihrer Einführung im 19. Jahrhundert die Funktion einer Verfahrensgarantie zugunsten der Beteiligten zu.[447] Durch die wachsamen Augen der Öffentlichkeit sollten sie vor richterlicher Willkür und politischer Einflussnahme auf das Gerichtsverfahren geschützt werden.[448] Auch das Volk, das „um seines eigenen Rechtes willen bei Gericht zu erscheinen berufen wird",[449] sollte von diesem Berechtigungsstatus profitieren und an den Abläufen vor Gericht als kritischer Betrachter teilhaben können.[450] Aufgrund dieser langen Tradition ist die Gerichtsöffentlichkeit nach herrschender Meinung eine der wenigen Öffentlichkeitspflichten, die sich unmittelbar aus dem Demokratie- und dem Rechtsstaatsprinzip ableiten lassen.[451] Dem einfachen Gesetzgeber kommt allein die inhaltliche Ausgestal-

---

444 Siehe Art. 90 Abs. 1 Satz 1 des Österreichischen Bundes-Verfassungsgesetzes sowie Art. 30 Abs. 3 Satz 1 der Bundesverfassung der Schweizerischen Eidgenossenschaft.

445 Siehe Art. 90 BayVerf, Art. 52 Abs. 4 BbgVerf sowie Art. 78 Abs. 3 SächsVerf.

446 Vgl. auch die entsprechenden Verpflichtungen aus internationalem Recht durch Art. 10 der Allgemeinen Erklärung über Menschenrechte der Vereinten Nationen v. 10.12.1948, Art. 6 Abs. 1 EMRK sowie Art. 47 Abs. 2 Satz 1 GRC.

447 Zur historischen Entstehung der Saalöffentlichkeit mündlicher Gerichtsverhandlungen vgl. *v. Coelln*, Zur Medienöffentlichkeit der Dritten Gewalt, 49 ff.

448 Vgl. *Alber*, Die Geschichte der Öffentlichkeit im deutschen Strafverfahren, 36 ff.; kritisch zur Möglichkeit der Kontrolle durch Öffentlichkeit hingegen *Britz*, Fernsehaufnahmen im Gerichtssaal, 197 ff.; vgl. zum Meinungsstand *Meyer*, Der Gerichtsprozess in der Berichterstattung, 59 f. m.w.N.

449 So im Jahre 1821 *Feuerbach*, Betrachtungen über die Öffentlichkeit und Mündlichkeit der Gerechtigkeitspflege, 180.

450 BVerfGE 103, 44, 64.

451 BVerfGE 103, 44, 63, 72 f.; BVerwG, NJW 2015, 807, 809; *Kloepfer*, HStR III, § 42 Rn. 60; die Notwendigkeit der Abwägung der Gerichtsöffentlichkeit mit anderen rechtsstaatlichen Gütern wie der richterlichen Unabhängigkeit oder dem Recht auf ein faires Verfahren betont *v. Coelln*, Zur Medienöffentlichkeit der Dritten Gewalt, 198 ff.; kritisch zur Ableitung des Öffentlichkeitsgrundsatzes aus dem Rechtsstaatsprinzip *Britz*, Fernsehaufnahmen im Gerichtssaal, 210 f.

tung dieses Grundsatzes zu. Diese verfassungsrechtlichen Vorgaben hat der Bundesgesetzgeber in § 169 GVG umgesetzt.[452]

(2.) Mediatisierte Öffentlichkeit

Die Präsenzöffentlichkeit ist zwar die traditionsreichste, in der Praxis aber längst nicht mehr die bedeutendste Form von Öffentlichkeit. Um die allgemeine Einsichtigkeit bestimmter Bereiche des Staatshandelns sicherzustellen, haben sich seit dem Aufkommen der Massenmedien andere Mechanismen durchgesetzt, die auf mediatisierter Öffentlichkeit, auf Medienpublizität beruhen. Diese weisen zwei Charakteristika auf: Die Prozesse oder Ergebnisse staatlichen Handelns werden verschriftlicht oder anderweitig medial festgehalten, anschließend werden sie einem unbestimmten Personenkreis zugänglich gemacht.[453] Im Ergebnis kann diese Publizität als „aktive Mediatisierung der Präsenzöffentlichkeit seitens des Staates“ beschrieben werden.[454]

Zwar fehlt es bei der Medienöffentlichkeit in der Regel an der zeitlichen Unmittelbarkeit des Angebotenen. Die Vorteile liegen dagegen auf der Hand: Die Informationen können einen wesentlich größeren Personenkreis erreichen, während der Aufwand für den einzelnen Empfänger verringert wird.[455] Er kann den Zeitpunkt der Kenntnisnahme selbst bestimmen und muss dafür in vielen Fällen nicht einmal mehr das eigene Haus verlassen. Bequem sind Medienpublikationen auch für die kommunizierenden öffentlichen Stellen: Sie müssen nicht notwendigerweise Zuschauerraum zur Verfügung stellen und können Medien mit geringem Mehraufwand beliebig oft reproduzieren. Wegen der offensichtlichen Vorzüge in Bezug auf Praktikabilität und Reichweite hat die mediatisierte Öffentlichkeit die Publikumsöffentlichkeit in den meisten Bereichen praktisch verdrängt.[456] Insbesondere für die Dokumentation staatlicher Entscheidungen und Entscheidungsprozesse bieten sich zentrale Informationsregister

---

452 Siehe zur Reform des § 169 GVG durch das Gesetz zur Erweiterung der Medienöffentlichkeit in Gerichtsverfahren und zur Verbesserung der Kommunikationshilfen für Menschen mit Sprach- und Hörbehinderungen (BGBl. I 2017, 3546) m. W. v. 19. April 2018 *Hoeren*, NJW 2017, 3339.

453 *Müller-Neuhof*, Verfassung als Nachricht, 40.

454 Ebenda.

455 Vgl. BVerfGE 103, 44, 74 f.

456 Vgl. *Britz*, Fernsehaufnahmen im Gerichtssaal, 227; *Müller-Neuhof*, Verfassung als Nachricht, 40; BVerfGE 103, 44, 73 ff.

und Verkündungsblätter an, die vom Staat bereitgestellt werden und auf die der interessierte Bürger freien Zugriff hat.

(a.) Verkündungsmedien, öffentliche Auslegung

Bei Entscheidungen, die die Bürger in rechtserheblicher Weise betreffen können, ist die Dokumentation des Entscheidungsinhalts ein rechtsstaatliches Erfordernis.[457] Nur durch die mediale Festschreibung können staatliche Anweisungen auf Dauer festgehalten werden und erst auf diese Weise ist es möglich, die rechtsverbindliche Geltung dieser Anweisungen für die Öffentlichkeit zu begründen. Art. 82 Abs. 1 GG behandelt mit dem Bundesgesetzblatt das zentrale staatliche Verkündungsmedium auf Bundesebene. Gesetze und Rechtsverordnungen können die Rechtsstellung eines jeden Einzelnen betreffen und bedürfen deshalb der allgemeinen Bekanntmachung.[458]

Auch Gerichtsentscheidungen können weitreichenden Einfluss auf die Entwicklung des Rechts haben. Deshalb ist trotz des Fehlens einer eindeutigen gesetzlichen Regelung eine verfassungsunmittelbare Dokumentationspflicht für alle Entscheidungen anerkannt, an denen die Öffentlichkeit ein Interesse hat oder haben kann.[459]

Eine wichtige Rolle spielt die öffentliche Bekanntmachung von Entscheidungsprozessen auch bei verwaltungsrechtlichen Entscheidungen mit großen Auswirkungen. Dies ist etwa gemäß § 74 Abs. 4 Satz 2 VwVfG bei der Planfeststellung der Fall. Hier haben die Bürger das Recht, Einwendungen geltend zu machen, jedoch ist die Ausübung dieses Rechts nur innerhalb einer bestimmten Frist möglich. Für den Lauf dieser Rechtsbehelfsfrist ist die ordnungsgemäße öffentliche Bekanntgabe eine Voraussetzung.[460]

---

457 Vgl. *Jestaedt*, AöR 126 (2001), 219; *Schoch*, HStR III, § 37 Rn. 138; BVerfGE 44, 322, 350.

458 Die Pflicht zur Veröffentlichung von Satzungen richtet sich nach den einschlägigen Fachgesetzen, vgl. z.B. § 10 Abs. 3 BauGB für den Bebauungsplan.

459 BVerwGE 104, 105; *Gostomzyk*, Die Öffentlichkeitsverantwortung der Gerichte in der Mediengesellschaft, 168 ff.; *v. Coelln*, Zur Medienöffentlichkeit der Dritten Gewalt, 489 ff.; *Huff*, NJW 1997, 2651 ff.; *Schoch*, HStR III, § 37 Rn. 138.

460 *Neumann/Külpmann*, in: Stelkens/Bonk/Sachs (Hrsg.), VwVfG, § 74 Rn. 216.

(b.) Bereichsspezifische Informationspflichten, insb. Berichtswesen

Über die rechtsstaatlich gebotenen Informationssammlungen hinaus gibt es zahlreiche gesetzliche Einzelnormen, die von staatlichen Stellen Rechenschaft über ihr Handeln verlangen. In diesen Fällen hat der Gesetzgeber als primärer Adressat des grundgesetzlichen Öffentlichkeitsauftrags von seiner oben beschriebenen Verantwortung Gebrauch gemacht und die Bereiche definiert, die allgemein einsichtig sein sollen.[461] Betroffen ist insbesondere die Tätigkeit der Verwaltung, da deren Öffentlichkeit nicht unmittelbar aus dem Grundgesetz hervorgeht.[462]

Besondere Erwähnung verdient hier das staatliche Berichtswesen. Auf bestimmten Tätigkeitsfeldern sind Behörden dazu verpflichtet, regelmäßig Berichte über die Aufgabenerfüllung vorzulegen.[463] Diese Pflicht besteht entweder direkt gegenüber der Öffentlichkeit oder gegenüber den Parlamenten, bei denen die Öffentlichkeitswirkung mittelbar über die Parlamentsöffentlichkeit gewährleistet ist.[464] Das Ziel eines periodischen Berichtswesens besteht zunächst darin, Informationen aus der Arbeit des Staates verfügbar zu machen und strukturiert aufzuarbeiten.[465] Neben dieser wichtigen Grundlage für die politische Willensbildung ist auch die Wirkung nicht zu unterschätzen, die die laufende Berichtstätigkeit auf zukünftiges politisches und verwaltungspraktisches Handeln haben kann.[466] Durch sie kann die vergangene Tätigkeit evaluiert und für die Zukunft angepasst werden.

---

461 Neben dem nationalen Gesetzgeber haben auch Rechtsakte der Europäischen Union die Ausgestaltung der Öffentlichkeit des Staatshandelns in den vergangenen Jahrzehnten mitbestimmt, insbesondere auf dem Gebiet des Umweltrechts. Über Art. 42 GRC, Art. 41 Abs. 2 lit. b GRC, Art. 15 AEUV hat die Öffentlichkeit der Verwaltung im Unionsrecht mittlerweile sogar grundrechtlichen Charakter, vgl. dazu *Gusy*, DVBl 2013, 941.

462 Vgl. *Kugelmann*, Die informatorische Rechtsstellung des Bürgers, 76 ff.; *Schoch*, HStR III, § 37 Rn. 139.

463 Prominente Beispiele aus dem Bereich des Bundes sind etwa der Umweltzustandsbericht nach § 11 UIG, der Verfassungsschutzbericht nach § 16 Abs. 1 BVerfSchG oder der Tätigkeitsbericht des Bundesbeauftragten für den Datenschutz und die Informationsfreiheit nach § 15 Satz 1 BDSG. Eine umfassende Auflistung von gesetzlichen Berichtspflichten findet sich bei *Schoch*, HStR III, § 37 Rn. 66 sowie bei *Kugelmann*, Die informatorische Rechtsstellung des Bürgers, 114 f.

464 *Gramm*, Der Staat 30 (1991), 54; *Schoch*, HStR III, § 37 Rn. 67.

465 *Fricke*, Politische Kontrolle durch Berichterstattung, 143.

466 Vgl. *Schoch*, HStR III, § 37 Rn. 67, der deshalb das „rechtswissenschaftliche Forschungsdefizit" im Bereich des Berichtswesens bemängelt.

Ferner ist es auch Aufgabe des Gesetzgebers, dem Sozialstaatsprinzip durch die Ausgestaltung der Öffentlichkeit der Leistungsverwaltung zur Geltung zu verhelfen.[467] Damit in diesem System alle Bürger, insbesondere sozial schwache oder rechtsunkundige Personen, im gleichen Ausmaß begünstigt werden, umfasst das Prinzip einen Auftrag zur Information der Bürger über deren Rechtsansprüche.[468] Diese sozialstaatliche Pflicht kommt zentral in § 13 Abs. 1 SGB I zum Ausdruck.

Die gesetzlichen Informationspflichten weisen trotz ihrer ganz unterschiedlichen Gegenstände eine Gemeinsamkeit auf: Sie alle zielen auf die allgemeine Einsichtigkeit bestimmter Bereiche des Staatshandelns und sind Ausdruck eines einheitlichen Prinzips – der verfassungsrechtlich geforderten Transparenz staatlichen Handelns.[469] Bei vielen der Informationspflichten werden indes neben allgemeinen demokratischen Anliegen auch weitere, insbesondere verwaltungspolitische Ziele verfolgt. Diese überschießende Intention wird besonders am Beispiel der Verfassungsschutzberichte deutlich: Die Verfassungsschutzbehörden des Bundes und der Länder sind gesetzlich verpflichtet, die Öffentlichkeit periodisch über ihre Tätigkeit zu unterrichten. Wie § 16 Abs. 2 Satz 1 BVerfSchG ausdrücklich feststellt, dienen diese Berichte auch dazu, die Öffentlichkeit über verfassungsfeindliche Bestrebungen in konkreten Fällen zu unterrichten. Dadurch wird ein Zweck verfolgt, der über die bloße Herstellung von Transparenz weit hinausgeht: Die Bevölkerung soll in den Schutz der demokratischen Grundordnung mit einbezogen werden, es findet sozusagen „Verfassungsschutz durch Aufklärung“ statt.[470]

---

467 Siehe dazu oben B.I.2.d.cc.(2.).

468 *Hufen*, Fehler im Verwaltungsverfahren, Rn. 212; *Kugelmann*, Die informatorische Rechtsstellung des Bürgers, 39.

469 Abseits dieser rechtlichen Verpflichtung geht es auch um gesellschaftspolitische Fragen, die das Verhältnis von Staat und Bürger betreffen. Vgl. dazu *Gusy*, DVBl 2013, 941 ff. m.w.N.

470 *Murswiek*, NVwZ 2004, 771; ähnlich *Warg*, in: Grumke/Pfahl-Traughber (Hrsg.), Offener Demokratieschutz in einer offenen Gesellschaft, 43. Auch die Rechtsprechung erkennt diese Funktion der Verfassungsschutzberichte mittlerweile ausdrücklich an, siehe BVerfGE 113, 63, 77, wonach es sich beim Verfassungsschutzbericht aufgrund der sanktionierenden Wirkung nicht um „ein beliebiges Erzeugnis staatlicher Öffentlichkeitsarbeit“ handele. Ebenso OVG Berlin-Brandenburg, NVwZ 2006, 839 f.; VG Düsseldorf, Urteil v. 15.02.2011, Az. 22 K 404/09, Rz. 239; VG München, Beschl. v. 28.08.2010, Az. M 22 E 09.3373, Rz. 35; VGH München, NVwZ-RR 2018, 251, Rn. 53; OVG Bremen, Urteil v. 23.01.2018, Az. 1 B 238/17, Rn. 12 (juris); zur Unterscheidung der allgemeinen Öffentlichkeitspflicht von der verfassungsrechtlichen

(c.) Frei zugängliche Informationsregister

Der Gesetzgeber kann Informationspflichten bereichsspezifisch festlegen. Aufgrund der zunehmenden Bedeutung der Verfügbarkeit staatlicher Informationen für fast alle Lebensbereiche gehen einige Träger öffentlicher Verwaltung in jüngster Zeit einen neuen Weg: Sie legen öffentlich zugängliche Informationsregister an, in die laufend anfallende Daten und Dokumente ex officio einzupflegen sind.[471] Anstatt im Einzelfall über die Veröffentlichungswürdigkeit zu entscheiden, werden vorher bestimmte Kategorien von Daten automatisch der Öffentlichkeit zugänglich gemacht. Auf diesem Weg soll die Öffentlichkeit die Möglichkeit bekommen, die Arbeit der Behörden „ungefiltert" nachzuvollziehen. Im Ergebnis stellt die Veröffentlichungspflicht in einem staatlichen Register eine umfassende gesetzliche Informationsverpflichtung dar, die den einzelnen Amtsträgern nur wenig Spielraum bei Auswahl und Gestaltung der Publikation belässt.

Nachdem die Informationsfreiheitsgesetze von Bremen (§ 11 Abs. 5 BremIFG), Berlin (§ 17 BlnIFG) sowie des Bundes (§ 11 IFG) bereits sachlich eng begrenzte Vorschriften zur aktiven Veröffentlichung der bei der Verwaltung anfallenden Daten enthielten, ging die Hamburger Bürgerschaft mit dem Erlass des neuen Transparenzgesetzes[472] im Juni 2012 einen Schritt weiter: In einem frei zugänglichen elektronischen Informationsre-

Pflicht zum Schutz der freiheitlich-demokratischen Grundordnung siehe auch BVerfGE 136, 323, 333 f.

471 Die Idee eines staatlicherseits angelegten und gepflegten Registers ist freilich nicht neu. Das zeigen die bekannten staatlichen Register, die wesentlich älter sind als die aktuelle Transparenzdebatte. Der relativ „neue" Gedanke besteht allerdings darin, den Bürgern ohne Erfordernis eines Partikularinteresses Zugang zu einer Informationssammlung zu gewähren, die gerade die staatliche Tätigkeit als solche betrifft. In diesem Fall dient das Register primär der Öffentlichkeit des Staatshandelns und nicht der Verwaltungstätigkeit.
Insofern gehen diese Register über die bekannten Register hinaus, die Tätigkeiten und Rechtsbeziehungen der gesellschaftlichen Sphäre betreffen, wie etwa das Vereinsregister nach § 79 BGB, das Güterrechtsregister nach § 1563 BGB, das Handelsregister nach § 9 HGB oder die Urheberrechtsrolle nach § 138 UrhG. Des Weiteren unterscheiden sie sich von Registern, deren Zugänglichkeit von der Darlegung eines Sonderinteresses abhängt, wie etwa dem Grundbuch (§ 12 Abs. 1 Satz 1 GBO), der Handwerksrolle (§ 6 Abs. 2 Satz 1 HwO) oder dem Personenstandsregister (§ 62 Abs. 1 Satz 2 PStG). Siehe zu den verschiedenen Arten öffentlich geführter Register *Richter/Mummenthey*, in: Dreier/Fischer/van Raay/Spiecker gen. Döhmann (Hrsg.), Informationen der öffentlichen Hand, 478 ff.

472 Hamburger Transparenzgesetz (HmbTG) v. 13.06.2012 m.W.v. 06.10.2012, Bürgerschafts-Drs. 20/4466; HmbGVBl Nr. 29/2012, 271 ff.; vgl. zur Entstehungsge-

gister sind vorbehaltlich einiger Ausnahmevorschriften zum Schutz privater und öffentlicher Belange umfassend Informationen aus der öffentlichen Verwaltung zu veröffentlichen. Darunter fallen neben Senatsbeschlüssen und amtlichen Mitteilungen auch andere Datenkategorien wie etwa Verträge der Daseinsvorsorge (§ 3 Abs. 1 Nr. 4 HmbTG), amtlich in Auftrag gegebene Gutachten und Studien (§ 3 Abs. 1 Nr. 8 HmbTG) sowie Informationen über erteilte Baugenehmigungen (§ 3 Abs. 1 Nr. 13 HmbTG) und Subventionsvergaben (§ 3 Abs. 1 Nr. 14 HmbTG). Diese umfassende Transparenzverpflichtung, die neben der Förderung der demokratischen Meinungsbildung auch der Eindämmung von Korruption sowie der Bekämpfung von Politikverdrossenheit dienen soll,[473] ist in der juristischen Literatur auf große Zustimmung gestoßen.[474] Die Vorreiterrolle der Hamburgischen Regelung zur aktiven Veröffentlichung von Verwaltungsinformationen für den Rest der Republik belegen bereits ähnliche Initiativen in anderen Bundesländern sowie kommunale Projekte zum Aufbau von frei zugänglichen Registern für die öffentliche Verwaltung.[475] Mit dem Landestransparenzgesetz vom 27. November 2015 ist etwa das Land Rheinland-Pfalz dem Hamburger Beispiel gefolgt.[476] Mit dem Gesetz wird in der Landesverwaltung eine „Transparenz-Plattform“ aufgebaut, in die die in § 7 des Gesetzes genannten Kategorien von Daten der öffentlichen Hand eingepflegt werden. Die Auswahl der Kategorien entspricht zu großen Teilen der Regelung im HmbTG.

---

schichte und zum Inhalt *Schnabel*, NordÖR 2012, 431 ff.; *Caspar*, ZD 2012, 445 f.; *Jauch*, DVBl 2013, 16 ff.

473 Vgl. § 1 Abs. 1 HmbTG; Bürgerschafts-Drs. 20/4466, 2, 13.

474 Vgl. etwa *Jauch*, DVBl 2013, 16, der im HmbTG einen „Paradigmenwechsel in der Informationsfreiheit“ sieht, oder *Caspar*, ZD 2012, 445, der das öffentlich zugängliche Register als „neue Qualität der Informationsverbreitung“ bezeichnet, die gesellschaftspolitisch einen „wegweisenden Schritt“ darstelle. Siehe auch *Dix*, in: Dreier/Fischer/van Raay/Spiecker gen. Döhmann (Hrsg.), Informationen der öffentlichen Hand, 80: Einleitung einer „neuen Phase der Informationsgesetzgebung in Deutschland“. Skeptisch dagegen *Augsberg*, in: Dreier/Fischer/van Raay/Spiecker gen. Döhmann (Hrsg.), Informationen der öffentlichen Hand, 53.

475 Vgl. *Schnabel*, ZD 2012, 494, *Gusy*, JZ 2014, 171 sowie BT-Drs. 17/12290 mit zahlreichen Beispielen.

476 Landestransparenzgesetz (LTranspG) vom 27.11.2015 m.W.v. 01.01.2016, RhPf-GVBl 2015, 383.

(3.) „Passive Öffentlichkeit“: Voraussetzungslose Informationsansprüche

Neben der gesetzlichen Verpflichtung staatlicher Stellen zur aktiven Information der Bevölkerung hat sich in den vergangenen Jahrzehnten eine weitere Möglichkeit etabliert, Informationen aus dem staatlichen Bereich für die Gesellschaft verfügbar zu machen. Diese besteht darin, individuelle voraussetzungslose Zugangsrechte auf Informationen in der Hand des Staates einzuräumen.[477] Im Gegensatz zur aktiven Informationserteilung durch staatliche Stellen wird hier die Gesellschaft zum Motor der Informiertheit über das Handeln des Staates, der Staat wird lediglich auf Veranlassung einzelner Bürger tätig. Es handelt sich um „passive“ Herstellung von Öffentlichkeit.[478]

Bekannt ist das Instrument der Informationszugangsrechte zur mittelbaren Herstellung von Öffentlichkeit schon seit längerem aus dem Presserecht. Die Bundesländer haben seit den 1960er Jahren in ihren Pressegesetzen Auskunftsansprüche für Presseorgane gegenüber Behörden verankert.[479] Diese sind Ausdruck der besonderen verfassungsrechtlichen Bedeutung der Presse als Vermittler zwischen Staat und Gesellschaft und werden als solche teilweise dem objektiv-rechtlichen Gehalt der Pressefreiheit in Art. 5 Abs. 1 Satz 2 GG in Form der institutionellen Eigenständigkeit der

477 Diese Rechtsposition wird in der Wissenschaft als „Informationszugangsfreiheit“ bezeichnet; zum Begriff und der Abgrenzung von der Informationsfreiheit aus Art. 5 Abs. 1 Satz 2 GG vgl. *Schoch*, IFG, Einl. Rn. 17 ff.

478 Zur Kategorisierung in „aktive“ und „passive“ Publikumsinformation siehe *Schoch*, AfP 2010, 315; *ders.*, NJW 2012, 2844 f.; *Rossi*, in: Dreier/Fischer/van Raay/Spiecker gen. Döhmann (Hrsg.), Informationen der öffentlichen Hand, 149 f.; ferner *Guckelberger*, in: Hill/Schliesky (Hrsg.), Die Vermessung des virtuellen Raums, 73 ff.; ähnlich *von Lewinski*, in: Dreier/Fischer/van Raay/Spiecker gen. Döhmann (Hrsg.), Informationen der öffentlichen Hand, 437 ff.: „proaktive“ und „reaktive“ Informationsbereitstellung.

479 Die Landespressegesetze folgen einem einheitlichen Modellentwurf und traten in den elf alten Bundesländern zwischen 1964 und 1966 in Kraft. Auch die neuen Bundesländer orientierten sich nach dem Beitritt zur BRD an diesem Entwurf, vgl. *Ricker/Weberling*, Handbuch des Presserechts, Kap. 4 Rn. 35. Die derzeit geltenden Auskunftsansprüche finden sich in § 4 Abs. 1 LPresseG BW; Art. 4 Abs. 1 LPresseG Bayern; § 4 Abs. 1 LPresseG Bln; § 5 Abs. 1 LPresseG Bbg; § 4 Abs. 1 LPresseG Bremen; § 4 Abs. 1 LPresseG Hbg; § 3 Abs. 1 Satz 1 LPresseG Hessen; § 4 Abs. 1, 2 LPresseG MV; § 4 Abs. 1 LPresseG Nds; § 4 Abs. 1 LPresseG NW; § 6 Abs. 1 LMedienG RhPf; § 5 Abs. 1 SaarlMedienG; § 4 Abs. 1 Satz 1 LPresseG Sachsen; § 4 Abs. 1 Satz 1 LPresseG Sachsen-Anhalt; § 4 Abs. 1 LPresseG SH; § 4 Abs. 1 LPresseG Thüringen; zur Unanwendbarkeit der Landespressegesetze auf Bundesbehörden vgl. BVerwG, Urteil v. 20.02.2013, 6 A 2/12.

Presse zugeordnet.[480] Erst der Anspruch auf Versorgung mit Informationen aus dem staatlichen Binnenbereich erlaubt es der Presse, die Bürger umfassend über das Zeitgeschehen zu informieren und der ihr vom Grundgesetz angedachten Rolle bei der öffentlichen Meinungsbildung nachzukommen.[481] Die presserechtlichen Auskunftsansprüche waren deshalb schon immer ein wesentliches Element der staatlichen Transparenz.

Dennoch blieb es lange Zeit dabei, dass sich nur Vertreter der Presse auf ein solches Recht berufen konnten. Voraussetzungslose Informationszugangsansprüche[482] für jedermann kamen erst seit den 1990er Jahren hinzu. Beeinflusst durch das Europarecht, das den freien Zugang zu Verwaltungsinformationen im Bereich des Umweltrechts bereits 1990 in der Richtlinie 90/313/EWG zwingend vorgeschrieben hatte, sowie durch den Vergleich mit europäischen Nachbarländern, in denen die Aktenöffentlichkeit der Verwaltung längst zur Selbstverständlichkeit gehörte, wurden auch in Deutschland die Rufe nach einem allgemeinen Zugangsrecht zu den Informationen der Verwaltung laut.[483] Infolgedessen haben bis heute der Bundesgesetzgeber sowie dreizehn Landesgesetzgeber[484] Informationsfreiheitsgesetze erlassen, die einen umfassenden Informationsanspruch gegenüber der Verwaltung festlegen. Vorbehaltlich einiger Ausschlussgründe zum Schutz privater oder öffentlicher Interessen haben danach alle Bürger ein Recht auf Zugang zu behördlicherseits vorhandenen[485] Informationen. Daneben gibt es einige weitere Einzelgesetze, die den Anspruch auf Zugang

---

480 Vgl. die Darstellung des Streitstandes bei *Wendt*, in: v. Münch/Kunig, Grundgesetz, Bd. 1, Art. 5 Rn. 35; für eine verfassungsrechtliche Verankerung des presserechtlichen Informationsanspruchs zuletzt BVerwG, Urteil v. 20.02.2013, 6 A 2/12, Rn. 27.

481 Zur Bedeutung der Presse für die demokratische Öffentlichkeit und den Prozess der öffentlichen Meinungs- und Willensbildung vgl. BVerfGE 12, 205, 260; 35, 202, 222.

482 Siehe die Gesetzesbegründung zu § 1 Abs. 1 IFG in BT-Drs. 15/4493, 7: „§ 1 Abs. 1 IFG ist die Grundnorm des Informationsfreiheitsgesetzes, mit der ein freier (voraussetzungsloser) Informationszugangsanspruch gewährt wird.".

483 Entsprechende Forderungen wurden etwa formuliert bei *Schwan*, Amtsgeheimnis oder Aktenöffentlichkeit?, 90 ff.; *Scherzberg*, Die Öffentlichkeit der Verwaltung, 404 f.; *Gallwas*, NJW 1992, 2790; *Schoch*, Verw 35 (2002), 149 ff.; *Kloepfer*, DÖV 2003, 221; *Kugelmann*, DÖV 2005, 851 ff.; zu den Hintergründen der Entwicklung des Informationsfreiheitsrechts auf Bundesebene siehe *Sitsen*, Das Informationsfreiheitsgesetz des Bundes, 27 ff. sowie *Schoch*, IFG, Einl. Rn. 1 ff.

484 Lediglich in Bayern, Niedersachsen und Sachsen gibt es noch kein umfassendes Informationszugangsrecht.

485 Über das vorhandene Wissen hinaus reichen die Ansprüche aus den Informationsfreiheitsgesetzen dagegen nicht. Insbesondere gibt es keinen Anspruch auf

zu besonderen Arten von Verwaltungsinformationen regeln. Zu nennen sind hier neben den europarechtlich vorgeschriebenen Umweltinformationsgesetzen des Bundes und der Länder[486] etwa die Auskunftsrechte aus §§ 1, 2 VIG, §§ 14 BArchG und § 3, 13, 15 ff. StUG.[487]

Zwar müssen die beschriebenen Informationsansprüche im Rahmen eines Verwaltungsverfahrens individuell geltend gemacht werden, in dem die gesetzlich vorgesehenen Ablehnungsgründe zu prüfen sind. Zu einem Instrument der „Öffentlichkeit“ werden solche Ansprüche aber dann, wenn sie sich an einen prinzipiell unbeschränkten Adressatenkreis richten und nicht von der Darlegung eines Sonderinteresses abhängen.[488] Obwohl das einzelne Auskunftsbegehren auf Individualkommunikation beruht, ist die Wirkung der Auskunftspflicht in diesem Fall mit der von echter Öffentlichkeitskommunikation vergleichbar.[489] Die umfassenden Informationszugangsrechte unterscheiden sich insofern von den Informationsrechten, die an besondere Voraussetzungen geknüpft sind. So steht etwa das Akteneinsichtsrecht in § 29 VwVfG nur den am Verwaltungsverfahren Beteiligten zu Verfügung und dient nicht der Herstellung von Öffentlichkeit, sondern in erster Linie dem Individualrechtsschutz.[490]

---

aktive Beschaffung von Informationen durch die Behörden, vgl. *Kloepfer/v. Lewinsky*, DVBl 2005, 1279; *Schoch*, IFG, § 1 Rn. 37 ff.; *Gusy*, DVBl 2013, 944; *Rossi*, NVwZ 2013, 1265; *Rossi*, in: Dreier/Fischer/van Raay/Spiecker gen. Döhmann (Hrsg.), Informationen der öffentlichen Hand, 158 f.

486 Im Land Schleswig-Holstein wurden das Informationsfreiheitsgesetz und das Umweltinformationsgesetz im Informationszugangsgesetz (IZG) v. 19.01.2012 zusammengefasst.

487 Zu Details und weiteren Informationszugangsrechten vgl. *Schoch*, IFG, § 1 Rn. 303 ff. sowie BT-Drs. 17/12290, 63 f.

488 Siehe zur Unterscheidung zwischen besonderen und allgemeinen Informationszugangsrechten *Rossi*, in: Dreier/Fischer/van Raay/Spiecker gen. Döhmann (Hrsg.), Informationen der öffentlichen Hand, 146 f.

489 So auch *Gusy*, DVBl 2013, 945, der betont, dass der Antragsteller – trotz der eigentlichen Relativität des Informationsverhältnisses – rechtlich frei darin ist, für die Veröffentlichung der Auskünfte zu sorgen. Eine informationelle Zweckbindung ist im Anwendungsbereich der Informationsfreiheitsgesetze nicht vorgesehen; zur Publizität durch Akteneinsicht schon früh *Rubbert*, Saal- und Medienöffentlichkeit mündlicher Verhandlungen zwischen Verwaltung und Bürgern, 21 ff.

490 Vgl. zu diesem wichtigen Gegensatz *Roßnagel*, MMR 2007, 17: „Transparenz bietet diese Vorschrift nur dem Bourgeois zum Schutz seiner Partikularinteressen, nicht dem Citoyen zur Beteiligung an der gemeinsamen Suche nach dem Allgemeininteresse.“

Angesichts von gewachsenen gesellschaftlichen Forderungen nach Transparenz kann man die Gesetzgebung zur Informationszugangsfreiheit als verfassungs*politisch* geboten bezeichnen – die verfassungs*rechtliche* Pflicht dazu bestand allerdings auf Bundesebene nicht.[491] Wenn man von der europarechtlich vorgeschriebenen Verwaltungsöffentlichkeit im Bereich des Umweltrechts absieht, liegen die Fragen, wie öffentlich die Akten der Verwaltung sein sollen und auf welchem Weg diese Öffentlichkeit hergestellt werden soll, im Ermessen des Gesetzgebers. Ein Recht auf Zugang zu Daten öffentlicher Stellen kennt das Grundgesetz – im Gegensatz zur Verfassung des Landes Brandenburg[492] – noch nicht.[493] Auch aus dem Grundrecht der Informationsfreiheit nach Art. 5 Abs. 1 Satz 1 Alt. 2 GG lässt sich nach noch herrschender Auffassung kein Anspruch auf Zugang zu staatlichen Informationen herleiten.[494] Die Gewährung von Auskunftsrechten fällt somit in den oben beschriebenen Verantwortungsbereich des Gesetzgebers zur Ausgestaltung der Öffentlichkeit des Staatshandelns. Um die Dispositionsfreiheit des Gesetzgebers in diesem Bereich einzuschränken und eine juristische Überprüfungsmöglichkeit durch das BVerfG zu schaffen, plädieren einige Autoren dafür, die Informationszugangsfreiheit in das Grundgesetz aufzunehmen.[495] Eine solche Regelung würde den verfassungsrechtlichen Standard der Öffentlichkeit der Verwaltung an den von Legislative und Judikative annähern.

---

491 *Roßnagel*, MMR 2007, 18.

492 Vgl. etwa Art. 21 Abs. 4 LVerf Brandenburg: „Jeder hat nach Maßgabe des Gesetzes das Recht auf Einsicht in Akten und sonstige amtliche Unterlagen der Behörden und Verwaltungseinrichtungen des Landes und der Kommunen, soweit nicht überwiegende öffentliche oder private Interessen entgegenstehen." Bereichsspezifische Rechte auf Zugang zu Verwaltungsinformationen finden sich auch in den Verfassungen Bremens, Mecklenburg-Vorpommerns, Rheinland-Pfalz', Sachsens, Sachsen-Anhalts und Thüringens.

493 Entsprechende Initiativen gab es allerdings auch auf Bundesebene schon, vgl. Art. 5a des Gesetzesentwurfs der Fraktion Bündnis 90/Die Grünen, BT-Drs. 16/9607, 3.

494 Vgl etwa BVerfGE 27, 71, 83; 103, 44, 59 f.; 119, 309, 319; *Kugelmann*, Die informatorische Rechtsstellung des Bürgers, 60; *Kloepfer*, DÖV 2003, 227; *Gurlit*, DVBl 2003, 1122; *Roßnagel*, MMR 2007, 17; *Kloepfer/Schärdel*, JZ 2009, 459; siehe zur wachsenden Gegenauffassung etwa *Scherer*, Verwaltung und Öffentlichkeit, 31 ff.; *Scherzberg*, Die Öffentlichkeit der Verwaltung, 378 ff. sowie *Dix*, in: Dreier/Fischer/van Raay/Spiecker gen. Döhmann (Hrsg.), Informationen der öffentlichen Hand, 80 ff. m.w.N.

495 Vgl. *Kloepfer/Schärdel*, JZ 2009, 453 ff.; *Schnabel*, ZD 2012, 493 f.

(4.) Staatliche Öffentlichkeitsarbeit: Aktive (Medien-)Öffentlichkeit mit geringer gesetzlicher Determinierung

Ausgehend von den dargestellten Kategorien kann man nun die Funktion der staatlichen Öffentlichkeitsarbeit bei der Herstellung der verfassungsrechtlich gebotenen Öffentlichkeit staatlichen Handelns besser beurteilen. Als aktive Staatskommunikation unterscheidet sie sich zunächst grundlegend von den Informationszugangsrechten, der „passiven" Öffentlichkeit. Bei der Öffentlichkeitsarbeit entscheidet die Initiative einer staatlichen Stelle über den Informationsfluss, nicht die des Bürgers. Öffentlichkeitsarbeit wird fast durchgängig medial vermittelt, sei es durch Broschüren, Postwurfsendungen, Plakate oder Internetangebote. Zu den wenigen Ausnahmen, bei denen sie lediglich vor einem Präsenzpublikum stattfindet, zählen etwa Besucherdienste oder ein „Tag der öffentlichen Tür", wie ihn manche Behörden und Gerichte in gewissen Abständen veranstalten. Von ihrer Bedeutung für die politische Willensbildung, auf die es in diesem Abschnitt ankommen wird, fallen diese Präsenzveranstaltungen allerdings im Vergleich zur übrigen Öffentlichkeitsarbeit nicht ins Gewicht. Wegen der um ein Vielfaches höheren Reichweite erfolgt die staatliche Selbstdarstellung schwerpunktmäßig auf denselben Kanälen wie die anderen staatlichen Medienpublikationen. Der wesentliche Unterschied der staatlichen Öffentlichkeitsarbeit zu den übrigen staatlichen Informationsaktivitäten liegt an einer anderen Stelle: Die Öffentlichkeitsarbeit ist ist nicht durch den Gesetzgeber determiniert.

Der Inhalt staatlicher Berichte, Informationsregister und sonstiger bereichsspezifischer Pflichtpublikationen ergibt sich aus dem zugrunde liegenden Gesetz. Zwar haben die staatlichen Stellen, insbesondere beim Berichtswesen, noch einen gewissen Spielraum bei der Auswahl und der Zusammenstellung der publizierten Informationen. Das grundsätzliche Thematisierungsrecht wurde allerdings bereits vom Gesetzgeber ausgeübt. Er legt abstrakt die Kategorien der zu veröffentlichenden Informationen fest. Bei der Beantwortung von Informationsauskunftsbegehren liegt das Thematisierungsrecht dagegen allein beim Antragsteller. Sein Antrag bestimmt den Gegenstand und den Inhalt des Informationszugangs. Soweit eine Behörde darüber hinausreichende Informationen herausgibt, verlässt sie den rechtlichen Boden der Informationsfreiheitsgesetze.[496]

Auch den Zeitpunkt bzw. die Periodizität ihrer Veröffentlichungen bestimmen die staatlichen Stellen in der Regel nicht selbst. Berichte sind in

496 *Gusy*, DVBl 2013, 944.

gesetzlich vorgesehenen Intervallen vorzulegen, über den Zeitpunkt der Beantwortung eines Informationsauskunftsbegehrens entscheidet allein der Bürger. Den Zeitpunkt seines Antrags kann er selbst bestimmen, seinem Begehren ist unverzüglich nachzukommen, vgl. etwa § 7 Abs. 5 Satz 1 IFG.[497]

Bei der staatlichen Öffentlichkeitsarbeit hat die konkret handelnde Stelle wesentlich größeren Einfluss auf den Inhalt und die Umstände ihrer Publikation. Zwar unterliegt natürlich auch sie der rechtsstaatlichen Bindung an Recht und Gesetz. Des Weiteren ist die Öffentlichkeitsarbeit, wie gezeigt wurde, ein Teil der pflichtgemäßen Umsetzung eines Verfassungsgebots und somit keine völlig freiwillige Aufgabe von Parlamenten, Gerichten und Behörden.[498] Allerdings sind die gesetzlichen Maßstäbe für die staatliche Selbstdarstellung überschaubar. Abgesehen von den oben herausgearbeiteten objektivrechtlichen Maßstäben, die in erster Linie den Mindeststandard der Öffentlichkeit des Staatshandelns betreffen, gibt es kaum Regelungen zum verpflichtenden oder zulässigen Inhalt staatlicher Öffentlichkeitsarbeit.[499] Ferner ist mangels subjektivrechtlicher Ansprüche auf Öffentlichkeitsarbeit auch die gerichtliche Kontrolldichte sehr gering.[500] Im Rahmen der Rechtsordnung können die staatlichen Stellen die-

---

497 Zur Unverzüglichkeit des Informationszugangs und zum Verhältnis zur Monatsfrist in § 7 Abs. 5 Satz 2 IFG vgl. *Schoch*, IFG, § 7 Rn. 163 ff.

498 Vgl. *v. Coelln*, Zur Medienöffentlichkeit der Dritten Gewalt, 517; missverständlich insofern *Kugelmann*, Die informatorische Rechtsstellung des Bürgers, 76, der die „freiwillige“ Öffentlichkeitsarbeit den „Verpflichtungen (…) zur Herstellung von Öffentlichkeit“ gegenüberstellt.

499 Dieser Befund hat sich auch durch die Neufassung von § 25 Abs. 3 VwVfG aufgrund des Gesetzes zur Verbesserung der Öffentlichkeitsbeteiligung und Vereinheitlichung von Planfeststellungsverfahren vom 31.05.2013 nicht geändert. Zum einen ist die Norm nur bei der Planung von Großprojekten einschlägig, zum anderen statuiert sie für die Verwaltung nur die Pflicht, auf eine Öffentlichkeitsarbeit durch den jeweiligen Vorhabensträger hinzuwirken. Eine umfassende Pflicht zur proaktiven Kommunikation durch die Behörde selbst sucht man dagegen vergeblich.

500 Die einschlägigen Urteile betrafen fast sämtlich die Frage, ob Amtsträger mit ihrer Öffentlichkeitsarbeit die Grenze zur unzulässigen Wahlwerbung überschritten haben. Das bloße Unterlassen staatlicher Öffentlichkeitsarbeit ist hingegen noch nicht vor Gericht für verfassungswidrig erklärt worden, vgl. auch *Gusy*, DVBl 2013, 943. Ein solches Urteil wäre höchstens im Fall der Unterschreitung des Mindestmaßes an Transparenz bestimmten Staatshandelns denkbar. Neben der *gerichtlichen* Kontrolle staatlicher Öffentlichkeitsarbeit darf jedoch auch die *politische* Kontrolle nicht außer Acht gelassen werden, in der sowohl der exzessive Gebrauch wie auch das Unterlassen von Öffentlichkeitsarbeit thematisiert wird; vgl. etwa die kleine Anfrage der Fraktion Bündnis 90/Die

jenigen Bereiche ihrer Aufgabenerfüllung thematisieren, die ihnen sinnvoll erscheinen, und sie können dies tun, wann es ihnen sinnvoll erscheint.[501] Dabei sind sie auch frei in der Wahl des Mediums.[502] Die staatlichen Stellen können sich mit Eigenpublikationen unmittelbar an die Öffentlichkeit wenden, sie können aber auch den mittelbaren Weg über die Presse oder andere private Vermittler wählen. Sie können sich traditioneller Informationsträger wie etwa Plakate oder Broschüren bedienen oder eine eigene Website einrichten. Die staatliche Öffentlichkeitsarbeit ist somit eine Handlungsform, die den konkret handelnden staatlichen Stellen sehr viel eigenen Spielraum belässt. Sie ist vor allem im Gegensatz zur Informationszugangsfreiheit, die auf privaten Informationsbedürfnissen beruht, sehr „anbieterorientiert".[503]

(a.) Besondere Vorteile: Flexibilität und Spontaneität

Aufgrund der genannten Eigenschaften ergeben sich für die Öffentlichkeitsarbeit gegenüber den übrigen Öffentlichkeitsmechanismen einige Vorzüge. Sie ist ein vergleichsweise flexibles und spontanes Handlungsmittel.

Die jeweils handelnde öffentliche Stelle, die naturgemäß über die meisten Informationen aus der eigenen Aufgabenerfüllung verfügt, kann selbst darüber bestimmen, welche Ausschnitte davon sie thematisieren will. Idealerweise können staatliche Stellen diejenigen Aspekte ihrer Arbeit ansprechen, die besonders dringlich oder aktuell und für die öffentliche Meinungsbildung deshalb besonders relevant sind. Sie haben die Möglichkeit, gesellschaftliche Informationsbedürfnisse zu erkennen und darauf einzugehen. Das wird insbesondere bei staatlichen Entscheidungen der Fall sein, die große Auswirkungen auf privates Handeln haben können. In diesen Fällen können die handelnden Stellen den Bürgern zum einen die Suche nach den für sie relevanten Informationen erleichtern. Zum anderen können sie auch die Beantwortung zahlreicher individueller Informationsan-

Grünen, BT-Drs. 17/6959 zur (mangelnden) europapolitischen Öffentlichkeitsarbeit der Bundesregierung während der sog. „Euro-Krise".

501 Vgl. *Gusy*, GVerwR II, § 23 Rn. 97.

502 Zur nachfolgenden Kategorisierung vgl. auch *Martini/Kühl*, DÖV 2013, 574 ff.

503 *Gusy*, DVBl 2013, 945.

fragen vorwegnehmen und durch die vergleichsweise günstige Öffentlichkeitskommunikation Kosten einsparen.[504]

Schließlich ist die Öffentlichkeitsarbeit für einen weiteren Bereich der Staatstätigkeit bedeutend, für den kommunikative Handlungsinstrumente benötigt werden: die institutionelle Selbstdarstellung, also die Vorstellung der tatsächlich für den Staat handelnden Personen und Institutionen.[505] Die einzelnen Stellen können Informationen über ihren Aufbau, ihre Funktionsweise, ihre rechtlichen Bindungen sowie aktuell tätige Amtsträger veröffentlichen – sie können sich selbst „ein Gesicht verleihen". Diese Funktion kann kein anderes staatliches Handlungsinstrument äquivalent abdecken.[506]

Da Produkte der Öffentlichkeitsarbeit keine formalen Kriterien zu erfüllen haben, die notwendigerweise großen Zeitaufwand in Anspruch nehmen, bieten sie sich als Reaktion auf aktuelle Ereignisse an.[507] Das staatliche Berichtswesen kann diese Aktualitätsfunktion nicht erfüllen. Berichte sind periodisch vorzulegen und behandeln einen bestimmten Berichtszeitraum, in dem die staatliche Tätigkeit systematisiert und umfangreich zusammengefasst wird. Für aktuelle Informationsbedürfnisse ist dagegen eine Pressemitteilung oder eine Ankündigung auf der behördeneigenen Homepage eine angemessenere Antwort. Durch die Freiheit in der Wahl des Mediums können staatliche Stellen dabei auch die Reichweite und die Empfängerkreise ihrer Nachrichten beeinflussen. Mit Online-Auftritten und Newsletter-Services können beispielsweise politisch interessierte Bür-

---

504 Auch *Gusy*, DVBl 2013, 942 zählt „Kosteneinsparung" und „Servicegedanke" zu den Charakteristika staatlicher Öffentlichkeitsarbeit, obgleich er dabei von einem weiteren Begriff der Öffentlichkeitsarbeit ausgeht als hier vorgeschlagen.

505 Vgl. zum Begriff sowie den einzelnen Ausprägungen *Krüdewagen*, Die Selbstdarstellung des Staates, insb. 28 ff. sowie *Quaritsch*, Probleme der Selbstdarstellung des Staates, 7 ff.

506 Zwar steht das politische Bildungswesen der Öffentlichkeitsarbeit an dieser Stelle sehr nahe. Allerdings bewegt es sich auf einer wesentlich höheren Abstraktionsebene: Angesichts der Vielfalt der Behörden auf den unteren Ebenen des Staatsaufbaus bleibt die politische Bildung oft auf die Verfassungsorgane, Ministerien sowie den abstrakten Aufbau der Verwaltung beschränkt. Die Möglichkeiten der Öffentlichkeitsarbeit in Bezug auf Aktualität und Personalisierung sind wesentlich größer. Zur Einordnung des politischen Bildungswesens als exekutive Staatsaufgabe siehe *Brüning/Willers*, JZ 2010, 1059.

507 Den Vorteil der informalen Staatskommunikation, auf aktuelle Herausforderungen „schnell und sachgerecht" reagieren zu können, hob das BVerfG auch in den angesprochenen Entscheidungen „Glykol" und „Osho" hervor, siehe BVerfGE 105, 252, 269; 105, 279, 302. Allerdings betreffen diese Entscheidungen nicht die staatliche Selbstdarstellung, sondern hoheitliche Warnungen.

ger angesprochen werden, die sich schwerpunktmäßig über elektronische Medien informieren, während die „klassischen" Informationsträger wie Broschüren oder Druckhefte das übrige Publikum erreichen können. Wie man allein durch die Gestaltung der eigenen Selbstdarstellung verschiedene Empfängerkreise erschließen kann, zeigt das Online-Angebot des Deutschen Bundestages eindrucksvoll. Neben der zentralen Website www.bund estag.de betreibt die Presse- und Kommunikationsstelle unter den Domains www.mitmischen.de und www.kuppelkucker.de weitere Websites, auf denen sich Jugendliche und Kinder altersgerecht über die parlamentarische Arbeit informieren und den Bundestag dabei spielerisch erkunden können.[508]

Aufgrund ihrer Flexibilität und Vielseitigkeit kommt der Öffentlichkeitsarbeit im System der Publizitätsmechanismen eine Ergänzungsfunktion zu. Dies gilt vor allem in Bereichen, in denen die Transparenz des Staatshandelns nicht schon durch andere Instrumente hinreichend sichergestellt ist. Hier sorgt erst die Öffentlichkeitsarbeit der handelnden Stellen dafür, dass genügend Informationen über die staatliche Tätigkeit verfügbar sind, um dem grundgesetzlichen Transparenzpostulat gerecht zu werden. So galt die regierungsamtliche Öffentlichkeitsarbeit insbesondere vor dem Erlass der Informationsfreiheitsgesetze als „Ersatz für die freie Zugänglichkeit zu Informationen" der Exekutive.[509] Alles in allem lässt sich die Öffentlichkeitsarbeit, solange sie von Behörden, Parlamenten und Gerichten in verantwortungsvoller Weise betrieben wird, als Öffentlichkeitsreserve des Staates beschreiben.

(b.) Besondere Gefahr: Einflussnahme auf die politische Willensbildung

Die Öffentlichkeitsarbeit hat für den Staat als Kommunikator offenkundige Vorteile. Der Blickwinkel soll nun aber auf die sprichwörtliche andere Seite der Medaille gelenkt werden. Wegen ihrer geringen gesetzlichen Determinierung haftet der Öffentlichkeitsarbeit auch ein Gefahrpotential an, das Zweifel an ihrem Beitrag zur verfassungsrechtlich gebotenen Öffent-

---

508 Siehe insbesondere https://www.kuppelkucker.de/entdecke-den-bundestag/.

509 So *Kloepfer*, HStR III, § 42 Rn. 59; ähnlich Schürmann, Öffentlichkeitsarbeit der Bundesregierung, 154. Angesichts dieser großen Bedeutung von Öffentlichkeitsarbeit für die Publizität von Regierung und Verwaltung lässt sich auch die lange während Fixierung der wissenschaftlichen Abhandlungen auf den Bereich der Exekutive erklären.

lichkeit des Staatshandelns aufkommen lässt. Durch die große Freiheit bei der Auswahl und Zusammenstellung der Informationen haben die handelnden Stellen ein einfaches Mittel, um sich und ihre Arbeit sehr positiv darzustellen und negative Aspekte zu übergehen.

Gewisse Vorbehalte gegenüber der informalen Öffentlichkeitskommunikation des Staates sind deshalb nicht völlig unbegründet. Sie speisen sich aus der Alltagserfahrung, dass die Öffentlichkeitsarbeit – insbesondere von Regierungen – vielfach weit über das hinausgeht, was zur Herstellung demokratisch gebotener Öffentlichkeit erforderlich wäre.[510] Zum anderen spielt in Deutschland auch die traumatische historische Erfahrung der staatlichen Informationstätigkeit des Reichspropagandaministeriums eine wichtige Rolle.[511] Die große Zurückhaltung gegenüber der staatlichen Öffentlichkeitsarbeit spiegelt sich in der rechtswissenschaftlichen Rezeption dieser Handlungsform wider. Vor allem in den frühen Jahrzehnten der Bundesrepublik gab es kaum Abhandlungen über die informale staatliche Selbstdarstellung, obwohl es sich dabei um eine der klassischen Formen der Staatskommunikation handelt. Die vorhandenen Beiträge zur Öffentlichkeitsarbeit versuchten sich dagegen oftmals schon bei der Begriffsdefinition von der Kommunikationsform „Propaganda“ abzugrenzen, um etwaige böse Assoziationen zu vermeiden.[512]

Die Skepsis gegenüber staatlicher Informationstätigkeit ist in Deutschland gerade vor dem geschichtlichen Hintergrund durchaus verständlich,

---

510 Vgl. etwa VerfGH Koblenz, NVwZ 2007, 200 ff.: Hier wurden die Bürger zu einem „Tag der offenen Tür“ in die Staatskanzlei eingeladen, um dort „begleitet von einem umfassenden Programm mit vielen interessanten Gesprächspartnern, Interviews, Musik, Kultur und Sport“ zu „erleben, was Politik ausmacht“.

511 *Kloepfer*, Staatliche Informationen als Lenkungsmittel, 20: „Der unselige Aufruf ‚Kauft nicht bei Juden!‘ bleibt eine historische Mahnung, wie gefährlich, ja letztlich tödlich staatliche Informationen sein können.“.

512 So etwa *Leisner*, Öffentlichkeitsarbeit der Regierung im Rechtsstaat, 28 f., 37; *Schürmann*, Öffentlichkeitsarbeit der Bundesregierung, 67 ff.; *Furchert*, Vernetzte PR – Städtische Presse- und Öffentlichkeitsarbeit im Internet, 101 ff.; *Gostomzyk*, Die Öffentlichkeitsverantwortung der Gerichte in der Mediengesellschaft, 179 f.; vgl. auch *Brüggemann*, Europäische Öffentlichkeit durch Öffentlichkeitsarbeit, 63 ff. sowie *Bentele*, in: Sarcinelli (Hrsg.), Politikvermittlung und Demokratie in der Mediengesellschaft, 124 f., der in seinem Beitrag zur „Politischen Öffentlichkeitsarbeit“ feststellt, dass bis in die 1970er Jahre die „Abgrenzung zur NS-Propaganda ein wichtiges Charakteristikum des ‚neuen‘ Berufsstands“ war. Siehe zur Debatte über die Gründung der „Bundeszentrale für Öffentlichkeitsarbeit“ im Jahr 1968 *Hämmerlein*, DÖV 1969, 193.

sie ist indes bei ihrer rechtlichen Bewältigung nicht zielführend.[513] Wenn man die staatliche Öffentlichkeitsarbeit als vorhandene und notwendige Handlungsform im Instrumentarium der Staates nüchtern und vorurteilsfrei betrachtet, muss man aber eines feststellen: Vor dem Hintergrund des grundgesetzlichen Transparenzauftrags, dessen Zielzustand in der voraussetzungslosen Einsichtigkeit des Staatshandelns besteht, weist sie einen systematischen Unterschied zu anderen Instrumenten, insbesondere zu den Informationszugangsrechten, auf. Die durch Öffentlichkeitsarbeit hergestellte Transparenz kann sich nur auf das beziehen, was die staatlichen Stellen aus eigenem Antrieb preisgeben. Allein deren Publikationsinteressen entscheiden darüber, welche Informationen in den öffentlichen Diskurs gelangen.[514] Neben dem Thematisierungsrecht liegt auch das Selektionsrecht beim Staat: Die staatlichen Institutionen haben die Möglichkeit, diejenigen Informationen „auszusparen", die ihre eigenen Interessen verletzen könnten.[515] Das betrifft etwa Entscheidungen, auf die eine kritische Reaktion der Öffentlichkeit zu erwarten ist. Für „gute Nachrichten", seien es Entscheidungen mit unmittelbaren positiven Auswirkungen für die Privatbürger oder eigene Erfolgsbilanzen, könnte dagegen in großem Umfang Öffentlichkeitsarbeit betrieben werden.[516] Daran wird deutlich, dass Öffentlichkeitsarbeit nur eine begrenzte, fragmentarische Öffentlichkeit für staatliches Handeln etablieren kann. Die übrigen Publizitätsmechanismen bewahren daneben stets ihre Berechtigung und ihre Notwendigkeit.

Die Freiheit, über die die staatlichen Stellen bei der Ausgestaltung ihrer Öffentlichkeitsarbeit verfügen, wirkt umso brisanter, wenn man sich nochmals deren Zielrichtung vor Augen führt: Gemäß dem oben herausgearbeiteten Begriff betrifft die staatliche Öffentlichkeitsarbeit die *politische Willensbildung* der Bürger.[517] Wählen staatliche Stellen die Öffentlichkeitsarbeit als Mittel zur Erfüllung des verfassungsrechtlichen Öffentlichkeits-

---

513 Vgl. auch *Müller-Neuhof*, Verfassung als Nachricht, 75: „Die Angst davor, sich Propaganda vorwerfen lassen zu müssen, verstellte den Blick auf die Notwendigkeiten."

514 Zu dieser Unterscheidung *Gusy*, DVBl 2013, 944.

515 Dies wird dadurch begünstigt, dass die Öffentlichkeitsarbeit in der Regel direkt und zentralisiert durch die Behördenleitung koordiniert wird, vgl. *Czerwick*, DÖV 1997, 980.

516 Ein wichtiges Kontrollinstrument stellt hier freilich das Haushaltsgesetz dar, das öffentliche Mittel für Öffentlichkeitsarbeit ausweisen muss, vgl. dazu *Schürmann*, NVwZ 1992, 853. Zur Bedeutung eines klar umrissenen Begriffs staatlicher Öffentlichkeitsarbeit zur Erhaltung dieses Kontrollinstruments siehe oben B.I.2.e.bb.

517 Siehe oben B.I.2.e.dd.(3.).(c.).

auftrages, ist demnach ein Konflikt vorgezeichnet, der das grundsätzliche Verhältnis von Staat und Gesellschaft in der Demokratie betrifft. Es handelt sich um einen finalen staatlichen Eingriff in die politische Willensbildung des Volkes.

bb. Der Grundsatz der Staatsfreiheit der politischen Willensbildung

Die Legitimationsbedürftigkeit der staatlichen Öffentlichkeitsarbeit wird besonders deutlich, wenn man sich nochmals die Zielrichtung staatlicher Öffentlichkeitsarbeit in Erinnerung ruft. Gemäß dem im ersten Teil der Arbeit herausgearbeiteten Begriff betrifft sie die politische Willensbildung[518] der Gesellschaft. Auf diese Weise wird klar, dass Hoheitsträger sich auf besonders sensibles Terrain begeben, wenn sie ein informales Mittel zur Erfüllung des Öffentlichkeitsauftrags wählen. Sie nehmen kommunikativen Einfluss auf den Willen des Volkes, der sie als Repräsentanten eigentlich erst hervorbringen und legitimieren soll.[519]

Die Unterscheidung der staatlichen von der gesellschaftlichen Willensbildung sowie die Analyse ihrer wechselseitigen Beziehungen gehören zu den grundlegenden Themen der Staatsrechtslehre. Gedanklich vorausgehen muss einer solchen Analyse eine noch grundsätzlichere Unterscheidung, nämlich die zwischen Staat und Gesellschaft.[520] In der Verfassungsordnung des Grundgesetzes ergibt sich diese Unterscheidung aus zwei zentralen Weichenstellungen. Art. 1 Abs. 1 Satz 1 und Art. 2 ff. GG bestimmen die individuellen Grundrechte der Rechtssubjekte aus dem gesellschaftlichen Bereich, zum Schutz dieser Grundrechte ist nach Art. 1 Abs. 1 Satz 2, Abs. 3 GG der Staat verpflichtet. Die Existenz individueller Freiheitsrechte beruht auf einem grundrechtsverpflichteten Staat als Garanten ebendieser

518 „Politische Willensbildung" bezeichnet den „Prozess der Formung, Artikulation und Geltendmachung von Bedürfnissen, Interessen und Meinungen in Bezug auf die Erhaltung, Veränderung oder Beseitigung der in einem Gemeinwesen bestehenden Verhältnisse." Siehe *Klein*, in: Maunz/Dürig, GG, Art. 21 Rn. 155.

519 Aus diesem Grund hält etwa auch *Lüdemann* einen engen Begriff von Öffentlichkeitsarbeit für verfassungsrechtlich geboten, da sich nur dieses Verständnis „mit dem Prinzip der staatsfreien Meinungs- und Willensbildung des Volkes in Einklang bringen" lasse, vgl. *ders.*, Edukatorisches Staatshandeln, 89.

520 Vgl. dazu *Rupp*, HStR II, § 31 m.w.N.

Rechte.[521] Desweiteren setzt die Legitimationsbeziehung aus Art. 20 Abs. 2 GG einen Dualismus von Staat und Gesellschaft voraus. Abgesehen von den „Wahlen und Abstimmungen“ wird die Ausübung von Staatsgewalt im repräsentativen Demokratiemodell des Grundgesetzes gem. Art. 20 Abs. 2 Satz 2 GG an „besondere Organe der Gesetzgebung, der vollziehenden Gewalt und der Rechtsprechung“ delegiert.[522] Jede Ausübung von Staatsgewalt durch diese staatlichen Organe muss sich durch eine ununterbrochene Legitimationskette auf das Staatsvolk zurückführen lassen.

Parallel zu dieser Unterscheidung zieht das Grundgesetz eine Linie zwischen der in Art. 20 Abs. 2 Satz 2 GG geregelten Bildung des Staatswillens und der „politischen Willensbildung des Volkes“, die in Art. 21 Abs. 1 Satz 1 GG vorausgesetzt wird.[523] Die Willensbildung im staatlichen Bereich erfolgt nach anderen Regeln und Mechanismen als die gesellschaftliche Willensbildung. Die Amtsträger aus dem staatlichen Bereich sind durch die Regeln des öffentlichen Rechts gebunden.[524] Ihnen werden durch das Recht Aufgaben zugewiesen, die die Gegenstände der Staatswillensbildung definieren. Ihre gesetzlichen Befugnisse legen fest, wie weit die Ergebnisse ihrer Willensbildung in rechtlich geschützte Positionen wie etwa Grundrechte eingreifen dürfen. Schließlich gibt es in den meisten Bereichen Normen zu Zuständigkeiten, Quoren und Verfahren, die das Zustandekommen des Staatswillens näher regeln.

Die Willensbildung im gesellschaftlichen Bereich ist demgegenüber durch Freiheit und Beliebigkeit geprägt.[525] Sie wird durch die starken Freiheitsverbürgungen aus Artt. 4, 5, 8 und 9 GG geschützt und zusätzlich durch Artt. 21, 28 und 38 GG abgesichert.[526] In Ausübung seiner Grundrechte kann jeder Bürger an der Volkswillensbildung teilhaben. Er kann Meinungen äußern und entgegennehmen, er kann sich allein oder in Versammlungen und Vereinigungen für eine Sache stark machen und er kann

---

521 Vgl. dazu *Forsthoff*, Der Staat der Industriegesellschaft, 21 ff.; *Böckenförde*, Die verfassungstheoretische Unterscheidung von Staat und Gesellschaft als Bedingung individueller Freiheit, 9 ff. sowie *Grimm*, ZRP 1994, 279.

522 Vgl. schon oben B.I.2.d.bb.(1.).

523 BVerfGE 8, 104, 112 f.; 20, 56, 98 f.

524 Dies gilt auch in den wenigen Fällen, in denen Staats- und Volkswillensbildung zusammenfallen, namentlich bei Wahlen, Volksabstimmungen, Volksentscheiden, Volksbegehren und Volksbefragungen. Da das Volk in diesen Fällen selbst als Staatsorgan tätig wird, ist seine Tätigkeit durch Kompetenznormen begrenzt. Siehe dazu *Kloepfer*, HStR III, § 42 Rn. 20.

525 *Jestaedt*, Demokratieprinzip und Kondominialverwaltung, 185 f. m.w.N.

526 Siehe oben B.I.2.d.bb.(3.).

sich in politischen Parteien engagieren.[527] Auf diese Weise unterliegt die Willensbildung der Gesellschaft laufend neuen Einflüssen und kann die laufend gewandelten Anforderungen und Bedürfnisse einer dynamischen Gesellschaft zum Ausdruck bringen.[528] Nur ein „freies Spiel der Kräfte"[529] innerhalb der gesellschaftlichen Willensbildung kann das leisten. Dementsprechend betonte auch das BVerfG mehrfach die Bedeutung eines „freien, offenen und unreglementierten"[530] gesellschaftlichen Willensbildungsprozesses für die Herausbildung einer „öffentlichen Meinung".[531] Die Bildung dieser öffentlichen Meinung sei aufgrund ihrer „entscheidenden Rolle" im demokratischen Gemeinwesen vom Schutz durch Art. 5 GG mitgarantiert.[532]

Der permanente Prozess der öffentlichen Meinungsbildung manifestiert sich regelmäßig im für die Staatswillensbildung entscheidenden Akt der Parlamentswahl.[533] Sie ist der Ausgangspunkt der Legitimationskette vom Volk zu den „besonderen Organen" im Sinne von Art. 20 Abs. 2 Satz 2 GG und bildet somit das Herz des repräsentativen Demokratiemodells des Grundgesetzes. Indem das Volk am Wahltag seinen Willen äußert, legitimiert es seine Repräsentanten und erteilt ihnen für die verfassungsrechtlich vorgesehene Wahlperiode einen Herrschaftsauftrag.[534] Die Wahlgrundsätze aus Art. 38 Abs. 1 Satz 1 GG sollen dafür sorgen, dass sich im Wahlakt die aktuelle öffentliche Meinung widerspiegelt, dass es also die tatsächlich Mehrheit des Volkes ist, die diesen Auftrag erteilt.[535] In den Wahlgrundsätzen finden sich auch die zentralen Bedingungen dafür, dass die Wahl ihre Legitimationswirkung entfalten kann. Insbesondere die Frei-

527 Zu den grundrechtlichen Freiheiten zur politischen Mitwirkung im Einzelnen *Schmitt Glaeser*, HStR III, § 38 Rn. 11 ff.

528 Vgl. BVerfGE 97, 350, 369: „Demokratie setzt eine ständige freie Auseinandersetzung zwischen sich begegnenden sozialen Kräften, Interessen und Ideen voraus, in der sich auch politische Ziele klären und wandeln […]".

529 So *Schmitt Glaeser*, HStR III, § 38 Rn. 2.

530 BVerfGE 9, 162, 165; 20, 56, 98; ähnlich *Herzog*, Allgemeine Staatslehre, 146: „unorganisierte Selbstregulierung".

531 Zum Begriff der „öffentlichen Meinung" siehe schon oben B.I.2.d.bb.(1.). Das BVerfG gebraucht die Ausdrücke „politische Meinungsbildung" und „Bildung der öffentlichen Meinung" weitgehend synonym. Siehe dazu *Kloepfer*, HStR III, § 42 Rn. 11 mit Fn. 34.

532 BVerfGE 8, 104, 112 f.; 20, 56, 97 f.

533 BVerfGE 14, 121, 132; 20, 56, 98.

534 Vgl. *Saenger*, Funktion amtlicher Pressestellen in der demokratischen Staatsordnung, 57 f.: Demokratie beruhe darauf, dass „die freie Meinung die Regierungsbildung bestimmt und nicht die Regierung die Meinungsbildung".

535 Vgl. BVerfGE 44, 125, 138 f.; 83, 60, 72 f.

heit der Wahl ist dafür absolut notwendig – „ist die Wahlfreiheit nicht sichergestellt, sind alle anderen Wahlrechtsgrundsätze bedeutungslos."[536] Die Freiheit nach Art. 38 Abs. 1 Satz 1 GG setzt dabei nicht nur voraus, dass der Wahlakt selbst frei von Zwang bleibt. In den Worten des BVerfG ist es zudem erforderlich, dass „die Wähler ihr Wahlurteil in einem freien und offenen Prozess der Meinungsbildung gewinnen und fällen können".[537] Die Freiheit der *Bildung* des Volkswillen ist danach ebenso bedeutsam wie die Freiheit der *Äußerung* des Volkswillens.

Wie bereits gezeigt wurde,[538] kann der Einfluss der Volkswillensbildung auf die Staatswillensbildung nicht auf die in Art. 20 Abs. 2 GG genannten „Wahlen und Abstimmungen" reduziert werden. Auch während der Wahlperiode erfüllt die frei gebildete öffentliche Meinung wichtige Funktionen. Sie nimmt laufend Einfluss auf das Handeln der Repräsentanten und übt so eine faktische Kontrollfunktion aus.[539] Über die öffentliche Meinung werden zunächst die Themen identifiziert, zu denen sich die Repräsentierten politische Antworten erhoffen. Anschließend fließen in die öffentliche Meinung die „vielfältigen, sich möglicherweise widersprechenden, ergänzenden, gegenseitig beeinflussenden Wertungen, Auffassungen und Äußerungen des Einzelnen, der Gruppen, der politischen Parteien, Verbände und sonstigen gesellschaftlichen Gebilde"[540] ein, die eine Meinungsbildung für jeden Interessierten ermöglichen sollen. In den Worten des BVerfG besteht die wesentliche Aufgabe der öffentlichen Meinung in der „Vorformung des politischen Willens" des Volkes.[541]

Damit die politische Willensbildung des Volkes ihre wichtigen Aufgaben erfüllen kann, muss sie vor Einflüssen geschützt werden, die ihr freies und unreglementiertes Zustandekommen gefährden. Dazu gehört an vorderster Front der Schutz vor erdrückendem staatlichem Einfluss. Es muss dem Staat verwehrt bleiben, mit den ihm anvertrauten Ressourcen Einfluss auf den Prozess zu nehmen, der ihn erst hervorbringen soll. Für den kritischen Moment der Artikulation des Volkswillens ist dieser Gedanke ausdrücklich im Grundgesetz festgehalten worden – nach Art. 38 Abs. 1 Satz 1

---

536 *Klein*, in: Maunz/Dürig, GG, Art. 38 Rn. 107.

537 BVerfGE 44, 125, 139; 73, 40, 85; 91, 262, 267; 138, 102, 109; BVerfG, NVwZ 2018, 485 Rn. 40; vgl. dazu auch *Horn*, VVDStRL 68 (2009), 441.

538 Siehe oben B.I.2.d.bb.(1.).

539 Vgl. *Lenz*, JZ 1963, 346: „In [der öffentlichen Meinung] bleibt der Kontrollwille des Souveräns zwischen den Organkreationen präsent.".

540 BVerfGE 8, 104, 113.

541 Vgl. BVerfGE 8, 104, 113; 20, 56, 98; 97, 350, 369; der Begriff wurde geprägt von *Scheuner* in *ders.*, ZEE 1 (1957), 34 ff.

GG hat die Wahl „frei", also frei von allen die Entscheidungsfreiheit beeinflussenden staatlichen Einwirkungen,[542] zu erfolgen. Ebenso wie der Einfluss der öffentlichen Meinung aber wie gezeigt nicht auf die Wahl reduziert werden darf, ist es wichtig, dass die Volkswillensbildung auch ansonsten frei und ungestört ablaufen kann. Nur dann kann die öffentliche Meinung legitimerweise als „Vorformung des politischen Willens der Gesellschaft" gelten. Das BVerfG hat die angesprochenen Aspekte im Ersten Parteifinanzierungsurteil vom 19. Juli 1966 wie folgt zusammengefasst:[543]

> *„In einer Demokratie muß sich diese Willensbildung aber vom Volk zu den Staatsorganen, nicht umgekehrt von den Staatsorganen zum Volk hin, vollziehen. Die Staatsorgane werden durch den Prozeß der politischen Willensbildung des Volkes, der in die Wahlen einmündet, erst hervorgebracht (Art. 20 Abs. 2 GG). Das bedeutet, daß es den Staatsorganen grundsätzlich verwehrt ist, sich in bezug auf den Prozeß der Meinungs- und Willensbildung des Volkes zu betätigen, daß dieser Prozeß also grundsätzlich "staatsfrei" bleiben muß."*

Die Frage nach dem Verhältnis von Staats- und Volkswillensbildung ist damit im Grundsatz[544] beantwortet: Die Willensbildung des Volkes ist von staatlichem Einfluss freizuhalten.[545] Umstritten ist in der Rechtslehre lediglich noch die Reichweite dieses Grundsatzes, nämlich ob er sich nur auf die politische Willensbildung im engeren Sinne oder auf alle möglichen Gegenstände der öffentlichen Meinungsbildung bezieht.[546] Nach letzterem Verständnis müssten sich auch Maßnahmen der Öffentlichkeitsaufklärung, mit denen der Staat Einfluss auf das Verhalten der Bürger im privaten Bereich zu nehmen versucht, am Grundsatz der Staatsfreiheit messen lassen.

Für die staatliche Öffentlichkeitsarbeit[547] ist es dagegen unumstritten, dass ein Konflikt mit dem Grundsatz der Staatsfreiheit besteht. Öffentlichkeitsarbeit hat stets die politische Willensbildung der Bürger zum Gegenstand. Der aus dem Demokratieprinzip entwickelte Grundsatz der Staatsfreiheit ist voll und ganz einschlägig. Neben der verfassungstheoretischen

---

542 *Klein*, in: Maunz/Dürig, GG, Art. 38 Rn. 107.
543 BVerfGE 20, 56, 99.
544 Zu möglichen Ausnahmen von diesem Grundsatz sogleich unter B.II.1.cc.
545 Vgl. dazu auch BVerfGE 44, 125, 140; 69, 315, 346.
546 Siehe dazu *Schmitt Glaeser*, HStR III, § 38 Rn. 39-41; *Kloepfer*, HStR III, § 42 Rn. 11 mit Fn. 34 sowie *Lüdemann*, Edukatorisches Staatshandeln, 131 ff., jeweils m.w.N.
547 Siehe zur zum Begriff oben B.I.2.e.dd.

Grundlage betrifft das auch den Schutzzweck. Wie im vorangegangenen Abschnitt gezeigt wurde, ist die Öffentlichkeitsarbeit in besonderer Weise geeignet Einfluss die politische Willensbildung des Volkes zu nehmen.[548] Als Verstoß gegen den vom BVerfG aufgestellten Grundsatz der Staatsfreiheit ist staatliche Öffentlichkeitsarbeit somit im besonderen Maße rechtfertigungsbedürftig.

cc. Möglichkeit der Legitimation von Eingriffen in die politische Willensbildung

Das verfassungsrechtliche Urteil über die Zulässigkeit akzeptanzfördernder Öffentlichkeitsarbeit hängt daher von der Frage ab, ob Eingriffe in die politische Willensbildung des Volkes zu rechtfertigen sind und welche Anforderungen gegebenenfalls an eine solche Rechtfertigung zu stellen sind.

Wie im vorangegangenen Abschnitt gezeigt wurde, handelt es sich bei der Willensbildung des Volkes um ein äußerst sensibles und schützenswertes Gut in der freiheitlichen Demokratie. Welche Gefahren drohen, wenn die Meinungsbildung innerhalb der Gesellschaft durch staatlichen Einfluss „gleichgeschaltet" wird, hat die deutsche Geschichte des 20. Jahrhunderts sehr deutlich gezeigt. Gerade in den ersten Jahrzehnten der Bundesrepublik gab es daher einige Stimmen aus der Rechtswissenschaft, die jede Form werbender Einflussnahme durch Träger öffentlicher Gewalt kategorisch ablehnten.

Helmut Lenz vertrat in einem Beitrag zur Zulässigkeit des öffentlich-rechtlichen Rundfunks[549], dass der Staat im politischen Prozess auf seine Rolle als „Rechtserzeugungsorganisation"[550] verwiesen sei und dass es ihm deshalb mit Ausnahme rechtsmaßgeblicher amtlicher Verlautbarungen verboten sei, an der durch Art. 5 GG geschützten Meinungsbildung mitzuwirken. Die Kommunikationsgrundrechte sind nach dieser Auffassung nicht nur als Schutzrechte, sondern zugleich als Kompetenznormen zur Mitwirkung am Prozess der Erzeugung der öffentlichen Meinung zu verstehen.[551] Als Konsequenz daraus führte *Lenz* in seiner Kommentierung zu Art. 5 GG

---

548 Dieses Spannungsfeld betont das BVerfG auch in seiner jüngeren Rechtsprechung zur staatlichen Öffentlichkeitsarbeit, siehe BVerfGE 138, 102, 115 sowie BVerfG, NVwZ 2018, 485, Rn. 52.

549 *Lenz*, JZ 1963, 338 ff.

550 Ebenda, 342.

551 Vgl. ebenda, 346.

aus, „werbende *Öffentlichkeitsarbeit* der Regierung [enthalte] stets illegitime Übergriffe [...] in den Prozeß der freien Meinungs- und Willensbildung, der die demokratische Organisation erst im Wahlakt legitimierend hervorbringen soll."[552] Mit ähnlicher Begründung wandte sich *Reinhart Ricker* gegen staatliche Öffentlichkeitsarbeit in Form redaktionell gestalteter Amtsblätter. Lediglich Amtsblätter, „die sich auf die Veröffentlichung amtlicher Bekanntmachungen beschränken", dürften nach seiner Auffassung zulässig sein.[553] *Helmut Ridder* forderte für jede staatliche Öffentlichkeitsarbeit ein „Totalverbot des genus Werbung", weil ansonsten die mündigen Staatsbürger „zur pseudoplebiszitär akklamierenden Bevölkerung" degradiert würden.[554] In Bezug auf die Informationstätigkeit von Regierung und Verwaltung sprach sich auch *Otto Ernst Kempen* für ein Verbot jeder außerparlamentarischen werbenden Öffentlichkeitsarbeit aus.[555]

Aus der jüngeren Zeit gibt es soweit ersichtlich keine Stimmen mehr, die die Rechtfertigungsfähigkeit werbender staatlicher Öffentlichkeitsarbeit per se ablehnen. Lediglich einzelne Erscheinungsformen werden noch kritisch hinterfragt.[556] Ein kategorisches Verbot der werbenden Einflussnahme auf die gesellschaftliche Willensbildung wird nicht mehr gefordert. Dahinter steht in erster Linie die Erkenntnis, dass es eine ausnahmslos staatsfreie politische Willensbildung der Bürger in einer offenen Gesellschaft gar nicht geben kann.[557] Ebenso wie die öffentliche Meinung sich auf das Handeln der Amtsträger auswirkt, beeinflusst auch das Staatshandeln tagtäglich die öffentliche Meinungsbildung.[558] Ein „nicht kommunizierender Staat" ist schlichtweg nicht denkbar.[559] Äußerungen und Maß-

---

552 *Hamann/Lenz*, GG, Art. 5 Anm. A 1; Hervorhebung im Original.

553 *Ricker*, in: FS Löffler, 295 f.; skeptisch gegenüber staatlichen Eigenpublikationen auch *Krüger*, Allgemeine Staatslehre, 230 f.

554 *Ridder*, in: FS Stein, 68.

555 Vgl. *Kempen*, Grundgesetz, amtliche Öffentlichkeitsarbeit und politische Willensbildung, 265.

556 Vgl. etwa *Ladeur*, DÖV 2002, 1 ff. zur verfassungsrechtlichen Fragen der Öffentlichkeitsarbeit im Internet, insbesondere zur Zulässigkeit von Anzeigekampagnen durch das Bundespresseamt. Vgl. *Klein*, Konkurrenz auf dem Markt der geistigen Freiheit, 280 ff. mit kritischen Ansätzen zu staatlicher Pressetätigkeit; *Engelbert/Kutscha*, NJW 1993, 1233 ff. sprechen sich gegen die Zulässigkeit von Öffentlichkeitsarbeit in der Form von Postwurfsendungen aus; kritisch gegenüber akzeptanzfördernder Öffentlichkeit der Verwaltung *Czybulka*, Die Legitimation der öffentlichen Verwaltung, 66 f.

557 Vgl. etwa *Schoch*, HStR III, § 37 Rn. 80; *Böckelmann/Mahle/Nahr*, in: Langenbucher (Hrsg.), Politik und Kommunikation, 95.

558 BVerfGE 85, 264, 285.

559 Siehe oben B.I.2.a.

nahmen staatlicher Organe wie etwa der Erlass, die Änderung oder auch schon die bloße Ankündigung eines Gesetzes können den Prozess der öffentlichen Meinungsbildung anstoßen und ihn beeinflussen.[560]

All dies ist in der durch Artt. 20, 21 und 38 GG konturierten repräsentativen Demokratie des Grundgesetzes durchaus angelegt. Das Verhältnis von Staats- und Volkswillensbildung wird als verfassungsrechtliches „Rückkoppelungsverhältnis" charakterisiert.[561] Da die Staatsgewalt nach Art. 20 Abs. 2 Satz 1 GG vom Volk auszugehen hat, das Volk die Staatsgewalt aber im Regelfall nicht selbst ausüben kann, bedarf es gewisser Mechanismen, die sicherstellen, dass die Staatswillensbildung vom Volk erreichbar bleibt.[562] Der Prozess der politischen Willensbildung würde unzulässig verengt, wenn man ihn zur Einbahnstraße machte[563] – „realisierte Demokratie" verlangt einen ständigen Dialogprozess zwischen Regierenden und Regierten.[564] Auch von Trägern staatlicher Gewalt können Beiträge zu diesem Prozess gefordert sein. Das oben herausgearbeitete Öffentlichkeitsprinzip der Demokratie[565] würde zur leeren Hülle, wenn es dem Staat in jedem Fall verwehrt wäre, aktiv Informationen zur öffentlichen Meinungsbildung beizutragen. Insbesondere sollen die Bürger mit ihrem Wahlrecht kundtun dürfen, ob sie mit der Leistung der bisherigen Regierung zufrieden waren oder ob sie sich Änderungen wünschen. „Der Wähler muss sein Urteil über die Güte der Politik in einem freien, offenen Prozess der Meinungsbildung gewinnen und fällen können"[566] – dazu muss er aber auch die Informationen haben, um die Güte der Politik beurteilen zu können. Dazu gehören neben den berechtigten Kritikpunkten auch die Gründe, die die staatlichen Institutionen zur konkreten Entscheidung veranlasst haben, also zum Beispiel dessen erwartete positive Konsequenzen.

Aus den genannten Gründen ist es mittlerweile allgemein anerkannt, dass letztlich „kein Weg dran vorbei" führt, „die Teilnahme bestimmter

560 *Kloepfer*, HStR III, § 42 Rn. 22.

561 *Stein/Frank*, Staatsrecht, § 9 V; *Schmitt Glaeser*, HStR III, § 38 Rn. 38; *Fisahn*, Demokratie und Öffentlichkeitsbeteiligung, 303; *Schürmann*, Öffentlichkeitsarbeit der Bundesregierung, 128; *Zippelius*, Allgemeine Staatslehre, § 23 II 4, § 23 II 5: „demokratische Rückkoppelung".; VerfGH Koblenz, NVwZ 2007, 201.

562 Siehe zu diesem Themenkreis bereits oben B.I.2.d.bb.(1.).

563 Vgl. *Schoch*, HStR III, § 37 Rn. 80; *Schmitt Glaeser*, HStR III, § 38 Rn. 36; *ders.*, Der freiheitliche Staat des Grundgesetzes, 145 f.; *Holznagel*, VVDStRL 68 (2009), 386; *Scherzberg*, Die Öffentlichkeit der Verwaltung, 301 ff.; ähnlich bereits BVerfGE 20, 56, 99.

564 *Horn*, VVDStRL 68 (2009), 437.

565 Siehe oben B.I.2.d.bb.(4.).

566 *Horn*, VVDStRL 68 (2009), 441.

Funktionsträger des Staates [...] an der Bildung der öffentlichen Meinung als zulässig anzusehen."[567] Durchbrechungen des Grundsatzes der Staatsfreiheit müssen somit möglich sein. Unklar sind allenfalls noch die Bedingungen, unter denen dies geschehen darf.

Die Rechtsprechung des BVerfG trug wesentlich dazu bei, das staatliche Informationshandeln für die Rechtswissenschaft dogmatisch handhabbar zu machen. In einigen grundlegenden Urteilen[568] konkretisierte es die Kommunikationsordnung des Grundgesetzes und stellte dabei unter anderem Maßstäbe auf, nach denen sich zulässige staatliche Informationskampagnen von unzulässigen Übergriffen in die politische Willensbildung des Volkes abgrenzen lassen. Diese Urteile wurden von der Rechtslehre überwiegend positiv aufgenommen.[569]

Das BVerfG erkannte früh, dass die Willensbildung des Staates und die der Gesellschaft in der freiheitlichen Demokratie nicht völlig unabhängig voneinander sein können, sondern dynamisch aufeinander bezogen sind.[570] Das Gericht spricht seitdem in ständiger Rechtsprechung von einer „Wechselwirkung".[571] Staatliche und gesellschaftliche Willensbildung seien auf vielfältige Weise miteinander verschränkt und wirkten unerlässlich aufeinander ein. Dies alles sei „Teil des politischen Prozesses einer freiheitlichen Demokratie, wie das Grundgesetz ihn versteht".[572]

Allerdings ist der Staat kein gleichberechtigter Teilnehmer am öffentlichen Diskurs.[573] Er kann sich im Gegensatz zu Teilnehmern auf der gesellschaftlichen Sphäre nicht auf Grundrechte berufen. Art. 5 GG, der die freie Bildung der öffentlichen Meinung schützt, wendet sich hier gegen den

567 So *Heintzen*, VerwArch 81 (1990), 548.

568 Abgesehen von den bereits angesprochenen Entscheidungen BVerfGE 8, 104 sowie BVerfGE 20, 56 sind hier insbesondere das sog. Erste Fernsehurteil (BVerfGE 12, 205), der Beschluss zum Verfassungsschutzbericht (BVerfGE 40, 287) sowie das Volkszählungsurteil (BVerfGE 61, 1) zu nennen. Zum wegweisenden Urteil zur regierungsamtlichen Öffentlichkeitsarbeit (BVerfGE 44, 125) siehe sogleich im nächsten Abschnitt. Siehe aus jüngerer Zeit etwa BVerfGE 136, 323 zur Äußerungsbefugnis des Bundespräsidenten im politischen Meinungskampf sowie BVerfGE 138, 102 und BVerfG, NVwZ 2018, 485 zur Äußerungsbefugnis von Mitgliedern der Bundesregierung.

569 Zur Ausnahme, der äußerst umstrittenen Rechtsprechung zu staatlichen Warnungen und Empfehlungen, siehe oben B.I.2.e.bb.

570 Grundlegend BVerfGE 8, 104, 113 f.; 20, 56, 98 f.

571 Vgl. BVerfGE 44, 125, 139 f.; 85, 264, 285; 91, 262, 268; 91, 276, 285; BVerfG, NVwZ 2018, 485, Rn. 46.

572 BVerfGE 44, 125, 140.

573 Siehe zu den Grenzen staatlicher Beteiligung am öffentlichen Diskurs *Ferreau*, NVwZ 2017, 1259 ff. m.w.N.

Staat als Grundrechtsverpflichteten. Der Staat bedarf deshalb einer anderen Legitimation, um in den Prozess der politischen Willensbildung eingreifen zu dürfen. Im Parteifinanzierungsurteil formuliert das Gericht diese Anforderungen wie folgt:[574]

> *„Einwirkungen der gesetzgebenden Körperschaften und von Regierung und Verwaltung auf diesen Prozeß sind nur dann mit dem demokratischen Grsundsatz der freien und offenen Meinungs- und Willensbildung vom Volk zu den Staatsorganen vereinbar, wenn sie durch einen besonderen, sie verfassungsrechtlich legitimierenden Grund gerechtfertigt werden können."*

Aus dieser Feststellung, die das Gericht in nachfolgenden Urteilen konkretisierte, nicht jedoch aufhob,[575] geht zweierlei hervor. Zum einen lässt das Gericht Ausnahmen vom Grundsatz der Staatsfreiheit der politischen Willensbildung zu, wenn es *„besondere, verfassungsrechtlich legitimierende"* Gründe dafür gibt. Zum anderen ist es gerade dieser Ausnahmevorbehalt, der die Regel bestätigt - das BVerfG hält aus nachvollziehbaren Gründen am Grundsatz der Staatsfreiheit fest.[576]

In der jüngeren Zeit, in der staatliche Veröffentlichungen ebenso rasant zunehmen wie das sonstige Informationsaufkommen, wird der Begriff der „Staatsfreiheit" zwar von einigen Stimmen als realitätsfern kritisiert.[577] Jedoch sind auch diese Stimmen sich darin einig, dass der Staat nicht kom-

574 BVerfGE 20, 56, 99.

575 Interpretationsbedürftig ist allenfalls der Passus der „staatlichen Teilhabe an öffentlicher Kommunikation", den das BVerfG in den umstritten Entscheidungen „Glykol" (BVerfGE 105, 252, 268) und „Osho" (BVerfGE 105, 279, 301) verwandte. Da es sich bei der „staatlichen Teilhabe" hier jeweils um Fälle der Öffentlichkeitsaufklärung und somit nicht um Eingriffe in die politische Willensbildung im engeren Sinn handelte, lässt sich diesen Urteilen keine Aussage über die Zulässigkeit akzeptanzfördernder Öffentlichkeitsarbeit entnehmen. Das Gleiche gilt für die Argumentation des BVerwG im sog. Jugendsektenbeschluss (BVerwG, NJW 1991, 1770 f.), wonach der Bundesregierung „die geistige Einwirkung auf die öffentliche Meinung gestattet ist".

576 *Schürmann* geht dagegen davon aus, das Gericht habe den Grundsatz der Staatsfreiheit durch den Einschränkungsvorbehalt „sogleich wieder zur Ausnahme" gemacht, siehe *ders.*, Staatliche Öffentlichkeitsarbeit, 148. Seine Aussage findet sich in der Rechtsprechung des BVerfG allerdings nicht wieder. Das Gericht hat die besondere verfassungsrechtliche Rechtfertigung von Eingriffen vielmehr für jedes kommunikative Eingreifen von Amtsträgern in die Willensbildung gesondert herausgearbeitet und damit die jeweilige Ausnahme gerechtfertigt. Siehe dazu auch *Lüdemann*, Edukatorisches Staatshandeln, 133 mit Fn. 578.

577 Vgl. *Schoch*, HStR III, § 37 Rn. 80; *Gersdorf*, Parlamentsfernsehen des Deutschen Bundestages, 31.

munizieren kann, wie er will, sondern der Legitimation dazu bedarf. In allen Fällen, in denen der Staat gerechtfertigterweise in die gesellschaftliche Willensbildung übergreift, muss zudem durch andere Mechanismen sichergestellt werden, dass der Grundsatz unangetastet bleibt.[578] Der Schutz der gesellschaftlichen Willensbildung verlagert sich dann auf die Ebene der Rechtmäßigkeitsanforderungen. Hier sind es etwa das Gebot der Neutralität im nach Art. 21 GG geschützten Parteienwettbewerb oder die aus Art. 5 Abs. 1 Satz 2 GG hergeleitete Institutsgarantie von staatsferner Presse und staatsfernem Rundunk, die es zu beachten gilt.

c. Zwischenergebnis

Staatliche Öffentlichkeitsarbeit dient einer öffentlichen Aufgabe, deren Erfüllung in der Verantwortung des Staates liegt. Ihr Ziel besteht in der Herstellung von Öffentlichkeit für den Staat und sein Handeln und damit in der Erfüllung des korrespondierenden Verfassungsauftrags. Von den verschiedenen Instrumenten, die der Staat bei der Herstellung von Öffentlichkeit zur Verfügung hat, handelt es sich bei der Öffentlichkeitsarbeit um ein sehr flexibles und gesetzlich wenig determiniertes.

Staatliche Öffentlichkeitsarbeit ist daher besonders geeignet, in den politischen Willensbildungsprozess des Volkes einzugreifen, der durch Art. 5 Abs. 1 GG geschützt wird. Sie widerspricht dem Grundsatz der Staatsfreiheit der politischen Willensbildung. Um diesen Eingriff zu rechtfertigen, bedarf es nach der Rechtsprechung des BVerfG eines „besonderen, sie verfassungsrechtlich legitimierenden Grundes".

2. Die verfassungsrechtliche Legitimation staatlicher Öffentlichkeitsarbeit

Der Auftrag zur Öffentlichkeitsarbeit muss sich nach der Rechtsprechung des BVerfG unmittelbar aus der Verfassung ableiten lassen. Wie weit dieser Auftrag reicht und ob er auch das aktive Werben um die Akzeptanz der Bürger für staatliche Entscheidungen erfasst, hängt von den einzelnen legitimierenden Gründe ab, die sich aus dem Grundgesetz ergeben.

Pauschal mit dem idealerweise zu erreichenden Endzustand – der „Öffentlichkeit staatlichen Handelns" – zu argumentieren, ist dafür zu oberflächlich. Da dem Staat verschiedene Handlungsinstrumente zu Verfügung

---

578 Vgl. *Schmitt Glaeser*, HStR III, § 38 Rn. 37.

stehen, die auf diesen Zustand zielen, muss der Beitrag eines jeden einzelnen Instruments gesondert festgestellt werden, um einen damit verbundenen Eingriff in die politische Willensbildung rechtfertigen zu können. Die Öffentlichkeit des Staatshandelns soll im demokratischen Rechtsstaat verschiedene Funktionen erfüllen.[579] Bei jedem der aufgezeigten Transparenzmechanismen[580] ist gesondert zu untersuchen, zu welcher dieser Funktionen er beitragen kann.

Das wird besonders deutlich, wenn man sich nochmals den wesentlichen Unterschied von aktiver Öffentlichkeitsarbeit zu den übrigen Öffentlichkeitsmechanismen vergegenwärtigt – sie folgt in erster Linie den „Interessen" des Staates als Anbieter von Information, nicht denen des Publikums. Die Informationsfreiheitsgesetzgebung ist etwa ganz wesentlich dadurch motiviert, staatliches Handeln der öffentlichen Kontrolle zu unterwerfen. Die Allgemeinzugänglichkeit von Informationen soll den „mit dem staatlichen Informationsvorsprung gegebenen Machtvorteil gegenüber den Bürgerinnen und Bürgern" mindern.[581] Auch die Einführung öffentlicher Informationsregister wie etwa nach dem Hamburger Transparenzgesetz verfolgt eine rechtsstaatliche Funktion. Sie sollen es der kritischen Öffentlichkeit erlauben, das Handeln der Verwaltung von außen zu kontrollieren.[582] Auf demselben Gedanken beruht auch seit jeher die Saalöffentlichkeit vor Gericht.[583]

Bei der Öffentlichkeitsarbeit liegt es dagegen allein in der Hand des Staates darüber zu entscheiden, welche Informationen in den öffentlichen Diskurs gelangen. Es gibt keinen Antragsteller, der den Gegenstand der staatlichen Publikation festlegt, ebenso wenig hat der Gesetzgeber dieses Recht für sich in Anspruch genommen. Die Legitimation staatlicher Öffentlichkeitsarbeit kann daher nicht allein auf die rechtsstaatliche Kontrolle durch eine informierte Öffentlichkeit gestützt werden. Dazu muss Öffentlichkeitsarbeit nämlich nicht notwendigerweise beitragen. Der Blickwinkel muss sich nun also auf die konkreten Leistungen richten, die die staatliche Öffentlichkeitsarbeit im Verfassungsgefüge des Grundgesetzes erbringen soll.

---

579 Siehe oben B.I.2.d.

580 Siehe oben B.II.1.b.aa.

581 *Sokol*, CR 2005, 837; zu den übrigen Funktionen von Informationszugangsrechten siehe BT-Drs. 15/4493, 6.

582 *Caspar*, ZD 2012, 445.

583 Vgl. *Alber*, Die Geschichte der Öffentlichkeit im deutschen Strafverfahren, 36.

a. Das Urteil des Bundesverfassungsgerichts vom 2. März 1977

Bereits im Ersten Parteienfinanzierungsurteil aus dem Jahr 1966, in dem das BVerfG den Grundsatz der Staatsfreiheit der politischen Willensbildung sowie die Anforderungen an Ausnahmen von ebendiesem Grundsatz formulierte, nannte das Gericht einige nach seiner Auffasung zulässige Informationsmaßnahmen. Unbedenklich solle insbesondere die „sogenannte Öffentlichkeitsarbeit von Regierung und gesetzgebenden Körperschaften [sein], soweit sie - bezogen auf ihre Organtätigkeit - der Öffentlichkeit ihre Politik, ihre Maßnahmen und Vorhaben sowie die künftig zu lösenden Fragen darlegen und erläutern".[584] Das Gericht machte zu diesem Zeitpunkt allerdings noch keine näheren Ausführungen zur verfassungsrechtlichen Legitimation der so verstandenen staatlichen Öffentlichkeitsarbeit. Angesichts des Streitgegenstands – der Nichtigkeit des Bundeshaushaltsplans für das Rechnungsjahr 1965 in Bezug auf einen Titel zur Parteifinanzierung – bestand dafür keine Notwendigkeit.

Es dauerte elf Jahre, bis das Gericht erstmals die Gelegenheit bekam, Maßnahmen der staatlichen Öffentlichkeitsarbeit im hier verstandenen Sinne nicht lediglich als obiter dictum beurteilen zu können. In einem Organstreitverfahren rügte eine Oppositionspartei diverse aus Haushaltsmitteln finanzierte Werbemaßnahmen der damaligen Bundesregierung im Vorfeld der Bundestagswahl 1976. Das BVerfG nutzte die Gelegenheit, ausführlich zur Legitimation staatlicher Öffentlichkeitsarbeit Stellung zu beziehen. Mit seinem Urteil vom 2. März 1977[585] beendete das Gericht das juristische Schattendasein der Öffentlichkeitsarbeit. Obwohl Amtsträger aller politischen Lager bereits zuvor regen Gebrauch von als „Öffentlichkeitsarbeit" bezeichneten Selbstdarstellungsmaßnahmen gemacht hatten, stellte das Gericht erstmals konkrete Kriterien für die rechtliche Beurteilung staatlicher Öffentlichkeitsarbeit auf. Neben der verfassungsrechtlichen Legitimation selbstdarstellender Maßnahmen betraf das insbesondere die Abgrenzung von Öffentlichkeitsarbeit und Wahlwerbung. Aufgrund der von Regierungsparteien häufig genutzten Möglichkeit, parteipolitische Sympathiewerbung in offiziellen Regierungsverlautbarungen zu verstecken, wurde das Urteil seinerzeit als „längst überfällig" bezeichnet.[586] Wis-

584 BVerfGE 20, 56, 100.
585 Vgl. BVerfGE 44, 125.
586 Vgl. *Jekewitz*, ZRP 1977, 300.

senschaft und Presse nahmen den Inhalt des Urteils überwiegend positiv auf.[587]

Die Ausführungen des BVerfG aus dem Urteil vom 2. März 1977 zur verfassungsrechtlichen Legitimation staatlicher Öffentlichkeitsarbeit können für die Zwecke dieser Arbeit vorerst für sich stehen und unkommentiert wiedergegeben werden. Sie fassen kurz und prägnant die Aspekte zusammen, aufgrund derer es Trägern staatlicher Gewalt in der repräsentativen Demokratie des Grundgesetzes möglich sein muss, sich und ihr Handeln vor der Öffentlichkeit darzustellen.

1. *„Öffentlichkeitsarbeit von Regierung und gesetzgebenden Körperschaften ist in Grenzen nicht nur verfassungsrechtlich zulässig, sondern auch notwendig. Die Demokratie des Grundgesetzes bedarf - unbeschadet sachlicher Differenzen in Einzelfragen - eines weitgehenden Einverständnisses der Bürger mit der vom Grundgesetz geschaffenen Staatsordnung. Dieser Grundkonsens wird von dem Bewußtsein der Bürger getragen, daß der vom Grundgesetz verfaßte Staat dem einzelnen im Gegensatz zu totalitär verfaßten Staaten einen weiten Freiheitsraum zur Entfaltung im privaten wie im öffentlichen Bereich offenhält und gewährleistet. Diesen Grundkonsens lebendig zu erhalten, ist Aufgabe staatlicher Öffentlichkeitsarbeit.*
2. *In den Rahmen zulässiger Öffentlichkeitsarbeit fällt, daß Regierung und gesetzgebende Körperschaften - bezogen auf ihre Organtätigkeit - der Öffentlichkeit ihre Politik, ihre Maßnahmen und Vorhaben sowie die künftig zu lösenden Fragen darlegen und erläutern (BVerfGE 20, 56, 100). Eine verantwortliche Teilhabe der Bürger an der politischen Willensbildung des Volkes setzt voraus, daß der Einzelne von den zu entscheidenden Sachfragen, von den durch die verfaßten Staatsorgane getroffenen Entscheidungen, Maßnahmen und Lösungsvorschlägen genügend weiß, um sie beurteilen, billigen oder verwerfen zu können. Auch dazu vermag staatliche Öffentlichkeitsarbeit einen wesentlichen Beitrag zu leisten.*

587 Vgl. nur *Häberle*, JZ 1977, 361 mit Fn. 1. Zu den wenigen kritisierten Aspekten der das Urteil tragenden Mehrheitsentscheidung zählen etwa die unpräzise Definition des Begriffs „Öffentlichkeitsarbeit" (vgl. *Zuck*, ZRP 1977, 145 sowie das Sondervotum des Richters *Geiger*, BVerfGE 44, 125, 167 f.), die vom BVerfG gewählten Kriterien zur Abgrenzung von Öffentlichkeitsarbeit und Wahlwerbung (vgl. *Engelbert/Kutscha*, NJW 1993, 1235) und die Tatsache, dass das BVerfG der Öffentlichkeitsarbeit ein Beeinflussungspotential unterstelle, das nicht hinreichend wissenschaftlich belegt sei (vgl. *Schürmann*, NVwZ 1992, 854 sowie das Sondervotum des Richters *Rottmann*, BVerfGE 44, 125, 192).

3. *Je mehr der Einzelne auf diese Weise zur eigenen Beurteilung aufgerufen und in ihm das Bewußtsein wachgehalten wird, als selbstverantwortliches Glied der Rechtsgemeinschaft die Gestaltung, Ausformung und Konkretisierung der für alle verbindlichen Rechtsordnung zu beeinflussen und an den grundlegenden politischen Entscheidungen beteiligt zu sein, um so leichter wird es ihm, den vom Grundgesetz verfaßten Staat, der ihm diese Möglichkeiten eröffnet, als seinen Staat anzunehmen.*
4. *Jede verantwortliche Politik kann zu unpopulären Maßnahmen gezwungen sein. Insbesondere können im Bereich der staatlichen Wirtschaftspolitik und Sozialpolitik Maßnahmen zu Lasten der Bürger oder einzelner Gruppen von ihnen im Gesamtinteresse geboten sein, ohne daß deren Notwendigkeit der Aktivbürgerschaft unmittelbar einsichtig ist. Auch hier ist es Aufgabe staatlicher Öffentlichkeitsarbeit, die Zusammenhänge offenzulegen, Verständnis für erforderliche Maßnahmen zu wecken oder um ein konjunkturgerechtes Verhalten zu werben.*
5. *Schließlich kann die sachgerechte, objektiv gehaltene Information über das Recht, das den Bürger unmittelbar angeht, ein berechtigtes Anliegen im sozialen Rechtsstaat sein. Viele Gesetze sind heute infolge ihrer hohen Technizität ohne sachkundige Anleitung kaum noch hinreichend verständlich. Der Bürger wird durch Informationen, die ihm in allgemein verständlicher Weise den Inhalt von Gesetzen und deren Änderungen nahebringen, über seine Rechte und Pflichten aufgeklärt und instand gesetzt, von den ihm durch die Rechtsordnung eröffneten Möglichkeiten im persönlichen Bereich in angemessener Weise Gebrauch zu machen. Dadurch wird zugleich die Möglichkeit für alle, ihre Rechte zu wahren, verstärkt. Darin findet die Öffentlichkeitsarbeit der Staatsorgane, die diesen Themenkreis zum Gegenstand hat, ihre Rechtfertigung.*“[588]

Das BVerfG hatte im Jahr 1983 in einem Beschluss über eine Verfassungsbeschwerde eines Oppositionspolitikers erneut über die Rechtmäßigkeit staatlicher Öffentlichkeitsarbeit zu befinden.[589] Darin bestätigte es die Legitimität von Öffentlichkeitsarbeit unter Verweis auf das Urteil aus dem Jahr 1977 mit den gleichen Erwägungen.

---

588 BVerfGE 44, 125, 147 f.; anders als im Urteil des BVerfG wurden die einzelnen Abschnitte durch den Verfasser nummeriert. Diese Art der Gliederung wurde vorgenommen, um im nachfolgenden Teil der Arbeit Verweise auf die Ausführungen des BVerfG zu erleichtern.

589 Vgl. BVerfGE 63, 230.

In jüngerer Zeit befasste sich das BVerfG mehrfach mit Maßnahmen der Öffentlichkeitsarbeit einzelner Amtsträger in der politischen Auseinandersetzung mit rechtspopulistischen und nationalkonservativen Parteien. Zu beurteilen waren dabei die Bezeichnung von Anhängern der NPD als „Spinner" durch den Bundespräsidenten,[590] der Aufruf der Bundesministerin für Familie, Senioren, Frauen und Jugend im Vorfeld einer Landtagswahl, den Einzug der NPD in den Landtag zu verhindern,[591] sowie ein Zitat der Bundesministerin für Bildung und Forschung auf der Internetseite ihres Ministeriums, wonach der AfD „die rote Karte" gezeigt werden solle.[592] Das Gericht konkretisierte mit diesen Entscheidungen die Befugnis zur Öffentlichkeitsarbeit für den Bundespräsidenten sowie für einzelne Regierungsangehörige, insbesondere im Hinblick auf die Anforderungen parteipolitischer Neutralität.[593] An den Legitimationsgrundlagen staatlicher Öffentlichkeitsarbeit, die das BVerfG im Urteil vom 2. März 1977 herausgearbeitet hatte, hielt das Gericht dabei fest.

Die zitierten Maßstäbe sind daher weitestgehend unangetastet geblieben und können weiterhin Gültigkeit beanspruchen[594]. Sie werden von der Rechtsprechung bis in die heutige Zeit für die Beurteilung staatlicher Öffentlichkeitsarbeit herangezogen.[595]

590 Vgl. BVerfGE 136, 323.

591 Vgl. BVerfGE 138, 102.

592 Vgl. BVerfGE 140, 225 sowie BVerfG, NVwZ 2018, 485.

593 Für den Bundespräsidenten bestehen aufgrund seiner besonderen verfassungsrechtlichen Stellung und der damit verbundenen Repräsentations- und Integrationsaufgaben im Vergleich zu Regierungsangehörigen gelockerte Neutralitätsanforderungen, siehe BVerfGE 138, 102, 111 ff.

594 So auch *Gersdorf*, Parlamentsfernsehen des Deutschen Bundestages, 29; zur Bindungswirkung der Entscheidung *Jekewitz*, ZRP 1977, 300 ff.

595 Vgl. etwa VerfGH Saarbrücken, NJW 1980, 2181; StGH Stuttgart, ESVGH 31, 81; StGH Bremen, NVwZ 1985, 649; VerfGH Münster, NVwZ 1986, 463; VerfGH Münster, NVwZ 1992, 467; VerfGH Koblenz, NVwZ 2007, 200 f.; VerfGH Koblenz, Beschl. v. 21.05.2014, Az. VGH A 39/14, Rn. 17-20 (juris); VerfGH Koblenz, Beschl. v. 13.06.2014, Az. VGH N 14/14, Rn. 45-48 (juris); VerfGH Weimar, Urteil v. 03.12.2014, Az. StGH 2/14, Rn. 60 (juris); VGH Kassel, Beschl. v. 11.07.2017, Az. 8 B 1144/17, Rn. 30 (juris); BVerwG, NVwZ 2018, 433, Rn. 18 ff.

b. Die legitimierenden Gründe im Einzelnen

Wie im Abschnitt B. II. 1. gezeigt wurde, birgt die staatliche Öffentlichkeitsarbeit ein großes Bedrohungspotential für die politische Willensbildung des Volkes, die in der Demokratie des Grundgesetzes unter besonderem Schutz steht. Nach den Maßstäben des BVerfG bedarf es besonderer „verfassungsrechtlich legitimierender Gründe", um eine Ausnahme vom Grundsatz der staatsfreien politischen Willensbildung rechtfertigen zu können.[596]

Ausgehend von den soeben zitierten Ausführungen des BVerfG sollen nun die einzelnen „verfassungsrechtlich legitimierenden Gründe" näher bestimmt werden, die die Ausnahme vom Grundsatz der Staatsfreiheit der politischen Willensbildung für die staatliche Öffentlichkeitsarbeit rechtfertigen. Gerade bei einer staatlichen Handlungsform wie der Öffentlichkeitsarbeit, die nicht formalisiert und rechtlich kaum eingegrenzt ist, haben diese Gründe eine besondere Bedeutung. In ihnen bilden sich die Zwecke ab, zu denen der Staat die Handlungsform „Öffentlichkeitsarbeit" legitimerweise einsetzen darf. Gleichermaßen geht aus ihnen hervor, in welchen Situationen eine verstärkte Öffentlichkeitsarbeit rechtlich geboten sein kann. In den einzelnen Legitimationsansätzen spiegelt sich somit die Erwartungshaltung der Verfassung an die Amtsträger wider, die sich der staatlichen Öffentlichkeitsarbeit als Handlungsmittel bedienen können. Letztlich ist dies auch der Schlüssel zur Frage, ob und wie intensiv der Staat mittels Öffentlichkeitsarbeit um Akzeptanz für seine Entscheidungen werben darf.

Im ersten Absatz der zitierten Ausführungen fasst das Gericht das Ergebnis seiner Erwägungen zusammen. Danach kann der Eingriff in die politische Willensbildung durch staatliche Öffentlichkeitsarbeit nicht nur „*verfassungsrechtlich zulässig*" sein, sondern sogar „*notwendig*". Das Gericht deutet damit bereits an dieser Stelle an, dass es eine verfassungsrechtlich begründete „Pflicht zur Öffentlichkeitsarbeit" für möglich hält, wenn die legitimierenden Gründe dies verlangen. Anschließend führt das BVerfG aus, welcher Legitimationsansatz im Mittelpunkt seiner Betrachtung steht – der *Grundkonsens mit der vom Grundgesetz geschaffenen Staatsordnung*. Damit bezeichnet das Gericht einen spezifischen Aspekt der öffentlichen Meinungsbildung, zu dem informale selbstdarstellende Staatskommunikation nach seiner Auffassung in besonderem Maße beitragen kann.

---

596 Siehe dazu oben B.II.1.bb. und B.II.1.cc.

aa. Die Förderung der öffentlichen Meinungsbildung

Im nachfolgenden Abschnitt (2.) legt das BVerfG zunächst den Gegenstand seiner weiteren Betrachtung fest. Es untersucht die Legitimation von Öffentlichkeitsarbeit, mittels derer *„Regierung und gesetzgebende Körperschaften – bezogen auf ihre Organtätigkeit – der Öffentlichkeit ihre Politik, ihre Maßnahmen und Vorhaben sowie die künftig zu lösenden Fragen darlegen und erläutern.“* Das sind gerade diejenigen Kommunikationsmaßnahmen, die nach dem in dieser Arbeit herausgearbeiteten Rechtsbegriff als einzige der staatlichen Öffentlichkeitsarbeit unterfallen sollen.[597] Die Maßstäbe des BVerfG betreffen die staatliche Selbstdarstellung, nicht jedoch die sonstige staatliche Aufgabenerfüllung.

Sodann geht das Gericht auf die Wirkungsweise staatlicher Öffentlichkeitsarbeit ein. Es benennt das Medium, in dem sich die zentralen verfassungsrechtlich relevanten Wirkungen der Öffentlichkeitsarbeit entfalten können – die *„politische Willensbildung des Volkes“*. Staatliche Öffentlichkeitsarbeit soll die Bildung der öffentlichen Meinung ermöglichen und fördern. Indem die Bürger Informationen aus der staatlichen Sphäre erhalten, sollen sie in die Lage versetzt werden, verantwortungsvoll an der öffentlichen Meinungsbildung mitzuwirken. Diese Erwägungen decken sich teilweise mit den verschiedenen Aspekten, unter denen das allgemeinere verfassungsrechtliche Transparenzgebot begründet wurde.[598] An dieser Stelle wird deutlich, dass die Öffentlichkeitsarbeit eines der Mittel sein soll, mit denen Träger staatlicher Gewalt ihre Verfassungspflicht zur Herstellung von Öffentlichkeit erfüllen können. Die informale Selbstdarstellung des Staates ist ein nicht wegzudenkender Bestandteil des demokratischen Öffentlichkeitsprinzips.[599]

Das liegt am spezifischen Beitrag, den die Öffentlichkeitsarbeit zur politischen Willensbildung des Volkes leisten kann. Mit den Worten des Gerichts müssen die Bürger *„von den zu entscheidenden Sachfragen, von den […] getroffenen Entscheidungen, Maßnahmen und Lösungsvorschlägen genügend [wissen], um sie beurteilen, billigen oder verwerfen zu können.“* Dafür sind Informationen notwendig, über die nur die staatlichen Stellen selbst verfü-

---

597 Siehe oben B.I. Zur Einschränkung des Gerichts auf Maßnahmen von Regierung und Parlament wird unter B.II.2.c. Stellung genommen.

598 Siehe oben B.I.2.d.

599 *Schmitt Glaeser*, HStR III, § 38 Rn. 37 unter Verweis auf *Hesse*, Grundzüge des Verfassungsrechts, Rn. 152: „Öffentlichkeitsarbeit ist wesentlicher Bestandteil des demokratischen Öffentlichkeitsprinzips, ohne das sich „öffentliche Meinung“ nicht zu bilden vermag“.

gen. Welche Vorschläge zur Lösung eines aktuellen gesellschaftpolitischen Problems in Regierungskreisen diskutiert werden, wissen oft nur die Regierungsvertreter selbst. Ob eine Behörde in Bezug auf ein aktuelles Problem bereits konkrete Maßnahmen getroffen hat oder ob sogar schon Verwaltungsvorschriften für ähnliche zukünftige Fälle erlassen wurden, ist der Öffentlichkeit in der Regel nicht bekannt. Bei vielen Verwaltungs- und Justizentscheidungen macht erst das Wissen um die konkreten Motive der staatlichen Stelle eine Entscheidung vor der öffentlichen Meinung plausibel und nachvollziehbar. Der Entscheidungsinhalt oder die rechtlichen Grundlagen der Entscheidung reichen dafür nicht in jedem Fall aus.[600]

Hier helfen auch andere rechtliche Publizitätsmechanismen nicht unbedingt weiter: Parlamentarische Ausschüsse tagen beispielsweise in der Regel nichtöffentlich,[601] Informationsfreiheitsrechte beziehen sich nur auf behördlicherseits vorhandene Informationen, nicht jedoch auf Entwürfe, Absichten oder Motive.[602] Wenn die jeweilige staatliche Stelle in den genannten Fällen nicht von sich aus die Kommunikation mit der Öffentlichkeit sucht, wird es zur vom BVerfG geforderten „Wechselwirkung“ zwischen staatlicher und gesellschaftlicher Willensbildung gar nicht erst kommen. Der Staat wäre Informationsmonopolist.

Wer seine politischen Mitwirkungsrechte verantwortungsvoll ausüben soll, braucht Kenntnisse aus der vergangenen, gegenwärtigen und zukünftigen staatlichen Tätigkeit. Der Bürger, der „mit zunehmender Informiertheit Wechselwirkungen in der Politik und ihre Bedeutung für seine Existenz erkennt und daraus Folgerungen ziehen kann“,[603] ist das Rückgrat der öffentlichen Meinungsbildung. Das BVerfG bekräftigt mit der Entscheidung zur Öffentlichkeitsarbeit das Bild des „mündigen Aktivbürgers“ als Idealbild des Grundgesetzes.[604]

Wenn das Gericht die Bürger zum *„Beurteilen, Billigen oder Verwerfen“* der staatlichen Entscheidungen auffordert, verknüpft es die Öffentlichkeitsarbeit unmittelbar mit den demokratischen Funktionen der öffentlichen Meinung. Wenn diese – wie bereits geschildert[605] – den legitimatori-

---

600 Siehe dazu *Müller-Neuhof*, Verfassung als Nachricht, 112: „[Dass es] in juristischen Fragen [regelmäßig nicht nur eine richtige Begründung gibt], darf als erwiesen gelten: Subsumtion ist kein objektivierbarer Vorgang, sondern sie liefert subjektives Ergebnis aus Text- und Wahrnehmungsbezügen.“

601 Vgl. etwa § 69 Abs. 1 Satz 1 GOBT.

602 Vgl. etwa §§ 1 Abs. 1 Satz 1, 2 Nr. 1 IFG.

603 So bereits BVerfGE 27, 71, 82.

604 Vgl. *Schürmann*, Öffentlichkeitsarbeit der Bundesregierung, 118.

605 Siehe oben B.I.2.d.bb.(1.).

schen Zurechnungszusammenhang zwischen Souverän und Repräsentanten aufrechterhalten soll, müssen die Bürger die Arbeit des Staates beständig bewerten können. Dafür brauchen sie eine sachliche Bewertungsgrundlage.[606] Zu dieser sachlichen Grundlage kann Öffentlichkeitsarbeit beitragen, etwa wenn sie die Motive und Absichten von Amtsträgern publik macht. Das ausreichende Wissen um die Alternativen führt spätestens am Wahltag dazu, dass das Volk notwendige Korrekturen vornehmen und demokratische Kontrolle ausüben kann.[607] Das BVerfG macht in seiner Entscheidung zur Öffentlichkeitsarbeit deutlich, dass die öffentliche Meinung ihren Dienst für das demokratische Gemeinwesen nicht aus eigener Kraft, nicht völlig „staatsfrei" erbringen kann. Auch der Staat muss sein Wirken vor der öffentlichen Meinung rechtfertigen und vermitteln. Dies ist kein „lästiges Obligo", sondern als Voraussetzung der politischen Willensbildung für eine freiheitlich-demokratische Grundordnung „schlechthin konstituierend".[608]

bb. Der „Grundkonsens" mit der freiheitlich-demokratischen Staatsordnung

Eine wohlinformierte öffentliche Meinung übt im demokratischen Gemeinwesen neben demokratischer Legitimation und Kontrolle eine weitere wichtige Funktion aus. Sie soll den „Grundkonsens" der Bürger mit der Staatsordnung des Grundgesetzes ermöglichen und ausdrückbar machen.[609] Diese Wirkung, zu der staatliche Öffentlichkeitsarbeit in besonderem Maße beitragen soll, stellt das Gericht im ersten und im dritten Absatz der zitierten Ausführungen in den Mittelpunkt. Es nimmt damit Bezug auf frühere Ausführungen, in dem die Bedeutung der politischen Willensbildung als „Integrationsprozess"[610] betont wurde. Allerdings bezieht das Gericht in der Entscheidung zur staatlichen Öffentlichkeitsarbeit zum ers-

---

606 *Zippelius/Würtenberger*, Deutsches Staatsrecht, § 10 Rn. 28; *Martens*, Öffentlich als Rechtsbegriff, 64; *Britz*, Fernsehaufnahmen im Gerichtssaal, 213.

607 Vgl. *Zippelius*, Allgemeine Staatslehre, § 23 II 5, § 23 II 7 a).

608 *Sarcinelli*, RuF 39 (1991), 569 mit Verweis auf BVerfGE 7, 198.

609 *Kloepfer*, HStR III, § 42 Rn. 15.

610 BVerfGE 8, 104, 113. Vgl. zu dieser Wirkung der politischen Willensbildung *Leisner*, Öffentlichkeitsarbeit der Regierung im Rechtsstaat, 75; *Tiemann*, Parlamentarische Öffentlichkeitsarbeit im vertikalen Kommunikationsprozess zwischen Parlament und Publikum, 57 ff.; *Kempen*, Grundgesetz, amtliche Öffentlichkeitsarbeit und politische Willensbildung, 179 ff., 194.

ten Mal ausführlich dazu Stellung, auf welche Weise der Staat kommunikativ zu diesem Prozess beitragen kann und soll.

(1.) Wesen und Bedeutung des demokratischen Grundkonsenses

Jede soziale Ordnung ist darauf angewiesen, dass ihre Mitglieder sich auf die Regeln verständigen, nach denen das Gemeinwesen funktionieren soll. Ein gewisser Mindestbestand an Regeln muss dabei als allgemein akzeptiert vorausgesetzt werden können. In keiner Gesellschaft kann „alles gleichzeitig zur Disposition stehen",[611] wenn sie ihre Fähigkeit bewahren soll, verbindliche Entscheidungen zu treffen.[612] Das betrifft insbesondere den Modus der Entscheidungsfindung selbst. Wenn eine Gesellschaft einzelne ihrer Mitglieder dazu verpflichten will, Entscheidungen hinzunehmen, die für diese mit Nachteilen verbunden sein können, muss eine vorgelagerte Einigkeit darüber bestehen, wer diese Entscheidungen unter welchen Bedingungen treffen darf.[613]

Dies liegt auch bei der Bundesrepublik Deutschland nicht anders. Hier ist es das Grundgesetz, das die grundlegenden Rahmenbedingungen festlegt, wie Herrschaft ausgeübt werden soll, wie das Verhältnis zwischen dem Gemeinwesen und den Bürgern ausgestaltet ist und welche Freiheiten bei den Bürgern verbleiben sollen. Im Unterschied zu anderen „Regelwerken" ist es mit rechtlicher Verbindlichkeit ausgestattet und verfasst einen Staatsapparat, der die Regeln notfalls zwangsweise durchsetzen kann. Doch diese Ressourcen allein sind nicht genug, um aus dem in der Präambel zitierten „Deutschen Volk" und einem völkerrechtlich anerkannten Territorium in Mitteleuropa einen Staat zu machen. Wie eingangs dieses Kapitels angedeutet wurde, bedarf es einer darüber hinausgehenden Übereinkunft der Bürger dieses Staates – eines gemeinsamen „Willens zur Ver-

611 *Lucke*, Akzeptanz, 141 ff.

612 Grundlegend *Scheuner*, in: Jakobs (Hrsg.), Rechtsgeltung und Konsens, 33 ff.; siehe ferner *Tilmanns*, in: Thiel (Hrsg.), Wehrhafte Demokratie, 31 ff. m.w.N.

613 Diese allgemeine sozialwissenschaftliche Erkenntnis hat zunächst noch keinen Aussagegehalt für die freiheitliche Demokratie: Als Legitimations- und Konsensquellen kommen auch Aspekte wie Tradition, Religion oder gar das „Recht des Stärkeren" in Betracht. Vgl. dazu die Typologie legitimer Herrschaft nach *Max Weber* in *ders.*, in: Winckelmann (Hrsg.), Methodologische Schriften, 215 – 228.

fassung“[614] und eines Konsenses der Bürger über die wesentlichen Grundzüge ebendieser Verfassung. Diese Notwendigkeit erkennt das BVerfG an, wenn es feststellt, dass die freiheitliche Demokratie des Grundgesetzes „*eines weitgehenden Einverständnisses der Bürger mit der vom Grundgesetz geschaffenen Staatsordnung*“ erfordere. Den Konsens über die Grundlagen der verfassungsmäßigen Ordnung nennt das Gericht „Grundkonsens“.[615]

Der demokratische Grundkonsens wird von der Staatsrechtslehre dem Bereich der „Verfassungsvoraussetzungen“ zugeordnet.[616] Im Vergleich mit anderen sozialen Ordnungen hat der Grundkonsens in der freiheitlichen Demokratie des Grundgesetzes eine überragend wichtige Bedeutung. Das liegt an einigen grundsätzlichen Wertentscheidungen dieser Rechtsordnung: Als säkulare Republik kann sie nicht auf Religion oder Tradition als Legitimitätsressourcen zurückgreifen. Nach Art. 20 Abs. 2 Satz 1 GG kann nur das Volk Legitimität verleihen. Der Staat überlässt seinen Bürgern einen denkbar großen Freiheitsraum (Art. 1 Abs. 3 GG) und erlegt sich als Rechtsstaat gleichzeitig Beschränkungen bei Erlass und Durchsetzung von

---

614 *Hesse*, Die normative Kraft der Verfassung, 12 f.; die Notwendigkeit eines vorgelagerten Willens zur Konstituierung eines Gemeinwesens betont auch *Krüger*, in: FS Scheuner, 293: „Ebenso wie der politische Wille eines Volkes der Vor-Formung innerhalb der Gesellschaft bedarf, so ist auch eine Staatsverfassung allein außerstande, eine unstaatliche Menge von Menschen in die Gestalt der Staatlichkeit zu bringen und als solche zu verfassen. Dies bedeutet, daß der Entschluß zur Staatlichkeit vor der Verfassung liegt und seinen Sitz außerhalb derselben hat.“.

615 Siehe neben dem zitierten Urteil BVerfGE 44, 125, 147 auch BVerfGE 63, 230, 243, BVerfGE 138, 102, 114 sowie BVerfG, NVwZ 2018, 485, Rn. 51. Auch in der staatsrechtlichen Literatur haben sich die Bezeichnungen „Grundkonsens“, „Basiskonsens“ oder „Fundamentalkonsens“ durchgesetzt, vgl. etwa *Würtenberger*, Zeitgeist und Recht, 96 f.; *Kloepfer*, HStR III, § 42 Rn. 15; *Czybulka*, Verw 26 (1993), 33 f.; *Kugelmann*, Die informatorische Rechtsstellung des Bürgers, 14; *Roßnagel*, in: Hoffmann-Riem/Schmidt-Aßmann (Hrsg.), Verwaltungsrecht in der Informationsgesellschaft, 269; *Morlok*, Was heißt und zu welchem Ende studiert man Verfassungstheorie?, 100; *Krüdewagen*, Die Selbstdarstellung des Staates, 40 sowie die verschiedenen Beiträge in Schuppert/Bumke (Hrsg.), Bundesverfassungsgericht und gesellschaftlicher Grundkonsens. Die Begriffsbildung geht zurück auf *Podlech*, in: Jakobs (Hrsg.), Rechtsgeltung und Konsens, 24 f. und *Scheuner*, in: Jakobs (Hrsg.), Rechtsgeltung und Konsens, 33.

616 Vgl. *Krüger*, in: FS Scheuner, 285 ff.; *Morlok*, Was heißt und zu welchem Ende studiert man Verfassungstheorie?, 97.

Entscheidungen auf.[617] Auf Zwang allein kann der Staat seine Herrschaft daher auf Dauer nicht gründen.[618]

Das dahinter verborgene Problem beschrieb *Ernst-Wolfgang Böckenförde* in einem viel beachteten Beitrag zu den Legitimitätsressourcen säkularisierter Staaten wie folgt:

> *„Der freiheitliche, säkularisierte Staat lebt von Voraussetzungen, die er selbst nicht garantieren kann. Das ist das große Wagnis, das er, um der Freiheit willen, eingegangen ist. Als freiheitlicher Staat kann er einerseits nur bestehen, wenn sich die Freiheit, die er seinen Bürgern gewährt, von innen her, aus der moralischen Substanz des einzelnen und der Homogenität der Gesellschaft, reguliert. Andererseits kann er diese inneren Regulierungskräfte nicht von sich aus, das heißt mit den Mitteln des Rechtszwanges und autoritativen Gebots, zu garantieren suchen, ohne seine Freiheitlichkeit aufzugeben […]*"[619]

Anhand der skizzierten Grundrisse sollen nun die Funktionen herausgearbeitet werden, die dem demokratischen Grundkonsens in der Demokratie des Grundgesetzes zukommen.

(a.) Voraussetzung der Staatlichkeit

Das berühmte Diktum *Böckenfördes* liefert den Hinweis auf dessen zentrale Funktion: Der Konsens über die zentralen Bestimmungen der Verfassung ist die Voraussetzung der Staatlichkeit an sich.

Die freiheitliche Demokratie der Bundesrepublik wird durch das Grundgesetz „verfasst". Eine Verfassung allein macht jedoch noch keinen Staat.[620] Als Sonderform des Gemeinwesens ist die Staatlichkeit traditionell mit

---

617 Die materielle Komponente des Rechtsstaatsprinzips verbietet dem Staat unverhältnismäßige Übergriffe in den geschützten gesellschaftlichen Bereich, etwa in Grundrechte. Siehe zum materiellen Rechtsstaat etwa *Zippelius*, Rechtsphilosophie, § 30 I.

618 *Herzog*, in: Rüthers/Stern (Hrsg.), „Freiheit und Verantwortung im Verfassungsstaat", 128 f.; *Uhle*, HStR IV, § 82 Rn. 7; *Kirchhof*, HStR V, § 99 Rn. 88; *Morlok*, Was heißt und zu welchem Ende studiert man Verfassungstheorie?, 97.

619 *Böckenförde*, Staat - Gesellschaft - Freiheit, 60.

620 *Isensee*, HStR II, § 15 Rn. 1: „Die Staatlichkeit aber weist über das Normative hinaus".

ihrer Funktion als „Friedensordnung" verknüpft.[621] Erforderlich sind dafür zum einen die Fähigkeit, Schutz vor Bedrohungen von innen und außen zu gewährleisten, zum anderen das Vorhalten von Mechanismen zur andauernden Herstellung von politischer Einheit trotz konfligierender Interessen. Durch die letztgenannten Mechanismen muss der Staat gewährleisten können, dass getroffene Entscheidungen befolgt werden und nicht Anarchie oder Bürgerkrieg herrschen.[622]

Als verbindliche „Friedensordnung" ist das durch das Grundgesetz konstituierte Gemeinwesen aber nicht ohne das Vorhandensein weiterer Voraussetzungen geeignet. Ihm ist es nämlich verwehrt, den Gehorsam der Bürger flächendeckend mit Zwang einzufordern. Bildlich gesprochen hat kein Staat der Welt die Ressourcen, jeden seiner Bürger rund um die Uhr von einem Polizisten überwachen zu lassen.[623] Doch selbst wenn der Staat des Grundgesetzes diese Ressourcen hätte, käme bei ihm ein weiteres Problem dazu: Er würde in dem Moment aufhören als freiheitlich-demokratischer Staat zu existieren, in dem er den Versuch unternimmt, sie einzusetzen.[624] Der Staat des Grundgesetzes ist deshalb darauf angewiesen, dass seine Bürger jedenfalls die Grundzüge seiner Staatsordnung freiwillig mittragen.[625] Im Gegensatz zu anderen Staatsformen ist es für ihn überlebenswichtig. Der Grundkonsens gehört in den Worten *Böckenfördes* zu den „Voraussetzungen, die er selbst nicht garantieren kann".[626] Andere Legitimitätsressourcen stehen dem freiheitlichen demokratischen Staat des Grundgesetzes nicht zur Verfügung.

---

621 *Zippelius*, Allgemeine Staatslehre, § 17 II; *Böckenförde*, Der Staat als sittlicher Staat, 12; *Fisahn*, Demokratie und Öffentlichkeitsbeteiligung, 308; *Morlok*, Was heißt und zu welchem Ende studiert man Verfassungstheorie?, 98.

622 *Hesse*, Grundzüge des Verfassungsrechts der Bundesrepublik Deutschland, Rn. 6.

623 Siehe schon *Rousseau*, Vom Gesellschaftsvertrag, 9: „Der Stärkste ist nie stark genug, immer Herr zu sein, wenn er nicht seine Stärke in Recht und den Gehorsam in Pflicht überführt".

624 *Herzog*, in: Rüthers/Stern (Hrsg.), Freiheit und Verantwortung im Verfassungsstaat, 128 f.; 129: „Wollte [der Staat des Grundgesetzes] sich bei der Durchsetzung seiner Gesetze auf Befehl und Zwang verlassen, stünde er also ungleich schlechter da als jeder andere Staat der Welt.".

625 *Würtenberger*, Die Akzeptanz von Verwaltungsentscheidungen, 61. Vgl. ferner *Weinberger*, in: Pichler (Hrsg.), Rechtsakzeptanz und Handlungsorientierung, 73: Akzeptanz der institutionellen Strukturen, des Rechts und seiner Entscheidungspraxis als „essentielles Moment für die Stabilität eines gesellschaftlichen Systems".

626 Siehe zur Existenz „vorrechtlicher Voraussetzungen" auch BVerfGE 97, 350, 359 f.

Wenn der Staat unter anderem über seine Fähigkeit definiert wird, verbindliche Entscheidungen herbeizuführen, müssen in der grundgesetzlichen Demokratie auch die Grundbedingungen der demokratischen Entscheidungsfindung allgemein konsentiert sein. Wenn beispielsweise über die grundsätzliche Legitimität des Mehrheitsprinzips[627] keine Einigkeit bestünde, wäre kaum eine staatliche Entscheidung möglich, für die allgemeine Anerkennung erwartet werden kann. Die Gleichheit der Wahl nach Art. 38 Abs. 1 GG wäre in diesem Fall bedeutungslos. In diesem Sinne wird der demokratische Grundkonsens auch zum Anfangspunkt der demokratischen Legitimitätskette, die nach Art. 20 Abs. 2 GG alle Träger staatlicher Gewalt erreichen soll.[628]

(b.) Formung des Staatswesens durch Gebrauch von Freiheitsrechten

Eine weitere Bedeutung des Grundkonsenses wird deutlich, wenn man den weiten Freiheitsraum der Bürger aus einer anderen Perspektive sieht: Die Freiheitsrechte und die Mitwirkungsrechte des Grundgesetzes sind nur ein Angebot an die in seinem Geltungsbereich lebenden Menschen. Ob und wie diese ihre Freiheiten nutzen, liegt nicht in der Hand des Staates. Die Grundrechte sind in erster Linie Abwehrrechte gegen den Staat.[629] Auch wenn manche Autoren von einer „Erwartungshaltung" des Grundgesetzes gegenüber den Berechtigten ausgehen, kann aus ihr keine Pflicht zum gemeinschaftsbezogenen Handeln abgeleitet werden.[630] Ähnliches

627 Zum Mehrheitsprinzip als notwendigem Bestandteil des Grundkonsenses *Scheuner*, Das Mehrheitsprinzip in der Demokratie, 9 f.; *Gusy*, in: Guggenberger/Offe (Hrsg.), An den Grenzen der Mehrheitsdemokratie, 64 f., 66 f.; *Herzog*, HStR II, § 24 Rn. 52 ff.; *Zippelius*, Zur Rechtfertigung des Mehrheitsprinzips in der Demokratie, 12 ff.; kritisch *Bumke*, in: Schuppert/ders., Bundesverfassungsgericht und gesellschaftlicher Grundkonsens, 216; siehe zum Mehrheitsprinzip als prozeduraler Entscheidungsregel und zu dessen Auswirkungen für die inhaltliche Offenheit der Demokratie *Spiecker gen. Döhmann*, VVDStRL 77 (2018), 21 ff. m.w.N.

628 In diesem Sinne auch *Ebsen*, in: Schuppert/Bumke (Hrsg.), Bundesverfassungsgericht und gesellschaftlicher Grundkonsens, 87: „Wenn eine dem Staat zuzurechnende Entscheidung oder eine Freiheitsbetätigung in materieller und formeller Hinsicht auf die Verfassung gestützt werden kann, ist sie legitim im Sinne des legitimitätsstiftenden Grundkonsenses.".

629 Siehe nur *Voßkuhle/Kaiser*, JuS 2011, 411: „status negativus" als „klassische Funktion der Grundrechte".

630 Vgl. *Schmitt Glaeser*, HStR III, § 38 Rn. 11.

gilt für die politischen Mitwirkungsrechte: Selbst für das Wahlrecht als „vornehmstes aller demokratischen Mitwirkungsrechte“ verbürgt die nach Art. 38 GG geschützte Freiheit der Wahl auch die freie Entscheidung darüber, ob man überhaupt eine gültige Stimme abgeben möchte.[631] Eine Wahlpflicht besteht nicht.

Nun ist aber eine freiheitliche Rechtsordnung darauf angewiesen, „durch die Freien angenommen zu werden.“[632] Davon hängt ab, welche Gestalt das Staatswesen annimmt.[633] Das Grundgesetz enthält insofern zwar an einigen Stellen klare Vorstellungen: Nach Art. 20 Abs. 1 GG ist die Bundesrepublik Deutschland ein demokratischer Sozialstaat. Art. 21 GG etabliert den Parteienstaat, der parteipolitisches Engagement voraussetzt. Art. 5 GG bietet Rahmenbedingungen, in dem sich ein Kulturstaat entwickeln kann. Art. 23 Abs. 6 und Art. 73 Abs. 1 Nr. 5a GG gehen davon aus, dass dieser auch verwirklicht wird. Die Liste ließe sich fortsetzen, am Ergebnis änderte sich aber wenig: Art. 5 GG produziert weder Meinungen noch Filme noch Forschungsergebnisse. Art. 12 und Art. 14 GG erarbeiten keinen Wohlstand, der nach Art. 20 Abs. 1 GG sozialstaatlich umverteilt werden kann. Art. 21 GG kann keine Liste mit Wahlvorschlägen für die nächste Wahl einreichen. Diese Wahl könnte wiederum keine demokratische Legitimation verleihen, wenn niemand von seinem Wahlrecht nach Art. 38 GG Gebrauch machte. Der Staat des Grundgesetzes ist darauf angewiesen, dass die Bürger ihm seine konkrete Ausgestaltung in der Lebenswirklichkeit verleihen.[634] Das Grundgesetz allein kann das nicht. Es kann nur die Rahmenbedingungen für den Freiheitsgebrauch schaffen.

Diesen Aspekt greift auch das BVerfG auf. Dem zitierten Urteil zufolge wird der „*Grundkonsens [...] von dem Bewußtsein der Bürger getragen, daß der vom Grundgesetz verfaßte Staat dem einzelnen im Gegensatz zu totalitär verfaßten Staaten einen weiten Freiheitsraum zur Entfaltung im privaten wie im öffentlichen Bereich offenhält und gewährleistet.*“ Der Staat ist davon abhängig, dass Bürger die ihnen überlassenen Freiheiten schätzen lernen und diesen Freiheitsraum im privaten und öffentlichen Bereich ausfüllen. Sie müssen selbst erkennen, dass der durch das Grundgesetz verfasste Staat auf ihre Mitwirkung angewiesen ist – und auch diese Klarheit über die eigene Rol-

---

631 *Klein*, in: Maunz/Dürig, GG, Art. 38 Rn. 108.

632 *Kirchhof*, HStR V, § 99 Rn. 89; siehe ferner *ders.*, in: ders./Scholz/Werthebach (Hrsg.), Die Akzeptanz des Rechtsstaates, 26 ff.; *Uhle*, HStR IV, § 82 Rn. 7; *Müller-Franken*, DVBl 2009, 1081.

633 *Klein*, VVDStRL 37 (1979), 104 f.: Der Grundkonsens bezieht sich auf den „die Identität des Staates prägenden Kanon von Verfassungsnormen.“

634 Siehe *Kirchhof*, HStR V, § 99 Rn. 89 mit weiteren Beispielen.

le des Souveräns muss vom demokratischen Grundkonsens erfasst sein. Ohne Bürger, die die verfasste Staatsordnung aus freien Stücken mit Leben erfüllen, ist kein freiheitlicher Staat zu machen.

Zwar kann der Staat darauf hinwirken, den Grundkonsens zu schützen und zu fördern – erzwingen kann er ihn jedenfalls nicht. Der Verfassung muss ihre Verbindlichkeit „jenseits der Positivität des Verfassungsgesetzes" innenwohnen.[635] Der Konsens über die Grundlagen des Staatswesens muss sich laufend erneuern und den jeweils gewandelten Bedingungen anpassen,[636] ebenso wie es auch das Grundgesetz und dessen Auslegung durch das BVerfG müssen. Diese Leistung der öffentlichen Meinung beschrieb *Ernest Renan* 1882 unter der Überschrift „Qu'est-ce qu'une Nation?" treffend mit den Worten: "L'existence d'une nation est [...] un plébiscite de tous les jours."[637]

(2.) Öffentliche Meinung als Integrationsmechanismus

Aufgrund der wichtigen Funktionen des demokratischen Grundkonsenses gehört es zu den anerkannten Aufgaben des Staates, diesen Konsens im Rahmen seiner Möglichkeiten *„lebendig zu halten"*.[638] Es geht um eine Frage der Systemerhaltung der Funktionsgemeinschaft Staat.[639] Diese ist auf den inneren Zusammenhalt seiner Mitglieder angewiesen, um überhaupt handlungsfähig zu sein.

Im dritten Absatz des zitierten Urteils legt das BVerfG seine Vorstellung davon dar, wie die staatliche Öffentlichkeitsarbeit zum Grundkonsens beitragen kann. Indem der Staat seine getroffenen Entscheidungen und seine Absichten für die Zukunft der öffentlichen Meinungsbildung zugänglich macht, soll jeder Einzelne am Gemeinwesen teilhaben können. *„Je mehr*

---

635 *Badura*, in: FS Scheuner, 36; *Morlok*, Was heißt und zu welchem Ende studiert man Verfassungstheorie?, 96 f.

636 *Kloepfer*, HStR III, § 42 Rn. 15 mit Verweis auf BVerfGE 5, 85, 197.

637 Siehe die von Henning Ritter ins Deutsche übersetzte Fassung „Was ist eine Nation? Rede am 11. März 1882 an der Sorbonne", 35: „Das Dasein einer Nation ist – erlauben Sie mir dieses Bild – ein Plebiszit Tag für Tag".

638 Siehe neben BVerfGE 44, 125, 147 etwa *Würtenberger*, in: Brugger/Huster (Hrsg.), Der Streit um das Kreuz in der Schule, 280 ff.; *Isensee*, NJW 1977, 551; *Herzog*, HStR IV, § 72 Rn. 90; *Uhle*, HStR IV, § 82 Rn. 44 f.; *Morlok/Schindler*, in: Lhotta (Hrsg.), Die Integration des modernen Staates, 16; *Tillmanns*, in: Thiel (Hrsg.), Wehrhafte Demokratie, 38 ff. und *Kirchhof*, HStR V, § 99 Rn. 151.

639 *Herzog*, HStR IV, § 72 Rn. 90; *Drefs*, in: Dreier/Fischer/van Raay/Spiecker gen. Döhmann (Hrsg.), Informationen der öffentlichen Hand, 100.

der Einzelne auf diese Weise zur eigenen Beurteilung aufgerufen und in ihm das Bewußtsein wachgehalten wird, als selbstverantwortliches Glied der Rechtsgemeinschaft die Gestaltung, Ausformung und Konkretisierung der für alle verbindlichen Rechtsordnung zu beeinflussen und an den grundlegenden politischen Entscheidungen beteiligt zu sein, um so leichter wird es ihm, den vom Grundgesetz verfaßten Staat, der ihm diese Möglichkeiten eröffnet, als seinen Staat anzunehmen."

Das BVerfG nimmt Anleihen an der Staatsrechtslehre *Rudolf Smends*, der sogenannten Integrationslehre.[640] Dieser hatte bereits 1928 formuliert, dass der Staat nur existieren könne, „*weil und sofern er sich dauernd integriert, in und aus dem Einzelnen aufbaut*" – dieser dauernde Vorgang sei „*sein Wesen als geistig-soziale Wirklichkeit*".[641] Wie oben gezeigt wurde, dient der Staat der Herstellung politischer Einheit und ist dazu auf eine gewisse geistige Homogenität seiner Einwohner angewiesen, die im demokratischen Grundkonsens zutage tritt. *Smends* Terminus der „Integration" beschreibt die Vermittlung und Stabilisierung gemeinsamer Werte und Überzeugungen, auf die sich der Zusammenhalt einer Gesellschaft stützt.[642] Wenn sich der so verstandene Integrationsvorgang auf das Staatswesen bezieht, ist sein Ziel die Herstellung des Grundkonsenses, der in der öffentlichen Meinung seinen Ausdruck findet.

Damit das gelingen kann, damit der Staat in den Worten *Smends* „*geistig-soziale Wirklichkeit*" gewinnt, muss er zunächst einmal sichtbar werden.[643] Das im Grundgesetz konstruierte Gemeinwesen muss vor den Augen der Bürger zum Leben erweckt und greifbar werden.[644] Diesem ersten Schritt der Integration dienen alle traditionellen Instrumente staatlicher Selbstdarstellung. Dazu gehören neben der staatlichen Öffentlichkeitsarbeit im engeren Sinne auch politische Symbole wie Flaggen, Wappen und Hym-

---

640 Vgl. *Smend*, in: ders., Staatsrechtliche Abhandlungen und andere Aufsätze, 119 ff., 475 ff. und 482 ff.

641 Vgl. *Smend*, in: ders., Staatsrechtliche Abhandlungen und andere Aufsätze, 138.

642 *Müller-Neuhof*, Verfassung als Nachricht, 48; *Voltmer*, Medienqualität und Demokratie, 32.

643 *Krüger*, Allgemeine Staatslehre, 224; *ders.*, in: Quaritsch (Hrsg.), Die Selbstdarstellung des Staates, 21 f.; bereits 1888 stellte *Albert Haenel* treffend fest: „Abgesehn von [seinen] Organen hat der Staat keinerlei Realität, sondern ist nur eine einseitige Abstraktion, die wir uns in gewissen Zusammenhängen zur Erleichterung unseres Denkens und Sprechens bilden."; siehe *ders.*, in: ders., Studien zum deutschen Staatsrechte, Bd. 2, 231.

644 *Krüdewagen*, Die Selbstdarstellung des Staates, 36 ff.; *Quaritsch*, DÖV 1993, 1072 f.

nen.[645] Nur wenn der Staat für seine Einwohner konkret sichtbar wird, können diese ihm „Autorität gewähren“[646] und nur so kann der Staat seine Friedensfunktion erfüllen.

Im Gegensatz zur symbolischen Selbstdarstellung kann der Staat durch Öffentlichkeitsarbeit eine noch weitergehende Integrationswirkung hervorrufen. Über seine bloße Existenz hinaus kann er vor der öffentlichen Meinung seine wesentlichen Gesichtszüge darstellen. Wenn Amtsträger staatliche Entscheidungen oder Absichten in den öffentlichen Diskurs einspeisen, erfährt die Öffentlichkeit damit zugleich etwas über die Leistungsfähigkeit des Entscheidungssystems „Staat“ und über die Werte, für die dieser Staat steht. Erst dadurch kann sich in der öffentlichen Meinung ein Konsens über ebendiese Werte herausbilden. Diejenigen Positionen, die das Wesen des Staates ausmachen, ergeben in ihrer Summe den demokratischen Grundkonsens. Dazu gehört vor allen Dingen die Offenheit des politischen Diskurses in einem Staat, bei dem jeder Einzelne „*zur eigenen Beurteilung aufgerufen*“ wird, der friedliche Verfahrensmechanismen im Umgang mit abweichenden Meinungen vorhält und der auch Minderheiten durch starke Freiheitsrechte unter besonderen Schutz stellt.[647]

Gleichzeitig kann der Staat aber auch deutlich machen, wie offen das Entscheidungssystem gegenüber potentiell bedrohlichen Einflüssen ist und wie es sich notfalls zur Wehr setzen darf. Dadurch wird eine Art negativer Grundkonsens ermöglicht. Auch in einer offenen freiheitlichen Gesellschaft muss es Werte geben, gegenüber denen der Staat nicht neutral sein kann und die er notfalls auch mit Gewalt verteidigt.[648] Diese Fragen

---

645 Die Macht von Symbolen im Gemeinwesen ist in der Soziologie anerkannt. Sie können ein abstraktes Gemeinwesen greifbar und begreifbar machen und ein Gefühl von Gruppenzugehörigkeit hervorrufen. Siehe zur Notwendigkeit symbolischer Kürzel etwa *Luhmann*, Soziale Systeme, 416.

646 *Kirchhof*, Verwalten durch „mittelbares“ Einwirken, 125; *Schürmann*, Öffentlichkeitsarbeit der Bundesregierung, 150 f.; *Krüdewagen*, Die Selbstdarstellung des Staates, 2 f. mit einem Zitat des amerikanischen Politikwissenschaftlers Martin Walzer: „The state is invisible; it must be personified before it can be seen, symbolized before it can be loved, imagined before it can be conceived.“ Dem Schutz dieser Funktion dienen auch die Straftatbestände in §§ 90-90b StGB, die die Verunglimpfung staatlicher Autorität oder Symbolik unter Strafe stellen. Siehe dazu *Hefendehl*, Kollektive Rechtsgüter im Strafrecht, 357.

647 Vgl. *Würtenberger*, in: Brugger/Huster (Hrsg.), Der Streit und das Kreuz in der Schule, 280.

648 Dieser Aspekt unterscheidet das Grundgesetz von der Weimarer Reichsverfassung. Diese sah eine Pflicht des Staates zur Neutralität in weltanschaulichen Fra-

werden unter dem Schlagwort der „wehrhaften Demokratie“[649] behandelt. Sie waren insbesondere in den ersten Jahrzehnten der Bundesrepublik von großer Bedeutung. Hier war der Staat nach der „staatsfundierenden Katastrophe“[650] der nationalsozialistischen Diktatur in besonderer Weise gefragt, die Vorzüge des neuen Staatssystems vor der öffentlichen Meinung darzustellen und einen staatstragenden Grundkonsens über die demokratische Verfassungsordnung des Grundgesetzes zu ermöglichen und zu verteidigen.[651] Die damit zusammenhängenden Fragen über den „sozialethischen Minimalkonsens“ verloren auch in den nachfolgenden Jahrzehnten nicht an Aktualität, so etwa in den 1970er-Jahren im Zuge umfassender Reformen des Familien- und Strafrechts sowie in den 1990er-Jahren im Zuge der deutschen Wiedervereinigung.[652]

Wenn der Staat Öffentlichkeitsarbeit betreibt, öffnet er sich und sein Wirken gegenüber der Öffentlichkeit und ermöglicht einen öffentlichen Diskurs. Im Zuge dieses Diskurses kann sich ein „Einigungsprozess im Smend'schen Sinne“[653] vollziehen, und es kann ein größtmöglicher Kon-

---

gen vor, was Teil ihres Verhängnisses wurde. Siehe dazu *Schreiber*, in: Grumke/Pfahl-Traughber (Hrsg.), Offener Demokratieschutz in einer offenen Gesellschaft, 33; differenzierend *Gusy*, Weimar – die wehrlose Republik, 367 ff.

649 Siehe zur „wehrhaften Demokratie“ als verfassungsrechtlicher Grundentscheidung *Thiel*, in: ders. (Hrsg.), Wehrhafte Demokratie, 1 ff.

650 *Kaufmann*, in: Berger (Hrsg.), Die Grenzen der Gemeinschaft, 188; *Neidhardt*, in: Schuppert/Bumke (Hrsg.), Bundesverfassungsgericht und gesellschaftlicher Grundkonsens, 21.

651 Siehe zur Regierungskommunikation der ersten Legislaturperiode unter Bundeskanzler Adenauer *Hoffmann*, Adenauer: „Vorsicht und keine Indiskretionen!“, 386: „Je nach Stoßrichtung unterlag die Regierungskommunikation unterschiedlichen Motiven, Bedingungen und Zwängen. Die Inlandsarbeit der Bundesregierung erfolgte weniger in dem Bewußtsein, der Verpflichtung zur Kommunikation mit der Öffentlichkeit nachzukommen, wie sie sich aus dem Grundgesetz ableitet. Sie entsprang vielmehr einem durch den Umbruch von Kriegsende und Neuanfang geschaffenen Zwang zur Vermittlung von Politik: Nach 1949 war es zunächst und vor allem erforderlich, der Bevölkerung die Grundlagen und Grundwerte des demokratischen Staatswesens zu vermitteln. Ihr das Funktionieren des parlamentarischen Systems zu erläutern und nach Möglichkeit eine Identifizierung der Menschen mit „ihrer“ Republik zu erreichen. Die aktive Betätigung der Bundesregierung in dieser Richtung war eine wesentliche Voraussetzung für die innere Stabilität der noch ungefestigten zweiten deutschen Republik; [...] Hier stand die Bundesregierung vor der doppelten Aufgabe, in der Bevölkerung den demokratischen Gedanken zu verankern und die radikalen Strömungen von rechts und links abzuwehren.“.

652 Siehe dazu *Tillmanns*, in: Thiel (Hrsg.), Wehrhafte Demokratie, 34 f.

653 *Zentara*, Medienordnung und Öffentlicher Diskurs, 33.

sens erzielt werden. Schon das Stattfinden eines öffentlichen Diskurses, in dem verschiedene Meinungen präsentiert, hinterfragt und verworfen werden, hat eine integrierende Wirkung.[654] Er führt zur „Komplementarität von Erwartungen“[655], indem die verschiedenen Positionen ausgetauscht werden und ein Konsens angestrebt wird. In diesem Sinne ist auch das BVerfG zu verstehen, wenn es Öffentlichkeitsarbeit unter dem Aspekt der Förderung der öffentlichen Meinungsbildung legitimiert. Durch sie kann der demokratische Grundkonsens ausgedrückt werden, und das hilft dem einzelnen Bürger dabei, den *„vom Grundgesetz verfassten Staat als seinen Staat anzunehmen“*.[656]

(3.) Unterschied zur Akzeptanz von Einzelentscheidungen

Auch angesichts der vorstehenden Ausführungen muss betont werden: Die Frage, ob der Staat mittels Öffentlichkeitsarbeit um Akzeptanz für seine Entscheidungen werben darf, ist noch nicht beantwortet. Der demokratische Grundkonsens ist von der Akzeptanz im Einzelfall zu unterscheiden.[657] Diesen Unterschied macht auch das BVerfG im einleitenden Absatz der zitierten Ausführungen klar, demzufolge die Demokratie *„unbeschadet sachlicher Differenzen in Einzelfragen“* eines staatstragenden Grundkonsenses bedürfe.

Es würde einer pluralistischen Gesellschaft nicht gerecht, wenn man für alle Entscheidungen Einhelligkeit oder Konsens fordern würde. Die freie Gesellschaftsordnung des Grundgesetzes zeichnet sich gerade dadurch aus, dass man sich zu allen Fragen des täglichen Lebens eine eigene Meinung

---

654 Deshalb hat der Staat natürlich auch kein Monopol auf die Bildung und Förderung eines Grundkonsenses. Alle Diskursteilnehmer sind gleichsam dazu aufgerufen, insbesondere die Intermediäre des öffentlichen Diskurses, die Parteien, Verbände und Medien. Siehe dazu *Würtenberger*, in: Brugger/Huster (Hrsg.), Der Streit und das Kreuz in der Schule, 281 sowie ausführlich *Zentara*, Medienordnung und Öffentlicher Diskurs.

655 Vgl. *Neidhardt*, in: Schuppert/Bumke (Hrsg.) Bundesverfassungsgericht und gesellschaftlicher Grundkonsens, 18 f.; siehe hier auch eine Übersicht über andere mögliche Integrationsmechanismen, die im freiheitlichen Staat des Grundgesetzes allenfalls eine sehr untergeordnete Rolle spielen können. Dazu gehören Zwang, Patriotismus oder Austauschverhältnisse.

656 BVerfGE 44, 125, 147.

657 Ähnlich *Bredemeier*, Kommunikative Verfahrenshandlungen im deutschen und europäischen Verwaltungsrecht, 254.

bilden und diese Meinung vertreten kann.[658] Das Recht zum Dissens ist das „pluralistische Programm der Freiheit".[659] Würde man auch für die einfachen Fragen des täglichen Lebens eine Pflicht zum Konsens aufstellen, wäre dies das Ende der freiheitlichen Staatsordnung. Die Vielfalt konkurrierenden Gruppen und Meinungen ist zugleich Abgrenzung und Absicherung gegenüber totalitärer Staatsgewalt.[660]

Das Erfordernis eines Grundkonsenses bezieht sich nur auf diejenigen Grundlagen und Werte der Verfassungsordnung, die auch in einer pluralistischen Gesellschaft nicht zur Debatte stehen können und somit die Eckpfeiler des demokratischen Diskurses bilden. Ein Konsens über diese Eckpfeiler kann nicht zwangsweise verordnet werden. Der Staat kann allenfalls für die darin verkörperten Werte werben.[661] Bei einzelnen staatlichen Entscheidungen, die mittelbar durch die demokratisch legitimierten Entscheider auf Grundlage des demokratischen Konsenses getroffen wurden und im Wege des Gesetzes, des Verwaltungsakts oder des Urteils Verbindlichkeit erlangen, liegt die Sache anders: Hier ist vom Bürger kein Konsens gefordert, sondern Gehorsam. Als Mitglied der Gemeinschaft hat er sich rechtstreu zu verhalten. Diesen Gehorsam kann der Rechtsstaat im Einzelfall notfalls mit Zwang einfordern und durchsetzen.

Aus diesem Unterschied lassen sich Rückschlüsse auf den Umfang des notwendigen Grundkonsenses ziehen. Er muss zunächst die Legitimationsbedingungen für alle weiteren zu treffenden Entscheidungen umfassen. Oberste Pflicht des Staates ist die Gewähr der Offenheit des politischen Diskurses, damit die demokratische Gesellschaft die Werte selbst definieren kann, nach denen sie leben will.[662] Auch in einer pluralistischen Gesellschaft müssen die Spielregeln des öffentlichen Diskurses und die allgemeine Beachtung von dessen Ergebnissen verbindlich sein.[663] Deshalb

---

658 *Tillmanns*, in: Thiel (Hrsg.), Wehrhafte Demokratie, 31: „Die pluralistische Ordnung des freiheitlichen Staates ist somit zu einem guten Teil durch innere Vielfalt und Dissens geprägt. Der freiheitliche Staat regelementiert den Pluralismus nicht. Er baut darauf auf, dass die Konkurrenz der Gruppen den Fortschritt befördert und letztlich dem Gemeinwohl dient.".

659 *Würtenberger*, in: Brugger/Huster (Hrsg.), Der Streit und das Kreuz in der Schule, 280.

660 *Zippelius*, Allgemeine Staatslehre, § 26 II 2.

661 *Isensee*, NJW 1977, 551; *Morlok*, Was heißt und zu welchem Ende studiert man Verfassungstheorie?, 101.

662 Vgl. zum Beispiel der Rechtsprechung des BVerfG *Hufen*, in: Schuppert/Bumke (Hrsg.), Bundesverfassungsgericht und gesellschaftlicher Grundkonsens, 73.

663 Vgl. *Ebsen*, in: Schuppert/Bumke (Hrsg.), Bundesverfassungsgericht und gesellschaftlicher Grundkonsens, 83.

müssen die Grundlagen des Demokratieprinzips und das Mehrheitsprinzip allgemein anerkannt werden. Auch der Schutz der Minderheiten sowie der rechtsstaatlich abgesicherte Freiheitsraum vor staatlichen Übergriffen gehören zum notwendigen Grundkonsens, da die öffentliche Meinung sonst in eine „Tyrannei der Mehrheit"[664] umschlagen könnte. Einen Hinweis darauf, welche Werte das Grundgesetz als Stützpfeiler seiner eigenen Ordnung ansieht, gibt Art. 79 Abs. 3 GG.

Ferner müssen bestimmte Werte vom Grundkonsens umfasst sein, die das Verhältnis der einzelnen Bürger und Einwohner zum Gemeinwesen definieren. Das sind in erster Linie die Menschenwürdegarantie aus Art. 1 Abs. 1 GG, die Grundrechte, die einen spezifischen Bezug zur Menschenwürde aufweisen,[665] die Gleichheitsgrundrechte sowie das Friedensgebot aus Art. 1 Abs. 2 GG. Es können weitere Werte hinzutreten, die das Verhältnis des Einzelnen zur Gemeinschaft in besonderem Ausmaß berühren oder die Offenheit der Gemeinschaft an sich betreffen. Dazu zählt neben dem Ausmaß der sozialstaatlichen Solidarität[666] etwa die aktuelle Frage, wie die Bundesrepublik mit der großen Anzahl an Asylsuchenden umgeht. Wenn in der Gesellschaft kein Konsens darüber besteht, dass politisch Verfolgte in Deutschland Asyl genießen[667] und Zuwanderung das Land – nicht nur in wirtschaftlicher Hinsicht – bereichern kann, wird es auf Dauer kein Gesetz schaffen, aus Deutschland einen Zuwanderungsstaat zu machen.[668] Die Integration von Einwanderern in die Gesellschaft kann nur gelingen, wenn die Mehrheit der bisherigen Einwohner die Neuankömmlinge mit friedlicher Interaktion dazu einlädt. An diesem Beispiel wird klar, dass auch der Grundkonsens dynamisch ist und sich stets neu „am faktisch Vorfindbaren rückversichern und konkretisieren" muss.[669]

---

664 *Tocqueville*, Über die Demokratie in Amerika, 145 ff.

665 Sog. „Menschenwürdekern", siehe dazu *Herdegen*, in: Maunz/Dürig, GG, Art. 1 Abs. 1, Rn. 26 m.w.N.

666 Die besondere Bedeutung des Sozialstaatsprinzips für die freiheitlich-demokratische Grundordnung und seine Abhängigkeit von der „ständigen Auseinandersetzung aller an der Gestaltung des sozialen Lebens beteiligten Menschen" werden bereits betont in BVerfGE 5, 85, 198.

667 Dass über diese Frage ein gesonderter Konsens erforderlich ist, deutet auch das BVerfG an, wenn es festhält, dass das Asylgrundrecht nicht von der Menschenwürdegarantie erfasst sei und deshalb zur Disposition des verfassungsändernden Gesetzgebers stehe, siehe BVerfGE 94, 49, 103.

668 Siehe zu diesem Beispiel auch *Uhle*, HStR IV, § 82 Rn. 38.

669 *Morlok*, Was heißt und zu welchem Ende studiert man Verfassungstheorie?, 101; vgl. ferner *Uhle*, HStR IV, § 82 Rn. 23.

Zusammenfassend kann man den Grundkonsens im Gegensatz zur Akzeptanz einzelner staatlicher Entscheidungen als die „grundsätzliche Akzeptanz der Staatsordnung durch die öffentliche Meinung" bezeichnen.[670] Abseits von den zentralen Verfassungswerten muss eine demokratische Gesellschaft ihre Werte und Entscheidungen in einem offenen Diskurs selbst finden. Ihre primäre Verantwortung beschränkt sich hier darauf, den öffentlichen Diskurs nicht versiegen zu lassen und friedliche Lösungsmechanismen für Konflikte zu entwickeln. Dissens über Fragen des Gemeinwohls mag hinderlich sein und die Entscheidungsfindung erschweren. Abseits des Grundkonsenses muss eine mündige Demokratie das jedoch aushalten können.[671]

cc. Rechtsstaatliche Aspekte

Wie bisher gezeigt wurde, leitet das BVerfG die Legitimation der staatlichen Öffentlichkeitsarbeit im Wesentlichen aus Gründen ab, die sich auf das Demokratieprinzip zurückführen lassen. Im fünften der oben zitierten Absätze[672] deutet das Gericht zudem einige Gesichtspunkte an, unter denen Öffentlichkeitsarbeit ein *„berechtigtes Anliegen im sozialen Rechtsstaat"* sein kann.

Dass die Publizität des Staatshandelns unter anderem im Rechtsstaatsprinzip verankert ist, wurde bereits dargelegt.[673] Im Zentrum stehen dabei die rechtsstaatliche Kontrollwirkung, die von einer informierten Öffentlichkeit ausgeht, sowie die Publizität und Klarheit des Rechts als Voraussetzung des Grundrechtsgebrauchs für den einzelnen Bürger. Da die „anbieterorientierte" Öffentlichkeitsarbeit nicht zwingend eine rechtsstaatliche Kontrolle erlaubt, zieht das BVerfG die letztgenannten Aspekte zur Legitimation von Öffentlichkeitsarbeit heran. Zur rechtsstaatlichen Disziplinierung des Staates sind andere Öffentlichkeitsmechanismen besser geeignet. Den spezifischen Beitrag der Öffentlichkeitsarbeit sieht das BVerfG eher in seiner ergänzenden Funktion für die Verkündung und Erläuterung von Gesetzen.

---

670 So *Kloepfer*, HStR III, § 42 Rn. 15.

671 Für eine Beschränkung des Grundkonsenserfordernisses auf die wesentlichen Wertentscheidungen des Staates plädieren aus diesen Erwägungen *Hufen*, in: Schuppert/Bumke (Hrsg.), Bundesverfassungsgericht und gesellschaftlicher Grundkonsens, 67 sowie *Frankenberg*, ebenda, 39 f.

672 Siehe oben B.II.2.a.

673 Siehe oben B.I.2.d.cc.

Damit aus den Freiheitsrechten der Verfassung gelebte Freiheit wird und die Bürger von den *„durch die Rechtsordnung eröffneten Möglichkeiten im persönlichen Bereich in angemessener Weise Gebrauch“* machen können, müssen die Bürger ihre Rechte und Pflichten kennen oder zumindest zweifelsfrei feststellen können.[674] Der Freiheitsraum der Bürger ist dynamisch und wird von vielen staatlichen Entscheidungen beeinflusst. Manche Gesetze verbieten bestimmte Verhaltensweisen zugunsten des Gemeinwohls, andere erweitern den persönlichen Freiheitsraum, indem sie den Bürgern Ansprüche auf soziale Vergünstigungen gewähren. In beiden Fällen ist es wichtig, dass für den Bürger Rechtssicherheit herrscht, dass für ihn also verbindlich feststeht, was er darf und was ihm zusteht.

Rechtssicherheit verlangt Berechenbarkeit und Klarheit staatlichen Handelns.[675] Neben das Rechtsstaatsprinzip tritt in dieser Schutzrichtung das Sozialstaatsprinzip, das die gleiche Möglichkeit des Zugangs zum Recht für alle Bürger gebietet.[676] Auf besondere Bildung oder Vorkenntnisse darf es dabei nicht ankommen. Dass die bloße Normpublizität diese Form von Transparenz nicht in jedem Fall gewährleisten kann, wurde bereits gezeigt.[677] Auch das BVerfG erkennt an, dass die Bürger aus diesem Grund zusätzlich *„sachgerechter, objektiv gehaltener Information“* über Gesetze bedürfen können. Das Gericht führt das in erster Linie auf die Komplexität von Rechtsmaterialien und die *„hohe Technizität“* von Gesetzen zurück. Dieser Befund aus dem Jahr 1977 hat bis heute nichts an seiner Aktualität eingebüßt. Allein durch das Europarecht und die zahlreichen neuen Gesetzesmaterien, die sich seit den 1970er Jahren entwickelt haben, ist die Gesetzeslage noch weitaus unübersichtlicher geworden. Es wundert daher nicht, dass die „Gesetzesflut“ und die komplizierte Rechtssprache bis in die heutige Zeit regelmäßig kritisiert werden.[678]

---

674 Siehe neben BVerfGE 44, 125, 148 etwa BVerwGE 104, 105, 109.

675 Vgl. etwa BVerfGE 11, 64, 77; 60, 253, 268 ff., 301; 63, 343, 356 f.; *Krüger*, Allgemeine Staatslehre, 290 f.; *Lücke*, Begründungszwang und Verfassung, 92.

676 *Hill*, JZ 1988, 379; siehe zu möglichen Publizitätsdefiziten im Bereich der Leistungsverwaltung auch *Herzog*, in: Rüthers/Stern (Hrsg.), Freiheit und Verantwortung im Verfassungsstaat, 132: „Gleichheit und Gerechtigkeit im modernen Leistungsstaat [gibt es] nicht schon dann […], wenn sie in Gesetzesform angeordnet sind, sondern erst dann, wenn alle Bürger, für die eine Leistung vorgesehen ist, das auch wirklich wissen […]“.

677 Siehe oben B.I.2.d.cc.(2.).

678 Siehe nur *Hill*, JZ 1988, 379 f., *Schürmann*, Öffentlichkeitsarbeit der Bundesregierung, 165 ff. sowie *Towfigh*, Der Staat 48 (2009), 29 f. mit zahlreichen Nachweisen.

Über Kosten und Nutzen einer formalen juristischen Fachsprache und über die angemessene Zurückhaltung von Legislativorganen ist an dieser Stelle nicht zu befinden. Das BVerfG deutet jedenfalls an, welchen Beitrag die Öffentlichkeitsarbeit zur Publizität des Rechts leisten kann. Staatliche Stellen können ihre Entscheidungen mittels begleitender Öffentlichkeitsarbeit begründen[679] und erläutern und den Bürgern somit aufzeigen, welche unmittelbaren und mittelbaren Konsequenzen die Entscheidung für jeden Einzelnen mit sich bringt. Die Forderung, komplexe staatliche Maßnahmen aus rechtsstaatlichen Gründen mit publizistischen Mitteln zu begleiten, ist aus der Rechtswissenschaft bekannt[680] und wurde vom BVerfG unter anderem im Volkszählungsurteil[681] erneut aufgegriffen.

Die Argumentation des Gerichts bezieht sich unmittelbar nur auf den *„Inhalt von Gesetzen und deren Änderungen"*. Dies darf allerdings nicht zum Schluss verleiten, dass sich die Legitimation maßnahmenbegleitender Öffentlichkeitsarbeit auf den Erlass formeller Gesetze beschränkt. Auch bei anderen staatlichen Entscheidungen, die Auswirkungen auf eine größere Anzahl von Bürgern haben, kann Begleitkommunikation gefragt sein, etwa bei rechtsfortbildenden Gerichtsurteilen oder Planfeststellungsbeschlüssen. Ebenso können Informationen über den Vollzug von Gesetzen und die konkretisierende Rechtsprechung dazu dienen, dem Einzelnen seine Rechte und Pflichten klar zu machen. Für all diese Maßnahmen kann neben den demokratischen Aspekten auch das Rechtsstaatsprinzip als Legitimationsgrundlage herangezogen werden.

c. Befugnis zur Öffentlichkeitsarbeit in den einzelnen Staatsfunktionen

Die staatliche Einflussnahme auf die politische Willensbildung des Volkes mit den Mitteln der Öffentlichkeitsarbeit ist nach alledem ein Anliegen der demokratischen, rechtsstaatlichen Verfassungsordnung des Grundgesetzes. Die Frage ist aber, ob sich Amtsträger aller Staatsgewalten in gleichem Maße auf diese verfassungsunmittelbare Legitimation berufen kön-

---

679 Zur „Klarstellungsfunktion" der Begründung und dessen Bezug zur Rechtssicherheit siehe *Lücke*, Begründungszwang und Verfassung, 91 ff.

680 Vgl. *Jerschke*, Öffentlichkeitspflicht der Exekutive und Informationsrecht der Presse, 77 ff.; *Hill*, Jura 1986, 63; *ders.*, JZ 1988, 380; *Schürmann*, Öffentlichkeitsarbeit der Bundesregierung, 156 ff.; vgl. ferner *Kirchhof*, DÖV 1982, 397 ff., der den Schwerpunkt auf die Verbreitung von Rechtsinformationen durch private Interessengruppierungen und Medien legt.

681 BVerfGE 65, 1, 59.

nen. Das BVerfG erwähnte in seinem Urteil vom 2. März 1977 ausdrücklich nur die *„Öffentlichkeitsarbeit von Regierung und gesetzgebenden Körperschaften"*. Ob Verwaltungsbehörden und Gerichte gleichsam dazu aufgerufen sind, sich und ihr Wirken in der Öffentlichkeit zu präsentieren, und ob dabei Unterschiede zu den oben herausgearbeiteten Legitimationsmaßstäben bestehen, ließ das Gericht offen.

Diese Fragen lassen sich allerdings ohne größere Schwierigkeiten beantworten, wenn man den Begriff der staatlichen Öffentlichkeitsarbeit – wie hier vertreten[682] – mit der verfassungsrechtlichen Pflicht zur Herstellung von Öffentlichkeit verknüpft. Die verschiedenen bereits dargestellten Funktionen, die der Transparenz staatlichen Handelns im demokratischen Rechtsstaat zukommen, drängen in allen Staatsgewalten auf Erfüllung.[683] Insbesondere haben sie alle dazu beizutragen, dass der Einzelne über seine Rechte und Pflichten aufgeklärt wird, dass der öffentliche Diskurs über Themen von Gemeininteresse möglich ist und dass es der Gesellschaft möglich ist, einen Konsens über die identitätsstiftenden Elemente des Staates zu bilden und auszudrücken. Unterschiede bestehen allenfalls darin, welche Begründungsansätze jeweils im Vordergrund stehen.[684]

Im Folgenden wird ein Überblick über die Befugnis und die gegenwärtige Praxis der Öffentlichkeitsarbeit in den einzelnen Staatsfunktionen gegeben. Der Übersichtlichkeit halber beschränkt sich der Überblick, wo dies möglich ist, auf die Ebene des Bundes. Für die Öffentlichkeitsarbeit von Regierungen, Parlamenten, Behörden und Gerichten der Länder[685] gelten die aufgezeigten Maßstäbe entsprechend. Die Verpflichtung und die damit einhergehende Befugnis zur Herstellung von Öffentlichkeit geht aus

682 Siehe oben B.I.2.

683 *V. Coelln*, Zur Medienöffentlichkeit der Dritten Gewalt, 175 ff.; *Schoch*, HStR III, § 37 Rn. 77; *Gersdorf*, Parlamentsfernsehen des Deutschen Bundestages, 32 f.; *Bäumler*, JR 1978, 320. Siehe dazu bereits oben B.I.2.e.cc.

684 Zur Begründung des Öffentlichkeitsauftrags in den einzelnen Gewalten schon *Scholz*, NJW 1973, 482: Der Maßstab für die Publizität der Legislative sei danach in erster Linie das Demokratieprinzip, der Maßstab für die Judikative dagegen das Rechtsstaatsprinzip. Die Exekutive dagegen werde von beiden Maßstäben gleichermaßen erfasst – von der Publizität als „Essentiale rechtsstaatlicher Kontrolle und Transparenz" sowie von der „Publizität als Essentiale demokratischer Offenheit und Verantwortung". Die staatstheoretische Durchdringung der Verwaltungsöffentlichkeit hat die deutsche Rechtswissenschaft infolgedessen am längsten und intensivsten beschäftigt.

685 Ein guter Überblick über die bestehenden Maßnahmen zur Herstellung von Öffentlichkeit für staatliches Handeln in den Ländern, vor allem im digitalen Bereich, findet sich in BT-Drs. 17/12290, 32 ff., 63 ff., 69 ff.

Grundsätzen hervor, denen gemäß Art. 28 Abs. 1 Satz 1 GG auch die Verfassungsordnungen der Länder entsprechen müssen.[686]

aa. Regierung

Die regierungsamtliche Öffentlichkeitsarbeit hat in Literatur und Rechtsprechung bislang am meisten Aufmerksamkeit gefunden[687] und gilt als „klassische Form staatlicher Informationstätigkeit".[688] Regierungsvertreter sind in den Medien und in der öffentlichen Wahrnehmung sehr präsent. Dies liegt zum einen an der medialen Außenperspektive, nach der Kanzler und Minister Gesetze und sonstige Maßnahmen quasi im Alleingang verantworten und die vorangegangene Arbeit in Parlament, Ausschüssen und Parteigremien wenig Beachtung findet.[689] Dieser Eindruck wird in der Parteiendemokratie des Grundgesetzes durch personalisierte Parteiwerbung verstärkt. Zum anderen haben Regierungen gut ausgestattete Presseämter, die neben finanziellen und personellen Ressourcen auch über viel Erfahrung im medialen Umgang mit der Öffentlichkeit verfügen.

Über die grundsätzliche Befugnis der Regierungen zur Öffentlichkeitsarbeit bestanden zu keinem Zeitpunkt ernsthafte Zweifel.[690] Der Bundeskanzler wird gemäß Art. 63 Abs. 1 GG vom Bundestag gewählt und ist somit nur mittelbar demokratisch legitimiert. Für die durch den Kanzler bestimmten Bundesminister gilt das ebenso. Angesichts der weitreichenden Kompetenzen, die das Grundgesetz der Bundesregierung zugesteht, besteht das Bedürfnis der kommunikativen Rückkopplung an den Souverän in besonderem Ausmaß. Richtungsweisende politische Entscheidungen werden klassischerweise von den Regierungen vorbereitet und durchgeführt. Demzufolge haben sie auch großen Anteil an den oben geschilder-

---

686 Siehe für die demokratischen Publizitätserfordernisse *Mehde*, in: Maunz/Dürig, GG, Art. 28, Rn. 54 m.w.N.

687 Siehe oben B.I.1.c. sowie B.I.2.e.bb.

688 *Gersdorf*, Parlamentsfernsehen des Deutschen Bundestages, 33.

689 Die mediale Konzentration auf die Exekutive und die damit einhergehende „Entwertung" parlamentarischer Vorgänge in der Öffentlichkeit kritisiert *Müller-Neuhof*, Verfassung als Nachricht, 159 f. mit Fn. 749.

690 Siehe aus der Zeit vor dem Urteil des BVerfG vom 02.03.1977 etwa die Abhandlungen von *Leisner*, Öffentlichkeitsarbeit der Regierung im Rechtsstaat, 1966, *Sänger*, Funktion staatlicher Pressestellen in der demokratischen Staatsordnung, 1966, und (mit kritischem Einschlag) *Kempen*, Grundgesetz, amtliche Öffentlichkeitsarbeit und politische Willensbildung, 1975.

ten Aufgaben zur gesellschaftlichen Integration und zur Information der Bürger über Rechtsänderungen.[691]

Die Regierungen in Bund und Ländern betreiben ein umfangreiches Informationsangebot. Neben den traditionell im Mittelpunkt stehenden Druckerzeugnissen[692] gibt es auf dem Internetauftritt der Bundesregierung[693] mittlerweile zahlreiche Dienste für Presse und Bürger. Zu den traditionellen Artikeln und Pressemitteilungen sind verschiedene Multimediaangebote und E-Maildienste hinzugekommen. Bundeskanzlerin Merkel nutzt das Internet dazu, um sich wöchentlich mit ihrem Podcast „Die Kanzlerin direkt" an interessierte Bürgerinnen und Bürger zu wenden, in dem sie aktuelle Themen und Ereignisse darstellt.[694]

bb. Parlament

Der besondere Öffentlichkeitsbezug des Bundestages ergibt sich bereits aus Art. 42 Abs. 1 Satz 1 GG. Zwar wird damit nach herrschender, aber umstrittener Auffassung nur die sogenannte „Saalöffentlichkeit" erfasst, also die freie Zugänglichkeit zu den Plenarsitzungen des Bundestages.[695] Art. 42 Abs. 1 Satz 1 GG verdeutlicht aber die besondere Rolle des Parlaments im öffentlichen Kommunikationsprozess.[696] Im unmittelbar legitimierten Parlament sollen die verschiedenen Meinungen über politische Themen offen zutage treten. In der Parlamentsdebatte soll – jedenfalls nach ihrem Idealbild[697] – das Ringen um das Gemeinwohl öffentlich wahr-

---

691 *Schürmann*, Öffentlichkeitsarbeit der Bundesregierung, 154.

692 Siehe dazu *Schürmann*, Öffentlichkeitsarbeit der Bundesregierung, 106 ff. mit zahlreichen Beispielen.

693 www.bundesregierung.de; siehe dazu etwa *Mandelartz/Grotelüschen*, NVwZ 2004, 648 f.

694 Siehe unter https://www.bundeskanzlerin.de/Webs/BKin/DE/Mediathek/Einstieg/mediathek_einstieg_podcasts_node.html.

695 Siehe zum Streitstand *Gersdorf*, Parlamentsfernsehen des Deutschen Bundestages, 35 f. mit Fn. 80; zur umstrittenen Frage, ob sich aus Art. 42 Abs. 1 GG auch die Öffentlichkeit der Ausschüsse ableiten lässt, siehe ebenda, 37 mit Fn. 88.

696 Aufgrund der Bedeutung des Öffentlichkeitsstatus des Parlaments für die Demokratie ist Art. 42 Abs. 1 GG eigentlich nur deklaratorisch; die Verhandlungsöffentlichkeit ergibt sich gleichsam aus dem Demokratieprinzip aus Art. 20 GG und steht nach Art. 79 Abs. 3 GG nicht zur Disposition des verfassungsändernden Gesetzgebers, siehe *Magiera*, in: Sachs (Hrsg.), GG, Art. 42 Rn. 1.

697 Da die alltäglich Parlamentsarbeit in weiten Teilen in die Ausschüsse verlagert ist, die ihrerseits nach herrschender Meinung nicht von Art. 42 Abs. 1 GG er-

nehmbar werden. Im „Forum der Nation“ sollen gesamtgesellschaftliche Debatten anschaulich gemacht werden, indem die unterschiedlichen Standpunkte begründet werden und sich offen aneinander messen.[698] Der Einzelne soll auf diese Weise zur Mitwirkung an der öffentlichen Meinungsbildung befähigt und ermutigt werden. Zudem soll das Parlament der Kontrolle durch die öffentliche Meinung zugänglich werden. Wie sich zeigt, sind es hier gerade die aus dem Demokratieprinzip herrührenden Funktionen von Öffentlichkeit, die den öffentlichen Status des Parlaments rechtfertigen und erfordern.

Die bloße Saalöffentlichkeit ist allerdings nicht genug, um Legitimation, Integration, Kontrolle und Teilhabe in der Informations- und Mediengesellschaft wirksam zu fördern. Mit informaler Kommunikation kann der Bundestag eine größere Anzahl an Einwohnern erreichen und auf effektive Weise Einblick in die tagtägliche Parlamentsarbeit gewähren. Aufgrund seiner zentralen Stellung im Verfassungsgefüge ist die Öffentlichkeitsarbeit des Parlaments eine Bringschuld der repräsentativen Demokratie. Die Befugnis des Bundestages zur Öffentlichkeitsarbeit[699] ist ebenso anerkannt wie die seiner Ausschüsse und Fraktionen[700] sowie der einzelnen Abgeordneten[701].

Der Bundestag bedient sich ganz verschiedener Mittel, um sich der Öffentlichkeit zu präsentieren.[702] Neben den „klassischen“ Informationsträgern wie den Berichten des Stenografischen Dienstes gibt der Bundestag die Wochenzeitschrift „Das Parlament“ mit redaktionell gestalteten Beiträgen heraus. Diese Zeitschrift ist mittlerweile auch online verfügbar.[703] Unter den Domains www.bundestag.de, www.mitmischen.de und www.kupp

---

fasst werden, gilt der Öffentlichkeitsstatus des Bundestages de facto nur eingeschränkt. Siehe dazu etwa *Gersdorf*, Parlamentsfernsehen des Deutschen Bundestages, 37.

698 *V. Coelln*, Zur Medienöffentlichkeit der Dritten Gewalt, 176; *Dreier*, Jura 1997, 253: „Gravitationszentrum des demokratischen Verfassungsstaats“.

699 Vgl. außer BVerfGE 44, 125, 147 auch VerfGH Koblenz, NVwZ 2003, 77; *Tiemann*, Parlamentarische Öffentlichkeitsarbeit im vertikalen Kommunikationsprozeß zwischen Parlament und Publikum; *Fricke*, Politische Kontrolle durch Berichterstattung, 75; *Marschall*, ZParl 30 (1999), 699 ff.

700 Vgl. *Braun/Benterbusch*, ZParl 33 (2002), 653 ff.; *Kretschmer*, ZG 2003, 1 ff.; *Lenski*, DÖV 2014, 587 ff.; siehe ferner §§ 47 Abs. 3, 52 Abs. 2 Nr. 2 f) AbgG.

701 Vgl. *Czerwick*, in: Sarcinelli (Hrsg.), Politikvermittlung und Demokratie in der Mediengesellschaft, 258.

702 Siehe im Überblick *Gersdorf*, Parlamentsfernsehen des Deutschen Bundestages, 38 f.

703 https://www.das-parlament.de.

elkucker.de betreibt der Bundestag ein umfangreiches Angebot. Hier erhalten interessierte Bürger beispielsweise Zugriff auf Bundestags-Drucksachen, Newsletter-Dienste, sonstige Informationen des Pressedienstes des Deutschen Bundestages sowie verschiedenste Medienbeiträge aus der parlamentarischen Arbeit. Auch Teile des Archivs des Deutschen Bundestages werden online zugänglich gemacht.[704] Schließlich betreibt die Verwaltung des Bundestages umfangreiche Öffentlichkeitsarbeit mit Präsenzveranstaltungen. Dazu zählen neben dem Tag der offenen Tür verschiedene themengebundene Sonderveranstaltungen[705] sowie der Besucherdienst des Deutschen Bundestages.

cc. Verwaltung

Dass das BVerfG in seinem Urteil vom 2. März 1977 die Öffentlichkeitsarbeit der Verwaltung nicht gesondert erwähnt, ist auf dem ersten Blick überraschend. Schließlich sind es gerade Verwaltungsbehörden,[706] mit denen die Bürger am häufigsten in Kontakt treten und deren Entscheidungen für den einzelnen Bürger unmittelbare Bedeutung für die private Lebensgestaltung haben. Schon aus diesem Grund ist die Verwaltung in besonderem Ausmaß gefragt, kommunikativ in Erscheinung zu treten, sich vor dem Volk zu legitimieren und ihr Handeln der Kontrolle durch die Öffentlichkeit zugänglich zu machen. Die Verwaltung verfügt über den am engmaschigsten geflochtenen Teil des staatlichen Behördenapparates und kommt den Bedürfnissen der Bürger daher in räumlicher und sachlicher Hinsicht am nächsten. Die Verwaltungskompetenz birgt daher in den Worten *Jerschkes* die „Pflicht zu sachnächster Information“.[707]

---

704 http://webarchiv.bundestag.de/cgi/archive.php.

705 Siehe dazu *Czerwick*, in: Sarcinelli (Hrsg.) Politikvermittlung und Demokratie in der Mediengesellschaft, 262. In den letzten Jahren hat sich das für Öffentlichkeitsarbeit zuständige Referat der Bundestagsverwaltung wiederholt neue Maßnahmen einfallen lassen. Dazu zählt etwa das „Infomobil“, mit dem der Bundestag deutschlandweit sich und seine Abgeordneten präsentiert. Siehe dazu https://www.bundestag.de/unterwegs.

706 Unter den Begriff der „Verwaltung“ fällt in diesem Kontext der gesamte Bereich exekutiver Staatstätigkeiten, die nicht der Regierung zugeordnet werden kann. Dazu gehören neben der bundesunmittelbaren Verwaltung die Verwaltungsbehörden der Länder auf allen Ebenen sowie die kommunalen Selbstverwaltungsbehörden.

707 *Jerschke*, Öffentlichkeitspflicht der Exekutive und Informationsrecht der Presse, 127.

Ein normativer Aspekt kommt dazu: Parlamentarische und gerichtliche Entscheidungen werden in der Regel in öffentlichen Verfahren getroffen und verkündet. Verwaltungsbehörden könnten dagegen größtenteils isoliert von der Öffentlichkeit arbeiten und entscheiden, wenn sie nicht auf informalem Wege von sich aus die Kommunikation mit der Öffentlichkeit suchen. Zwar hat sich an diesem Befund, der vor dem Hintergrund des oben herausgearbeiteten Öffentlichkeitspostulats für staatliche Gewaltausübung äußerst bedenklich ist, durch den Erlass der Informationsfreiheits- und Transparenzgesetze einiges geändert.[708] Dennoch bleibt Öffentlichkeitsarbeit durch Behörden schon angesichts der Vielfältigkeit des Verwaltungshandelns unverzichtbar. Das gilt umso mehr in einer Zeit, in der die Verwaltung in vielen Bereichen zunehmend eine Dienstleistungsfunktion für die Bürger wahrnehmen soll.[709] Die Bürger müssen ihre Ansprechpartner und deren Dienstleistungen kennen, wenn die alltägliche Zusammenarbeit von Bürgern und Verwaltung reibungslos funktionieren soll.

Angesichts dessen ist die Befugnis der Verwaltungsbehörden zur Öffentlichkeitsarbeit allgemein anerkannt.[710] Eine Bestandsaufnahme der staatlichen Öffentlichkeitsarbeit zeigt, dass sich der große Anteil der Verwaltungsbehörden an der Gesamtzahl der staatlichen Institutionen auch bei den staatlichen Informationsmaßnahmen widerspiegelt. Die Publikationen der Behörden auf allen Verwaltungsebenen sind zu vielfältig, als dass an dieser Stelle ein angemessener Überblick gegeben werden könnte. Neben allgemeinen Informationen zu ihrem Aufbau und ihrer Verfahrensweise stellen Behörden in der Regel Leitfäden und Ratgeber zu bestimmten häufig gestellten Anträgen oder zu aktuellen Gesetzesänderungen zur Verfügung.

Zunehmende Bedeutung erlangt die Öffentlichkeitsarbeit der Verwaltungsbehörden bei der kommunikativen Begleitung von Großprojekten

708 Siehe dazu bereits oben B.II.1.b.aa.(4.).(a.).

709 Vgl. etwa *Grimmer*, Verw 23 (1990), 25 ff.; *Ritter*, DÖV 2003, 93 ff.; BT-Drs. 17/11473. Zur Dienstleistungsfunktion auf kommunaler Ebene schon früh *Bantzer*, StädteT 1980, 720.

710 Vgl. etwa BVerwGE 104, 323, 326 f.; VGH München, NVwZ-RR 2003, 122; *Czerwick*, DÖV 1997, 978 ff.; *Scherzberg*, Die Öffentlichkeit der Verwaltung, 317; *Kugelmann*, Die informatorische Rechtsstellung des Bürgers, 114; *Kempen*, Grundgesetz, amtliche Öffentlichkeitsarbeit und politische Willensbildung, 38 ff.; *Gusy*, DVBl 2013, 943; *Scholz*, NJW 1973, 483.

der öffentlichen Hand.[711] Beispielhaft dafür steht die Verwaltungsvorschrift der Landesregierung Baden-Württemberg zur Intensivierung der Öffentlichkeitsbeteiligung in Planungs- und Zulassungsverfahren vom 17. Dezenber 2013. Nach den aufsehenerregenden Protesten gegen das Bahnprojekt „Stuttgart 21" sollte mit dieser für alle Landesbehörden verbindlichen Verwaltungsvorschrift „die Beteiligungskultur gefördert" und „Augenhöhe, Transparenz und die Einbeziehung von Bürgerideen" erreicht werden, siehe Nr. 1.1 der Vorschrift. Zur Erreichung dieser Ziele soll unter anderem eine verstärkte Öffentlichkeitsarbeit beitragen. Gemäß Nr. 9.1 der Verwaltungsvorschrift hat das Land als Vorhabenträger alle Unterlagen im Internet zu veröffentlichen, die für die Information der Öffentlichkeit nicht unwesentlich sind.

Von besonderer Bedeutung ist die behördliche Öffentlichkeitsarbeit auf kommunaler Ebene. Gemeindliche Selbstverwaltung bedeutet nach der Rechtsprechung des BVerfG „ihrem Wesen und ihrer Intention nach Aktivierung der Beteiligten für ihre eigenen Angelegenheiten, die die in der örtlichen Gemeinschaft lebenden Kräfte des Volkes zur eigenverantwortlichen Erfüllung öffentlicher Aufgaben der engeren Heimat zusammenschließt."[712] Gerade die Kommunalpolitik, die das unmittelbare Umfeld des einzelnen Bürgers betrifft, wird in der Regel nicht von klaren Mehrheitsverhältnissen, sondern von Kompromissen geprägt und ist deshalb erläuterungsbedürftig.[713] Die Behörden müssen hier in besonderem Ausmaß mit der gemeindlichen Öffentlichkeit kommunizieren, um die einzelnen Bürger in die Gemeinde zu integrieren und ihre Entscheidungen zu rechtfertigen.

---

711 Vgl. dazu am Beispiel der Planung von Übertragungsleitungen nach dem dem EnWG und NABEG *Lühr*, Die Öffentlichkeitsbeteiligung als Instrument zur Steigerung der Akzeptanz von Großvorhaben, 104 f., 183 ff.

712 BVerfGE 11, 266 f.

713 Zur Bedeutung der Öffentlichkeitsarbeit der Selbstverwaltung siehe *Furchert*, Vernetzte PR – städtische Presse- und Öffentlichkeitsarbeit im Internet, 131; *Jerschke*, Öffentlichkeitspflicht der Exekutive und Informationsrecht der Presse, 127; *Papier/Schröder*, DVBl 2017, 1 f.

dd. Rechtsprechung

Mit der Öffentlichkeitsarbeit der rechtsprechenden Gewalt hat sich die deutsche Rechtswissenschaft lange Zeit schwer getan.[714] Um eine verfassungsrechtliche Legitimation zur informalen Öffentlichkeitskommunikation der Gerichte allgemein anerkennungsfähig zu machen, mussten zunächst gewisse Vorbehalte überwunden werden. Dazu gehört die Überzeugung vieler Juristen, dass die Arbeit der Justiz für sich sprechen solle und darüber hinaus nicht vor der Öffentlichkeit präsentiert werden müsse.[715] Diese Überzeugung wird vordergründig gestützt durch die besondere Verpflichtung der dritten Gewalt zur Wahrung von Neutralität aus § 39 DRiG und die verfassungsrechtlich verbürgte Unabhängigkeit der Justiz aus Art. 97 Abs. 1 GG.[716] Dementsprechend ist es wenig verwunderlich, dass das BVerfG die Öffentlichkeitsarbeit der Rechtsprechung im Urteil aus dem Jahre 1977 nicht erwähnte.

(1.) Geltung des grundgesetzlichen Öffentlichkeitsprinzips für die Rechtsprechung

Beim hier zugrunde gelegten Begriffsverständnis steht und fällt die Befugnis der Gerichte zur Öffentlichkeitsarbeit mit der Frage, ob die demokratisch und rechtsstaatlich motivierte Pflicht zur Herstellung von Öffentlichkeit auch für die dritte Gewalt gilt. Das war lange Zeit nicht unumstritten. Gegen eine Übertragung dieser Pflicht wurde etwa ins Feld geführt, dass die Rechtsprechung nicht auf eine legitimatorische Rückkopplung an die öffentliche Meinung angewiesen sei. Im Gegensatz zu den anderen Staatsgewalten sei sie aufgrund ihrer Unabhängigkeit nicht dem politischen Wechsel der Machtverhältnisse unterworfen und somit gegen Wahlen „immunisiert".[717] Auch die demokratische und rechtsstaatliche Kontrolle durch die Öffentlichkeit sei bei der dritten Gewalt weniger relevant, weil die öffentliche Meinung in der Regel nicht die notwendigen Kenntnisse habe, um Gerichtsentscheidungen auf ihre Rechtmäßigkeit kontrollieren

---

714 Siehe zur historischen Entwicklung *Meyer*, Der Gerichtsprozess in der medialen Berichterstattung, 261 f.

715 Vgl. *Wassermann*, Justiz und Medien, 147.

716 Vgl. *Müller-Neuhof*, Verfassung als Nachricht, 75.

717 So *Martens*, Öffentlich als Rechtsbegriff, 74; *Franke*, Die Bildberichterstattung über den Angeklagten und der Öffentlichkeitsgrundsatz im Strafverfahren, 43; vgl. ferner *Stober*, DRiZ 1980, 5.

zu können.[718] Über die Saalöffentlichkeit nach § 169 GVG hinaus bedürfe es daher keiner informalen Herstellung von Öffentlichkeit für das Gerichtswesen.

Letztlich sind diese Argumente nicht überzeugend. Wenn man die dritte Gewalt von der Pflicht zur Rechtfertigung der eigenen Tätigkeit vor der öffentlichen Meinung freistellen wollte, müsste man voraussetzen, dass die Aufgabe der Rechtsprechung lediglich in der Anwendung der bestehenden Gesetze besteht und ihr kein eigener Entscheidungsspielraum zusteht. Nur dann könnte man argumentieren, die Rechtsprechung könnte ihre sachlich-inhaltliche Legitimation vollständig aus der Legitimation des Gesetzgebers ableiten und eine darüber hinausgehende Rückbindung an das Volk sei nicht erforderlich. Dass diese Prämisse nicht zutrifft und dass die Richter nicht bloße „Subsumtionsautomaten" sind, ist mittlerweile allgemein akzeptiert.[719] Die Gerichte haben teils erheblichen Spielraum bei der Auslegung und Anwendung der Gesetze. Rechtsprechung hat somit eine rechtsschöpferische Facette.[720] Wie § 132 Abs. 4 GVG für den Großen Senat der obersten Gerichtshöfe ausdrücklich festlegt, gehört die Rechtsfortbildung selbst zu den anerkannten Aufgaben der Rechtsprechung.[721] Rechtsprechung ist staatliche Machtausübung und somit vor der öffentlichen Meinung ebenso legitimationsbedürftig wie die Gesetzgebung und die Verwaltung.[722]

Demzufolge stehen auch die Gerichte in der Pflicht, ihre Arbeit der öffentlichen Meinungsbildung zugänglich zu machen.[723] Wie bereits festgestellt wurde, „duldet der Grundsatz der Demokratie keinen Bereich nichtöffentlicher Machtausübung".[724] Nur auf ausreichender Informations-

---

718 So etwa *Bockelmann*, NJW 1960, 217 ff.; zur Entkräftung dieses Arguments siehe *v. Coelln*, Zur Medienöffentlichkeit der Dritten Gewalt, 184 m.w.N.

719 Vgl. BVerfGE 34, 269, 287; *Britz*, Fernsehaufnahmen im Gerichtssaal, 221 f.; widerlegt ist damit insbesondere die Theorie der überholten rechtspositivistischen Lehre von einer in sich geschlossenen und vollständigen Rechtsordnung.

720 Vgl. *Hesse*, Grundzüge des Verfassungsrechts der Bundesrepublik Deutschland, Rn. 550; *Kaufmann*, in: FS Karl Peters, 303 ff.; *Rupp*, NJW 1973, 1770; BVerwGE 104, 105, 109.

721 Vgl. BVerfGE 34, 269, 286 ff.; 49, 304, 318; 65, 182, 190 f.; 69, 315, 371 f.

722 Zur Notwendigkeit demokratischer Legitimation für die Rechtsprechung siehe *Maurer*, in: FS 50 Jahre BVerfG, Bd. 2, 470; *Voßkuhle/Sydow*, JZ 2002, 674; *Dreier*, Jura 1997, 256; *Weber-Grellet*, ZRP 2003, 146.

723 Siehe dazu ausführlich *Britz*, Fernsehaufnahmen im Gerichtssaal, 216 ff. sowie *v. Coelln*, Zur Medienöffentlichkeit der Dritten Gewalt, 177 ff.; *Lamprecht*, ZRP 1993, 372 ff.

724 *Bäumler*, JR 1978, 320.

grundlage kann die öffentliche Meinung ihre Funktionen erfüllen. Neben der sachlich-inhaltlichen Legitimation der Rechtsprechung durch ihre Einbeziehung in den öffentlichen Kommunikationsprozess[725] ist die demokratische und rechtsstaatliche Kontrolle durch die Öffentlichkeit der Rechtsprechung ein zentrales Argument.[726] Dabei geht es nicht nur um die Kontrolle der rechtsprechenden Tätigkeit selbst und die Verhinderung von Geheimjustiz: Im Gerichtsurteil „erwacht der Buchstabe des Gesetzes für den Laien zum Leben".[727] Die Bürger können die Qualität von Gesetzen und anderen allgemein-abstrakten Regelungen oftmals erst dann beurteilen, wenn sie sehen, zu welchen Ergebnissen die Regelung in ihrer gerichtlichen Anwendung führt. Auf diese Weise dient die Öffentlichkeit der Rechtsprechung der mittelbaren Kontrolle von Gesetzen.[728]

Eine der wichtigsten Funktionen einer öffentlich ausgeübten Rechtsprechung ist schließlich ihre integrierende Wirkung. Mit Hilfe eines gerichtlichen Verfahrens und eines abschließenden Urteils können sich die Bürger davon überzeugen, dass die Rechtsordnung in der Lage ist, Konflikte in einem fairen Verfahren mit einem als gerecht empfundenen Ergebnis zu lösen. Das wiederum stärkt den Grundkonsens über die Rechtsordnung als Ganzes.[729] Spiegelbildlich dazu werden auch die Richter bei der Entscheidungsfindung die öffentliche Meinung im Blick haben. Dass dies der Tätigkeit eines unabhängigen, nur dem Gesetz verpflichteten Richters nicht im Wege stehen muss,[730] zeigen bereits die vielen unbestimmten Rechtsbegriffe, die nur mit Blick auf die gesellschaftlichen Verhältnisse sinnvoll ausgefüllt werden können. Wenn der Richter bei der Anwendung von § 138

725 Siehe dazu ausführlich *v. Coelln*, Zur Medienöffentlichkeit der Dritten Gewalt, 179 ff.

726 Siehe dazu schon oben B.II.1.b.aa.(1.); kritisch zur Kontrollfunktion der Öffentlichkeit bei Gerichtsprozessen *Martens*, Öffentlich als Rechtsbegriff, 74; *Bockelmann*, NJW 1960, 217 f.; *Scherer*, Gerichtsöffentlichkeit als Medienöffentlichkeit, 13.

727 *Gerhardt*, Zur Frage der Verfassungsmäßigkeit des Verbots von Rundfunk- und Fernsehaufnahmen im Gerichtssaal (§ 169 Satz 2 GVG), 52.

728 *V. Coelln*, Zur Medienöffentlichkeit der Dritten Gewalt, 185.

729 Vgl. dazu BVerfGE 103, 44, 73 (Sondervotum *Kühling/Hohmann-Dennhardt/Hoffmann-Riem*); *v. Coelln*, Zur Medienöffentlichkeit der Dritten Gewalt, 189.

730 Selbstverständlich gilt die verfassungsrechtliche Bindung des Richters an Recht und Gesetz ohne Vorbehalt für eine entgegenstehende öffentliche Meinung. Wo immer aber dem Richter Entscheidungsspielräume zukommen, ist die „Orientierung am allgemeinen Rechtsbewusstsein" wegen der integrativen Wirkung der Rechtsprechung gerade geboten, vgl. *Köbl*, in: FS Ludwig Schnorr von Carolsfeld, 242; siehe zum Thema ferner *Benda*, DÖV 1983, 305 ff.

BGB etwa das „Anstandsgefühl aller billig und gerecht Denkenden" nachempfinden soll, muss er sich bereits de lege lata von der öffentlichen Meinung leiten lassen.[731] Alles in allem sorgt eine maßvolle[732] wechselseitige Orientierung von öffentlicher Meinung und rechtsprechender Gewalt dafür, dass Urteile berechtigterweise „*Im Namen des Volkes*"[733] ergehen.

Mit einigen der genannten Erwägungen begründete das BVerwG die ungeschriebene verfassungsrechtliche Pflicht der Gerichte, ihre Entscheidungen zu veröffentlichen.[734] Das BVerwG misst dieser Pflicht eine „der Verkündung von Rechtsnormen vergleichbare Bedeutung"[735] bei und betont dabei insbesondere die rechtsstaatlichen Funktionen dieser Art von Veröffentlichungen. Da gerichtliche Entscheidungen zum Teil ebenso großen Einfluss auf den Handlungsspielraum des Einzelnen haben können wie Gesetze, muss die Gesellschaft sich über den Inhalt und das Zustandekommen dieser Entscheidungen informieren können. Neben der notwendigen Sicherheit über die Rechte und Pflichten des einzelnen Bürgers, die oftmals erst durch die Rechtsprechung konkretisiert werden, nennt das Gericht Aspekte der Gewaltenteilung und Hemmung öffentlicher Gewalt. Nur wenn die öffentliche Meinung ausreichend über die Ergebnisse richterlicher Rechtsfortbildung informiert ist, könne sie bei der nächsten Wahl eine parlamentarische Korrektur bedenklicher Entwicklungen veranlassen.[736]

---

731 *Kloepfer*, HStR III, § 42 Rn. 34.

732 Die Orientierung an der öffentlichen Meinung darf nicht die richterliche Unabhängigkeit in Frage stellen. Eine Bindung des Richters an die öffentliche Meinung wird durch Art. 97 Abs. 1 GG gerade ausgeschlossen, vgl. dazu *Meyer*, in: v. Münch/Kunig, Grundgesetz, Bd. 2, Art 97 Rn. 1.

733 Siehe §§ 311 Abs. 1 ZPO, 268 Abs. 1 StPO, 117 Abs. 1 Satz 1 VwGO, 105 Abs. 1 Satz 1 FGO, 132 Abs. 1 Satz 1 SGG; zur (Un-)Möglichkeit, aus der Urteilsformel selbst konkrete Publizitätserfordernisse herzuleiten siehe *v. Coelln*, Zur Medienöffentlichkeit der Dritten Gewalt, 177 f. m.w.N.

734 Vgl. BVerwGE 104, 105. Siehe zur Veröffentlichungspflicht der Gerichte ferner OLG München, OLGZ 84, 477, 479; OVG Bremen, JZ 1989, 633 ff.; OLG Celle, NJW 1990, 2570 f.; VGH Mannheim, NJW 2013, 2045 f. sowie *Gostomzyk*, Die Öffentlichkeitsverantwortung der Gerichte in der Mediengesellschaft, 168 ff.

735 BVerwGE 104, 105, 109.

736 Ebenda.

(2.) Befugnis zur Öffentlichkeitsarbeit

Eine Befugnis zur aktiven Öffentlichkeitsarbeit geht über eine Pflicht zur Veröffentlichung von Entscheidungen hinaus. Öffentlichkeitsarbeit ist nicht themengebunden und gibt der kommunizierenden Stelle mehr gestalterische Freiheit als eine bloße Veröffentlichungspflicht ohne redaktionelle Gestaltungsfreiheit. Allerdings können die Erwägungen des BVerwG fast eins zu eins für die Begründung der Befugnis zur Öffentlichkeitsarbeit herangezogen werden.[737]

Eine eindeutige Abgrenzung zwischen beiden Instituten ist ohnehin nicht immer möglich.[738] Die obersten Bundesgerichte veröffentlichen etwa redaktionell gestaltete Zusammenfassungen ihrer zur Veröffentlichung vorgesehenen Urteile und bieten Newsletter-Services für interessierte Bürger an. In den hier versandten Pressemitteilungen finden sich neben Informationen über gefällte Urteile auch Terminankündigungen und Berichte über neu ernannte und ausgeschiedene Richter.[739] Die Aufbereitung und Veröffentlichung von Urteilen verschwimmt hier zunehmend mit Maßnahmen der Öffentlichkeitsarbeit, mit denen die Gerichte bewusst die Öffentlichkeit suchen, um sich ein Gesicht zu verleihen. Die Motivation ist in beiden Fällen eine ähnliche: Wenn die Gerichte die Aufgabe haben, ihre Arbeit der Kontrolle durch die öffentliche Meinung zugänglich zu machen, die Wirkungsweise des Rechtssystems vor der öffentlichen Meinung darzustellen und das Recht für den einzelnen Bürger anschaulich zu machen, gibt es kein Argument dafür, warum sie dies nicht flächendeckend mittels informaler Informationstätigkeit tun sollten. Der bloße Inhalt ge-

---

737 In diesem Sinne auch *Huff*, NJW 2001, 2951; *ders.*, in: FS 200 Jahre Badisches Oberhofgericht, 239; in Ergebnis ebenso *v. Coelln*, Zur Medienöffentlichkeit der Dritten Gewalt, 516, der die verfassungsrechtliche Legitimation gerichtlicher Öffentlichkeitsarbeit an die „Primärfunktion Rechtsprechung" anbinden will. Im Gegensatz dazu ist die Öffentlichkeitsarbeit der Gerichte nach dem hier zugrunde gelegten Ansatz gerade nicht der primären Staatsfunktion der Judikative zuzuordnen, sondern stellt eine darüber hinausgehende Aufgabe dar, siehe oben B.I.2.d.ee. Letztlich ist diese Uneinigkeit aber lediglich begrifflicher, nicht sachlicher Natur. Die positiven Reflexe von Öffentlichkeitsarbeit für die Primärfunktion der handelnden Stelle, die *v. Coelln* untersucht, werden auch in dieser Arbeit anerkannt.

738 *V. Coelln*, Zur Medienöffentlichkeit der Dritten Gewalt, 483.

739 Siehe beispielhaft die Auflistung der Pressemitteilungen des BVerfG, die für jeden Bürger als Newsletter abonniert werden können, unter https://www.bundesverfassungsgericht.de/DE/Presse/Pressemitteilungen/pressemitteilungen_node.html.

troffener Entscheidungen ist sicherlich einer der wichtigsten Aspekte für die öffentliche Meinungsbildung, aber längst nicht der einzig relevante. Zu denken ist etwa an die Begründung für prozessleitende Maßnahmen oder die Hintergründe sogenannter „Deals" im Strafverfahren".[740]

Selbstdarstellende Öffentlichkeitsarbeit ist deshalb auch eine eigene Aufgabe der rechtsprechenden Gewalt.[741] Für die Gerichte ergibt sich – wie für die anderen Gewalten auch – aus dem Demokratie- und dem Rechtsstaatsprinzip die Pflicht, ihre Tätigkeit für die Allgemeinheit verständlich zu präsentieren. Zunächst müssen Entscheidungen mit Bedeutung für die Allgemeinheit öffentlich zugänglich gemacht werden. Bei besonderem öffentlichem Interesse sollten diese redaktionell aufbereitet werden, etwa in Form einer Pressemitteilung. Die besondere Aufgabe der gerichtlichen Pressestellen besteht darin, die Urteile von Bedeutung für die Allgemeinheit zu identifizieren und deren Inhalt für die in der Regel juristisch nicht vorgebildeten Adressaten verständlich darzustellen.[742] Ferner sollten die Gerichte auch sich selbst, ihren Aufbau und ihre Rolle im Staatsgefüge darstellen,[743] um den Bürgern ein realistisches Bild der verschiedenen Staatsgewalten zu ermöglichen. In dieser Hinsicht kann die Öffentlichkeitsarbeit der Gerichte das Prinzip der Gewaltenteilung vor den Bürgern darstellen und rechtfertigen. Die rechtsprechende Gewalt kann mit ihrer Öffentlichkeitsarbeit versuchen, Fehlvorstellungen in der Öffentlichkeit

740 Zwar hat der Gesetzgeber mit dem Gesetz zur Regelung der Verständigung im Strafverfahren vom 29.07.2009 und der Einfügung/Neufassung der §§ 160b Satz 2, 202a Satz 2, 212, 243 Abs. 4, 267 Abs. 3 Satz 5, 257b, 257c, 273 Abs. 1 Satz 2, Abs. 1a StPO die bedenklichen Öffentlichkeitsdefizite im Bereich der Verständigung schon teilweise behoben. Siehe allerdings BVerfGE 133, 168 ff. zu den auch nach der gesetzlichen Regelung noch bestehenden Defiziten sowie zu den rechtsstaatlichen Anforderungen an die Verfahrensverständigung.

741 *Gostomzyk*, Die Öffentlichkeitsverantwortung der Gerichte in der Mediengesellschaft, 176 ff.; *v. Coelln*, Zur Medienöffentlichkeit der Dritten Gewalt, 512 ff.; *Meyer*, Der Gerichtsprozess in der medialen Berichterstattung, 262; *Gersdorf*, Parlamentsfernsehen des Deutschen Bundestages, 34 f.; *Wassermann*, in: ders. (Hrsg.), Justiz und Medien, 145 ff.; *Huff*, NJW 2001, 2951; *ders.*, NJW 2004, 403 ff.; *ders.*, DRiZ 2005, 147; *ders.*, AfP 2010, 332 ff.; *Gusy*, DVBl 2013, 943; *Saxer*, ZSR 2006, 459 ff.

742 Vgl. *Huff*, DRiZ 2005, 147; *Mackenroth*, ZRP 2002, 181 spricht von einer „Bringschuld gegenüber den Medien"; siehe auch *Meyer*, Der Gerichtsprozess in der medialen Berichterstattung, 263.

743 Diesen Punkt betont *v. Coelln*, Zur Medienöffentlichkeit der Dritten Gewalt, 517.

über das Recht und die Justiz zu korrigieren.[744] Auch Informationen zu öffentlichen Verhandlungen oder sonstigen frei zugänglichen Veranstaltungen sollten als Bürgerservice selbstverständlich sein.

Die Pflicht zur Öffentlichkeitsarbeit besteht für Gerichte aller Instanzen, wenn auch in unterschiedlicher Intensität.[745] Während von den obersten Bundesgerichten und dem BVerfG aufgrund des großen öffentlichen Interesses an ihren Entscheidungen, wegen ihrer prominenten Rolle bei der Rechtsfortbildung und im Fall des BVerfG wegen dessen politischer Funktion[746] eine Pressemitteilung zu allen größeren Entscheidungen erwartet werden kann, sollten die Instanzgerichte jedenfalls Informationen zu Verfahren bereitstellen, die besondere öffentliche Aufmerksamkeit erfahren haben oder erhebliche Auswirkungen für die einzelnen Bürger haben können. Nachdem die Gerichte ihre Informationsverantwortung vor der Öffentlichkeit lange Zeit sehr stiefmütterlich behandelt haben, sind hier in den vergangenen zwei Jahrzehnten große Fortschritte zu verzeichnen. Fast alle Gerichte haben mittlerweile einen eigenen Internetauftritt, auf dem sie laufend aktualisierte Informationen zu Aufbau, Verfahren und Entscheidungen bereitstellen.[747] Auch die Funktion eines Pressesprechers, der mit den oben genannten Aufgaben betraut ist und gesondert geschult wird, haben die meisten Gerichte eingerichtet.[748] Die größeren Gerichte verfügen über eigene Pressestellen und sorgen unter anderem mit Newsletter-Services für eine große Reichweite der angebotenen Informationen. Daneben gehören Pressegespräche von Gerichtspräsidenten[749] oder Tage der

744 *Knoblich*, in: Albers/Heine/Seyfarth (Hrsg.), Symposion zum Ausscheiden von Dieter Grimm aus dem BVerfG, 19. Eine besondere Bedeutung gewinnt dieser Aspekt gerichtlicher Öffentlichkeitsarbeit durch die Verbreitung sogenannter Gerichtsshows in den letzten Jahren. Studien aus den USA deuten an, dass die so bezeichneten Pseudodokumentationen über Gerichtsverhandlungen das öffentliche Bild vom Rechtssystem eher verfälschen als zu dessen Verständnis beitragen. Siehe dazu *Meyer*, Der Gerichtsprozess in der medialen Berichterstattung, 78 f.

745 *V. Coelln*, Zur Medienöffentlichkeit der Dritten Gewalt, 518.

746 Zum BVerfG als Faktor des politischen Lebens *Benda/Klein*, Verfassungsprozessrecht, Rn. 9 ff.; siehe zur umfangreichen Öffentlichkeitsarbeit des BVerfG *Schulze-Fielitz*, in: Schuppert/Bumke (Hrsg.), Bundesverfassungsgericht und gesellschaftlicher Grundkonsens, 126 f.

747 Siehe für die Verwaltungsgerichtsbarkeit *Hamer*, Informatisierung des Verwaltungsprozesses, 110 ff.

748 *Mackenroth*, ZRP 2002, 181.

749 Vgl. etwa *Hien*, in: DVBl 2003, 443 ff.; *ders.*, in: DVBl 2004, 464 ff.; *Grimm*, ZRP 1994, 276 ff. oder das Interview mit dem Präsidenten des BVerfG Andreas Voßkuhle in DIE ZEIT Nr. 21 v. 16.05.2012, 8 f.

offenen Tür zu den Maßnahmen der Öffentlichkeitsarbeit, die sich gerade bei den obersten Bundesgerichten mittlerweile großer Beliebtheit erfreuen.

III. Die verfassungsrechtliche Bedeutung der Akzeptanz

Einer der oben im Abschnitt B. II. 2. a. zitierten Absätze des Urteils des BVerfG vom 2. März 1977 ist bislang unkommentiert geblieben (4.). Wenn das Gericht hier ausführt, dass es „*Aufgabe staatlicher Öffentlichkeitsarbeit*" sein kann, „*Zusammenhänge offenzulegen*" und „*Verständnis für erforderliche Maßnahmen*" zu wecken,[750] spricht es damit genau die Funktion von Öffentlichkeitsarbeit an, die im Rahmen dieser Arbeit näher untersucht wird. Das BVerfG deutet an, dass das Werben um Akzeptanz für staatliche Entscheidungen neben den genannten demokratietheoretischen und rechtsstaatlichen Gründen eine eigenständige legitime Zielsetzung staatlicher Öffentlichkeitsarbeit sein soll. Das ist bemerkenswert, weil das „*Werben um Verständnis*" einen finalen Eingriff in die politische Willensbildung der Gesellschaft zu bestimmten Fragen bedeutet. Das geht über das Ermöglichen der „*verantwortlichen Teilhabe der Bürger an der politischen Willensbildung*", von der das Gericht in den Absätzen zuvor gesprochen hatte, weit hinaus. Wenn man sich nochmals in Erinnerung ruft, dass Öffentlichkeitsarbeit als Eingriff in die grundsätzlich staatsfreie politische Willensbildung des Volkes nur aufgrund „*besonderer verfassungsrechtlicher legitimierender Gründe*"[751] zulässig ist, liegt der Kern der Ausführungen des BVerfG an anderer Stelle: Das Gericht erhebt das öffentliche „Verständnis" für die Entscheidungen des Staates implizit in Verfassungsrang.

Das BVerfG führte nicht näher aus, woraus es den Verfassungsbezug von Akzeptanzförderung herleitet. Da sich der am 2. März 1977 zu entscheidende Fall im Kern um die Frage der Abgrenzung von zulässiger Öffentlichkeitsarbeit und unzulässiger Wahlwerbung und somit eher um die rechtlichen Grenzen als um die rechtliche Begründung staatlicher Öffentlichkeitsarbeit bewegte, war dies nicht zwingend erforderlich. Leider wird dieser Punkt auch in den rechtswissenschaftlichen Abhandlungen zum Thema nicht näher beleuchtet. Es wird zwar beispielsweise festgestellt, dass „amtliche Öffentlichkeitsarbeit zugleich Werbung" bedeute,[752] dass die „Erhöhung der Akzeptanz staatlicher Entscheidungen" ein anerkanntes Motiv von Öffentlichkeitsarbeit darstelle[753] oder dass Akzeptanzförderung

---

750 Vgl. BVerfGE 44, 125, 148.

751 BVerfGE 20, 56, 99.

752 Vgl. *Kempen*, Grundgesetz, amtliche Öffentlichkeitsarbeit und politische Willensbildung, 14, unter Hinweis auf eine Rede des damaligen Leiters des Bundespresseamts *Conrad Ahlers* vor dem Bundestag am 08.10.1970.

753 Vgl. *Becker/Harms/Sievers*, SchlHA 2015, 386 f.

gerade die Kernfunktion von Öffentlichkeitsarbeit sei.[754] Wie sich dieser tatsächliche Befund an die Verfassungsordnung des Grundgesetzes anbinden lässt, bleibt aber im Dunkeln.

Es ist für das rechtliche Verständnis staatlicher Öffentlichkeitsarbeit wichtig, die verfassungsrechtliche Verankerung von Akzeptanz für Einzelentscheidungen näher zu untersuchen. Insbesondere ist diese Form der Akzeptanz vom demokratischen Grundkonsens zu unterscheiden, auf den das BVerfG ganz wesentlich bei der Legitimation staatlicher Öffentlichkeitsarbeit abgestellt hat.[755] Der demokratische Grundkonsens beschreibt die Akzeptanz der Staatsordnung als solcher und ihrer wesentlichen Grundentscheidungen. Die Akzeptanz einzelner Entscheidungen, die Amtsträger auf der Grundlage des Grundkonsenses treffen, wird davon nicht erfasst. Das BVerfG macht dies im ersten der oben[756] zitierten Absätze deutlich, demzufolge der Grundkonsens *„unbeschadet sachlicher Differenzen in Einzelfragen“* bestehen muss. Diesen Einzelfragen widmet sich gerade der vierte der zitierten Absätze. *„Auch hier“* könne es in den Worten des Gerichts *„Aufgabe staatlicher Öffentlichkeitsarbeit“* sein, die Bürger informativ einzubinden, die staatlichen Entscheidungen zu rechtfertigen und um Verständnis zu werben.

Der mögliche Einwand, die Frage der verfassungsrechtlichen Legitimation staatlicher Öffentlichkeitsarbeit sei durch die bereits aufgezeigten demokratischen und rechtsstaatlichen Begründungsansätze hinreichend beantwortet, greift zu kurz. Das bloße *Vorhandensein* einer verfassungsrechtlichen Rechtfertigung beantwortet noch nicht alle Fragen, die mit der verfassungsrechtlichen Legitimation staatlichen Informationshandelns zusammenhängen. Die *Ausgestaltung* der konkreten verfassungsrechtlichen Grundlage erlaubt und beschreibt die staatliche Informationstätigkeit, gleichzeitig *beschränkt* sie sie aber auch.[757] Der verfassungslegitime Zweck bildet sowohl den Maßstab dafür, in welchem Umfang Öffentlichkeitsarbeit geboten sein kann, als auch dafür, ab wann sie über das Ziel hinausschießt und in eine Gefährdung der politischen Willensbildung des Volkes umschlägt. Um herausarbeiten zu können, in welchen Situationen der Staat das Recht oder vielleicht auch die Pflicht hat, für sein Handeln zu werben, ist es also unerlässlich, die rechtfertigenden Gründe einzeln unter die Lupe zu nehmen und ihre Bedeutung für die Verfassungsordnung des

---

754 Vgl. *Kloepfer*, Staatliche Informationen als Lenkungsmittel, 13 f.
755 Siehe oben B.II.2.b.bb.(3.).
756 Siehe B.II.2.a.
757 Diesen Aspekt betont *Müller-Neuhof*, Verfassung als Nachricht, 104.

Grundgesetzes zu bestimmen. Von dieser Pflicht können auch der Hinweis auf die Informalität der Öffentlichkeitsarbeit und die Schwierigkeiten, die damit verbundenen rechtlichen Maßstäbe zu bestimmen,[758] nicht entbinden. Gerade die fehlende einfachgesetzliche Determination von Öffentlichkeitsarbeit muss das Argument dafür sein, mit den wenigen vorhandenen Maßstäben aus der Verfassung besonders sorgfältig umzugehen.

Die Frage, ob der Akzeptanz einzelner staatlicher Entscheidungen Verfassungswert zukommt, bestimmt daher den weiteren Gang der Arbeit. Nur so lässt sich die Frage beantworten, wie das Motiv der Akzeptanzförderung die Befugnis staatlicher Stellen zur Öffentlichkeitsarbeit beeinflusst.

Dazu ist es zunächst erforderlich, dem Untersuchungsgegenstand Kontur zu verleihen. Im folgenden Abschnitt (1.) wird ausgehend von den vorhandenen Begriffsbestimmungen ein Begriff der „Akzeptanz" entwickelt, der den Anforderungen einer verfassungsrechtlichen Untersuchung gerecht wird. Im darauffolgenden Abschnitt wird die so verstandene Akzeptanz auf ihren Verfassungswert untersucht (2.). Auf dieser Grundlage kann im abschließenden Abschnitt (IV.) die spezifische Bedeutung der Akzeptanzförderung für die Öffentlichkeitsarbeit staatlicher Stellen festgestellt werden.

1. Begriff der Akzeptanz

Etwas „akzeptieren" zu können oder für „unakzeptabel" zu halten hat längst Einzug in die Alltagssprache gehalten und bedarf scheinbar keiner Erklärung. Im alltäglichen Gebrauch steht die „Akzeptanz" Begriffen wie „Anerkennung", „Befürwortung", „Verständnis" oder „Toleranz" nahe und bezieht sich zumeist auf Einstellungen gegenüber Mitmenschen, Verhalten oder Vorschlägen.

---

758 Siehe dazu schon die Ausführungen des BVerfG in der 1. Rundfunkentscheidung, BVerfGE 12, 205, 252, zur Notwendigkeit staatlicher Selbstdarstellung vor dem eigenen Volk: „Es ist aber unverkennbar, daß [damit] Aufgaben bezeichnet sind, die sich einer näheren Bestimmung entziehen." In dieselbe Kerbe schlägt das Gericht in der Entscheidung „*Osho*" in BVerfGE 105, 279, 304, wenn es festhält, dass sich der Bereich staatlichen Informationshandelns gesetzlich „nicht sinnvoll regeln" lasse.

Wegen seiner Unbestimmtheit ist allerdings schon der Begriff als solcher Gegenstand von Kritik.[759] Das verwundert auch nicht: Die „Akzeptanz" ist selbst in der Duden-Rechtschreibung erst seit der 18. Auflage 1980 überhaupt als eigenständiger Begriff verzeichnet.[760] Abgeleitet vom lateinischen „*accipere*" bzw. der Intensivbildung „*acceptare*" wird er zunächst mit „Annahme" belegt,[761] wobei beispielsweise unklar bleibt, ob damit die geistige Hinnahme (eines Sachverhalts oder einer Person) oder auch die physische Entgegennahme (eines Gegenstands) gemeint sein soll. Das macht die wissenschaftliche Erfassung des damit bezeichneten Phänomens nicht gerade einfach.

a. Akzeptanzbegriffe in verschiedenen Disziplinen

Wissenschaftliche Versuche zur Definition von Akzeptanz finden sich erst seit den 1980er Jahren, vorwiegend in der Soziologie. Juristische Publikationen nahmen den Begriff in der Folgezeit auf, oftmals angefacht durch einen konstatierten Mangel an Akzeptanz und Folgebereitschaft und das „Phänomen des Bürgerprotestes" in der modernen Gesellschaft[762]. Auch andere Disziplinen wie etwa die Psychologie[763] bedienen sich des Begriffs mittlerweile in ganz unterschiedlichen Zusammenhängen. Für die Zwecke dieser Arbeit – der Untersuchung der rechtlichen Relevanz des Phänomens im demokratischen Gemeinwesen – ist allerdings nur der Blick auf die Sozial- und Rechtswissenschaften zielführend. Und schon hier fallen die Definitionsansätze sehr unterschiedlich aus.

---

759 Vgl. etwa *Lucke*, Akzeptanz, 35: „metaphernhaft und vage bleibendes Synonym" oder *Mayer*, in: Süddeutsche Zeitung v. 19./20.09.1992, SZ am Wochenende, I: „völlig unnötig[es] Kultwort".

760 Vgl. *Lucke*, Akzeptanz, 46.

761 *Drosdowski*, Duden: Etymologie, Stichwort „*akzeptieren*".

762 Vgl. z.B. *Würtenberger*, NJW 1991, 257; *ders.*, NJW 1986, 2284; vgl. auch *Lucke* in: Brand/Strempel (Hrsg.), Soziologie des Rechts, 221: „dramatischer Verfall des Rechtsbewusstseins".

763 Vgl. z.B. das Konzept der "Acceptance and Commitment Therapy" nach *Hayes/Strosahl/Wilson*, Acceptance and Commitment Therapy.

aa. Soziologie

In der soziologischen und sozialpsychologischen Literatur gibt es keine einheitliche Begriffslegung. Teilweise wird auf eine Definition verzichtet,[764] teilweise wird der Begriff wegen seiner Unklarheit gar völlig abgelehnt.[765] Soweit die Akzeptanz positiv definiert wird, wird sie als Eigenschaft, als Norm, als mentales oder sprachliches Phänomen oder als individueller Willensakt umschrieben.[766] Im „Wörterbuch der Soziologie" steht Akzeptanz beispielsweise für „die Eigenschaft einer *Innovation*, bei ihrer Einführung positive Reaktionen der davon Betroffenen zu erreichen".[767] Diese Beschreibung reduziert das potentielle Objekt der Akzeptanz auf technische Neuerungen und ist deshalb für viele Bereiche der Akzeptanzforschung nicht brauchbar.[768]

Eine gesamtheitliche soziologische Definition der Akzeptanz kann aus mehreren Blickwinkeln erfolgen.[769] Aus sozialisationstheoretischer Sicht stehen individuelle und kollektive Adaptionsprozesse im Vordergrund, es geht also im Kern um die Aneignung kultureller und gesellschaftlicher Äußerungen und Werte. Einen stärker subjektiv geprägten Charakter erhält der Begriff der Akzeptanz aus der sozial- bzw. einstellungspsychologischen Sicht: Hiernach beschreibt Akzeptanz die „affirmative Einstellung" des Individuums gegenüber realen und potentiellen Akzeptanzobjekten, eine „attitude toward".[770] Schließlich kann man Akzeptanz – zurückgehend auf die Herrschaftsdefinition von Max Weber[771] – mit einem herrschaftssoziologischen Ansatz fassen als „Chance, für bestimmte (...) Entscheidungen bei einer (...) Personengruppe ausdrückliche oder stillschweigende Zu-

---

764 *Galtung*, Journal of Peace Research 1965, 360.

765 *Luhmann*, Legitimation durch Verfahren, 120.

766 Vgl. *Kischel*, Die Begründung, 53.

767 *Endruweit* in: ders./Trommsdorff/Burzan (Hrsg.), Wörterbuch der Soziologie, Stichwort „Akzeptanz und Sozialverträglichkeit". Hervorhebung im Original.

768 Kritisch zur Definition der Akzeptanz als Eigenschaft *Lucke*, Akzeptanz, 393 f.; *dies.*, in: dies./Hasse (Hrsg.), Annahme verweigert – Beiträge zur soziologischen Akzeptanzforschung, 20; *Strohbusch*, DVP 2013, 271.

769 Einen guten Überblick über die verschiedenen Modelle bietet *Lucke*, Akzeptanz, 102 ff.

770 *Lucke*, Akzeptanz, 103 f.

771 Unter der Kapitelüberschrift „Die drei reinen Typen der legitimen Herrschaft" wiederabgedruckt in Winckelmann (Hrsg.), Methodologische Schriften, 215 – 228.

stimmung zu finden".[772] Hier verschiebt sich die Perspektive erneut vom einzelnen Individuum zur Gesellschaft.

In der letztgenannten Betrachtungsweise wurde das Thema vor allem für die politische Soziologie interessant. Geboren aus der Erkenntnis, dass „Einverständlichkeit in unserer Gesellschaft immer weniger selbstverständlich" sei,[773] rückte die Akzeptanzbeziehung zwischen Staat und Gesellschaft zunehmend in den Mittelpunkt der Betrachtung.[774]

bb. Rechtswissenschaft

So verwundert es nicht, dass das Thema „Akzeptanz" über die Rechtssoziologie und -philosophie auch ihren Weg in die Rechtswissenschaft fand.[775] Der Begriff an sich stellte in der Lehre ein Novum dar. Weder in Gesetzestexten noch in der Dogmatik spielte er bisher eine Rolle.[776] Im „Deutschen Rechts-Lexikon", in dem der Begriff seit der zweiten Auflage aus dem Jahr 1992 überhaupt erst verzeichnet ist, wird auf eine „neuere gesamtpolitische Diskussion" verwiesen, in der Akzeptanz „das Phänomen [bezeichnet], dass das Ergebnis gerichtlicher Tätigkeit (wie staatlicher Tätigkeit überhaupt) von den Betroffenen akzeptiert, anerkannt werden soll".[777] Diese Definition ist zum einen rekursiv – „Akzeptanz" soll das Phänomen bezeichnen, dass etwas „akzeptiert" wird. Zum anderen bleibt der Grund für die Betonung der „gerichtlichen Tätigkeit" im Dunkeln. Bei der juristischen Erschließung des „Phänomens" Akzeptanz hilft die genannte Definition nicht weiter. Um einen für die rechtswissenschaftliche Untersuchung geeigneten Akzeptanzbegriff zu finden, wird im Folgenden zunächst die

772 *Lucke*, Akzeptanz, 104.

773 *Lucke*, in: Clausen (Hrsg.), Gesellschaften im Umbruch, 473.

774 Vgl. z.B. das umfangreiche empirische Datenmaterial bei *Pichler/Giese*, Rechtsakzeptanz, Bd. 2 sowie (aus sozialpsychologischer Sicht) *Tyler*, Why People Obey the Law.

775 Vgl. *Czybulka*, Die Verwaltung 26 (1993), 27; *Würtenberger*, in: Zilleßen/Dienel/Strubelt (Hrsg.), Die Modernisierung der Demokratie, 72 f.

776 *Limbach*, in: Brand/Strempel (Hrsg.), Soziologie des Rechts, 207; aus der Rechtswissenschaft bekannt sind zwar die wortverwandten Begriffe „Akzept" bzw. „Akzeptant", z.B. in §§ 1 Abs. 1 Nr. 2 KWG, 265b Abs. 3 Nr. 2 StGB („Akzeptkredit"). Als Fachbegriffe aus dem Wechsel- und Kreditrecht können sie aber bei der Suche nach einer Definition für den allgemeinen Begriff der „Akzeptanz" nicht weiterhelfen.

777 *Kissel*, in: Tilch/Arloth (Hrsg.), Deutsches Rechts-Lexikon, Bd. 1 (A-F), Stichwort „Akzeptanz".

Verwendung des Begriffs in der einschlägigen Literatur sowie in der Rechtsprechung des BVerfG näher untersucht.

(1.) Literatur

Der Begriff der Akzeptanz hängt in juristischen Untersuchungen – insoweit wieder parallel zur Soziologie – stark von der jeweiligen Fragestellung ab. Als Ausgangspunkt wählen viele Autoren zwar noch die Übersetzung des lateinischen Wortursprungs und definieren die Akzeptanz als den „Tatbestand der Hinnahme von Entscheidungen".[778] Die Meinungen dazu, was „Hinnahme" genau bedeutet, gehen aber auseinander. Eine grundsätzliche Unterscheidung kann vorgenommen werden zwischen faktischer Akzeptanz im Sinne von Rechtskonformität und normativer Akzeptanz, die die innere Einstellung des Rechtsadressaten mit einbezieht.[779]

In der erstgenannten Variante wird Akzeptanz oft im Zusammenhang mit Problemen der Rechtsgeltung diskutiert und als „freiwillige Gesetzesbeachtung"[780], „Achtung der Rechtsordnung"[781] oder „Fügsamkeit der Herrschaftsunterworfenen"[782] formuliert. Den Gedanken eines formalisierten Akzeptanzbegriffs prägte *Luhmann*, der die Frage nach der Anerkennung von Herrschaft von den „Eigenarten individueller Persönlichkeiten" freistellen wollte und „motivfreies (...) Akzeptieren"[783] als empirisches Faktum in den Mittelpunkt stellte. Bei der Betrachtung des Phänomens „Akzeptanz" wird nach dieser Lesart also nur darauf geachtet, ob sich ein Bürger ohne Einsatz von Zwangsmitteln den hoheitlichen Weisungen gemäß verhält oder nicht. Wird dieser Begriff zugrunde gelegt, wird die Akzeptanz zu einer objektiv messbaren Größe, beispielsweise zur empirischen Befolgungsquote eines Gesetzes.

---

778 *Schmidt-Aßmann*, Das allgemeine Verwaltungsrecht als Ordnungsidee, 102; ebenso z.B. *Kugelmann*, Die informatorische Rechtsstellung des Bürgers, 14; *Köller*, Funktionale Selbstverwaltung und ihre demokratische Legitimation, 225; *Schliesky*, Souveränität und Legitimität von Herrschaftsgewalt, 170.

779 *Krawietz*, in: Haney/Maihofer/Sprenger (Hrsg.), Recht und Ideologie, 111: Akzeptanz im „präskriptiven" und „deskriptiven" Sinn; *Benda* unterscheidet insofern gleichbedeutend zwischen formaler und materialer Akzeptanz, vgl. DÖV 1983, 306.

780 *Herzog*, in: Rüthers/Stern (Hrsg.), Freiheit und Verantwortung im Verfassungsstaat, 128.

781 Vgl. *Benda*, DÖV 1983, 306.

782 *Schliesky*, Souveränität und Legitimität von Herrschaftsgewalt, 170.

783 *Luhmann*, Legitimation durch Verfahren, 32 f.

Demgegenüber stellt die Mehrzahl der Autoren mit dem zweitgenannten normativen Akzeptanzbegriff auf die innere Einstellung des Akzeptanzsubjekts ab.[784] Das Phänomen verschiebt sich vom empirisch-faktischen Bereich hin zu einem individual-psychologischen Vorgang des Abwägens, Wertens und Bewertens.[785] Akzeptanz kann so definiert werden als „bejahende Einstellung“ zum Akzeptanzobjekt.[786] Hier wird die Parallele zur oben dargestellten einstellungspsychologischen Sichtweise deutlich. Der einzelne Bürger rückt stärker in den Mittelpunkt, da sich die Akzeptanz in einem konkreten Sachverhalt unter anderem aus der Übereinstimmung mit den Erwartungen des Betroffenen ergibt.[787] Akzeptanz ist unter Zugrundelegung dieses Begriffs kein „Schwarz/Weiß-Phänomen“, das entweder gegeben ist oder nicht, sondern es sind auch unterschiedliche Abstufungen bzw. Intensitäten denkbar.[788] Sie umfasst nicht nur die völlige innere Übereinstimmung mit einer Entscheidung oder die Identifikation mit einer Institution, sondern auch Bereiche, in denen man eine Entscheidung für anerkennungswürdig hält, obwohl man selbst eine andere Position vorgezogen hätte.[789]

(2.) Rechtsprechung des BVerfG

In der Rechtsprechung des BVerfG – der im hier untersuchten staatsrechtlichen Zusammenhang besondere Bedeutung zukommt – spielt Akzeptanz in den letzten Jahrzehnten regelmäßig eine Rolle.[790] Dass das Thema für

784 Vgl. etwa *Pichler/Giese*, Rechtsakzeptanz Bd. 1, 28 f.; *Limbach*, Die Akzeptanz verfassungsgerichtlicher Entscheidungen, 6; *Kischel*, Die Begründung, 54.

785 *Würtenberger*, Akzeptanz von Verwaltungsentscheidungen, 61; *Strohbusch*, DVP 2013, 271 f.; *Lühr*, Die Öffentlichkeitsbeteiligung als Instrument zur Steigerung der Akzeptanz von Großvorhaben, 7 ff.

786 *Kischel*, Die Begründung, 55.

787 *Pitschas*, Verwaltungsverantwortung und Verwaltungsverfahren, 156.

788 Ein solches Abstufungskonzept findet sich z.B. bei *Benda*, DÖV 1983, 306 sowie bei *Würtenberger*, Akzeptanz von Verwaltungsentscheidungen, 62 f.

789 Vgl. *Würtenberger*, Akzeptanz von Verwaltungsentscheidungen, 61 f.; *Lühr*, Die Öffentlichkeitsbeteiligung als Instrument zur Steigerung der Akzeptanz von Großvorhaben, 8 f.; ferner *Ladd*, in: Friedrich (Hrsg.), Rational decision, 143: „We must be able to say that, although we think a decision is wrong, we accept it as reasonable, […]“.

790 Vgl. dazu *R. Schmidt*, in: FS Würtenberger, 398: „Die Akzeptanz, gelegentlich als Modephänomen apostrophiert, ist inzwischen auch durch die Rechtsprechung des Bundesverfassungsgerichts hoffähig geworden.“.

die Karlsruher Richter von großer Relevanz zu sein scheint, spiegelt sich nicht zuletzt darin wider, dass sich bereits drei Präsidenten des Gerichts wissenschaftlich mit dem Thema beschäftigt haben.[791] In den Entscheidungen des Gerichts tauchte er Begriff erstmals 1979 im Mülheim-Kärlich-Beschluss auf[792] und kommt seitdem in einer zunehmenden Zahl von – teils bedeutenden – Entscheidungen vor.[793]

Obwohl das BVerfG „Akzeptanz" nie explizit definiert, können die Zusammenhänge, in denen der Begriff verwendet wurde, Aufschluss über seinen Umfang geben. In vielen Fällen wird der Begriff in seiner umgangssprachlichen Bedeutung verwendet, gerade wenn (staatsfremde) Akzeptanzbeziehungen innerhalb der Bevölkerung behandelt werden. Hier fällt auf, dass das Gericht neben der individuellen Akzeptanz[794] oft auf die kollektive Akzeptanz[795] abstellt und somit Akzeptanz als gesellschaftliches Phänomen anerkennt. Wenn das Gericht die Akzeptanz zwischen Bürgern und Staat behandelt, kommt in dieser kollektiven Dimension auch der staatstheoretische Gehalt des Begriffs zum Tragen. Dabei fallen die möglichen Objekte dieser Akzeptanzbeziehung auf: Neben einzelnen staatlichen Entscheidungsakten[796] – seien es Gesetze, Gerichtsurteile oder Verwal-

---

791 Vgl. *Limbach*, Die Akzeptanz verfassungsgerichtlicher Entscheidungen; *Benda*, DÖV 1983, 305 ff.; *Herzog*, in: Rüthers/Stern (Hrsg.), Freiheit und Verantwortung im Verfassungsstaat, 127 ff.

792 BVerfGE 53, 30, 90: „unerläßliche Akzeptanz atomrechtlicher Entscheidungen durch die Bevölkerung".

793 Siehe etwa BVerfGE 65, 1 (Volkszählung), 26: Berücksichtigung der Akzeptanz im Rahmen der Prüfung des Verhältnismäßigkeitsprinzips; BVerfGE 69, 315 (Brokdorf), 347: Einfluss des Minderheitenschutzes auf die Akzeptanz staatlicher Entscheidungen.

794 Z.B. „Akzeptanz der Vater-Kind-Beziehung durch die Mutter", 1 BvR 746/08 v. 05.12.2008; „Akzeptanz der Gebührenentscheidungen bei Betroffenen", BVerfGE 119, 181, 231.

795 Z.B. „gesellschaftliche Akzeptanz von Leiharbeit", BVerfGK 4, 256; „allgemeine Akzeptanz" (der Rechtschreibregeln durch die Bevölkerung), BVerfGE 98, 218, 264; „Akzeptanz innerhalb der Versichertengemeinschaft", BVerfGK 7, 410; „Akzeptanz in der ‚scientific community'", BVerfGE 111, 333, 348.

796 Z.B. „Akzeptanz der [Gerichts-]Entscheidung", BVerfGE 118, 212,239; „Akzeptanz der Rentenleistungen", BVerfGE 116, 96, 116; „Akzeptanz der [AIDS-]Aufklärungsmaßnahme", 1 BvR 842/87 v. 28.07.1987.

tungsentscheidungen – führt das BVerfG oft auch die staatliche Ordnung als solche[797] oder einzelne Institutionen[798] an.

Hier zeigt sich, dass das BVerfG einen sehr weiten Begriff der Akzeptanz zugrunde legt, der über die bloße Gesetzeskonformität weit hinausgeht. Akzeptanz soll keinen spezifischen Handlungsbezug aufweisen, demzufolge sollen auch Institutionen als Akzeptanzobjekt in Frage kommen. Das Gericht bekennt sich damit zu einem einstellungspsychologisch geprägten Verständnis der Akzeptanz.

b. Stellungnahme

Die Darstellung des Akzeptanzbegriffs in Literatur und Rechtsprechung ließe sich noch weiter fortsetzen. Die Untersuchung würde spätestens dann sehr unübersichtlich, wenn man zur Abgrenzung noch andere im Rahmen der Rechtsakzeptanzforschung angeführte Begriffe hinzunähme, so wie „Rechtsgesinnung“, „Gerechtigkeitsgefühl“, „Rechtsbewusstsein“ oder „Rechtsethos“.[799] Für die Zwecke dieser Arbeit ist dies jedoch nich erforderlich, weil sich die für die Kommunikation mit der Öffentlichkeit relevanten Facetten des Akzeptanzbegriffs aus den bereits dargestellten Ansätzen herausarbeiten lassen.

aa. Ausgangspunkt: Akzeptanz als einstellungspsychologisches Phänomen

Als Ausgangspunkt ist dabei die Klarstellung wichtig, dass für eine Untersuchung zur staatlichen Öffentlichkeitsarbeit nur ein einstellungspsychologischer Begriff von Akzeptanz in Frage kommt. Den Begriff durch Umschreibungen wie „Gesetzestreue“ mit bloßer Konformität gleichzusetzen, mag zwar wegen der besseren empirischen Fassbarkeit reizvoll sein. Eine solche nur auf objektive Kriterien abstellende Definition wäre aber für vie-

797 Z.B. „grundsätzliche Akzeptanz der Verfassungsordnung“, BVerfGE 102, 370, 380; „Akzeptanz der Rechtsordnung“, BVerfGE 103, 44, 73.

798 Z.B. „drohender [...] Akzeptanzverlust der Staatsanwaltschaften in der Öffentlichkeit“, 2 BvR 1103/07 v. 14.01.2008; „Akzeptanz der Rechtsprechung bei der Bevölkerung“, BVerfGE 103, 44, 50; „Akzeptanz des [staatlichen] Schulwesens durch die Eltern“, BVerfGE 93, 1, 28.

799 Vgl. dazu *Pichler/Giese*, Rechtsakzeptanz Bd. 1, 56 f.; *Raiser*, in: Pichler (Hrsg.), Rechtsakzeptanz und Handlungsorientierung, 109 ff.; *Roellecke*, JZ 1997, 577 f.; *Henkel*, Einführung in die Rechtsphilosophie, 534: „terminologischer Wirrwarr“.

le Handlungsfelder nicht angemessen, die zum Gegenstand staatlicher Öffentlichkeitsarbeit werden können. Staatliche Betätigungen enthalten oftmals keine Ge- oder Verbote, denen gegenüber sich der einzelne Bürger „gesetzestreu" verhalten kann oder nicht.[800] So bleibt es beispielsweise jedem selbst überlassen, ob er die elektronische Signatur benutzt, sich für den Bundesfreiwilligendienst meldet oder an demokratischen Wahlen teilnimmt – mit Sanktionen hat er jedenfalls nicht zu rechnen. Es gibt in diesem Sinne kein juristisch „falsches" Verhalten. Bei den genannten Betätigungsfeldern sind die staatlichen Stellen nicht auf die Rechtstreue der Bürger angewiesen, sondern auf deren freiwillige Mitwirkung.

Hier zeigt sich auch ein konstitutives Element der Akzeptanz: Im Gegensatz zu objektiver Konformität, die zur Not auch durch staatliche Gewalt erzwungen werden kann, beruht die Akzeptanz auf Freiwilligkeit. Sie ist als subjektives Phänomen auch mit größtem Zwang weder ein- noch durchführbar.[801] Dies wäre in einer pluralistischen Demokratie, die selbst in Grundsatzfragen abweichende Meinungen zulassen muss, nicht möglich.[802] Dem Bürger steht es frei, staatliche Hoheitsakte oder –träger zu akzeptieren oder nicht. Er ist in der freiheitlichen Demokratie als mündiger Bürger, der nicht Objekt, sondern Subjekt staatlicher Gewalt ist,[803] geradezu dazu aufgefordert, die Staatsgewalt kritisch zu hinterfragen.

Die Verkürzung auf faktische Konformität würde ferner den verschiedenen potentiellen Objekten der Akzeptanz nicht gerecht. Wie vor allem in der Rechtsprechung des BVerfG wiederholt klargestellt wurde, können auch das Staatswesen selbst sowie einzelne Institutionen auf Akzeptanz angewiesen sein. Die Akzeptanz gegenüber einzelnen staatlichen Institutionen kann auch eine Rückwirkung auf die Akzeptanz der von diesen getroffenen Entscheidungen haben.[804] Institutionelle und einzelfallbezogene Akzeptanz wirken in vielerlei Hinsicht zusammen und können deshalb

---

800 Vgl. *Pichler/Giese*, Rechtsakzeptanz Bd. 1, 46.

801 So auch *Gostomzyk*, Öffentlichkeitsverantwortung der Gerichte in der Mediengesellschaft, 150.

802 Vgl. *R. Schmidt*, in: FS Würtenberger, 399.

803 So die auf *Dürig*, AöR 81 (1956), 127 zurückgehende „Objektformel" zu Art. 1 Abs. 1 Satz 1 GG.

804 Vgl. dazu *Tyler*, Why people obey the law, 75; *Guschker*, in: Lucke/Hasse (Hrsg.), Annahme verweigert - Beiträge zur soziologischen Akzeptanzforschung, 107 ff.; *Glück*, Vertrauen und Legitimation durch Bürgerzufriedenheit, 67; *Quaritsch*, Probleme der Selbstdarstellung des Staates, 34 ff.; siehe zur Bedeutung der Vertrauenswürdigkeit einer Institution mit spieltheoretischer Begründung *Wesche*, Gegenseitigkeit und Recht, 250 ff.

– auch in terminologischer Hinsicht – nicht völlig getrennt voneinander betrachtet werden. Dies spiegelt sich auch am Gegenstand staatlicher Öffentlichkeitsarbeit wider: Träger staatlicher Gewalt sind nicht lediglich dazu aufgerufen, ihre Entscheidungen vor der öffentlichen Meinung darzustellen, sie sollen auch sich selbst und ihre spezifische Stellung im Staatsgefüge repräsentieren.[805]

Schließlich wäre ein ontologisch-faktischer Akzeptanzbegriff für diese Arbeit wegen der Wirkungsweise von Öffentlichkeitsarbeit nicht brauchbar. Staatliche Öffentlichkeitsarbeit kann lediglich dazu dienen, interessierten Bürgern Informationen zur Verfügung zu stellen. Um Bürger zu Gesetzestreue zu zwingen, stehen dem Staat eingriffsintensivere Mittel zur Verfügung. Ob sich die Bürger aus freien Stücken rechtstreu verhalten, kann dagegen nicht in monokausalem Zusammenhang mit Öffentlichkeitsarbeit untersucht werden. Es ist ein ganzes Bündel von Motiven und Prädispositionen, die letztendlich darüber entscheiden, für welche Handlungsoption sich der Einzelne in einer bestimmten Situation entscheidet.[806] Zu unterstellen, gerade die staatliche Öffentlichkeitsarbeit habe dazu geführt, dass sich jemand in einer bestimmten Weise verhalten habe oder nicht, würde die Erkenntnismöglichkeiten seriöser Rechtswirkungsforschung überstrapazieren. Dass die Kommunikation mit der Öffentlichkeit aber grundsätzlich in der Lage ist, die Einstellungsbildung bei den Adressaten zu beeinflussen, kann als wissenschaftlich belegt gelten.[807]

Dass Akzeptanz in erster Linie ein psychologisches Phänomen ist, darf aber nicht zur Annahme verleiten, dass es keine objektiv wahrnehmbaren Konsequenzen hätte: Gehorsam bzw. Konformität und Einstellung hängen eng zusammen.[808] Die positive Haltung des Bürgers zu Entscheidungen oder Institutionen kann – wenn auch nicht immer kurzfristig und unmittelbar – zu normkonformem oder sonst erwünschtem Verhalten führen und wird somit auf der handlungspraktischen Ebene relevant. Akzeptanz gewinnt in Form einer „Verhaltenswahrscheinlichkeit“ bzw. eines „Handlungspotentials“ mittelbare Bedeutung.[809]

---

805 Vgl. etwa für die rechtsprechende Gewalt *v. Coelln*, Zur Medienöffentlichkeit der Dritten Gewalt, 517.

806 Siehe beispielhaft die Aufstellung verschiedene Akzeptanzkriterien bei *Würtenberger*, in: Eisenmann/Rill (Hrsg.), Jurist und Staatsbewusstsein, 92 ff.

807 Siehe etwa *Stroebe*, in: Jonas/ders./Hewstone (Hrsg.), Sozialpsychologie, 231 ff.; *Schenk*, in: Noelle-Neumann/Wilke/Schulz (Hrsg.), Fischer-Lexikon Publizistik, Massenkommunikation, 407 ff.

808 *Würtenberger*, Akzeptanz von Verwaltungsentscheidungen, 61.

809 *Lucke*, Akzeptanz, 104, 395; siehe dazu unten B.III.2.d.

bb. Abgrenzung zu Nachbarbegriffen

Die Akzeptanz von Staat und Recht wird in der Fachliteratur im Rahmen ganz unterschiedlicher Problemstellungen wie Legitimität, Rechtsgesinnung oder Effektivität der Rechtsordnung diskutiert und dabei in Zusammenhang mit anderen Begriffen gestellt.[810] Zu einigen dieser Begriffe wird die Akzeptanz des besseren Verständnisses wegen explizit abgegrenzt.

In der rechtssoziologischen Literatur wurde Akzeptanz in den 1980er Jahren mit „Vertrauen" gleichgesetzt.[811] Das erscheint insofern zwar nicht abwegig, als beide Begriffe eine grundsätzlich positive Einstellung gegenüber einem Akzeptanz-/Vertrauensobjekt beschreiben. Gleichzusetzen sind sie deshalb aber nicht. Während Vertrauen das positive Vorurteil gegenüber einer Institution beschreibt, beruht Akzeptanz auf einem nachträglichen Bewertungsvorgang in Kenntnis des Inhalts des Handelns einer Institution.[812] Dieser Vorgang kann durch ein „Vertrauen" gegenüber der handelnden Stelle allenfalls beeinflusst werden. Durch das aktive Element des Bewertens lässt sich Akzeptanz auch von der „Toleranz" abgrenzen. Diese beschreibt weniger das Ergebnis einer Abwägung als vielmehr das passive Hinnehmen oder Gewährenlassen, etwa von Minderheiten oder Abweichlern.[813] In diesem Sinne ist vor allem das Adjektiv „tolerant" gebräuchlich.

Der „Konsens" kommt dem Begriff der Akzeptanz in vielerlei Hinsicht sehr nahe. Er beschreibt die Übereinstimmung von Menschen innerhalb sozialer Beziehungen und Systeme. Wie oben dargestellt, bezeichnet das BVerfG etwa die grundsätzliche Akzeptanz der Verfassungsordnung durch die öffentliche Meinung als „Grundkonsens im demokratischen Gemeinwesen".[814] In dieser spezifisch verfassungsrechtlichen Perspektive steht „Konsens" für ein gesamtgesellschaftliches Phänomen,[815] kurz gefasst für die Einigung auf den „Gesellschaftsvertrag". Der Begriff „Akzeptanz" unter-

---

810 Vgl. *Pichler/Giese*, Rechtsakzeptanz Bd. 1, 29.

811 Vgl. *Kniffka*, ZfRSoz 1981, 226; zum Begriff des Vertrauens eingehend *Tiemann*, Parlamentarische Öffentlichkeitsarbeit im vertikalen Kommunikationsprozess zwischen Parlament und Publikum, 60 ff.

812 Vgl. *Benda*, DÖV 1983, 306; *Lucke*, in: dies./Hasse (Hrsg.), Annahme verweigert – Beiträge zur soziologischen Akzeptanzforschung, 21 f.; eine gelungene Annäherung an „Vertrauen" als juristischen Forschungsgegenstand findet sich bei *Rölle/Druml*, DÖV 2013, 540 ff.

813 *Lucke*, Akzeptanz, 64.

814 BVerfGE 63, 230, 243; ähnlich BVerfGE 44, 125, 147; *Kloepfer*, HStR III, § 42 Rn. 15.

815 Anders im Zivilrecht, wo Konsens als (nicht ausdrücklich normiertes) Gegenteil zum Dissens gem. §§ 154, 155 BGB unter Vertragsparteien gilt.

scheidet sich davon in zweierlei Hinsicht. Zum einen ist die Akzeptanz inhaltlich weiter als der Konsens. Ein Bürger kann eine Entscheidung „akzeptieren", weil er sie wegen der dahinter stehenden Zielsetzung für anerkennungswürdig hält, obwohl er im konkreten Fall nicht mit ihr übereinstimmt, nicht mit ihr „konsentiert". Akzeptanz kann in diesem Sinne also auch Bereiche des (teilweisen) Dissenses erfassen.[816] Zum anderen ist Akzeptanz nach dem hier zugrunde gelegten Begriff primär individualbezogen.[817] Es geht zunächst um die Einstellung des Einzelnen zu einem Akzeptanzobjekt. Individuelle Akzeptanz und kollektiver Konsens hängen allerdings eng zusammen und bedingen sich gegenseitig:[818] Die Akzeptanz durch den Einzelnen trägt zur öffentlichen Meinungsbildung bei und bildet dadurch Baustein und Grundlage eines gesamtgesellschaftlichen Konsenses, so auch des demokratischen Grundkonsenses. Auf der anderen Seite ist auch die individualbezogene Akzeptanz kein isolierter, voluntaristischer Akt.[819] Die öffentliche Meinung wirkt auf die Akzeptanz des Einzelnen zurück und ist ein wichtiger Faktor bei der individuellen Einstellungsbildung. Somit hat auch die Akzeptanz eine soziale Dynamik und ist ein „Massenphänomen".[820] Dementsprechend ist es auch mit dem hier zugrunde gelegten Akzeptanzbegriff möglich, von der „Akzeptanz durch die öffentliche Meinung" zu sprechen.[821]

816 *Würtenberger*, Akzeptanz von Verwaltungsentscheidungen, 62; *ders.*, in: Eisenmann/Rill (Hrsg.), Jurist und Staatsbewusstsein, 81; in diesem Sinne auch ausdrücklich *Luhmann*, Legitimation durch Verfahren, 33: Akzeptanz nicht als Konsens, sondern als Hinnahmebereitschaft.

817 So auch *Würtenberger*, in: Hof/Schulte (Hrsg.), Wirkungsforschung zum Recht III, 201.

818 Zum sozialisationstheoretischen Zusammenhang zwischen Individualakzeptanz und gesellschaftlichen Konsens *Lucke*, Akzeptanz, 76 f., 149 ff.

819 *Lucke*, Akzeptanz, 395.

820 Zum von der öffentlichen Meinung ausgeübten Konformitätsdruck grundlegend *Noelle-Neumann*, Die Schweigespirale. Siehe dazu ferner *Bonfadelli/Friemel*, Medienwirkungsforschung, 222 ff.

821 So etwa *Kloepfer*, HStR III, § 42 Rn. 15 in seiner Definition des demokratischen Grundkonsenses. Siehe auch *Hamer*, Informatisierung des Verwaltungsprozesses, 102, Fn. 82: „Zum Akzeptanzbegriff: Dieser umspannt nicht nur die Billigung einer Entscheidung durch die Prozessparteien, sondern auch durch die nicht oder nur mittelbar betroffene Allgemeinheit.".

c. Zwischenergebnis

Akzeptanz beschreibt die positive innere Einstellung gegenüber einem Akzeptanzobjekt. Prägend ist dabei das Element der Freiwilligkeit. Akzeptanz wird in Kenntnis des Akzeptanzobjekts sowie gegebenenfalls vorhandener Alternativen erteilt und beruht auf autonomen Motiven. Sie ist die Folge eines aktiven Bewertungsvorgangs und grenzt sich insoweit von einem bloß diffusen Vertrauen ohne Bezug zu einem konkreten Sachverhalt ab.[822] Der Kreis der möglichen Objekte von Akzeptanz ist nach dem hier zugrunde gelegten Begriff sehr weit und erfasst neben individuellen staatlichen Entscheidungen auch staatliche Institutionen sowie die Staatsordnung an sich.

2. Akzeptanz als verfassungsrechtlicher Wertmaßstab

Wenn die so verstandene Akzeptanz im folgenden Abschnitt auf ihren Verfassungswert hin untersucht wird, drängt sich gleich zu Anfang eine Frage auf: Ist die Einstellung der Bürger überhaupt ein *rechtlicher* Untersuchungsgegenstand? Man setzt sich dabei möglicherweise dem Vorwurf aus, auf fremdem Terrain zu wildern. Die Analyse und Veränderung von Einstellungen ist das täglich Brot der Politik- und Sozialwissenschaften, nicht aber der Rechtswissenschaft.[823]

Gerade dieser unterschiedliche Blickwinkel macht das Thema aber für eine rechtliche Untersuchung interessant. Im Gegensatz zu den empirischen Wissenschaften muss sich eine juristische Erörterung aus normativer Perspektive annähern.[824] Dass „Akzeptanz" ein durchweg positiv konnotierter Begriff ist und dass es insbesondere unter den zur Wahl aufgestellten Berufspolitikern niemanden geben wird, dem die Einstellung der Bür-

---

822 Jedoch kann die wiederholte Akzeptanz von Einzelakten zu einer darauf gegründeten akzeptanzgeneigten Gesamthaltung führen, siehe *Kischel*, Die Begründung, 54.

823 Dieser Einwand ist ein bekannter Begleiter der rechtlichen Erfassung informalen Staatshandelns. Wo es an konkreten gesetzlichen Maßgaben fehlt, muss der Blickwinkel erweitert werden. Die damit zusammenhängenden Fragen formulierte *Helmuth Schulze-Fielitz* bereits 1984 in seiner Pionierarbeit zum informalen Verfassungsstaat: „Sind die diskutierten Fragen nicht *politikwissenschaftlicher* Natur? Sprengen sie juristisches Denken?", siehe *Schulze-Fielitz*, Der informale Verfassungsstaat, 149; Hervorhebung im Original.

824 Vgl. zu diesem Perspektivwechsel *Lüdemann*, Edukatorisches Staatshandeln, 85.

ger völlig gleichgültig ist, spielt dafür keine Rolle. Eine spezifisch juristische Facette der Akzeptanz muss sich mangels einfachgesetzlicher Konkretisierung aus dem Grundgesetz ableiten lassen. Es liegt in erster Linie beim Verfassungsgesetzgeber zu entscheiden, welche Werte dem Gemeinwohl zugeordnet werden können. Wegen der aus dem Demokratie- und dem Rechtsstaatsprinzip abgeleiteten Verpflichtung allen staatlichen Handelns auf das Gemeinwohl bilden sich aus diesem Kanon von Werten die zulässigen Zwecke staatlichen Handelns ab, die einen Übergriff in geschützte gesellschaftliche Bereiche rechtfertigen können.[825]

Aufgrund dieses Bezugs zum Gemeinwohl hat die verfassungsrechtliche Anbindung von Akzeptanz Bedeutung für weitere Fragen. Sie entscheidet längst nicht nur darüber, ob sich ein Eingriff in die staatsfreie Willensbildung des Volkes mit dem Hinweis auf Akzeptanzförderung rechtfertigen lässt oder ob die Bildung politischer Meinungen und Einstellungen im Volk gemäß Artt. 5 Abs. 1, 21 GG den gesellschaftlichen Kräften und den Parteien vorbehalten bleibt. Es können sich etwa auch handfeste haushaltsrechtliche Konsequenzen ergeben. Die Finanzmittel in der Hand des Staates sind streng gemeinwohlgebunden. Wie aus Art. 104a Abs. 1 GG hervorgeht, dürfen Bund und Länder nur Geld für die in ihrem Aufgabenbereich liegenden Tätigkeiten ausgeben.[826] Wäre die Förderung der Akzeptanz für staatliche Entscheidungen mangels Gemeinwohlbezug dem öffentlichen Aufgabenbereich entzogen, wäre jeder für entsprechende Öffentlichkeitsarbeit ausgegebene Euro eine rechtswidrige Verwendung öffentlicher Mittel. Werbung für staatliches Handeln könnte in diesem Fall etwa von Parteien bezahlt werden, nicht aber von der öffentlichen Hand.

Der Verfassungswert der Einstellung der Bürger zu staatlichen Entscheidungen wird im Folgenden in mehreren Schritten untersucht. Zunächst richtet sich der Blick auf einige Anknüpfungspunkte zur Akzeptanzförderung im einfachen Recht. Anschließend wird der Einfluss von Akzeptanz auf die Rechtmäßigkeit und die demokratische Legitimität staatlicher Entscheidungen untersucht. Im letzten Abschnitt werden die empirisch nachweisbaren Auswirkungen fehlender Akzeptanz in den Blick genommen und in Beziehung zu verschiedenen Verfassungsmaßstäben gesetzt.

825 Siehe zur Gemeinwohlverpflichtung allen staatlichen Handelns etwa *Kunig*, Das Rechtsstaatsprinzip, 333.

826 Dieser Grundsatz wird in § 6 BHO und den korrespondierenden Vorschriften der Landeshaushaltsordnungen konkretisiert; siehe dazu *Lenski*, DÖV 2014, 588 f.

a. Akzeptanzfördernde Mechanismen in der Rechtsordnung

Die im vorangegangenen Abschnitt herausgearbeitete Definition von „Akzeptanz“ mag zunächst sehr abstrakt wirken. Das damit beschriebene Phänomen ist in der Rechtswissenschaft jedoch alles andere als unbekannt. Die Einstellung der Bürger zum Staat und seinen Hoheitsakten hat unter Stichworten wie „Legitimität“ oder „Rechtsfrieden“ schon Generationen von Juristen beschäftigt. Die Rechtsordnung, vor allem das Zivilrecht, bedient sich der so verstandenen Akzeptanz regelmäßig zur Gewinnung von Rechtsmaßstäben. Unter Rechtsbegriffen wie „Verkehrssitte“, „Treu und Glauben“, „Kooperationsprinzip“ oder „Rücksichtnahme“ wurde die Einstellung der Bürger seit jeher in das positive Recht integriert.[827]

Wenn man nun entsprechend dem Zweck dieser Untersuchung den Fokus auf die Akzeptanz staatlicher Entscheidungen richtet, wird man ebenfalls im einfachen Recht fündig. Dies ist an sich keine große Überraschung, bestand doch eine der zentralen Funktionen des Rechts seit jeher darin, die „gerechte und konsensfähige Schlichtung von Konflikten“ zu ermöglichen.[828] Insbesondere im Verfahrensrecht finden sich daher einige Instrumente, die bestimmungsgemäß der Akzeptanzförderung dienen sollen.

Ein Paradebeispiel dafür ist das Verwaltungsverfahrensrecht. Dieses zielt seinem Wesen nach auf den verhältnismäßigen Ausgleich konfligierender Interessen.[829] Der Bürger hat einen Anspruch darauf, dass seine subjektiven öffentlichen Rechte im Rahmen der Amtsermittlung und der Ermessensausübung angemessen berücksichtigt werden. Die Anhörung nach § 28 VwVfG[830] soll sicherstellen, dass der Bürger frühzeitig beteiligt wird und die für seine Belange relevanten Informationen ins Verwaltungsverfahren einbringen kann. Bei komplexen mehrstufigen Verwaltungsverfahren wie dem Planfeststellungsverfahren, die Einfluss auf einen größeren Personenkreis haben können, sieht das Verfahrensrecht Auslegungs-, Informati-

---

827 *Röken*, DÖV 1989, 55.

828 *Würtenberger*, NJW 1991, 259.

829 *Würtenberger*, in: Pichler (Hrsg.), Rechtsakzeptanz und Handlungsorientierung, 287 f.

830 Die in diesem Abschnitt genannten verfahrensrechtlichen Verbürgungen finden sich, häufig wortgleich, in allen Landesverwaltungsverfahrensgesetzen. Der Einfachheit halber wird im Folgenden nur auf das Verwaltungsverfahrensgesetz des Bundes abgestellt.

ons- und Erörterungspflichten für die Behörde vor.[831] Mit den verschiedenen Anhörungs- und Beteiligungsrechten verfolgt das Verwaltungsverfahrensrecht mehrere Zwecke. Zum einen soll die Informationsgrundlage der Verwaltung verbreitert werden und damit eine recht- und zweckmäßige Entscheidung, eine „richtige" Entscheidung ermöglicht werden.[832] Darüber hinaus soll der betroffene Bürger aktiv in die Entscheidungsfindung eingebunden werden, um ihm die Hinnahme der Entscheidung zu erleichtern. Anhörung und Erörterungstermin zielen ihrem Wesen nach auf „Akzeptanz durch Beteiligung und Informationsverarbeitung".[833]

Eine ähnliche Zielrichtung verfolgen die Begründungspflichten aus den Verfahrens- und Prozessordnungen.[834] Bei verbindlichen Entscheidungen von Rechtsprechung und Verwaltung[835] müssen in der Regel[836] neben dem Entscheidungsinhalt auch die Motive offengelegt werden. Der dadurch verursachte Mehraufwand für die Entscheidungsträger ist durch verschiedene anerkannte Funktionen der Begründung gerechtfertigt.[837] Für die entscheidende Institution soll ein Anreiz zur Selbstkontrolle gesetzt werden. Dem betroffenen Bürger soll der Entscheidungsinhalt erläutert werden, und er soll in die Lage versetzt werden, von den ihm zur Verfügung stehenden Rechtsbehelfen Gebrauch zu machen. Anhand der Begründung können

---

831 Siehe für das Planfeststellungsverfahren §§ 73, 74 VwVfG; spezialgesetzliche Vorschriften finden sich etwa in §§ 18 f. UVPG, 17a FStrG, 10 Abs. 2 LuftVG, 29 Abs. 1a und 4 PBefG, 14a WaStrG, 9b Abs. 5 AtG und 43a EnWG.

832 Zum Maßstab der „Richtigkeit" des Verwaltungshandelns siehe *Hoffmann-Riem*, in: ders./Schmidt-Aßmann (Hrsg.), Innovation und Flexibilität des Verwaltungshandelns, 27 ff.; *ders.*, AöR 115 (1990), 414 ff.

833 *Bredemeier*, Kommunikative Verfahrenshandlungen im deutschen und europäischen Verwaltungsrecht, 272; *Kugelmann*, Die informatorische Rechtsstellung des Bürgers, 125 mit Verweis auf *Mecking*, NVwZ 1992, 317; siehe zur akzeptanzfördernden Wirkung des Erörterungstermins *Guckelberger*, DÖV 2006, 100; allgemein zur akteptanzfördernden Wirkung von Instrumenten der Öffentlichkeitsbeteiligung *Lühr*, Die Öffentlichkeitsbeteiligung als Instrument zur Steigerung der Akzeptanz von Großvorhaben, 12 ff.

834 Siehe §§ 39 VwVfG, 35 SGB X, 121 AO, 313 Abs. 1 Nr. 6, Abs. 3 ZPO, 267 StPO, 117 Abs. 2 Nr. 5 VwGO, 30 Abs. 1 Satz 2 BVerfGG.

835 Zu den Besonderheiten bei der Begründung gesetzgeberischer Entscheidungen siehe *Kischel*, Die Begründung, 260 ff.

836 Zur verfassungsrechtlichen Zulässigkeit der einfachrechtlichen Ausnahmen vom Begründungszwang siehe *Lücke*, Begründungszwang und Verfassung, 139 ff.

837 Zu den Funktionen der Begründung grundlegend *Kischel*, Die Begründung, 39 ff. sowie *Lücke*, Begründungszwang und Verfassung, 37 ff.; speziell zur Akzeptanzförderung *Skouris*, Die Begründung von Rechtsnormen, 52 f. m.w.N.

die überprüfenden Instanzen die Recht- und Zweckmäßigkeit der Entscheidung beurteilen. Sie erleichtert damit die Fremdkontrolle der Entscheidung und dient letztendlich dazu, die materielle Richtigkeit der Entscheidung zu sichern.[838] Eine weitere anerkannte Funktion der Begründung besteht darin, dem Bürger die Akzeptanz der Entscheidung zu ermöglichen. Das staatliche Verfahren soll die Interessen der verschiedenen Beteiligten zu einem letztverbindlichen Ausgleich bringen und damit Rechtsfrieden ermöglichen.[839] Um dieses Ziel bestmöglich zu erreichen, sollen die Beteiligten von der Sinnhaftigkeit der Entscheidung überzeugt werden – die Entscheidung bedarf in den Worten *Kischels* einer „vernunftgeprägten Rechtfertigung".[840] Während der Entscheidungsinhalt die materielle Interessenlage regelt, zielt die Begründung also auf die Einstellung der Betroffenen zu dieser Entscheidung.

Die Rechtsordnung kennt zahlreiche weitere Verfahrensmechanismen, denen von der jeweiligen Gesetzesbegründung oder ihrer rechtswissenschaftlichen Erfassung eine final akzeptanzfördernde Wirkung zugemessen wird. Dazu zählen etwa die bereits dargestellten Mechanismen zur Herstellung von Öffentlichkeit.[841] Die Transparenz staatlichen Handelns soll dazu beitragen, Misstrauen gegenüber dem Staat zu verringern und die Kooperationsbereitschaft der Bürger zu erhöhen.[842] Die informationelle Einbindung der Bürger ist insbesondere ein Anliegen in Bereichen des besonderen Verwaltungsrechts, die erfahrungsgemäß einen unmittelbaren Einfluss auf die Belange der Bürger haben. Dazu zählt etwa das Kommunalrecht.[843]

Unter dem Gesichtspunkt der Akzeptanzförderung finden sich schließlich auch einige Besonderheiten im Verfahrensrecht des BVerfG. Die Ent-

838 *Kischel*, Die Begründung, 52.

839 Zur „Befriedungsfunktion" der Begründung *Lücke*, Begründungszwang und Verfassung, 72 f.; siehe ferner *Krüger*, Allgemeine Staatslehre, 746 f.: „Was den Adressaten angeht, so soll die Begründung den schlichten Gehorsam gegenüber der Entscheidung in einen überzeugten Gehorsam verwandeln, indem sie im Falle des Urteils dessen Gerechtigkeit darlegt und dadurch die Parteien auch für einen inneren Friedensschluß zu gewinnen sucht, während sie im Falle des Verwaltungsaktes den Adressaten von der Sachnotwendigkeit zu überzeugen strebt.".

840 *Kischel*, Die Begründung, 55.

841 Siehe oben B.II.1.b.aa.

842 Zur akzeptanzfördernden Wirkung von Transparenz BVerfGE 40, 296, 327; 123, 39, 69; *Pitschas*, GVerwR II, § 42 Rn. 218 ff.; *Rubbert*, Saal- und Medienöffentlichkeit mündlicher Verhandlungen zwischen Verwaltung und Bürgern, 115 ff., 121; *Strohbusch*, DVP 2013, 272 m.w.N.

843 Siehe für den Bereich des Kommunalrechts etwa § 20 GemO BW.

scheidungen des Gerichts bestimmen die Auslegung der gesamten Verfassung und somit auch derjenigen Prinzipien, über die ein staatstragender Grundkonsens erforderlich ist. Dementsprechend sind auch die Entscheidungen des Bundesverfassungsgerichts in besonderem Maße auf Konsensbildung angelegt.[844] Dieser Konsensbezug wird am Privileg des Sondervotums aus § 30 Abs. 2 BVerfGG deutlich. Einzig in Urteilen des BVerfG haben die „unterlegenen" Richter die Möglichkeit, ihre abweichende Entscheidung im Urteilstext niederzulegen. Die Verfassungsrechtsprechung soll dadurch als dialektischer und transparenter Prozess dargestellt werden, in dem auch die Minderheit geschützt wird.[845] Das soll die Akzeptanz der Entscheidungen auch für diejenigen ermöglichen, die sich in der Mehrheitsentscheidung nicht wiederfinden.

Im einfachen Recht finden sich nach alledem Anhaltspunkte dafür, dass die Rechtsordnung der Akzeptanz staatlicher Entscheidungen einen gewissen Stellenwert beimisst. Jedoch lassen sich daraus noch keine Rückschlüsse auf die verfassungsrechtliche Legitimation staatlicher Öffentlichkeitsarbeit als informalem Handlungsinstrument ziehen. Im Hinblick auf die gesellschaftliche Willensbildung hat die Öffentlichkeitsarbeit ein wesentlich höheres Bedrohungspotential als die geschilderten Mechanismen, die an ein gesetzlich festgelegtes Verfahren gebunden sind. Die Begründung nach § 39 VwVfG ist etwa inhaltlich beschränkt auf Erwägungen einer Behörde in einem konkreten Verwaltungsverfahren, die durch das Verwaltungsrecht, insbesondere die Ermessenslehre, konturiert werden. Die Anhörung dient dazu, dem Bürger Gelegenheit zur Stellungnahme zu geben, nicht der Behörde. Die Förderung der Akzeptanz einer so getroffenen Entscheidung ist ein Reflex, der auf das konkrete Verfahren und seine Beteiligten beschränkt bleibt.[846] Dies ist der Unterschied zur Öffentlichkeitsarbeit, die

844 Siehe zum „Konsensbezug" der Verfassung und dessen Rückwirkungen auf die Rechtsprechung des BVerfG *Morlok*, Was heißt und zu welchem Ende studiert man Verfassungstheorie?, 104 f sowie *Limbach*, Die Akzeptanz verfassungsgerichtlicher Entscheidungen, 9 ff.; *Benda*, DÖV 1983, 306 f.

845 *Schulze-Fielitz*, in: Schuppert/Bumke (Hrsg.), Bundesverfassungsgericht und gesellschaftlicher Grundkonsens, 122.

846 Dieser Gesichtspunkt wird seit dem gleichnamigen Werk von *Luhmann* zumeist unter dem Stichwort „Legitimation durch Verfahren" behandelt. Die akzeptanzfördernde Wirkung eines als fair empfundenen und zur Mitwirkung berechtigenden Verfahrens auf die Akzeptanz des Verfahrensergebnisses wurde in empirischen rechtssoziologischen Forschungsarbeiten insbesondere von *Tyler* und *Lind* untersucht und nachgewiesen, vgl. *Tyler*, Why People Obey the Law und *Lind*, ZfRSoz 1994, 24 ff.; zum Verhältnis von Legitimation und Akzeptanz siehe unten B.III.2.c.

sich an einen unbeschränkten Personenkreis wendet. Der Anhörung und der Begründung nach dem VwVfG wird eine individualbezogene Befriedungsfunktion zugemessen. Öffentlichkeitswirksame Akzeptanzförderung geht darüber hinaus.[847]

Ob die Förderung von Akzeptanz einen „besonderen verfassungsrechtlich legitimierenden Grund“ darstellt, ist also weiterhin offen. Dem Gesetzgeber steht es auch unterhalb dieser Schwelle frei, akzeptanzfördernde Mechanismen im einfachen Recht zu etablieren. Wenn er Informations- und Auslegungspflichten gesetzlich normiert, nimmt der Gesetzgeber diesen Freiraum in Anspruch und wägt die dabei berührten Verfassungsrechtsgüter generell-abstrakt gegeneinander ab. An der dadurch bewirkten demokratischen Legitimität fehlt es bei der informalen staatlichen Öffentlichkeitsarbeit. Hier bedarf es deshalb einer Anbindung an konkrete Verfassungsrechtsgüter, um den Eingriff in die politische Willensbildung des Volkes und die Verwendung gemeinwohlgebundener Mittel rechtfertigen zu können.

b. Akzeptanz als Rechtmäßigkeitskriterium

Wenn man sich der Frage nach dem Verfassungswert der Akzeptanz staatlicher Entscheidungen schulbuchmäßig nähert, ist zunächst die denkbar eindeutige verfassungsrechtliche Anbindung zu untersuchen. Wäre die Akzeptanz im hier verstandenen Sinne selbst ein Teil der verfassungsrechtlichen Ordnung, wären Legislative, Exekutive und Judikative bereits nach Art. 20 Abs. 3 GG unmittelbar gebunden. Die Einstellung der Bürger zu staatlichen Hoheitsakten würde zu einem Gesichtspunkt, der über die Rechtmäßigkeit staatlicher Hoheitsakte entscheidet.

Im Kern geht es dabei um Fragen der Wechselwirkung zwischen öffentlicher Meinung und Ausübung von Staatsgewalt. Inwieweit gebietet die Verfassungsordnung des Grundgesetzes die Berücksichtigung der jeweils aktuellen öffentlichen Meinung bei der staatlichen Entscheidungsfindung? Sollen oder müssen Amtsträger sich von der Einstellung der potentiellen Adressaten einer Maßnahme leiten lassen? Kann ein Stimmungswandel in der Bevölkerung gar zur Rechtswidrigkeit einer ursprünglich rechtmäßigen Entscheidung führen?

---

847 Siehe auch die terminologische Unterscheidung zwischen individueller „Befriedungsfunktion“ und gesellschaftlicher „Konsensfunktion“ bei *Lucke*, Begründungszwang und Verfassung, 94.

aa. Bedeutung von Akzeptanz in der Demokratie des Grundgesetzes

Die Antwort des Grundgesetzes auf all diese Fragen ist auf den ersten Blick eine klare Absage. Darauf, dass staatliche Entscheidungen von öffentlicher Akzeptanz abhängen sollen, gibt es keine Hinweise. Zwar macht das Grundgesetz mit der Verfassungsentscheidung zur Demokratie in Artt. 20 Abs. 1, Abs. 2, 79 Abs. 3 GG den Willen der Mehrheit des Volkes vordergründig zur maßgebenden Kraft politischer Entscheidungen. Diese Macht ist aber von vornherein nur eine eingeschränkte. In Art. 1 Abs. 3 GG kommt die dem deutschen Verfassungssystem eigene Idee vom Vorrang der Verfassung zum Ausdruck.[848] Jede mit staatlicher Gewalt ausgestattete Entscheidung muss sich an den Rechten des Einzelnen messen lassen. Zudem definiert das Grundgesetz in Art. 79 Abs. 3 einen unabänderlichen Verfassungskern. Selbst die einhelligste öffentliche Meinung wäre danach nicht befugt, Entscheidungen zu treffen, die die Menschenwürde oder die Strukturprinzipien antasten.

Die demokratische Verfassungsordnung des Grundgesetzes ist zudem sehr repräsentativ ausgestaltet.[849] Die Repräsentanten werden vor äußeren Einflüssen ausdrücklich abgesichert. Die Abgeordneten des Bundestages sind gem. Art. 38 Abs. 1 Satz 2 GG „an Aufträge und Weisungen nicht gebunden und nur ihrem Gewissen unterworfen". Richter sollen nach Art. 97 Abs. 1 GG von externen Einflüssen „unabhängig" sein. Vertreter der Regierung mögen sich zwar aus Eigeninteresse im Hinblick auf eine eventuelle Wiederwahl an der öffentlichen Meinung orientieren. Aus verfassungsrechtlicher Sicht sind sie aber gem. Artt. 43, 67, 68 GG nur gegenüber dem Parlament rechenschaftspflichtig. Die Verwaltung hat im Rahmen der Gesetzesbindung nach Art. 20 Abs. 3 GG auf die subjektiv-öffentlichen Rechte der Bürger Rücksicht zu nehmen – ein subjektiv-öffentliches Recht auf eine Verwaltungsentscheidung, die vom Einzelnen oder der Öffentlichkeit akzeptiert wird, gehört aber nicht dazu.[850]

Es wird deutlich, dass sich die staatlichen Entscheidungsträger nach der grundgesetzlichen Konzeption der repräsentativen Demokratie nicht zwingend daran orientieren müssen, was in der öffentlichen Meinung gefordert

---

848 *Limbach*, in: Pichler (Hrsg.) Rechtsakzeptanz und Handlungsorientierung, 261 f.

849 Vgl. auch *Böckenförde*, HStR III, § 34 Rn. 21: „extrem repräsentative Ausgestaltung" des Demokratieprinzips.

850 *Würtenberger*, Die Akzeptanz von Verwaltungsentscheidungen, 101; *Strohbusch*, DVP 2013, 272.

wird.[851] Die Gründe für die Schaffung einer normativen Distanz zwischen Volk und Repräsentativorganen sind vielfältig und beschäftigen die Demokratietheorie bereits seit dem antiken Griechenland.[852] Im Vordergrund stehen dabei Argumente der Effektivität und Rationalität der Entscheidungsfindung.[853] Eine kontinuierliche auf das Gemeinwohl ausgerichtete Politik sei ohne Repräsentation nicht möglich. Das Volk sei ohne Organisation schwerlich in der Lage, einen einheitlichen politischen Willen zu bilden und zu äußern. Es könne allzu leicht durch Demagogen und Interessensvertreter manipuliert werden.[854] Die Folge wäre ein Kampf der Einzelinteressen um Einfluss und Macht, nicht aber eine auf das Gemeinwohl ausgerichtete Politik.[855] Dem Gemeinwohl verpflichteten und von partikularen Interessen freigestellten Repräsentanten werden dagegen sachkundigere und ausgewogenere Entscheidungen zugetraut.[856]

Diese Repräsentanten müssen auch Entscheidungen treffen dürfen, die der aktuellen öffentlichen Meinung zuwider laufen, wenn sie auf lange Sicht dem Gemeinwohl förderlicher sind.[857] Die repräsentative Ausgestaltung der Demokratie soll die politische Entscheidungsbildung „den Fieberkurven des demoskopisch erfassten Volkswillens entziehen“ und Kontinuität in der Politikverfolgung ermöglichen.[858] Sie hat zudem das Ziel, die politische Minderheit vor der Machtausübung durch die Mehrheit zu schützen und der Garantie aus Art. 1 Abs. 3 GG Geltung zu verschaffen. Der Minderheitenschutz und das Recht zum politischen Dissens sind Wesenselemente der repräsentativen Demokratie.[859] Gegenüber einem Staat, der vom Einfluss aktueller gesellschaftlicher Stimmungen und Inter-

---

851 Vgl. *Würtenberger*, Zeitgeist und Recht, 200 ff.; *Kloepfer*, HStR III, § 42 Rn. 29; *Schmitt Glaeser*, HStR III, § 38 Rn. 35. Siehe zur besonderen Notwendigkeit einer von der öffentlichen Meinung unabhängigen politischen Entscheidungsgewalt der Regierungen BVerfGE 9, 268, 281 f. sowie *Krüger*, Allgemeine Staatslehre, 452 f.

852 Siehe dazu *Zippelius*, Allgemeine Staatslehre, § 23 I 1 m.w.N.

853 Siehe zur Rationalisierungsfunktion der demokratischen Repräsentation *Spiecker gen. Döhmann*, VVDStRL 77 (2018), 19 f. m.w.N.

854 Aus diesem Grund betitelte *Theodor Heuß* Volksbefragungen als „Prämie auf die Demagogie“, zitiert nach *Benda*, Akzeptanz als Bedingung demokratischer Legitimität?, 12.

855 Vgl. *Horn*, VVDStRL 68 (2009), 437.

856 Vgl. *Würtenberger*, Zeitgeist und Recht, 201.

857 *Schmitt Glaeser*, HStR III, § 38 Rn. 35.

858 *Würtenberger*, in: Eisenmann/Rill (Hrsg.), Jurist und Staatsbewußtsein, 89.

859 *Würtenberger*, in: Eisenmann/Rill (Hrsg.), Jurist und Staatsbewußtsein, 81.

essen weitgehend freigestellt ist, lassen sich diese Rechte besser behaupten als vor einer volatilen öffentlichen Meinung.[860]

bb. Möglichkeiten der Berücksichtigung von Akzeptanz in den Staatsgewalten

Aus diesem Befund darf nicht darauf geschlossen werden, dass die Einstellung der Bevölkerung keinen Einfluss auf das Staatshandeln haben dürfte. Das liefe der Idee einer Demokratie im Allgemeinen und der repräsentativen Demokratie des Grundgesetzes im Besonderen zuwider. Jedoch zeigen die dargestellten Verfassungsnormen, dass die Akzeptanz nur dort zur Richtschnur gemacht werden darf, wo die Rechtsordnung es zulässt.

Für die Gesetzgebungsorgane besteht dabei der größte Spielraum. Sie sind unmittelbar durch Wahl legitimiert und gem. Art. 20 Abs. 3 GG nur an die verfassungsmäßige Ordnung gebunden. Dieser besondere verfassungsrechtliche Status spiegelt sich auch im parlamentarischen Verfahrensrecht wider, das in besonderem Maße darauf angelegt ist, akzeptanzfähige Entscheidungen zu schaffen.[861] Hinzu kommt der besondere Öffentlichkeitsstatus des Parlaments,[862] der unter anderem die Nachvollziehbarkeit der getroffenen Entscheidungen sicherstellen soll. Wenn das parlamentarische Verfahren mit dem Erlass eines Gesetzes seinen Abschluss findet, soll aber auch die politische Auseinandersetzung über die zu entscheidende Frage beendet sein. Was herauskommt, gilt für und gegen alle.[863] Auf die Akzeptanz der Betroffenen kann es dann nicht mehr ankommen.[864] Das

---

860 Ähnlich *Zippelius*, in: Achterberg/Krawietz (Hrsg.), Die Legitimation des modernen Staates, 92 f.

861 Dies zeigt etwa § 70 Abs. 1 GOBT. Danach können Ausschüsse des Bundestages nicht nur Sachverständige, sondern auch „Interessenvertreter und sonstige Auskunftspersonen" anhören. Die wichtigen organisierten Gruppen und Institutionen der öffentlichen Meinung, die von einer gesetzlichen Regelung betroffen sein können, sollen die Möglichkeit haben, ihre Standpunkte bereits im Gesetzgebungsverfahren zur Geltung zu bringen; siehe dazu *Kloepfer*, HStR III, § 42 Rn. 31; *Benda*, Akzeptanz als Bedingung demokratischer Legitimität?, 14.

862 Siehe dazu oben B.I.2.d.aa.

863 Siehe zum unbedingten Geltungsanspruch von Parlamentsgesetzen im demokratischen Verfassungsstaat Isensee, DÖV 1983, 570; siehe ferner *Doehring*, in: FS Carstens Bd. 2, 535: „Eine Rechtsordnung, die von der Gesetzesdurchführung dispensieren würde, wäre keine Rechtsfriedensordnung, sondern eine Bürgerkriegsordnung.".

864 Diesen Punkt betont *Röken*, DÖV 1989, 55 f.

parlamentarische Verfahren ist darauf ausgerichtet, in öffentlicher Aussprache eine Mehrheit zu verschaffen.[865] Dass dabei eine Minderheit überstimmt wird, ist dem parlamentarischen Verfahren in einer pluralistischen Demokratie immanent.[866]

Von diesem absoluten Vorrang des Mehrheitsprinzips vor der Akzeptanz ist ein Sonderfall zu unterscheiden. Dem Gesetzgeber steht es frei, die Akzeptanz in das einfache Recht zu inkorporieren. Dieses Mittels bedient er sich etwa im Umweltrecht[867] oder bei weiten Gemeinwohlklauseln. In diesen Fällen kann die Akzeptanz der Betroffenen – näher konturiert durch die höchstrichterliche Rechtsprechung[868] – zu einem Tatbestandsmerkmal werden.[869] Die Akzeptanz wird in diesen Fällen ausnahmsweise zu einem eigenen Rechtmäßigkeitskriterium. Das ist aber dann die Folge einer staatlichen Entscheidung, nicht deren Voraussetzung. Am Regel-/Ausnahmeverhältnis ändert sich dadurch nichts.

Die Rechtsprechung ist nach Artt. 20 Abs. 3, 97 Abs. 1 GG nur an Gesetz und Recht gebunden. Die voraussichtliche Akzeptanz ihrer Urteile können Richter nur dort einfließen lassen, wo ihnen Gesetz und Recht dafür einen Raum belassen. Das ist bei der Auslegung von Tatbestandsmerkmalen und bei der Rechtsfortbildung der Fall. In einem viel beachteten Aufsatz hat

865 Aus dem unbedingten Geltungsanspruch des Parlamentsgesetzes nach formell ordnungsgemäßen Verfahren ergibt sie die besondere Notwendigkeit eines *Grundkonsenses* über die Geltung des Mehrheitsprinzips. Siehe dazu oben B.II.2.b.bb.

866 So *R. Schmidt*, in: FS Würtenberger, 408, der sich aus ebendiesem Grund dagegen ausspricht, dass „das Parlament in einen Wettbewerb um die tagespolitische Meinungshoheit" eintritt. Ähnlich *Schürmann*, Öffentlichkeitsarbeit der Bundesregierung, 153; *Beierwaltes*, Demokratie und Medien, 155.

867 Das Paradebeispiel dafür ist der Begriff der „schädlichen Umwelteinwirkungen" aus §§ 3 Abs. 1 BImSchG, 15 Abs. 2 Nr. 4 KrWG, 3 Abs. 3 Satz 1 BBodSchG, 35 Abs. 3 Satz 1 Nr. 3 BauGB, 4 Abs. 1 Satz 1 Nr. 4, 5 Abs. 1 Nr. 3 GastG. Wodurch die Allgemeinheit oder die Nachbarschaft erheblich belästigt wird, ist nach ständiger Rechtsprechung durch eine Einzelfallbetrachtung zu bestimmen, in die unter anderem die „soziale Adäquanz und allgemeine Akzeptanz" einfließen, vgl. etwa BVerwGE 79, 254, 260, und BVerwGE 90, 163 ff.

868 Siehe etwa die Bestimmung des Begriffs der „Gründe des öffentlichen Wohls" im Urteil des BVerfG zu einer kommunalen Neugliederungsmaßnahme, BVerfGE 86, 90, 110 f.; danach könne sich insbesondere die „fehlende Akzeptanz des neuen Gebietszuschnitts bei erheblichen Teilen der Einwohnerschaft" negativ auf das Gemeinwohl auswirken. Ein „bloßer Unwille im Sinne einer Stimmung der Unzufriedenheit" soll dafür nach Ansicht des BVerfG aber noch nicht ausreichen.

869 Vgl. *Schmidt-Aßmann*, Das allgemeine Verwaltungsrecht als Ordnungsidee, 103.

Ernst Benda die Ansicht vertreten, dass Richter die Akzeptanz ihrer Urteile stets im Blick haben sollten, wenn sie ihre Aufgabe „Recht zu sprechen" nicht verfehlen wollen.[870] Es wäre jedoch ein Missverständnis, *Benda* zu unterstellen, er hebe die Akzeptanz damit auf dieselbe Stufe wie „Gesetz" und „Recht.[871] Auch *Benda* sieht die Pflicht zur Beachtung der Akzeptanz in erster Linie beim Gesetzgeber, an dessen Ergebnisse die Richter ausdrücklich gebunden seien.[872] Lediglich die Bindung an den Grundkonsens, der in den Worten *Bendas* als „Akzeptanzhorizont der Gesellschaft" in Art. 100 GG seinen Ausdruck finde, kann der absoluten Gesetzesbindung des Richters entgegenstehen. Nur dieser Grundkonsens kann unmittelbare Wirkungen entfalten, nicht aber die Akzeptanz von Einzelentscheidungen.[873] Diese Unterscheidung ist im Hinblick auf die Gewaltenteilung sehr wichtig. Würden Richter das geltende Recht unter Hinweis auf einen vermeintlich wahrgenommenen Stimmungswandel in der Bevölkerung außer Kraft setzen können, würden sie sich eine Kompetenz anmaßen, die ihnen nach der Verfassungsordnung nicht zusteht.[874] Dafür ist allein der Gesetzgeber zuständig, dem zu diesem Zweck das parlamentarische Verfahren zur Aufhebung oder zum Neuerlass eines Gesetzes zur Verfügung steht. Als Negativbeispiel kann an dieser Stelle etwa das Urteil des AG Stuttgart vom 20. Juli 1979 dienen, das eine begründete Zahlungsklage eines Energieversorgers in einer Zeit aufkeimenden Umweltbewusstseins mit Hinweis auf eine allgemeine Gefährdungslage durch Atomenergie abwies.[875] So nachvollziehbar einige der Bedenken des Richters am Amtsgericht auch gewesen sein mögen – seine rechtsstaatliche Aufgabe hat er damit verfehlt.

Auch die Verwaltung kann ihre Gesetzesbindung nicht durch den Verweis auf die Akzeptanz ihrer Maßnahmen überwinden. Zwar gibt es in zunehmendem Ausmaß final programmierte gesetzliche Regelungen, die den Behörden einen erheblichen Spielraum lassen, innerhalb dessen rechtmäßige Entscheidungen möglich sind. Eine Bindung in dem Sinne, dass

870 Vgl. DÖV 1983, 307 f.

871 In diese Richtung geht die Kritik vom *Limbach*, in: Pichler (Hrsg.) Rechtsakzeptanz und Handlungsorientierung, 261.

872 Vgl. *ders.*, DÖV 1983, 307 sowie *ders.*, Akzeptanz als Bedingung demokratischer Legitimität?, 16.

873 Zur dieser wichtigen Unterscheidung siehe oben B.II.2.b.bb.(3.).

874 Zur Vorsicht bei der Annahme gewandelter Wert- und Gerechtigkeitsvorstellung mahnt eindringlich *Würtenberger*, Zeitgeist und Recht, 213 ff.

875 Vgl. AG Stuttgart, NJW 1979, 2047 ff. mit kritischer Anmerkung von *Lüke*, ebenda, 2049 ff.; siehe ferner *Würtenberger*, Zeitgeist und Recht, 217 mit weiteren Beispielen aus der Rechtsprechung.

die Verwaltung diesen Spielraum nur im Hinblick auf die voraussichtliche Akzeptanz der getroffenen Maßnahme ausfüllen dürfte, besteht aber nicht. Das Ziel des Verwaltungsverfahrens ist der verhältnismäßige Interessenausgleich unter Wahrung der Rechte des Bürgers. Um diesen Auftrag wahrzunehmen, bedarf es einer gewissen Distanz zwischen den Entscheidern und den beteiligten Eigeninteressenten.[876] Die Verwaltung darf sich nicht auf die Seite derer schlagen, die momentan die öffentliche Meinung für sich in Anspruch nehmen. Insofern ist ein gewisses Maß an „Bürgerferne" eine wichtige Errungenschaft der modernen Verwaltung.[877]

Der Wille des Volkes hat nach dem Grundgesetz nur sehr begrenzten Einfluss auf die Staatswillensbildung. Das steht im Gegensatz zum großen faktischen Einfluss, den die öffentliche Meinung auf das Handeln der Amtsträger haben kann. Fälle des „unzulässigen Übergriffs der Volks- auf die Staatswillensbildung" sind vor allem im Zusammenhang mit Gerichtsverfahren gegen Prominente bekannt.[878] Wie jüngere Untersuchungen zeigen, unterliegen selbst die Richter am BVerfG dem Druck der öffentlichen Meinung.[879] Dies ist im Grunde auch nicht verwunderlich – selbst dem neutralsten Repräsentanten wird es auf Dauer nicht möglich sein, sich völlig von den Forderungen und Erwartungen seiner Umwelt zu isolieren.[880] Dieser mögliche faktische Einfluss ist für die hier zu untersuchende Frage jedoch nicht relevant. Er verleiht der Akzeptanz keinen verfassungsrechtlichen Charakter.

cc. Zwischenergebnis

Ob das Volk einzelne Entscheidungen des Staates akzeptiert, ist nach alledem kein Kriterium der Rechtmäßigkeit oder Rechtsgültigkeit staatlicher

---

876 Siehe zu dieser sogenannten „Rollendistanz" *Zippelius*, in: Achterberg/Krawietz (Hrsg.), Die Legitimation des modernen Staates, 90.

877 *Möllers*, Demokratie, Rn. 85; *Gärditz*, GewArch 2011, 276.

878 Siehe zu diesem Themenkreis etwa *v. Coelln*, Zur Medienöffentlichkeit der Dritten Gewalt, 189 ff.

879 Siehe zu diesem Thema die politikwissenschaftliche Untersuchung von *Sternberg/Gschwend/Wittig/Engst*, in: PVS 2015, 570 ff. Siehe ferner *Schulze-Fielitz*, in: Schuppert/Bumke (Hrsg.), BVerfG und gesellschaftlicher Grundkonsens, 132 ff.

880 Siehe zum Einfluss der öffentlichen Meinung zur Entscheidungspraxis der Rechtsprechung mit anschaulichen Beispielen *Würtenberger*, Zeitgeist und Recht, 157 ff.

Entscheidungen.[881] Staatliche Entscheidungen haben Gültigkeitsanspruch, weil sie in einem rechtsstaatlichen Verfahren, das sich im Rahmen des demokratischen Grundkonsenses bewegt, gefasst wurden. Zur Disposition des Einzelnen oder der öffentlichen Meinung stehen sie danach nicht mehr. Spiegelbildlich zur angesprochenen „Tyrannei der Mehrheit" würde ansonsten eine „Tyrannei der Minderheit" drohen. Einzelne Gruppen könnten demokratisch beschlossene politische Projekte unter Berufung auf vermeintlich höhere Interessen verhindern. Das Mehrheitsprinzip, über das in der demokratischen Gesellschaft ein Grundkonsens bestehen muss,[882] würde außer Kraft gesetzt.[883] Ebenso wie eine negative Einstellung der Bürger keinen Einfluss auf die Rechtmäßigkeit einer staatlichen Maßnahme hat, kann öffentlicher Zuspruch eine rechtswidrige Maßnahme nicht legalisieren.[884] Der zentrale Maßstab staatlichen Handelns ist dessen Rechtmäßigkeit, nicht dessen Beliebtheit – die „Zustimmung der öffentlichen Meinung schafft keine rechtliche Entlastung vom Vorwurf des Verfassungsbruchs".[885]

c. Akzeptanz als Kriterium demokratischer Legitimität

Eine weitere staatsrechtliche Kategorie, die einen möglichen Ansatzpunkt für die Verfassungsrelevanz der Akzeptanz staatlicher Entscheidungen bietet, ist die Legitimität. In der Tat ist es gerade diese Kategorie, die landläufig mit der Akzeptanz in Beziehung gesetzt oder teilweise sogar gleichgesetzt wird.[886]

---

881 *Schmidt-Aßmann*, Das allgemeine Verwaltungsrecht als Ordnungsidee, 103; *Würtenberger*, Die Akzeptanz von Verwaltungsentscheidungen, 101; *Kugelmann*, Die informatorische Rechtsstellung des Bürgers, 15; *Hill*, JZ 1988, 377; *Guckelberger*, DÖV 2006, 100; *Strohbusch*, DVP 2013, 272.

882 Siehe dazu oben B.II.2.b.bb.(3.).

883 Vgl. *Würtenberger*, in: Eisenmann/Rill (Hrsg.), Recht und Staatsbewußtsein, 81.

884 *Morlok*, Was heißt und zu welchem Ende studiert man Verfassungstheorie?, 103 f.; *Guckelberger*, DÖV 2006, 100.

885 *Isensee*, NJW 1977, 551.

886 So etwa die Monographie von *Lucke*, Akzeptanz – Legitimität in der Abstimmungsgesellschaft; vgl. ferner *v. Bogdany*, Integration 16 (1993), 219 f; *Köller*, Funktionale Selbstverwaltung und ihre demokratische Legitimation, 225; *Böckelmann/Nahr*, Staatliche Öffentlichkeitsarbeit im Wandel der politischen Kommunikation, 31 ff.; *Höreth*, Die Europäische Union im Legitimationstrilemma, 76 f.

Allgemeine Einigkeit besteht darüber, dass Legitimität die Anerkennungswürdigkeit von Herrschaft beschreibt oder einen Zustand, in dem Herrschaft gerechtfertigt ist.[887] Der Nachbarbegriff der Legitimation bezeichnet den Prozess, der auf die Herstellung von Legitimität abzielt.[888] In welchem Verhältnis die Akzeptanz zu diesen beiden Begriffen steht, ist allerdings sehr umstritten. Das ist durch die unterschiedlichen Perspektiven der wissenschaftlichen Disziplinen bedingt, in denen Legitimation eine zentrale Rolle spielt. Die Ansichten darüber, wodurch Herrschaft „gerechtfertigt" sein kann, unterscheiden sich in der Rechtswissenschaft und in den Sozialwissenschaften.[889]

Aus diesem Grund wird der rechtswissenschaftliche Begriff von Legitimität zunächst von den sozialwissenschaftlichen Ansätzen abgegrenzt. Anschließend wird die Frage untersucht, ob die Akzeptanz staatlicher Entscheidungen als ergänzender Faktor für die verfassungsrechtliche Legitimität staatlicher Entscheidungen in Betracht kommt. Nur in diesem Fall könnte der Aspekt der Legitimität den durch akzeptanzfördernde Öffentlichkeitsarbeit bewirkten Eingriff in die staatsfreie Willensbildung rechtfertigen.

aa. Legitimitätsbegriffe

Der Begriff der „Legitimität" hat im Lauf der Geschichte verschiedene Facetten angenommen, ebenso wie sich auch die gesellschaftlichen Vorstellungen über die Rechtfertigung von Herrschaft gewandelt haben. Er beschreibt ein Thema, dem sich verschiedene Disziplinen aus unterschiedli-

---

887 Siehe etwa *Badura*, Staatsrecht, 15; *Peuker*, Bürokratie und Demokratie in Europa, 93.

888 *Voßkuhle/Sydow*, JZ 2002, 674; *Pitschas*, Verwaltungsverantwortung und Verwaltungsverfahren, 203 mit Fn. 14; *Hofmann*, Legitimität und Rechtsgeltung, 77.

889 Hier sind insbesondere die Politikwissenschaft und die Soziologie von Bedeutung. In diesen beiden Disziplinen gibt es umfangreiche Arbeiten zu den Themen Legitimation und Legitimität. Da in der vorliegenden Untersuchung aber nur ein originär rechtswissenschaftlicher Legitimitätsbegriff von Bedeutung sein kann, wird im Folgenden nicht weiter zwischen den sozialwissenschaftlichen Unterdisziplinen unterschieden. Siehe zu den Unterschieden der sozialwissenschaftlichen Teildisziplinen und insbesondere zur Annäherung der jüngeren Politikwissenschaft an den juristisch-normativen Legitimitätsbegriff *Schliesky*, Souveränität und Legitimität von Herrschaftsgewalt, 151 ff.

chen Perspektiven genähert haben. Dementsprechend weit ist auch der mögliche Umfang des Begriffs „Legitimität".[890]

Im Gegensatz zur normativen Rechtswissenschaft behandeln die meisten Sozialwissenschaften das *tatsächliche* Funktionieren sozialer Strukturen.[891] Dementsprechend legen die meisten Arbeiten aus diesem Bereich einen empirisch-deskriptiven Legitimitätsbegriff zugrunde, bei der die faktische Billigung der Herrschaft durch die unterworfenen Individuen im Vordergrund steht.[892] Akzeptanz im Sinne einer bejahenden Einstellung zur Herrschaft wird hier zum Wesensmerkmal von Legitimität – ohne Akzeptanz ist jede Form sozialwissenschaftlicher Legitimität unvollständig, jeder Legitimationsprozess unabgeschlossen.[893]

Die sozialwissenschaftliche Betrachtung der Legitimität wurde bahnbrechend von *Max Webers* Pionierarbeit zu den „drei reinen Typen der legitimen Herrschaft" geprägt.[894] *Weber* untersuchte die tatsächliche Zustimmung zu einer politischen Ordnung und identifizierte Vernunft, Tradition und Charisma als zentrale „Motive der Fügsamkeit".[895] Ihm folgend hat sich in der Soziologie ein empirisches Verständnis von Legitimität herausgebildet. Zahlreiche Arbeiten versuchten, messbare Kriterien zur Ermittlung der Billigung von Herrschaft zu entwickeln.[896] In der Regel wird der Zustimmungsgrad dabei mittels empirischer Forschung ermittelt.[897]

In den jüngeren systemtheoretischen Ansätzen der sozialwissenschaftlichen Legitimitätsforschung kommt ein gewandelter Legitimitätsbegriff zum Ausdruck. In Deutschland ist insbesondere die von *Niklas Luhmann*

890 *Greiffenhagen*, Politische Legitimität in Deutschland, 50: „Das Thema Legitimität ist uferlos.".

891 Vgl. *Zippelius*, in: Achterberg/Krawietz (Hrsg.), Legitimation des modernen Staates, 84.

892 Vgl. etwa *Sarcinelli*, Politische Kommunikation in Deutschland, 89; *Tyler*, Why People Obey the Law, 27 f.; *Würtenberger*, in: Eisenmann/Rill (Hrsg.), Jurist und Staatsbewusstsein, 82; *Schliesky*, Souveränität und Legitimität von Herrschaftsgewalt, 153 ff.; *Schmidt*, JZ 1983, 725, jeweils m.w.N.

893 So *Lucke*, in: dies./Hasse (Hrsg.), Annahme verweigert – Beiträge zur soziologischen Akzeptanzforschung, 19.

894 Siehe *ders.*, in: Winckelmann (Hrsg.), Soziologie, weltgeschichtliche Analysen, Politik, 151 ff.; *ders.*, in: Winckelmann (Hrsg.), Methodologische Schriften, 215 – 228; *ders.*, Wirtschaft und Gesellschaft, 1. Halbband, 16 ff., 122 ff.

895 *Weber*, Wirtschaft und Gesellschaft, 1. Halbband, 122.

896 Vgl. *Schliesky*, Souveränität und Legitimität von Herrschaftsgewalt, 155 f.; *Pitschas*, Verwaltungsverantwortung und Verwaltungsverfahren, 203.

897 Vgl. *Greiffenhagen*, Politische Legitimität in Deutschland, 44 ff.; *Schmidt*, JZ 1983, 725.

vertretene Variante der Systemtheorie bekannt geworden.[898] *Luhmann* stellt den Begriff der Legitimität von allen normativen Komponenten frei, da ein Konsens über einheitliche Werte, nach denen Herrschaft gerechtfertigt werden könne, in der modernen Industriegesellschaft nicht mehr zu erwarten sei. Allein die tatsächliche Befolgung der Herrschaftsunterworfenen steht daher im Mittelpunkt der Betrachtung. Diese wiederum beruhe auf dem faktischen Glauben an die Richtigkeit und Werthaftigkeit der getroffenen Entscheidung. Legitimität wird in dieser Theorie zur „generalisierten Bereitschaft, inhaltlich noch unbestimmte Entscheidungen innerhalb bestimmter Toleranzgrenzen hinzunehmen".[899] Diese Legitimität sei in erster Linie durch die Bereitstellung von Verfahrensmechanismen zu sichern. Durch die effektive Strukturierung sozialer Erwartungen könne sich eine Institution selbst legitimieren.[900] Da in der Systemtheorie verstärkt nicht-staatliche Institutionen in den Blick genommen werden, löst sich auch der Legitimitätsbegriff von staatsrechtlichen Kategorien. Die Außenkommunikation einer Institution ist einer der Verfahrensmechanismen, die die Folgebereitschaft und die soziale Anerkennung sichern soll. Deshalb wird in vielen Arbeiten auch die Öffentlichkeitsarbeit von Unternehmen und sonstigen gesellschaftlichen Institutionen untersucht und in unmittelbaren Zusammenhang mit der Legitimität dieser Institutionen gestellt.[901]

Der deskriptive Legitimitätsbegriff der Sozialwissenschaften ist für die normative Rechtswissenschaft nur bedingt brauchbar.[902] Der rechtlich-normative Begriff der Legitimität hat nicht die Hinnahme von Herrschaft zum Gegenstand, sondern ihre Rechtfertigung anhand normativer Maßstäbe.[903] Die tatsächliche Zustimmung der Unterworfenen allein kann dafür nicht

898 Siehe *ders.*, Legitimation durch Verfahren.

899 *Luhmann*, Legitimation durch Verfahren, 28.

900 *Luhmann*, Legitimation durch Verfahren, 252.

901 Vgl. dazu etwa aus kommunikationswissenschaftlicher Perspektive *Sandhu*, Public Relations und Legitimität, 13 ff. und 151 ff. m.w.N.; die so verstandene „Legitimität" einer Organisation in Beziehung zu ihrer Umwelt ist das Ziel der Öffentlichkeitsarbeit privater Institutionen. Hierauf hat sich eine neuere kommunikationswissenschaftliche Teildisziplin spezialisiert, die sog. PR-Forschung.

902 *Schmidt-Aßmann*, AöR 1991, 370; *Zippelius*, in: Achterberg/Krawietz (Hrsg.), Legitimation des modernen Staates, 84 f.; siehe aber auch *Pitschas*, Verwaltungsverantwortung und Verwaltungsverfahren, 204 f. zur Motivation, die sozialwissenschaftlichen Legitimitätskonzepte in die Rechtswissenschaft zu integrieren. Gegen eine Unterscheidung zwischen empirischem und normativem Legitimitätsbegriff *Fisahn*, Demokratie und Öffentlichkeitsbeteiligung, 323 ff.

903 *Voßkuhle/Sydow*, JZ 2002, 674.

der Gradmesser sein. Auch illegitimer Herrschaft kann vom Volk zugejubelt werden[904] – das zeigen die Erfahrungen mit autoritären und totalitären Systemen, in denen die Meinungsbildung gleichgeschaltet wird. Der moderne Rechtsstaat muss seine Legitimation aus anderen Quellen gewinnen. Er bedarf einer normativen, einer *wertrationalen* Legitimationsgrundlage.[905] Akzeptanz kann dabei allenfalls ein Faktor unter vielen sein, keinesfalls aber die Legitimität selbst ersetzen.

bb. Legitimität in der Demokratie des Grundgesetzes

Der rechtlich-normative Begriff der Legitimität stimmt mit den oben genannten Legitimitätsbegriffen im Ausgangspunkt überein – es geht um die Rechtfertigung der Ausübung von Herrschaftsgewalt. Da ein normativer Begriff aber notwendig an einen vorhandenen Normbestand anknüpfen muss, kann es nicht um die abstrakte Rechtfertigung von Herrschaft gehen, sondern nur um eine konkrete Herrschaftsform. Im Rahmen dieser Untersuchung ist das die vom Grundgesetz in Art. 79 Abs. 3 und Art. 20 GG unabänderlich konstituierte und ausgestaltete Form der Demokratie. Legitimität im Staat des Grundgesetzes ist „zwingend auch eine demokratische".[906]

Die Rechtfertigung der *Existenz* von Staatsgewalt muss dagegen ausgeblendet werden. Um überhaupt einen normativen Legitimitätsbegriff entwickeln zu können, muss die Notwendigkeit von Herrschaft in einem sozialen System ebenso vorausgesetzt werden wie das Konzept der Herrschaftsunterworfenheit.[907] Die Frage nach der Legitimität von Herrschaft stellt sich nicht in der Anarchie.

Wie in jedem demokratischen Verfassungsstaat hat das Grundgesetz die Aufgabe, die Gründe und Prinzipien zusammenzufassen, auf denen die Legitimität der staatlichen Entscheidungen beruht.[908] Weshalb über diese

---

904 Siehe zu diesem Punkt und zur daraus resultierenden Unmöglichkeit, allein aus der Akzeptanz einen Legitimitätsbegriff zu formen, *Habermas*, in: PVS Sonderheft 7/1976, 57.

905 *Pitschas*, Verwaltungsverantwortung und Verwaltungsverfahren, 204.

906 *Schliesky*, Souveränität und Legitimität von Herrschaftsgewalt, 163.

907 Siehe dazu und zur Auseinandersetzung mit Gegenauffassungen *Schliesky*, Souveränität und Legitimität von Herrschaftsgewalt, 164 f.

908 *Badura*, Staatsrecht, 15 zählt dazu „Volkssouveränität, staatliche Werte und Ziele, Grenzen und Aufgaben des Staates".

Wesensmerkmale des Staates ein Grundkonsens bestehen muss,[909] macht der Aspekt der Legitimation des Staatshandelns deutlich: Wenn diese Prinzipien und die in der Verfassung vorgeschriebenen Verfahrensregeln eingehalten werden, bedürfen die einzelnen Verfahren keiner weitergehenden Legitimation.[910]

In Art. 20 Abs. 2 GG finden sich die wesentlichen Aussagen zur Rechtfertigung der demokratischen Herrschaft. Aus dem Prinzip der Volkssouveränität in Art. 20 Abs. 2 Satz 1 GG geht hervor, dass die Ausübung von Staatsgewalt gegenüber dem Volk in jedem Fall rechtfertigungsbedürftig ist und dass sich ihre Rechtfertigung auf das Volk zurückführen lassen muss und nicht von einer dritten Instanz kommen kann.[911] Nach Art. 20 Abs. 2 Satz 2 GG wird die Staatsgewalt von besonderen dafür geschaffenen Organen ausgeübt. Damit entscheidet sich das Grundgesetz gegen eine Herrschaft im Sinne der identitären Demokratie.[912] Anstatt von einer Identität zwischen Herrschern und Beherrschten geht das Grundgesetz von einem staatlich verfassten und definierten Staatsvolk und einer davon abgegrenzten Staatsgewalt aus.[913]

Wie die so konstituierte Demokratie auszufüllen ist, gibt das Grundgesetz dagegen nicht im Detail vor. Es sind daher unter dem Grundgesetz verschiedene Legitimationsmodelle theoretisch denkbar.[914] Als am besten geeignetes Konzept, um die Legitimität der Ausübung von Staatsgewalt im Einzelfall sicherzustellen und kontrollieren zu können, hat sich das Modell der Legitimationsketten zur Erreichung eines hinreichenden Legitimationsniveaus erwiesen. Dieses Modell vertreten ein Großteil der rechtswissenschaftlichen Lehre[915] sowie das Bundesverfassungsgericht in ständiger Rechtsprechung[916]. Es wird im Folgenden in groben Zügen umrissen.

---

909 Siehe dazu oben B.II.2.b.bb.(3.).

910 BVerfGE 62, 1, 43; *Badura*, Staatsrecht, 15.

911 *Böckenförde*, HStR II, § 24 Rn. 3 ff.

912 *Hesse*, Grundzüge des Verfassungsrechts der Bundesrepublik Deutschland, Rn. 131.

913 Siehe zu diesen beiden staatstheoretischen Demokratiemodellen *Jestaedt*, Demokratieprinzip und Kondominialverwaltung, 141; *Schliesky*, Souveränität und Legitimität von Herrschaftsgewalt, 163.

914 *Hesse*, Grundzüge des Verfassungsrechts der Bundesrepublik Deutschland, Rn. 129.

915 Vgl. nur *Böckenförde*, HStR II, § 24 Rn. 14 ff.; *Grzeszick*, in: Maunz/Dürig, GG, Art. 20, II, Rn. 116 ff.; *Schmidt-Aßmann*, AöR 116 (1991), 329 ff.; *Voßkuhle/Sydow*, JZ 2002, 675 f., jeweils m.w.N.

916 BVerfGE 47, 253, 275; 77, 1, 40; 83, 60, 72; 93, 37, 66 f.; 107, 59, 87 ff.; 135, 317, 428 f.

In der Demokratie des Grundgesetzes hat alle Staatsgewalt vom Volk auszugehen, auch wenn sie – wie im Regelfall – durch die in Art. 20 Abs. 2 Satz 2 genannten „besonderen Organe“ ausgeübt wird und nicht durch das Staatsvolk selbst. Art. 20 Abs. 2 Satz 2 GG garantiert in Verbindung mit Art. 79 Abs. 3 GG, dass sich jede Form staatlicher Gewaltausübung auf das Staatsvolk zurückführen lässt und diesem gegenüber verantwortet wird. Legitimationsbedürftig ist jedes amtliche Verhalten mit Entscheidungscharakter.[917] Den „besonderen Organen“ wird die demokratische Legitimation, derer sie bedürfen, durch eine ununterbrochene Legitimationskette zum Staatsvolk vermittelt. Am Ende dieser vermittelnden Legitimationskette muss ein hinreichendes Niveau an demokratischer Legitimation erreicht werden, das sich bei den verschiedenen Formen der Ausübung von Staatsgewalt und auch in den einzelnen Staatsgewalten unterscheiden kann.[918]

Für die Beurteilung dieses Legitimationsniveaus hat sich in Rechtsprechung und Lehre ein Kanon an Legitimationsformen herausgebildet.[919] Die funktionelle und institutionelle Legitimation stellt darauf ab, ob der Verfassungsgeber die konkrete Form der Staatsgewalt funktionell konstituiert hat. Für Legislative, Exekutive und Judikative geschieht dies in Art. 20 Abs. 2 Satz 2 GG. Die organisatorisch-personelle Legitimation verlangt nach einer ununterbrochenen Legitimationskette vom Staatsvolk zum konkreten mit der Ausübung von Staatsgewalt betrauten Amtswalter. Diese Form der Legitimation regelt das „Prinzip der individuellen Berufung der Amtswalter durch das Volk oder durch volksgewählte Organe.“[920] Im Rahmen der sachlich-inhaltlichen Legitimation wird schließlich danach gefragt, ob sich der konkrete Inhalt einer staatlichen Entscheidung auf den Volkswillen zurückführen lässt. Dieser Zusammenhang wird vor allem durch die Wahl des Parlaments, durch die von ihm beschlossenen Gesetze als Maßstab der vollziehenden Gewalt und der Rechtsprechung, durch den parlamentarischen Einfluss auf die Politik der Regierung sowie durch die grundsätzliche Weisungsgebundenheit der Verwaltung gegenüber der Re-

---

917 BVerfGE 135, 317, 428 f. m.w.N.

918 Siehe zu den Besonderheiten der demokratischen Legitimation von Rechtsprechung und Verwaltung etwa *Böckenförde*, HStR II, § 24 Rn. 24 f., *Schmidt-Aßmann*, AöR 116 (1991), 329 ff. sowie *Voßkuhle/Sydow*, JZ 2002, 673 ff.

919 Siehe dazu nur *Böckenförde*, HStR II, § 24 Rn. 15 ff. m.w.N.

920 *Herzog*, Allgemeine Staatslehre, 210.

gierung hergestellt.[921] Ferner wird diese Form der Legitimation durch die Rechtsbindung aller staatlichen Gewalten aus Artt. 1 Abs. 3, 20 Abs. 3 GG und die zahlreichen Kontrollinstanzen abgesichert, die die Rechtsordnung zur Sicherung individueller und kollektiver Rechte vorsieht. Wie bereits gezeigt wurde,[922] gehört in diesen Bereich auch die Transparenz staatlicher Entscheidungsfindung. Schließlich darf das konkrete Staatshandeln – vergleichbar einer ultra-vires-Kontrolle – den Bereich des demokratischen Grundkonsenses nicht verlassen und muss die individuellen Rechtsgarantien aus Art. 1 GG beachten.[923] Hieraus wird deutlich, dass die sachlich-inhaltliche Form der Legitimation anhand formaler Mechanismen zu bestimmen ist und in diesem Rahmen nicht etwa empirisch die tatsächliche Rückbindung an den Volkswillen überprüft wird.

Die Akzeptanz einer rechtmäßigen staatlichen Entscheidung ist nach dem vom BVerfG vertretenen Modell demokratischer Legitimation daher kein Kriterium demokratischer Legitimität. Auch ein großer Teil der rechtswissenschaftlichen Untersuchungen kommt zum Schluss, dass die Kategorie der Akzeptanz für den rechtswissenschaftlichen Legitimitätsbegriff keine Rolle spielt.[924]

cc. Akzeptanz als ergänzender Legitimitätsfaktor?

Diese Ansicht ist jedoch nicht unumstritten. In zahlreichen Arbeiten wird insbesondere zur Legitimation des Verwaltungshandelns vertreten, dass auch die Akzeptanz der staatlichen Entscheidung zum Erreichen des gefor-

---

921 BVerfGE 83, 60, 72; siehe *Gostomzyk*, Die Öffentlichkeitsverantwortung der Gerichte in der Mediengesellschaft, 61 f. zu weiteren Legitimationsmechanismen in der Rechtsordnung.

922 Siehe bereits B.I.2.d.cc.(1.).

923 Vgl. *Benda*, Akzeptanz als Bedingung demokratischer Legitimität, 16 f.; *ders.*, DÖV 1983, 307.

924 Vgl. *Schulte*, Schlichtes Verwaltungshandeln, 169; *Schmidt-Aßmann*, AöR 116 (1991), 369 ff.; *Schmitt Glaeser*, HStR III, § 38 Rn. 31; *Czybulka*, Verw 26 (1993), 34: *Horn*, VVDStRL 68 (2009), 415 f.; *Heckmann*, Geltungskraft und Geltungsverlust von Rechtsnormen, 477; *Gostomzyk*, Die Öffentlichkeitsverantwortung der Gerichte in der Mediengesellschaft, 88 f.; *Bredemeier*, Kommunikative Verfahrenshandlungen im deutschen und europäischen Verwaltungsrecht; *Köller*, Funktionale Selbstverwaltung und ihre demokratische Legitimation, 226 ff.; *Gärditz*, GewArch 2011, 275.

derten Legitimationsniveaus beitragen könne.[925] Teils wird dabei ein bloßer „Zusammenhang" zwischen Akzeptanz und Legitimation konstatiert,[926] teils wird die Akzeptanz zur „subjektiven Seite der Legitimität"[927] und somit zu einer neuen Kategorie im Sinne des hergebrachten Legitimationsmodells.

Die genannten Ansätze ziehen unterschiedliche Begründungen heran. Einig sind sie sich darin, dass das überkommene Konzept eines Legitimationsniveaus durch Legitimationsketten zu eng sei und daher weitere Legitimationsmodi zuzulassen seien, so etwa die Akzeptanz der getroffenen Entscheidung.[928] Die Legitimationsketten seien allein nicht in der Lage, dem staatlichen Handeln in jedem Fall ein ausreichendes Maß an Legitimation zu verleihen. Insbesondere bei der Exekutive lägen oft so viele Schritte zwischen der Parlamentswahl und dem konkreten Verwaltungshandeln, dass die Rückanbindung an das Volk nur mehr eine Konstruktion sei und allenfalls marginale Legitimationswirkung vermitteln könne.[929] Zudem könne das strikte Erfordernis einer ununterbrochenen Legitimationskette die Verwaltung an der optimalen Erfüllung ihrer Aufgaben hindern. Alternative und leistungsfähige Formen der Verwaltung, etwa im Bereich der funktionalen Selbstverwaltung oder des konsensualen Verwaltungshandelns, würden verhindert, obwohl andere Faktoren wie die Sachnähe der beteiligten

---

925 Vgl. *Präve*, DÖV 1990, 18 ff.; *Würtenberger*, NJW 1991, 258 f.; *ders.*, Die Akzeptanz von Verwaltungsentscheidungen, 64 f.; *ders.*, Zeitgeist und Recht, 195; *Pitschas*, in: Hoffmann-Riem/Schmidt-Aßmann/Schuppert (Hrsg.), Reform des Allgemeinen Verwaltungsrechts, 274 ff.; *Schneider*, in: Schmidt-Aßmann/Hoffmann-Riem (Hrsg.), Verwaltungsorganisationsrecht als Steuerungsressource, 125 f., 135 f.; *Fisahn*, Demokratie und Öffentlichkeitsbeteiligung, 323 ff.; differenzierend *Schliesky*, Souveränität und Legitimität von Herrschaftsgewalt, 171 ff., *Schmidt-Aßmann*, Das allgemeine Verwaltungsrecht als Ordnungsidee, 102 f., *Voßkuhle/Sydow*, JZ 2002, 676 sowie *Czybulka*, Die Legitimation der öffentlichen Verwaltung, 67 ff.; siehe ferner *Bredemeier*, Kommunikative Verfahrenshandlungen im deutschen und europäischen Verwaltungsrecht, 252 mit Fn. 119 m.w.N.

926 *Würtenberger*, NJW 1991, 258; siehe zur Akzeptanz und zu weiteren in der Wissenschaft vertretenen alternativen Legitimationsformen *Grzeszick*, in: Maunz/Dürig, GG, Art. 20, II, Rn. 152 ff. m.w.N.

927 *Limbach*, Die Akzeptanz verfassungsgerichtlicher Entscheidungen, 6; *Kischel*, Die Begründung, 55.

928 Vgl. beispielhaft *Schneider*, in: Schmidt-Aßmann/Hoffmann-Riem (Hrsg.), Verwaltungsorganisationsrecht als Steuerungsressource, 125 f. für das „Neue Steuerungsmodell" der Verwaltungswissenschaft.

929 Vgl. etwa *Mehde*, Neues Steuerungsmodell und Demokratieprinzip, 503 ff.: „Fiktion der personellen Legitimation".

Bürger wirksamer legitimieren könnten als eine formale Legitimationskette.[930] Aus diesen Gründen sollte das Demokratiegebot nach dieser Auffassung für weitere Legitimationsmodi geöffnet werden. In diesem Zusammenhang werden neben der Akzeptanz auch Effektivität und Effizienz des Staatshandelns, Bürgerbeteiligung, Sachnähe, Verfahrensgerechtigkeit und Gemeinwohlverwirklichung als Legitimationskriterien diskutiert.[931]

Die These der Legitimation staatlicher Entscheidungen durch Akzeptanz begegnet jedoch gewichtigen Bedenken. Zunächst finden sich im Grundgesetz keine Anhaltspunkte für alternative Legitimationsmodi.[932] Art. 20 Abs. 2 Satz 2 GG benennt hier lediglich „Wahlen und Abstimmungen" – das Erfordernis einer ununterbrochenen Legitimationskette vom Volk zu den Amtsträgern kommt dem Wortlaut des Grundgesetzes noch am nächsten.

Das Wortlautargument sieht sich zwar dem Einwand ausgesetzt, dass das Grundgesetz auch die Arten der institutionellen, personellen und materiellen Legitimation nicht in allen Ausprägungen regelt.[933] Doch unabhängig davon stellt sich die Frage, wie die Akzeptanz in einem praktisch handhabbaren Legitimationskonzept verankert werden soll.[934] Wenn die Kategorie der Legitimität die Frage beantworten soll, in welchen Fällen vom Souverän erwartet wird, staatliche Herrschaftsausübung hinzunehmen, muss sich diese Frage anhand eindeutiger Kriterien bestimmen lassen. Die juristische Kernkategorie der Legitimität duldet keine Rechtsunsicherheit. Akzeptanz ist allerdings sehr dynamisch und lässt sich – selbst mit empirischen Mitteln – nur mit großem Aufwand und einer verbleibenden Restunsicherheit ermitteln. Zudem wird Akzeptanz in zeitlicher Hinsicht in der Regel erst nach einer staatlichen Entscheidung erteilt oder verweigert. Nur in seltenen Fällen wird bereits vor Erlass einer staatlichen Maßnahme eine so lebhafte öffentliche Debatte geführt, dass sich ein bedeutender Teil der Bevölkerung eine Meinung bilden konnte. Die für die Meinungsbildung relevanten Informationen werden oftmals erst nach der Entscheidung überhaupt verfügbar. Ob die hoheitliche Maßnahme legitim ist,

930 Vgl. etwa *Kluth*, Funktionale Selbstverwaltung, 382.

931 Vgl. dazu *Grzeszick*, in: Maunz/Dürig, GG, Art. 20, II, Rn. 152 ff. m.w.N.

932 *Schmidt-Aßmann*, AöR 116 (1991), 368 f.

933 *Bredemeier*, Kommunikative Verfahrenshandlungen im deutschen und europäischen Verwaltungsrecht, 254.

934 *Köller*, Funktionale Selbstverwaltung und ihre demokratische Legitimation, 226 ff.

muss indes ab dem Moment feststehen, ab dem sie rechtliche Wirkung entfaltet.[935] Das ist in der Regel bereits beim Erlass der Fall.

Probleme bereitet schließlich auch die Rückbindung an das Legitimationssubjekt. Angesichts der klaren Regelung in Art. 20 Abs. 2 GG kann lediglich „das Volk“ Legitimität verleihen. Das Volk ist weder gleichzusetzen mit „Betroffenen“ noch mit „Interessenten“.[936] Diejenigen staatlichen Entscheidungen, die typischerweise die größten Akzeptanzprobleme hervorrufen, sind solche, die eine Gruppe von Menschen in einem privaten oder ideellen Interesse betreffen. In der Sache geht es oftmals um die örtlich unerwünschte Nutzung von Bodenflächen wie etwa den Neubau oder die Erweiterung von Infrastruktureinrichtungen.[937] Hier sind es die durch die jeweilige Entscheidung Betroffenen, die den Kern des medial begleiteten Bürgerprotestes ausmachen. Sie sind es, die sich – oftmals aus berechtigtem Eigeninteresse – frühzeitig über das Projekt informieren und eine Position dazu beziehen. Der große Teil der Bevölkerung, der von dem Projekt nicht unmittelbar betroffen ist, bildet sich, wenn überhaupt, erst wesentlich später eine Meinung.

Für die Legitimität des konkreten staatlichen Projektes kann die (mangelnde) Akzeptanz der Betroffenen nicht der alleinige Gradmesser sein. Die von einer Entscheidung Betroffenen bilden kein „Teilvolk“, das eigenständig Legitimation verleihen oder entziehen könnte.[938] Das Recht zur Teilnahme an der allgemeinen Volkswahl und die demokratischen Mitwirkungsrechte stehen allen Bürgern in gleicher Weise zu. Die demokratische Gleichheit durch formal-egalitäre Beteiligung am Willensbildungsprozess würde durchbrochen, würde man die Einstellungen einzelner Betroffener oder sonstiger Interessenten zur Richtschnur der Legitimität machen.[939] Ein anschauliches Beispiel für dieses Thema ist das Bahnprojekt „Stuttgart 21“: Nachdem der Bau über zwei Jahre hinweg von lautem Protest begleitet worden war, setzte die Landesregierung für den 27. November 2011 eine landesweite Volksabstimmung an. Hierbei sprach sich die Mehrheit der abstimmenden Baden-Württemberger (58,8 %) gegen einen

935 So auch *Köller*, Funktionale Selbstverwaltung und ihre demokratische Legitimation, 229.

936 Siehe zum Begriff des (Staats-)/(Verbands-)Volkes *Kluth*, Funktionale Selbstverwaltung, 369 ff.

937 *Würtenberger*, NJW 1991, 257.

938 *Grzeszick*, in: Maunz/Dürig, GG, Art. 20, II, Rn. 164.

939 *Schmidt-Aßmann*, AöR 116 (1991), 369; *Grzeszick*, in: Maunz/Dürig, GG, Art. 20, II, Rn. 157.

Abbruch des Projekts aus.[940] Die Forderungen der Protestbewegung waren somit – jedenfalls zum Zeitpunkt der Abstimmung – kein Indiz für den Willen des Souveräns.

Die Akzeptanz einer staatlichen Entscheidung hat aus den genannten Gründen keinen unmittelbaren Einfluss auf deren demokratische Legitimität. Das heißt nicht, dass diese beiden Themen völlig isoliert voneinander stehen. Vielen Aussagen der oben angeführten Stimmen zugunsten einer Legitimation durch Akzeptanz ist ausdrücklich zuzustimmen. Wenn es etwa heißt, „der Staat" lebe „von der Zustimmung seiner Bürger",[941] „dauerhafte Herrschaft" könne nur auf „größtmögliche Anerkennung und möglichst hohen Konsens der Herrschaftsunterworfenen gestützt werden",[942] oder „im demokratischen Rechtsstaat" müsse „das Recht breiten Konsens finden",[943] kann es keine zwei Meinungen geben: Der freiheitliche Staat des Grundgesetzes lebt von der Akzeptanz seiner Bürger.[944] Es geht dabei aber um einen anderen Problemkreis – es geht um Fragen des demokratischen Grundkonsenses. Der Grundkonsens ist die *generelle* Akzeptanz des Staates, seiner Institutionen und seiner verfassungsmäßigen Ordnung. Dass dieser in der Demokratie des Grundgesetzes den Rang einer Verfassungsvoraussetzung und somit eine überragende rechtliche Bedeutung hat, wurde bereits dargestellt.[945] Nur auf Basis dieses Konsenses sind repräsentativ getroffene Einzelentscheidungen überhaupt einer Legitimation im Einzelfall zugänglich. In dieser Hinsicht ist der demokratische Grundkonsens die Grundlage jeder demokratischen Legitimation im Einzelfall.[946]

Der demokratische Grundkonsens ist jedoch zu unterscheiden vom hier untersuchten Thema, dem Einfluss der Akzeptanz auf die demokratische

---

940 Siehe dazu *Rommelfanger*, in: FS Würtenberger, 390 f. m.w.N.

941 *Schmidt*, JZ 1983, 725.

942 *Schliesky*, Souveränität und Legitimität von Herrschaftsgewalt, 172.

943 *Würtenberger*, Die Akzeptanz von Verwaltungsentscheidungen, 56; vgl. schon *Brohm*, VVDStRL 30 (1972), 279 f.: „Demokratiegebot der Transparenz und Konsensherstellung".

944 Zum selben Problemkreis gehören die Aussagen den BVerfG in den bereits angesprochenen Entscheidungen *Glykol* und *Osho*, BVerfGE 105, 252, 270 und 105, 279, 303: „Das Schweigen der Regierung würde von vielen Bürgern im Übrigen als Versagen bewertet werden. Dies kann zu Legitimationsverlusten führen." Gemeint ist hier nicht die Legitimität des Schweigens, sondern ein Legitimitätsverlust für das repräsentative System an sich.

945 Siehe oben B.II.2.b.bb.(1.).

946 *Bredemeier*, Kommunikative Verfahrenshandlungen im deutschen und europäischen Verwaltungsrecht, 254.

Legitimität *einzelner* staatlicher Entscheidungen.[947] Zwar beruht auch der Grundkonsens auf der individuellen Richtigkeitsüberzeugung möglich vieler Bürger[948] sowie darauf, dass diese Überzeugung in der Mehrzahl der Einzelfälle nicht enttäuscht wird.[949] Für den Erhalt des Grundkonsenses ist deshalb von Bedeutung, dass die Rechtsordnung akzeptanzfördernde Mechanismen vorhält, die es dem Bürger ermöglichen, einen Bezug zum Grundkonsens herzustellen und eine positive Einstellung zum Staatshandeln zu gewinnen.[950] Ob diese Mechanismen *im Einzelfall* den gewünschten Erfolg haben, kann für die demokratische Legitimität der getroffenen Entscheidung dagegen keine Rolle spielen.

d. Mittelbare Auswirkungen fehlender Akzeptanz

Nach den bisherigen Ergebnissen der Untersuchung hat die Akzeptanz einzelner staatlicher Entscheidungen keinen eigenständigen Verfassungswert. Weder auf die Rechtmäßigkeit und -gültigkeit noch auf die demokratische Legitimation einer staatlichen Maßnahme hat sie einen unmittelbaren Einfluss.

Angesichts der spürbaren Auswirkungen, die der Bürgerprotest der letzten Jahre für staatliche Institutionen hatte, verwundert dieses Ergebnis. Das Beispiel „Stuttgart 21" hat etwa gezeigt, dass unzufriedene Bürger in der Lage sind, die Durchführung demokratisch legitimierter Entscheidungen zu verzögern und teilweise sogar zu verhindern. Die selbst für ein bau-

---

947 Siehe zu dieser Unterscheidung schon oben B.II.2.b.bb.(3.).

948 *Schmidt*, JZ 1983, 731; ähnlich *Würtenberger*, Die Akzeptanz von Verwaltungsentscheidungen, 61.

949 Zum Zusammenhang von Grundkonsens und Akzeptanz im Einzelfall näher unten B.III.2.d.dd.

950 Vgl. *Pitschas*, in: Hoffmann-Riem/Schmidt-Aßmann/Schuppert (Hrsg.), Reform des Allgemeinen Verwaltungsrechts, 276; *Schulze-Fielitz*, in: Schuppert/Bumke (Hrsg.), Bundesverfassungsgericht und gesellschaftlicher Grundkonsens, 137; *Gostomzyk*, Die Öffentlichkeitsverantwortung der Gerichte in der Mediengesellschaft, 88 f.; *Bredemeier*, Kommunikative Verfahrenshandlungen im deutschen und europäischen Verwaltungsrecht, 254. Siehe auch *Benda*, Akzeptanz als Bedingung demokratischer Legitimität?, 15: „So ergibt sich [...] das Bestreben der Rechtsordnung, ein Mindestmaß an Akzeptanz zu sichern. Insoweit ist die Ausübung der Staatsgewalt den staatlichen Organen nicht nach Belieben überlassen. [...] Der Gesamtbestand der akzeptanzfördernden Normen trägt [...] der verfassungsrechtlich begründeten Pflicht des Staates Rechnung, sein Handeln in Gesetzgebung, Verwaltung und Rechtspflege akzeptanzfähig zu machen.".

liches Großvorhaben dieser Art ungewöhnliche Kostenexplosion war zum Teil auf die protestbedingten Verzögerungen zurückzuführen.[951] Die horrenden Mittel, die das Land Baden-Württemberg zur Sicherung der Bauarbeiten und Demonstrationen für Polizeieinsätze ausgeben musste, sind bei dieser Kostenexplosion noch nicht einmal eingerechnet. Wie passt es schließlich zusammen, dass die Akzeptanz in der Verfassungsordnung des Grundgesetzes keine Rolle zu spielen scheint, andererseits aber von einigen Stimmen eine „Legitimitätskrise“[952] des Staates ausgerufen wird?

Die Antwort liegt im Blickwinkel der Untersuchung begründet. Es wurde bislang nur untersucht, ob die Einstellung der Bürger zu einzelnen hoheitlichen Entscheidungen einen unmittelbaren verfassungsrechtlichen Eigenwert hat. Das ist nicht der Fall. Dieses Ergebnis kann sich jedoch ändern, wenn man auch die *mittelbaren* Auswirkungen fehlender Akzeptanz in die Analyse mit einbezieht.[953] Die verfassungsrechtliche Beachtlichkeit der Akzeptanz lässt sich auch daraus ableiten, dass sich die nachweislichen Effekte fehlender Akzeptanz auf Verfassungsrechtsgüter und -prinzipien auswirken.[954]

Im folgenden Abschnitt wird zunächst der Zusammenhang zwischen der Akzeptanz der Bürger und deren faktischen Konsequenzen untersucht. Im Anschluss wird die Verbindung zur Effektivität und zur Effizienz staatlichen Handelns hergestellt, die ihrerseits auf ihren Verfassungswert untersucht werden. Abschließend richtet sich der Fokus auf den bereits angedeuteten Zusammenhang zwischen der Akzeptanz einzelner Entscheidungen und dem demokratischen Grundkonsens.

---

951 Im Jahr 2012 betrug die auf „externe Einflussfaktoren“ wie protestbedingte Verzögerungen zurückführbare Kostensteigerung bereits 790 Millionen Euro. Siehe dazu etwa *Grabitz/Schwarz*, in: Stuttgarter Nachrichten v. 13.12.2012, 3.

952 Vgl. etwa *Glück*, Vertrauen und Legitimation durch Bürgerzufriedenheit, 47.

953 Siehe zu diesem Thema *Morlok*, Was heißt und zu welchem Ende studiert man Verfassungstheorie?, 104: „Die Konsensorientierung entfaltet grundsätzlich nur *indirekte* Wirkung. Mittelbarkeit des Einflusses heißt allerdings nicht Unbeachtlichkeit“. Siehe ferner *Dreß*, in: Dreier/Fischer/van Raay/Spiecker gen. Döhmann (Hrsg.), Informationen der öffentlichen Hand, 102 ff.

954 Siehe zur Pflicht zur Berücksichtigung der zu erwartenden mittelbaren Auswirkungen staatlichen Handelns für den Bereich des Verwaltungsrechts *Pitschas*, GVerwR II, § 42 Rn. 167, 169.

aa. Zusammenhang zwischen Akzeptanz und Verhalten

Der für diese Untersuchung gewählte Begriff der Akzeptanz hat zur Folge, dass ein Mangel an Akzeptanz nicht einfach gleichgesetzt werden kann mit den tatsächlichen Phänomenen, die gemeinhin als Symptome einer „Akzeptanzkrise“ erkannt werden. Akzeptanz ist nur eine individuelle Einstellung, allein das „forum internum“[955] ist berührt. Wenn man Bürgerproteste, zivilen Ungehorsam, Widerstand gegen die Staatsgewalt oder ähnliche faktische Erscheinungen im Rahmen der Akzeptanz untersuchen will, muss zunächst ein belastbarer Zusammenhang zwischen der Akzeptanz der Bürger gegenüber staatlichen Entscheidungen und den dadurch bedingten Verhaltenskonsequenzen hergestellt werden.

Die Frage, ob man von der Einstellung einer Person auf deren Verhalten schließen kann, ist allein mit den Mitteln einer normativen Wissenschaft nicht zu beantworten. Nachbarwissenschaften wie die Rechtssoziologie oder Disziplinen wie die Ökonomie und Sozialpsychologie stellen Modelle und Methoden bereit, um diesen Zusammenhang besser erfassen zu können. Durch die – in der Rechtswissenschaft allenfalls rudimentär ausgeprägte – Möglichkeit der empirischen Forschung gibt es in diesen Wissenschaften mittlerweile belastbare Belege zum Zusammenhang von Einstellung und Verhalten. Ob sich die Rechtswissenschaft gegenüber solchen Erkenntnissen öffnen soll und darf, scheint weiterhin in jedem Einzelfall begründungsbedürftig zu sein.[956] Im Gegensatz zu den Realwissenschaften steht im Recht das „Sollen“ im Mittelpunkt, nicht das „Sein“. Die Versuche, diesen Unterschied mit der Hilfe empirischer Erhebungen aufzubrechen, begegnen großer Skepsis aus den eigenen Reihen – „Juristen lassen sich nicht gerne zu Rechenknechten degradieren“.[957] In den meisten rechtswissenschaftlichen Arbeiten, die sich bislang mit den Auswirkungen fehlender Akzeptanz beschäftigen, wird daher auf eine nähere Begründung des Zusammenhangs zwischen Einstellung und Verhalten verzichtet.

---

955 *Pichler*, Rechtsakzeptanz, 22.

956 Siehe zum Wert der Rezeption anderer Disziplinen in der Rechtswissenschaft etwa *Schulze-Fielitz*, Der informale Verfassungsstaat, 11; *Wesche*, Gegenseitigkeit und Recht, 71 ff.; *Lüdemann*, in: Engel/Englerth/ders./Spiecker gen. Döhmann (Hrsg.), Recht und Verhalten, 23 ff.; *Pichler*, Rechtsakzeptanz, 7 ff.; *Pitschas*, in: Hoffmann-Riem/Schmidt-Aßmann/Schuppert (Hrsg.), Reform des Allgemeinen Verwaltungsrechts, 225; *Gostomzyk*, Die Öffentlichkeitsverantwortung der Gerichte in der Mediengesellschaft, 54 f.

957 *Engel*, HStR IV, § 80 Rn. 14.

Mit dem bloßen Verweis auf den normativen Charakter der Rechtswissenschaft kann sich die vorliegende Untersuchung nicht begnügen. Sowohl zur staatlichen Öffentlichkeitsarbeit als auch zum Phänomen der Akzeptanz fehlt es an eindeutigen verfassungsnormativen Vorgaben. Wie die Entwicklung der Legitimation staatlicher Öffentlichkeitsarbeit in der Rechtsprechung des BVerfG gezeigt hat,[958] müssen hier verschiedene verfassungsrechtliche Erwartungen konkretisiert und in Ausgleich gebracht werden. Das kann nur gelingen, wenn man diese Verfassungserwartungen auf eine Art und Weise anwendet, die die Realität widerspiegelt.[959] Anstatt einer durch die besondere Perspektive der Rechtswissenschaft begründeten Restriktion auf normative Verfassungsmaßstäbe droht sonst Maßstabslosigkeit. Irreführende Prognosen über die Wirkungen staatlichen Handelns können zu einer unzureichenden Problemerfassung und mittelbar auch zu einer Anwendung des Rechts führen, die die genannten Verfassungserwartungen enttäuscht anstatt ihnen zu dienen.[960] Um sich nicht den Vorwurf einer „staatsrechtlich halbierten Verfassungslehre“[961] gefallen lassen zu müssen, dürfen die Erkenntnisse anderer Disziplinen daher nicht völlig ausgeblendet werden.

Es ist eines der Verdienste der Rechtssoziologie, eine Brücke zwischen den Realwissenschaften und der Rechtswissenschaft zu schlagen. Viele Arbeiten aus diesem Bereich beschäftigen sich mit der sozialen Wirksamkeit des Rechts.[962] Im Gegensatz zum normativen Rechtsgeltungskonzept der Rechtswissenschaft steht hier die faktische Geltung des Rechts aufgrund tatsächlicher Befolgung im Mittelpunkt der Betrachtung.[963] In diesem Zusammenhang wird die Frage untersucht, aus welchen Gründen Menschen

958 Siehe oben B.II.2.

959 Vgl. *Gostomzyk*, Die Öffentlichkeitsverantwortung der Gerichte in der Mediengesellschaft, 122.

960 So für den Bereich der ökonomischen Analyse des Rechts *Lüdemann*, in: Engel/Englerth/ders./Spiecker gen. Döhmann (Hrsg.), Recht und Verhalten, 24.

961 *Schulze-Fielitz*, Der informale Verfassungsstaat, 149. Natürlich darf das nicht dazu führen, dass die Rechtswissenschaft den normativen Maßstab aufgibt. Insbesondere dürfen wissenschaftliche Modeerscheinungen keinen Einfluss auf die gefestigte Verfassungsauslegung gewinnen. Siehe zum „Filter juristischer Verwendungstauglichkeit“ *Hoffmann-Riem*, ZfRSoz 2001, 18 ff.

962 Vgl. *Rehbinder* Rechtssoziologie, 111 ff. sowie *Röhl*, Rechtssoziologie, 243 ff. m.w.N.; siehe ferner *Zippelius*, Grundbegriffe der Rechts- und Staatssoziologie, 103 ff.

963 Siehe zu den verschiedenen Rechtsgeltungskonzepten etwa *Meyer*, Juristische Geltung als Verbindlichkeit, 19 ff. sowie *Heckmann*, Geltungskraft und Geltungsverlust von Rechtsnormen, 34 ff.

im Einklang mit dem Recht handeln oder nicht.[964] Nach den in der Rechtssoziologie herausgearbeiteten Modellen ist die persönliche Einstellung des Rechtsunterworfenen zur konkreten Norm ein ausschlaggebender Faktor, wenn auch teils mit sehr unterschiedlicher Terminologie. Nach der viel beachteten rechtssoziologischen Theorie von *Opp* entscheidet neben der Sanktionswahrscheinlichkeit und der Informiertheit der „Grad der normativen Abweichung" beim Rechtsadressaten über die Wahrscheinlichkeit, dass Recht befolgt wird.[965] Damit bezeichnet *Opp* den Grad, zu dem eine Person andere als die gesetzlich vorgegebene Norm für verbindlich hält und wie stark diese andere Norm von der Gesetzesnorm abweicht, also Spezifika der individuellen Einstellung zum Recht.[966] Diese Theorie konnte durch empirische Untersuchungen zur Befolgung von Rauchverboten, zur Steuerhinterziehung und zum Schwarzfahren bestätigt werden.[967] Es konnte sogar gezeigt werden, dass der „Grad der normativen Abweichung" einen größeren Einfluss auf die Wahrscheinlichkeit normkonformen Verhaltens hat als negative Sanktionen.[968] Andere rechtssoziologische Arbeiten kommen zu vergleichbaren Ergebnissen.[969] Was die Befolgung konkreter staatlicher Verbote und Gebote anbelangt, legen die Erkenntnisse der Rechtssoziologie einen klaren Zusammenhang zwischen Akzeptanz und Verhalten nahe.

Die willkürliche Missachtung von Normen ist indes nur die sprichwörtliche Spitze des Eisbergs. „Wie der Frieden nicht durch die Abwesenheit von Krieg allein, so wird auch das Vorhandensein von Akzeptanz nicht ausschließlich dadurch indiziert, dass Bürgerproteste […] ausbleiben."[970] Mangelnde Akzeptanz kann sich auf vielfältige Art und Weise äußern. Bürger müssen nicht gegen Gesetze verstoßen, um seitens des Staates an sie herangetragene Verhaltenserwartungen zu enttäuschen. In vielen Bereichen ist der Staat auf freiwillige Mitarbeit und sonstige Beiträge seiner Bürger an-

---

964 Siehe allgemein zu den Gründen für die Befolgung oder Missachtung von Normen *Wesche*, Gegenseitigkeit und Recht, 342 ff. sowie *Rehbinder*, Rechtssoziologie, 115 ff.

965 Vgl. *ders.*, Soziologie im Recht, 193 ff.

966 Ebenda, 196.

967 Vgl. *Diekmann*, Die Befolgung von Gesetzen.

968 Ebenda, 183.

969 Vgl. *Pichler/Giese*, Rechtsakzeptanz, Bd. 1, 196 f. Zu einem ähnlichen Ergebnis gelangt auch die Untersuchung von *Tyler*, Why People Obey the Law. Danach hat der individuelle Glaube an die Legitimität eines Ge- oder Verbots sowie an die Legitimität der erlassenden Stelle größeren Einfluss auf die Rechtsbefolgung als die Angst vor hoheitlicher Strafverfolgung.

970 *Lucke*, Akzeptanz, 95.

gewiesen, die nicht gesetzlich sanktioniert sind. Das betrifft längst nicht nur die bereits geschilderten Wesenselemente des freiheitlichen demokratischen Staates, der auf die Ausgestaltung durch seine Bürger angewiesen ist.[971] Viele weitere Steuerungsziele des modernen Staates ließen sich ohne freiwillige Unterstützung aus der Gesellschaft nur schlecht oder überhaupt nicht umsetzen. Zu denken ist dabei etwa an den Umweltschutz,[972] den Bereich der Raumordnung,[973] die öffentliche Sicherheit,[974] das Schulwesen[975] oder an die Integration benachteiligter Personen. Die Mitwirkung der Bürger wird daher im Zuge des seit langem konstatierten Funktionswandels zum Gewährleistungsstaat[976] als „versteckte Ressource" erkannt.[977] Wenn der Staat in einem der genannten Bereiche eine Entscheidung trifft, muss er auf die freiwillige Mitwirkung hoffen. Die bloße Verweigerung der Bürger kann in diesen Fällen bereits ausreichen, um politische Entscheidungen zur Makulatur verkommen zu lassen. Eine bedeutende Frage ist, ob auch diese allgemein beschriebene Kooperationsbereitschaft der Bürger in einem Zusammenhang mit der Akzeptanz steht, ob die Akzeptanz gegenüber staatlichen Entscheidungen also unabhängig von einem sanktionierten Ge- oder Verbot das Verhalten des Einzelnen beeinflusst.

Mit dieser und ähnlichen Fragen beschäftigt sich eine einflussreiche Ausprägung der modernen Sozialpsychologie, sie sogenannte Einstellungsforschung.[978] In dieser Disziplin sind seit den 80er-Jahren Modelle entwickelt worden, um das Verhalten einer Person mit einer bestimmten Einstellung gegenüber dem Objekt der Einstellung vorherzusagen. Diesen Modellen liegt die Annahme zugrunde, dass die Einstellung einer der wesentlichen Faktoren für die Handlungsmotivation ist.[979] Diese Annahme konnte empirisch bestätigt werden. Es sind mittlerweile eine Reihe sozial-

971 Siehe oben B.II.2.b.bb.(1.)(a.).

972 *Rossnagel/Hornung*, UPR 2007, 255 ff.

973 *Böckelmann/Nahr*, Staatliche Öffentlichkeitsarbeit im Wandel der politischen Kommunikation, 57 f.

974 So geht aus den Statistiken der Polizeibehörden hervor, dass über 90 % aller Delikte durch die aktive Mitarbeit von Bürgern aufgeklärt werden. Siehe dazu und zur besonderen Angewiesenheit der Polizei auf die Akzeptanz der Bevölkerung *Hepp/Fasel*, Kriminalistik 2012, 92 ff.

975 Siehe zur Angewiesenheit des Staates auf „die Akzeptanz des von ihm organisierten Schulwesens durch die Eltern" BVerfGE 93, 1, 28.

976 Vgl. *Franzius*, Der Staat 42 (2003), 493 ff. m.w.N.

977 *Hill*, DVBl 1989, 325 f.

978 Vgl. *Lüdemann*, Edukatorisches Staatshandeln, 66 f.

979 Siehe dazu zwei der prominentesten Modelle: die „Theorie des überlegten Handelns" (theory of reasoned action) von *Ajzen* und *Fishbein* in *dies.*, Understan-

psychologischer Studien zum Zusammenhang zwischen Einstellungen und Verhalten durchgeführt worden.[980] Sie kommen größtenteils zum Schluss, dass sich Einstellungen als effektiver Prädiktor für das Verhalten einer Person erweisen.[981] Ein Mangel an Akzeptanz gegenüber einem staatlichen Befehl verringert die Wahrscheinlichkeit, dass sich der einzelne Bürger so verhält, wie es die befehlende Institution bezweckt.[982]

Schon ein grober Überblick über die vorliegenden Erkenntnisse zum Zusammenhang zwischen Einstellung und Verhaltenskonsequenzen zeigt, dass die Einstellung der Bürger im Einzelfall einen signifikanten Einfluss auf den Erfolg und die Rahmenbedingungen des Staatshandelns hat. Unter diesen Voraussetzungen ist es angemessen, diese mittelbaren Konsequenzen bei der verfassungsrechtlichen Untersuchung der Akzeptanz zu berücksichtigen.

bb. Effektivität staatlichen Handelns

Die mangelnde Akzeptanz staatlicher Entscheidungen ist nach alledem nicht nur ein „Schönheitsfehler".[983] Sie führt häufig dazu, dass die Bürger staatliche Gebote nicht befolgen oder dass sie Projekte verzögern oder verhindern.[984] Der Staat kann zwar sein Gewaltmonopol ausnutzen, um seine Entscheidungen gegen die Überzeugung oder den Widerstand des Einzelnen durchzusetzen. Dem freiheitlichen Rechtsstaat sind dabei aber die bereits aufgezeigten Grenzen gesetzt.[985] Er mag im Einzelfall Exempel statuieren können – in der Breite ist er allerdings darauf angewiesen, dass der Großteil der Bürger sich dem staatlichen Befehl freiwillig fügt. Es ist erst diese freiwillige Leistung der Bürger, die der Rechtsordnung des moder-

---

ding Attitudes and Predicting Social Behaviour, sowie deren Weiterentwicklung, die „Theorie des geplanten Verhaltens" (theory of planned behaviour) von *Ajzen* und *Madden* in: *dies.*, Journal of Experimental Social Psychology 22 (1986), 453 ff.

980 Siehe dazu im Überblick *Haddock/Maio*, in: Jonas/Stroebe/Hewstone (Hrsg.), Sozialpsychologie, 218 ff.

981 Ebenda, 228.

982 Vgl. zu einer Definition der Akzeptanz als „Verhaltenswahrscheinlichkeit" *Lucke*, Akzeptanz, 103 f.

983 *Strohbusch*, DVP 2013, 271.

984 Vgl. *Würtenberger*, Die Akzeptanz von Verwaltungsentscheidungen, 50 ff.; *Pünder*, NuR 2005, 72.

985 Siehe oben B.II.2.b.bb.(1.)(b.).

nen Staates ihre faktische Geltung verleiht.[986] Zudem kann der Staat die Mitwirkung der Bürger, auf die er in vielen Bereichen angewiesen ist, selbst mithilfe seines Gewaltmonopols nicht erzwingen.

Es gibt daher kaum einen Bereich staatlichen Wirkens, der gegen die negativen Auswirkungen mangelnder Akzeptanz immunisiert wäre. Das beginnt bereits bei den für die staatliche Aufgabenerfüllung nötigen Ressourcen. In sozialpsychologischen Studien wurde der Zusammenhang zwischen der Einstellung des Steuerpflichtigen und der Steuerehrlichkeit belegt.[987] Wer das Steuerrecht als ungerecht empfindet, hat statistisch eine größere Neigung, Steuern zu hinterziehen.[988] Selbst diejenigen staatlichen Behörden und Organe, die kaum jemals unmittelbar mit dem Bürger in Kontakt treten, können auf die Akzeptanz der Bürger angewiesen sein, etwa wenn es um die Rekrutierung von Nachwuchs oder das Sammeln der für die Aufgabenerfüllung relevanten Informationen geht.[989] Der Erfolg der Planfeststellung hängt etwa wesentlich davon ab, dass der Behörde alle Informationen über die aktuelle und die beabsichtigte zukünftige Nutzung der beplanten Flächen zur Verfügung stehen. Damit steht die Akzeptanz staatlicher Entscheidung in einem unmittelbaren Zusammenhang mit der Effektivität staatlichen Handelns.

(1.) Begriff

Die Effektivität ist ein in vielen Disziplinen gebräuchlicher Begriff, der allgemein das Verhältnis von Zielerreichung und Zielvorgabe beschreibt.[990] In Bezug auf die Effektivität staatlicher Tätigkeit wird der Begriff in rechts-

---

986 *Herzog*, in: Rüthers/Stern (Hrsg.), Freiheit und Verantwortung im Verfassungsstaat, 128 f.; *Zippelius*, Grundbegriffe der Rechts- und Staatssoziologie, 104 f.; *Sarcinelli*, Politikvermittlung und politische Bildung, 66 f.

987 Vgl. *Spicer/Becker*, National Tax Journal 33 (1980), 171 ff. sowie *Dornstein*, Journal of Economic Psychology 8 (1987), 55 ff.; siehe zu den Variablen der „Steuermoral“ und den dazu vorliegenden Studien im Überblick *Fischer/Wiswede*, in: Frey/von Rosenstiel/Graf Hoyos (Hrsg.), Wirtschaftspsychologie, 327 ff.

988 Siehe auch *Towfigh*, Der Staat 48 (2009), 56; siehe zur besonderen Akzeptanzsensibilität des Steuerwesens ferner *Klein*, in: Pichler (Hrsg.), Rechtsakzeptanz und Handlungsorientierung, 177 f.

989 Das betrifft insbesondere diejenige staatliche Institution, die im Regelfall nicht einmal im Inland eingesetzt werden darf: Zur Abhängigkeit der Bundeswehr von der Akzeptanz des Volkes siehe BVerwGE 127, 1 ff. m.w.N.

990 Vgl. etwa *Heuermann/Tomenendal* (Hrsg.), Öffentliche Betriebswirtschaftslehre, 17.

wissenschaftlichen Arbeiten auf verschiedene Weisen ausgelegt. Teilweise wird die Effektivität einer staatlichen Maßnahme danach bemessen, zu welchem Grad sie zu einer Verhaltensänderung ihrer Adressaten führt.[991] Diese Definition ist im hier untersuchten Kontext nur bedingt brauchbar. Zwar ist die steuerungstheoretische Perspektive geeignet, um die Auswirkungen einer konkreten staatlichen Maßnahme, insbesondere von Gesetzen, besser erfassen zu können. Viele staatliche Maßnahmen sind aber von vornherein gar nicht auf eine Verhaltensänderung angelegt. Die Effektivität etwa von Gesetzen und Gerichtsurteilen, die einen bestehenden Zustand absichern sollen, oder von Verwaltungsakten, die ein Abwehrrecht verleihen, könnten auf Grundlage dieser Definition überhaupt nicht beurteilt werden.

Andere, insbesondere in der Rechtssoziologie gebräuchliche Effektivitätskonzepte stellen auf die Wirkungschance einer staatlichen Maßnahme ab. Danach ist ein staatliches Gebot in allen Fällen wirksam, in denen es befolgt wird oder in denen auf Verstöße gegen das Gebot eine Sanktion folgt.[992] Auch diese Definition kann die Bandbreite staatlichen Handelns nur ausschnittsweise erfassen. Sie stößt an ihre Grenzen, wo Entscheidungen staatlicher Organe und Behörden die soziale Realität gestalten, ohne sanktionsbewehrt zu sein.[993] Das trifft etwa auf den Großteil der Sozialgesetzgebung zu. Aber auch abseits dessen können Befolgung und Sanktionierung nicht die einzigen Gradmesser effektiven staatlichen Handelns sein. Ob die Bürger beispielsweise die elektronische Signatur verwenden, ist allein ihnen überlassen, mit Sanktionen haben sie selbstverständlich nicht zu rechnen. Das mit dem Erlass des Signaturgesetzes verfolgt Ziel des Gesetzgebers, den Rechtsverkehr zu vereinfachen und damit eine „erhebliche Effizienzsteigerung“[994] zu bewirken, wird allerdings verfehlt, wenn – wie es derzeit noch der Fall ist – kaum ein Bürger die elektronische Signatur beantragt. Die Einführung der elektronischen Signatur ist daher ein Beispiel für eine höchst ineffektive staatliche Maßnahme, obwohl kein Bürger gegen ein Gesetz verstößt oder mit Sanktionen belegt wird.[995]

---

991 Vgl. *Diekmann*, Die Befolgung von Gesetzen, 23.

992 Vgl. zur Effektivitätsquote von Rechtnormen *Röhl*, Rechtssoziologie, 244 f. sowie *ders./Röhl*, Allgemeine Rechtslehre, 335 unter Hinweis auf das Konzept *Theodor Geigers*.

993 *Pichler/Giese*, Rechtsakzeptanz, Bd. 1, 46.

994 BT-Drs. 14/4662, 2.

995 Auch *Röhl* weist deshalb zu Recht darauf hin, dass Recht nicht nur dann als effektiv gelten muss, wenn möglichst viele Menschen sich nach dem Recht rich-

Die Effektivität staatlichen Handelns muss – wie es in der eingangs erwähnten allgemeinen Definition der Effektivität angelegt ist – an die mit einer staatlichen Maßnahme verfolgten konkreten Ziele anknüpfen. Eine Maßnahme ist in dem Grade effektiv, zu dem sie das vorgegebene Ziel erreicht.[996] Die Anknüpfung an den mit der Maßnahme verfolgten Zweck hat zwar den Nachteil, dass die Effektivität nicht immer leicht zu bestimmten ist. Das wird etwa bei gesetzlichen Regelungen der Fall sein, die auf eine langfristige Wirkung abzielen, oder bei Änderungen im Verfahrensrecht, bei denen die erstrebten Effektivitätsgewinne erst nach einer langen Übergangsphase zu erwarten sind. Der Vorteil besteht aber darin, dass sich wegen der Anknüpfung an den Zweck die gesamte staatliche Tätigkeit unter Effektivitätsgesichtspunkten untersuchen lässt. Staatliches Handeln muss stets zweckbezogen sein. Zweckfreie staatliche Maßnahmen, mit denen ein Eingriff in subjektive Rechte verbunden ist, sind als Verstoß gegen den Grundsatz der Verhältnismäßigkeit rechtswidrig. Dieser setzt als Bezugspunkt staatlichen Handelns in allen Fällen die Verfolgung eines verfassungslegitimen Zwecks voraus.[997]

Zur Bestimmung der Effektivität einer staatlichen Maßnahme ist daher zunächst der mit ihr verfolgte Zweck zu ermitteln. Der parlamentarische Gesetzgeber hat bei der Wahl der Zwecke den weitesten Spielraum. Er kann innerhalb des vom Grundgesetz vorgegebenen Rahmens die Gesetzeszwecke selbst bestimmen.[998] Ob diese Zwecke erreicht werden, hängt – wie gezeigt – unter anderem davon ab, ob das Gesetz akzeptiert wird.[999] Die Verwaltung ist an die vom Gesetzgeber festgelegten Zwecke gebunden und hat diese durchzusetzen. Ob das im Einzelfall gelingt, hängt unter anderem vom Widerstand unzufriedener Bürger ab. Relativ wenig Beachtung hat bislang die Effektivität der rechtsprechenden Tätigkeit gefunden. Auch

---

ten, sondern auch dann, wenn möglichst viele Menschen die Chancen ausschöpfen, die ihnen das Recht bietet, siehe *ders.*, Rechtssoziologie, 250 f.

996 So auch *Pitschas*, GVerwR II, § 42 Rn. 158; *Bredemeier*, Kommunikative Verfahrenshandlungen im deutschen und europäischen Verwaltungsrecht, 268; *Karpen*, Gesetzgebungslehre – neu evaluiert, 43; *Hoffmann-Riem*, in: ders./Schmidt-Aßmann (Hrsg.), Effizienz als Herausforderung an das Verwaltungsrecht, 17: „Grad der Verwirklichung des normativen Programms“; *Zippelius*, Grundbegriffe der Rechts- und Staatssoziologie unterscheidet diesbezüglich von der (kausalitätsabhängigen) „Wirksamkeit im engeren Sinn“ und der (zweckabhängigen) „Wirksamkeit im weiteren Sinn“.

997 *Grzeszick*, in: Maunz/Dürig, GG, Art. 20, VII, Rn. 111.

998 Ebenda.

999 Siehe zur Akzeptanz als Geltungsgrund von Normen *Wesche*, in: Bäcker/Baufeld (Hrsg.), Objektivität und Flexibilität im Recht, 75.

Gerichtsurteile können indes mehr oder weniger effektiv sein. Der Zweck von Rechtsprechung ist nicht lediglich akzessorisch zum Zweck der jeweils anzuwendenden und durchzusetzenden Rechtsnormen. Ein zentraler Zweck von Rechtsprechung ist die gesellschaftliche Friedensfunktion,[1000] die mehr oder weniger gut erfüllt werden kann. Schließlich werden die Gerichte auch rechtsgestaltend tätig. Die mit rechtsgestaltenden Urteilen verfolgten Zwecke können ebenso verfehlt werden wie die Zwecke eines parlamentarischen Gesetzes.[1001]

(2.) Grundrechtlich gebotene Effektivität

Mit einem an den Zwecken staatlichen Handelns ausgerichteten Effektivitätsbegriff lässt sich die Frage nach dem Verfassungswert der Effektivität staatlichen Handelns nun leichter formulieren. Misst die Verfassung der wirksamen Erreichung der den staatlichen Stellen aufgegebenen und mit einer konkreten Maßnahme verfolgten Zwecke einen eigenen Wert bei? Die dogmatische Verankerung des Effektivitätsgebots für staatliches Handeln ist uneinheitlich. Es bestehen Unterschiede zwischen den einzelnen Bereichen staatlichen Handelns.

Wo dem Staat subjektive Rechtspositionen gegenüberstehen, ergibt sich das Gebot zu effektivem Staatshandeln aus den jeweiligen subjektiv-öffentlichen Rechten. Das betrifft insbesondere den gesamten Bereich der grundrechtlichen Schutzpflichten. In Artt. 3 Abs. 2 Satz 2, 6 Abs. 4, Abs. 5 GG finden sich ausdrückliche Verpflichtungen der Staatsgewalt zum proaktiven Grundrechtsschutz. Darüber hinaus wird aus der in den Grundrechten verkörperten objektiven Wertordnung die Pflicht des Staates gefolgert, bei der Rechtssetzung und -anwendung für ein ausreichendes Maß an Schutz für die Grundrechtsträger zu sorgen.[1002] Wenn die Staatsgewalt diese ihr anvertraute Aufgabe nicht effektiv erfüllt, kommt das einer Nichterfüllung

---

1000 *Hillgruber*, in: Maunz/Dürig, GG, Art. 92 Rn. 8 f.

1001 Dies wird insbesondere an den Entscheidungen des BVerfG deutlich, dem in dieser Hinsicht ein besonders weiter Spielraum zukommt. So werden etwa die in den Bundesländern sehr unterschiedlichen Abtreibungsquoten darauf zurückgeführt, dass Bürger die vom BVerfG in der Abtreibungsentscheidung BVerGE 88, 203 entwickelten Vorgaben zu umgehen versuchen. Vgl. dazu *Schulze-Fielitz*, in: Schuppert/Bumke (Hrsg.), BVerfG und gesellschaftlicher Grundkonsens, 141.

1002 *Di Fabio*, in: Maunz/Dürig, GG, Art. 2 Rn. 61 m.w.N.; siehe dazu grundlegend BVerfGE 39, 1, 41.

der Aufgabe gleich. Grundrechtsschutz muss sich an den tatsächlichen Ergebnissen messen lassen.

Der Gesetzgeber hat bei der Ausgestaltung der von ihm erlassenen Gesetze einen großen Spielraum. Er entscheidet eigenständig darüber, welche Maßnahmen zur wirksamen Erreichung der von der Verfassung vorgegebenen Zwecke dienlich und geboten sind.[1003] Wo er nicht durch staatliche Schutzpflichten gebunden ist, kann der Gesetzgeber die Zwecke der von ihm ergriffenen Maßnahmen im Rahmen der verfassungsmäßigen Ordnung selbst bestimmen. Er hat aber sicherzustellen, dass die Gesetze zum Vollzug geeignet sind und von Verwaltung und Rechtsprechung tatsächlich angewendet werden können.[1004] Ein Gesetz, das die jeweiligen Vollzugsorgane wegen zu erwartender Akzeptanzprobleme vor schwer lösbare Aufgaben stellt, wird notwendigerweise den Gesetzeszweck verfehlen. Es würde daher ohne rechtfertigenden Nutzen die Freiheit der Adressaten einschränken. Desweiteren würde der Gesetzgeber die Lösung gesellschaftlicher Konflikte auf die zweite und dritte Gewalt abwälzen, obwohl dazu jedenfalls in grundrechtssensiblen Bereichen in erster Linie er selbst berufen ist.[1005]

Die öffentliche Verwaltung kann die subjektiven Rechte der Bürger nur schützen und umsetzen, wenn sie funktional und effektiv arbeitet. Das betrifft längst nicht nur Bereiche, in denen staatliche Schutzpflichten umgesetzt werden, wie etwa im Polizeirecht.[1006] Auch die vom Gesetzgeber eingeräumten Ansprüche auf begünstigende Verwaltungsakte und sonstige Leistungen würden ins Leere laufen, wenn die Behörden die entsprechenden Anträge nicht in angemessener Zeit bearbeiten und umsetzen können. Die Grundrechte haben neben den materiellrechtlichen Inhalten daher, wie das BVerfG wiederholt betont hat, auch einen prozeduralen Gewährleistungsgehalt.[1007] Ohne eine funktionsfähige Verwaltung, die die Rechte der Bürger bewahrt und durchsetzt, würden viele Rechtspositionen faktisch entwertet. Das Bundesverwaltungsgericht erkennt daher das „Prinzip

1003 Vgl. BVerfGE 56, 54, 80 f.; 77, 170, 214 f.; 79, 174, 202. Siehe zur Justiziabilität der Unterlassung gebotener Schutzmaßnahmen *Klein*, JuS 2006, 960 ff.

1004 *Burghart*, Die Pflicht zum guten Gesetz, 119 ff.

1005 *Kunig*, Das Rechtsstaatsprinzip, 397.

1006 Hier steht die gebotene Effektivität staatlichen Handelns im Zusammenhang mit dem sogenannten „Untermaßverbot". Siehe dazu *Grzeszick*, in: Maunz/Dürig, GG, Art. 20, VII, Rn. 126 ff. sowie *Klein*, JuS 2006, 960 ff. m.w.N.

1007 Siehe zum Grundrechtsschutz durch Verfahren BVerfGE 53, 30, 65 sowie *Goerlich*, NJW 1981, 2616, jeweils m.w.N.

der Verwaltungseffizienz“[1008] als verfassungsrechtlichen Grundsatz an. Auch in der verwaltungsrechtlichen Literatur wird die Frage nach dem Verfassungswert der Effektivität rege diskutiert und in aller Regel bejaht.[1009]

Die Dritte Gewalt muss sich an besonderen Effektivitätsanforderungen messen lassen. Die Gerichte haben gemäß Artt. 19 Abs. 4, 20 Abs. 3 GG die Pflicht, effektiven Rechtsschutz gegenüber der öffentlichen Gewalt zu gewähren.[1010] Bei der Durchsetzung der Privatrechtsordnung sowie beim Rechtsschutz gegen Akte der öffentlichen Gewalt, die nicht von Art. 19 Abs. 4 GG umfasst werden,[1011] greift der subsidiäre Justizgewährungsanspruch ein.[1012] Auch dieser Anspruch geht über den bloßen Zugang zu den Gerichten hinaus und garantiert wirkungsvollen, also tatsächlich effektiven Rechtsschutz.[1013] Die effektive Aufgabenerfüllung der Rechtspflege wird durch die Institutsgarantie in Art. 92 GG, die Garantie der richterlichen Unabhängigkeit in Art. 97 GG und besondere Verfahrensverbürgungen wie das Erfordernis rechtlichen Gehörs aus Art. 103 Abs. 1 GG abgesichert. Darüber hinaus haben die Gerichte den Auftrag, den von der Verfassung und dem einfachen Recht vorgegebenen Zwecken bei der Rechtsanwendung zur Wirksamkeit zu verhelfen. Das geschieht in erster Linie durch die Möglichkeit der Auslegung nach Sinn und Zweck der Norm, der teleologischen Auslegung.

1008 BVerwGE 61, 82, 116; nach dem in dieser Arbeit zugrunde gelegten Definition müsste es „Verwaltungseffektivität“ heißen. Ausführlich zum Grundsatz der Funktionsfähigkeit der Verwaltung *Kugelmann*, Die informatorische Rechtsstellung des Bürgers, 73 ff., 326 f. sowie *Kunig*, Das Rechtsstaatsprinzip, 438 ff.

1009 Vgl. *Pitschas*, GVerwR II, § 42 Rn. 159 f.; *Pünder*, in: Ehlers/ders. (Hrsg.), Allgemeines Verwaltungsrecht, § 13 Rn. 12 ff.; *Hoffmann-Riem*, in: ders./Schmidt-Aßmann (Hrsg.), Effizienz als Herausforderung an das Verwaltungsrecht, 19; *Kugelmann*, Die informatorische Rechtsstellung des Bürgers, 74; *Bredemeier*, Kommunikative Verfahrenshandlungen im deutschen und europäischen Verwaltungsrecht, 269; kritisch *Leisner*, Effizienz als Rechtsprinzip, 44 ff.

1010 Siehe dazu *Kunig*, Das Rechtsstaatsprinzip, 441 ff.

1011 Dazu zählt zum Beispiel der Bereich des Vergaberechts, siehe BVerfG, NJW 2006, 3702.

1012 Vgl. BVerfGE 107, 395, 404; siehe zum Verhältnis des allgemeinen Justizgewährleistungsanspruchs zur Durchsetzung subjektiver Rechte zum speziellen Gewährleistungsanspruch nach Art. 19 Abs. 4 GG *Papier*, HStR VIII, § 176 Rn. 5.

1013 *Papier*, HStR VIII, § 176 Rn. 18 ff.

(3.) Rechtsstaatlich gebotene Effektivität

Neben der subjektivrechtlich gebotenen Effektivität werden in Rechtsprechung und Literatur objektivrechtliche Maßstäbe für die Verortung eines Effektivitätsgebots geltend gemacht, so etwa die Gewaltentrennung aus Art. 20 Abs. 2, 3 GG[1014] oder das Sozialstaatsprinzip.[1015] Ferner wird das Rechtsstaatsprinzip herangezogen, um Effektivitätserfordernisse zu begründen.[1016] Das Rechtsstaatsprinzip unterstützt die im vorangegangenen Abschnitt genannten grundrechtlichen Effektivitätserfordernisse.[1017]

Die Verfassungsentscheidung für den Rechtsstaat hat eine zentrale Bedeutung für die Struktur des gesellschaftlichen Zusammenlebens und dessen Konfliktlösungsmechanismen:[1018] Beides soll nach Maßgabe des Rechts vonstattengehen, also nach Maßgabe einer verbindlichen, rationalen Ordnung, die der Staat bereitzustellen hat, die ihn selbst bindet und für deren Einhaltung durch Private er notfalls mit Hilfe seines Gewaltmonopols zu sorgen hat.[1019] Neben der Kontrolle und Mäßigung staatlicher Gewaltausübung durch das Recht[1020] zielt der Rechtsstaat auf Rechtssicherheit, also auf die Gewährleistung von Sicherheit des Rechts und Sicherheit durch das Recht. Auf diese Weise soll der Freiheitsbereich des Einzelnen vor unzulässigen Eingriffen durch den Staat und durch sonstige Dritte abgeschirmt werden. Wenn die Rechtsordnung die auftretenden Konflikte

---

1014 Vgl. *Kugelmann*, Die informatorische Rechtsstellung des Bürgers, 74.

1015 Vgl. *Seibel*, VerwArch 74 (1983), 325 ff.

1016 Vgl. *Pitschas*, GVerwR II, § 42 Rn. 159.

1017 So können die dort genannten Ansprüche auf Justizgewährleistung und auf effektiven Rechtsschutz gegen die öffentliche Gewalt etwa sowohl aus dem Rechtsstaatsprinzip als auch aus den jeweils geltend gemachten subjektiven Gewährleistungen abgeleitet werden. Siehe dazu *Papier*, HStR VIII, § 176 Rn. 5; kritisch *Kunig*, Das Rechtsstaatsprinzip, 441 ff.

1018 Der Konflikt ist hier nicht als offen ausgetragene Auseinandersetzung zu verstehen, sondern umfasst jeden Fall konkurrierender und kollidierender Interessen. Durch den Interessenkonflikt entsteht erst der Bedarf für eine – rechtliche wie außerrechtliche – Norm. Siehe *Stein/Frank*, Staatsrecht, 218: „Alle Rechtsnormen dienen der Ordnung des menschlichen Zusammenlebens. Ein Ordnungsbedürfnis besteht nur für Konfliktsfälle. So enthalten alle Rechtssätze Maßstäbe für die Entscheidung von Konflikten im Zusammenleben der Menschen."
Normen lassen sich von den *Konventionen* abgrenzen, die im gegenseitigen Interesse entstehen und für deren Durchsetzung es in aller Regel keiner hoheitlichen Gewalt bedarf. Siehe dazu *Wesche*, Gegenseitigkeit und Recht, 39 ff.

1019 *Schmidt-Aßmann*, HStR II, § 26 Rn. 21 f.

1020 Siehe dazu bereits oben B.I.2.d.cc.(1.).

nicht allgemeinverbindlich lösen kann, löst sie auch den rechtsstaatlichen Anspruch nicht ein, Sicherheit in allen Lebensbereichen zu schaffen.[1021] Die entstehende Lücke würde die Gesellschaft mit anderen Normen füllen, die nicht notwendigerweise den grundgesetzlichen Maßstäben entsprechen müssen. Zu denken ist dabei etwa an die Zunahme der Selbstjustiz für den Fall, dass der Staat sein Strafmonopol nicht effektiv ausfüllt.[1022]

Das Recht ist das zentrale Ordnungsmittel des Rechtsstaates und muss als solches mit einer „Verwirklichungsgarantie" ausgestattet sein.[1023] Nur der Staat hat die Mittel an der Hand, diesen Anspruch des Rechts durchzusetzen. Er hat eine Garantenstellung für das Recht inne und hat demnach die Aufgabe, dem Recht als zentralem Ordnungsmittel des Rechtsstaates zur tatsächlichen Geltung zu verhelfen. Nur wenn das Recht neben seiner normativen Geltung auch ein gewisses Mindestmaß an faktischer Geltung aufweist, ist es dem Einzelnen möglich, sein Leben daran auszurichten.[1024] Rechtssicherheit beruht nicht auf „law in the books", sondern auf „law in action".[1025] Der Bürger kann nur dann ruhigen Gewissens Verträge schließen, wenn er weiß, dass er die vertragliche Gegenleistung zur Not mit staatlicher Hilfe auf dem Rechtsweg einfordern kann. Er kann sich nur deshalb ungehindert im öffentlichen Straßenverkehr bewegen, weil der Staat mit einem Sanktionssystem dafür sorgt, dass die übrigen Verkehrsteilnehmer auf der richtigen Straßenseite fahren und die Vorfahrtsregeln achten. Und er kann sein Eigentum nur dann zum Wohle der Gesellschaft einset-

1021 Vgl. *Bredemeier*, Kommunikative Verfahrenshandlungen im deutschen und europäischen Verwaltungsrecht, 241.

1022 Siehe zur rechtsstaatlichen Pflicht des Staates zur Vorhaltung einer effektiven Strafrechtspflege zuletzt BVerfGE 133, 168, 199 f.: „Die verfassungsrechtliche Pflicht des Staates, eine funktionstüchtige Strafrechtspflege zu gewährleisten, umfasst auch die Pflicht, die Durchführung eingeleiteter Strafverfahren und die Vollstreckung rechtskräftig erkannter (Freiheits-)Strafen sicherzustellen. Das Prinzip der Rechtsstaatlichkeit, die Pflicht des Staates, die Sicherheit seiner Bürger und deren Vertrauen in die Funktionsfähigkeit der staatlichen Institutionen zu schützen, […] erfordern grundsätzlich, dass der Strafanspruch durchgesetzt, also auch eingeleitete Verfahren fortgesetzt und rechtskräftig verhängte Strafen vollstreckt werden.".

1023 So *Gostomzyk*, Die Öffentlichkeitsverantwortung der Gerichte in der Mediengesellschaft, 102 mit Verweis auf *Paul Kirchhof*; siehe zur Legitimation des Staates aus ebendieser Gewährleistungsfunktion *Maihofer*, in: Achterberg/Krawietz (Hrsg.), Legitimation des modernen Staates, 30 ff.

1024 *Herzog*, in: Rüthers/Stern (Hrsg.), Freiheit und Verantwortung im Verfassungsstaat, 128.

1025 *Pound*, American Law Review 44 (1910), 12 ff.; *Pichler/Giese*, Rechtsakzeptanz, Bd. 1, 424.

zen, wenn er es nicht vor Dritten verstecken muss, weil eine funktionierende Strafrechtspflege die Mitbürger im absoluten Regelfall von Raub und Diebstahl abhalten wird. Zu den Aufgaben des Rechtsstaates gehört es daher, Einrichtungen und Instrumente vorzuhalten, die die Einhaltung des Rechts im Einzelfall sicherstellen können.[1026] Auch wenn es vor dem Hintergrund der geschichtlichen Entwicklung des Rechtsstaats europäischer Prägung[1027] paradox klingen mag: Der demokratische Rechtsstaat kann ein gewisses Maß an Autorität nicht entbehren.[1028] Er bedarf insbesondere einer „schlagkräftigen" Verwaltung[1029] und einer funktionierenden Rechtspflege, um den Gesetzen zur effektiven Geltung zu verhelfen und Vollzugsdefizite zu vermeiden.

Die Akzeptanz staatlicher Entscheidungen gewinnt vor diesem Hintergrund eine besondere Bedeutung für die Rechtsstaatlichkeit. Wie bereits dargestellt, kann der Staat das Recht zwar mit Befehl und Zwang durchsetzen – er kann dies aber nur im Einzelfall. Der freiheitliche Staat ist deshalb darauf angewiesen, dass die Bürger das Recht im Regelfall freiwillig befolgen.[1030] Für den Rechtsgehorsam ist, wie eingangs gezeigt wurde, unter anderem die Akzeptanz der betroffenen staatlichen Entscheidungen maßgeblich. Daraus folgt, dass die Einstellung der Bürger zum Recht eine der wesentlichen Bedingungen für die Rechtsgeltung und den Rechtsfrieden und somit für die rechtsstaatliche Hauptfunktion des Rechts ist.[1031] Wenn dem materiellen Rechtsstaat der Spagat gelingen soll, als Garant des Rechts für dessen Verbindlichkeit zu sorgen, dies aber unter möglichst geringem Einsatz von Gewalt gegen die Bürger zu tun, muss er die Bürger von seinen

---

1026 So *Schmidt-Jortzig*, NJW 1994, 2571 für ein effektives Gerichtswesen als „Kernstück des Rechtsstaatsprinzips nach dem Grundgesetz".

1027 Siehe dazu oben B.I.2.d.cc.(1.).

1028 *Stern*, Das Staatsrecht der Bundesrepublik Deutschland, Bd. 1, 619; *Isensee*, DÖV 1983, 570; *Schürmann*, Öffentlichkeitsarbeit der Bundesregierung, 153.

1029 Vgl. *Broß*, in: Philipps/Wittmann (Hrsg.), Rechtsentstehung und Rechtskultur, 156.

1030 *Herzog*, in: Rüthers/Stern (Hrsg.), Freiheit und Verantwortung im Verfassungsstaat, 128.

1031 *Würtenberger*, in: Pichler (Hrsg.), Rechtsakzeptanz und Handlungsorientierung, 307. Siehe zur Akzeptanz als Bedingung der Rechtsgeltung ferner *Hill*, JZ 1988, 377; *Kloepfer*, HStR III, § 42 Rn. 29; *Gostomzyk*, Die Öffentlichkeitsverantwortung der Gerichte in der Mediengesellschaft, 114f.; *Würtenberger*, Die Akzeptanz von Verwaltungsentscheidungen, 57; *ders.*, in: Hof/Schulte (Hrsg.), Wirkungsforschung zum Recht, Bd. 3, 207; *ders.*, in: Soziale Integration, 1999, 382f.

Entscheidungen überzeugen und Akzeptanzdefizite nach Möglichkeit verhindern.[1032]

Nun lässt sich einwenden, dass eine sich wandelnde gesellschaftliche Stimmungslage doch das Rechtsstaatsprinzip nicht in Frage stellen könne.[1033] Auf den Einzelfall beschränkt ist dies sicher richtig. Einen besonderen Konnex zur Effektivität des Rechts als rechtsstaatlichem Desiderat gewinnt die Akzeptanz aber durch ihre gesellschaftliche Dynamik. Ein Mangel an Akzeptanz hat eine Multiplikatorenwirkung, die die faktische Geltung staatlicher Entscheidungen sehr schnell außer Kraft setzen kann. Wo willentlich und wissentlich das Recht missachtet wird, wird eine der wesentlichen Geltungsbedingungen sozialer Normen angegriffen: das Prinzip der Gegenseitigkeit.[1034] Normen, die den persönlichen Freiheitsbereich einschränken, werden anerkannt, weil und wenn man dies auch von Dritten erwarten kann.[1035] Sobald aber offensichtlich wird, dass sich Einzelne über die Norm hinwegsetzen können, ohne rechtliche oder soziale Sanktionen zu befürchten zu haben, sinkt auch die eigene Motivation zum Rechtsgehorsam. Wie die sogenannten „Kavaliersdelikte" zeigen,[1036] können nicht sanktionierte Rechtsverstöße sehr schnell eine Spirale der Rechtsnichtbefolgung hervorrufen. Ein aktuelles Beispiel für einen solchen Bereich ist das Urheberrecht im Internet. Über die ersten 15 Jahre seiner allgemeinen Verbreitung hinweg galt das Internet gemeinhin als „rechtsfreier Raum", in dem urheberrechtlich geschützte Werke bedenkenlos ohne Einwilligung des Rechtsinhabers kopiert und verbreitet werden konnten. Nun, da die Politik auf den wachsenden Druck der Verwertungsgesellschaften und der internationalen Vertragspartner zunehmend versucht, das Urheberrecht auch hier durchzusetzen, hat sie mit großen Widerständen aus der Gesellschaft zu kämpfen. Von einer „effektiven" Durch-

---

1032 *Krüdewagen*, Die Selbstdarstellung des Staates, 48.

1033 In diese Richtung etwa *Krawietz*, in: Haney/Maihofer/Sprenger (Hrsg.), Recht und Ideologie, 104 ff. demzufolge der juristische Verbindlichkeitsanspruch des Rechts von allen nicht-rechtlichen Einflüssen freigestellt werden sollte.

1034 Siehe dazu grundlegend *Wesche*, Gegenseitigkeit und Recht, 46 ff.

1035 *R. Schmidt*, in: FS Würtenberger, 398; *Wesche*, Gegenseitigkeit und Recht, 355.

1036 Als Beispiele solcher bewusst illegaler, aber dennoch weit verbreiteter und in gewissem Maße „sozial akzeptierter" Handlungen gelten das Schwarzfahren, der Diebstahl geringwertiger Arbeitsmittel oder das zu schnelle Fahren. Siehe dazu etwa *Würtenberger*, Zeitgeist und Recht, 125 f.; *Kirchhof*, in: ders./Scholz/Werthebach (Hrsg.), Die Akzeptanz des Rechtsstaates, 23 f.; *Gostomzyk*, Die Öffentlichkeitsverantwortung der Gerichte in der Mediengesellschaft, 115.

setzung des Urheberrechts im digitalen Bereich kann längst noch keine Rede sein.

Die effektive Umsetzung staatlicher Entscheidungen steht nach alledem im Zusammenhang mit dem Rechtsstaatsprinzip in seiner Ausprägung der Sicherheit und Verlässlichkeit des Rechts. Das betrifft nicht nur die effektive Geltung von Gesetzen. Auch öffentlich-rechtliche Verträge, bei denen die Behörde ihre vertraglichen Pflichten aufgrund öffentlicher Proteste nicht einhalten kann, widersprechen der Rechtsbindung des Staates. Die Vergabe der Nutzungsrechte für Bahnstrecken und kommunale Flächen im Falle des Bahnprojektes „Stuttgart 21“ sind etwa aufgrund der protestbedingten Verzögerungen für einen Teil der Vertragsdauer bereits hinfällig geworden.[1037]

Ein Mangel an Akzeptanz und die daraus resultierende mangelnde Rechtsbefolgung können somit zum Problem für die Rechtssicherheit als Kernelement des Rechtsstaats werden.[1038] Dies gilt jedenfalls dann, wenn Akzeptanz- und Befolgungsdefizite derart geballt auftreten, dass der Staat das Recht selbst unter Inanspruchnahme des Gewaltmonopols nicht mehr effektiv durchsetzen kann. Dabei ist die Wechselwirkung zwischen Akzeptanz und Rechtseffektivität zu beachten: Ebenso wie die mangelnde Akzeptanz die Wahrscheinlichkeit mindert, dass der Einzelne sich gesetzeskonform verhält, wirkt auch der Grad der gesellschaftlichen Rechtstreue auf die individuelle Einstellungsbildung zurück. In der Staatslehre und der Rechtssoziologie wurde mehrfach zu Recht darauf hingewiesen, dass die mangelnde Durchsetzung rechtlicher Ge- und Verbote auf Dauer die Bereitschaft zum Rechtsgehorsam mindern kann.[1039] „Kavaliersdelikte“, symbolische Gesetze und sonstiges ineffektives Recht bergen die Gefahr, dass der Rechtsstaat nicht mehr als Autorität ernst genommen wird.

1037 Siehe zu den zwischen der Deutschen Bahn AG, der Bundesrepublik Deutschland, dem Land Baden-Württemberg, der Stadt Stuttgart und den übrigen Projektbeteiligten geschlossenen Verträgen und sonstigen Vereinbarungen VG Stuttgart, Urteil v. 17.07.2013, Az. 7 K 4182/11, Rn. 3 ff. (juris).

1038 Vgl. *Kirchhof*, Verwalten durch „mittelbares“ Einwirken, 177; *Schürmann*, Öffentlichkeitsarbeit der Bundesregierung, 156; *Gostomzyk*, Die Öffentlichkeitsverantwortung der Gerichte in der Mediengesellschaft, 102.

1039 Vgl. etwa *Zippelius*, Grundbegriffe der Rechts- und Staatssoziologie, 99; *Herzog*, in: Rüthers/Stern (Hrsg.), Freiheit und Verantwortung im Verfassungsstaat, 138; *Röhl*, Rechtssoziologie, 257; *Broß*, in: Philipps/Wittmann (Hrsg.), Rechtsentstehung und Rechtskultur, 155 f.

(4.) Zwischenergebnis

Die genannten Ansatzpunkte verdichten sich zu einem einheitlichen Rechtsprinzip der Effektivität staatlichen Handelns.[1040] Die durch das Grundgesetz vorgezeichnete und durch den Gesetzgeber auszugestaltende Rechtsordnung legt den Kreis der legitimen Zwecke staatlichen Handelns fest und bestimmt dabei zugleich diejenigen Aufgaben, zu deren Erfüllung der Staat gegenüber dem Souverän verpflichtet und verantwortlich ist. Mit dieser Verpflichtung geht die Erwartung einher, dass die ergriffenen Maßnahmen effektiv sind, dass die Aufgabe also erfüllt werden kann.[1041] Das so verstandene Effektivitätsgebot ist kein Selbstzweck,[1042] sondern knüpft an die übrigen Handlungspflichten des Staates an. Diese Pflichten werden wiederholt und bestätigt.[1043] Mit jeder einem staatlichen Organ anvertrauten Aufgabe ist die Pflicht verbunden, für die tatsächliche Geltung und Wirksamkeit der daraufhin ergriffenen Maßnahmen zu sorgen. Dazu gehört es, die Vollziehbarkeit[1044] und den Vollzug staatlicher Entscheidungen sicher zu stellen. Ferner gehört dazu, Vorsorge gegenüber nachträglichen Entwicklungen zu treffen, die die Wirksamkeit einer Maßnahme in Frage stellen können.[1045]

Das Prinzip wird durch die einfache Rechtsordnung ausgestaltet, etwa durch das Verwaltungsverfahrensrecht,[1046] durch den strafrechtlichen

---

1040 Vgl. für den Bereich der Verwaltung *Pitschas*, GVerwR II, § 42 Rn. 159; *Pünder*, in: Ehlers/ders. (Hrsg.), Allgemeines Verwaltungsrecht, § 13 Rn. 12 ff.

1041 *Kunig*, Das Rechtsstaatsprinzip, 441 zieht zur Begründung des so verstandenen Effektivitätsgebotes die verfassungsrechtliche Institutionalisierung der einzelnen Staatsgewalten hinzu: „Die verfassungskräftige Einrichtung [...] impliziert den Willen der Verfassung, dass diese ihrer Aufgabenzuweisung gerecht werden mögen." Siehe für das Verwaltungsrecht *Pünder*, in: Ehlers/ders. (Hrsg.), Allgemeines Verwaltungsrecht, § 13 Rn. 13: „sachgerechte Aufgabenerfüllung".

1042 Diesen Gesichtspunkt betont *Häberle*, AöR 98 (1973), 631, jedoch mit abweichender Terminologie („Effizienz"), unter Rekurrenz auf *Leisner*, Effizienz als Rechtsprinzip.

1043 *Bredemeier*, Kommunikative Verfahrenshandlungen im deutschen und europäischen Verwaltungsrecht, 269.

1044 Siehe zum Gebot der Vollzugstauglichkeit im Verwaltungsrecht *Pitschas*, GVerwR II, § 42 Rn. 168 ff.

1045 *Pitschas*, GVerwR II, § 42 Rn. 167.

1046 Siehe zur Umsetzung des Verfassungsprinzips der Effektivität durch Verwaltungsverfahren *Pünder*, in: Ehlers/ders. (Hrsg.), Allgemeines Verwaltungsrecht, § 13 Rn. 14 sowie *Bredemeier*, Kommunikative Verfahrenshandlungen im deutschen und europäischen Verwaltungsrecht, 269 ff.

Schutz der Funktionsfähigkeit staatlicher Institutionen[1047] oder durch Eingriffsermächtigungen zum Schutz der „öffentlichen Sicherheit", die auch den Schutz der Einrichtungen und Veranstaltungen des Staates umfassen.[1048] Der Bezugspunkt dieses Prinzips ist jedoch verfassungsrechtlich begründet. Der Schutz der Effektivität staatlichen Handelns kann daher auch zur Legitimation von staatlicher Öffentlichkeitsarbeit beitragen.[1049]

cc. Effizienz staatlichen Handelns

Ein weiterer Begriff, der eng mit der Akzeptanz staatlicher Entscheidungen verknüpft ist und in manchen Arbeiten gerade als Ziel staatlicher Öffentlichkeitsarbeit formuliert wird,[1050] ist die Effizienz staatlichen Handelns. Es handelt sich dabei erneut um einen Begriff, der in der Verfassung nicht vorkommt und zu dem es mangels einer eindeutigen Definition auch im verfassungsrechtlichen Kontext verschiedene Auslegungen gibt. Manche Autoren verwenden die Begriffe der Effektivität und der Effizienz staatlichen Handelns synonym.[1051] Nach zutreffender Ansicht sind die Begriffe jedoch gerade im Verfassungsrecht streng voneinander zu unterscheiden, da jeweils unterschiedliche rechtliche Bewertungsmaßstäbe zugrunde liegen. Während die Effektivität staatlichen Handelns, wie in vorangegangenen Abschnitt gezeigt, den bloßen Zielerreichungsgrad einer hoheitlichen Maßnahme beschreibt, zielt die Effizienz auf Kriterien der Wirtschaftlichkeit. Effizienz ist das Verhältnis zwischen dem erzielten Ergebnis und den

1047 Siehe dazu *Hefendehl*, Kollektive Rechtsgüter im Strafrecht, 313 ff., 336 ff.

1048 Siehe etwa *Depenheuer*, in: Maunz/Dürig, GG, Art. 8 Rn. 154; zu weiteren Anknüpfungspunkten in der Rechtsordnung siehe *Häberle*, AöR 98 (1973), 625 ff.

1049 Zur Möglichkeit der Berücksichtigung der Effektivität staatlichen Handelns in grundrechtsrelevanten Bereichen siehe BVerwGE 67, 206, 209 f. mit Hinweis auf das „Prinzip der Verwaltungseffizienz".

1050 Vgl. *Leisner*, Öffentlichkeitsarbeit der Regierung im Rechtsstaat, 81; kritisch dazu *Kempen*, Grundgesetz, amtliche Öffentlichkeitsarbeit und politische Willensbildung, 135 ff.

1051 Vgl. *Leisner*, Effizienz als Rechtsprinzip sowie die Rezension von *Häberle*, in: AöR 98 (1973), 625 ff. sowie *Lücke*, Begründungszwang und Verfassung, 85 f. m.w.N.; vgl. auch BVerwGE 67, 206, 209 f. mit dem – nach der hier zugrundegelegten Definition irreführenden – Hinweis auf das „Prinzip der Verwaltungseffizienz".

dafür aufgewendeten Mitteln.[1052] Eine Tätigkeit ist in dieser Hinsicht effizient, wenn sie einerseits das angestrebte Ziel fördert und andererseits den dafür erforderlichen Aufwand möglichst gering hält (Minimalprinzip) oder mit den jeweils verfügbaren Ressourcen den größtmöglichen Erfolg erzielt (Maximalprinzip).[1053]

In der wirtschaftlichen Betrachtungsweise, die der Begriff der Effizienz ermöglicht, erhellt sich in den Augen vieler Autoren die besondere Bedeutung der Akzeptanz staatlicher Entscheidungen. „Verbesserte Akzeptanz", heißt es, verringere „die Kosten der Durchsetzung" staatlicher Entscheidungen.[1054] Das leuchtet nach dem eingangs dargestelleten Zusammenhang zwischen der Einstellung und dem Verhalten der Adressaten staatlicher Maßnahmen ein. Bei Bürgern, die eine staatliche Entscheidung akzeptieren, besteht eine geringere Wahrscheinlichkeit dafür, dass sie die Entscheidung mit Rechtsbehelfen angreifen und dadurch für den Staat zusätzliche Kosten verursachen werden.[1055] Auch zeit- und ressourcenaufwändige außergerichtliche Verfahren wie Zweitbefassungen und Gegenvorstellungen werden vermieden, wenn die Bürger die an sie ergangenen Entscheidungen akzeptieren und eine Überprüfung für entbehrlich halten.[1056] Vollstreckungsmaßnahmen werden in den meisten Fällen nicht nötig sein. Ziviler Ungehorsam, aufsehenerregender Protest und die Einnahme sonstiger „gesellschaftlicher Vetopositionen"[1057] sind bei allgemein akzeptierten Entscheidungen weniger wahrscheinlich. Dadurch werden in den Bereichen Verwaltung und Rechtsprechung wertvolle Ressourcen geschont, die zur Aufgabenerfüllung in anderen Bereichen zur Verfügung stehen.

1052 „Effizienz" ist ein in der Wirtschaftslehre gebräuchlicher Begriff. Die Qualitätsmanagementnorm DIN ISO EN 9000:2005 definiert Effizienz beispielsweise als „Verhältnis zwischen dem erzielten Ergebnis und den eingesetzten Mitteln". Siehe zu vergleichbaren Definitionen aus juristischer Perspektive etwa *Hoffmann-Riem*, in: ders./Schmidt-Aßmann (Hrsg.), Effizienz als Herausforderung an das Verwaltungsrecht, 17 ff.; *Schmidt-Aßmann*, Das allgemeine Verwaltungsrecht als Ordnungsidee, 316 f.; *ders.*, in: Hoffmann-Riem/ders. (Hrsg.) Effizienz als Herausforderung an das Verwaltungsrecht, 246 ff. sowie *Schoch*, HStR III, § 37 Rn. 96 („Prinzip der Ressourcenschonung").

1053 *Bredemeier*, Kommunikative Verfahrenshandlungen im deutschen und europäischen Verwaltungsrecht, 269; *Gröpl*, HStR V, § 121, Rn. 9.

1054 *Pünder*, in: Ehlers/ders. (Hrsg.), Allgemeines Verwaltungsrecht, § 13 Rn. 19.

1055 *Würtenberger*, NJW 1991, 263; *Skouris*, Die Begründung von Rechtsnormen, 53 f.; speziell für das verwaltungsgerichtliche Verfahren *Hamer*, Informatisierung des Verwaltungsprozesses, 102 ff.

1056 *Lücke*, Begründungszwang und Verfassung, 84 f.; *Glück*, Vertrauen und Legitimation durch Bürgerzufriedenheit, 81.

1057 *Würtenberger*, NJW 1991, 263.

Unbestreitbar machen die genannten Aspekte die Akzeptanzförderung zu einem *rechtspolitisch* und *verwaltungspraktisch* gebotenen Anliegen. Wie bereits gezeigt wurde, ist es in erster Linie ein Auftrag an den Gesetzgeber, das einfache (Verfahrens-)Recht so auszugestalten, dass die auf dessen Grundlage ergehenden Entscheidungen für die Adressaten akzeptabel werden.[1058] Im Rahmen dieser Untersuchung ist das allerdings nicht von Relevanz. Es geht allein darum, ob die Effizienz staatlichen Handelns einen eigenständigen Verfassungswert darstellt, der in letzter Konsequenz einen Eingriff in die gesellschaftliche Willensbildungssphäre auch dort rechtfertigen kann, wo der Gesetzgeber die staatlichen Behörden und Organe nicht ausdrücklich dazu ermächtigt hat.

Die Frage nach dem Verfassungswert der Effzienz wird kontrovers diskutiert.[1059] Das Grundgesetz enthält in Art. 114 Abs. 2 Satz 1 GG einen Hinweis auf die rechtliche Relevanz der Effizienz des Staatshandelns. Die „Wirtschaftlichkeit" der Haushaltsführung ist danach einer der Prüfungsmaßstäbe des Bundesfinanzhofs. Der Aussagegehalt dieser Norm ist allerdings begrenzt. In wörtlicher Auslegung betrifft sie nur die Verwaltung, nicht aber die übrigen Staatsgewalten.[1060] Bindende Wirkung soll sie nur im Bereich des staatlichen Binnenrechts entfalten.[1061]

Über den Grundsatz der Wirtschaftlichkeit hinaus wird von einigen Stimmen in der Zusammenschau mit sonstigen Verfassungsnormen ein umfassendes Rechtsprinzip der Effizienz staatlichen Handelns abgeleitet,

1058 Vgl. *Kopp*, Verfassungsrecht und Verwaltungsverfahrensrecht, 202 ff.; *Kugelmann*, Die informatorische Rechtsstellung des Bürgers, 74 f.; *Bredemeier*, Kommunikative Verfahrenshandlungen im deutschen und europäischen Verwaltungsrecht, 268 ff.; siehe zu den Ausprägungen des Effizienzgedankens im einfachen Recht *Hoffmann-Riem*, in: ders./Schmidt-Aßmann (Hrsg.), Effizienz als Herausforderung an das Verwaltungsrecht, 40 ff.

1059 Siehe nur die Berichte von *Wahl* und *Pietzcker* in: VVDStRL 41 (1983), 151 ff. und 193 ff., sowie die Beiträge von *Hoffmann-Riem* und *Schmidt-Aßmann*, in: dies. (Hrsg.), Effizienz als Herausforderung an das Verwaltungsrecht, 9 ff. und 245 ff., jeweils m.w.N.

1060 Siehe zur umstrittenen Frage, ob der aus Art. 114 Abs. 2 GG abgeleitete und darüber hinausgehende Grundsatz der Wirtschaftlichkeit und Sparsamkeit staatlichen Handelns nur für die Exekutive oder auch für die anderen Staatsgewalten gilt *Kube*, in: Maunz/Dürig, GG, Art. 114 Rn. 104 einerseits sowie *Gröpl*, HStR V, § 121 Rn. 18 andererseits.

1061 Vgl. *Hoffmann-Riem*, in: ders./Schmidt-Aßmann (Hrsg.), Effizienz als Herausforderung an das Verwaltungsrecht, 24 m.w.N.

das für alle staatlichen Einrichtungen verbindlich sein soll.[1062] Dafür werden neben den Vorschriften der Haushaltsverfassung unter anderem Art. 20 Abs. 2, Art. 33 Abs. 2 und Abs. 5 GG[1063] oder Art. 14 GG und Art. 1 GG[1064] herangezogen. Der Verfassungswert der Effizienz kann danach ähnlich begründet werden wie der Grundsatz der Effektivität staatlichen Handelns. Dem Staat stehen zur Erfüllung der Aufgaben, die ihm obliegen,[1065] nur begrenzte Ressourcen zur Verfügung. Diese Ressourcen hat er zugunsten des Gemeinwohls effektiv einzusetzen und darf sich daher nicht durch ineffizientes Handeln seiner eigenen sachlichen Grundlagen berauben.[1066] Die Effizienz staatlichen Handelns ist nach dieser Auffassung ein Verfassungsgebot.

Das BVerfG hat sich zu einem solchen Gebot zwar noch nicht ausdrücklich bekannt. Es lässt aber in ständiger Rechtsprechung unter dem Stichwort des „Vorbehalts des Möglichen" den Gesichtspunkt der Effizienz als Grenze von Teilhaberechten zu[1067] und rekurriert dabei auf die Erfordernisse des „gesamtwirtschaftlichen Gleichgewichts" in Art. 109 Abs. 2 GG. Jeder Teilhabeanspruch des Einzelnen sei danach von vornherein auf das beschränkt, „was der Einzelne vernünftigerweise von der Gesellschaft beanspruchen" kann.[1068] Hier wird klar, dass auch das BVerfG von der Tatsache begrenzter Ressourcen ausgeht und ihren Einsatz mit ihrer Zielbestimmung für das Gemeinwohl verknüpft. Nur ein effizienter Staat kann die Gemeinwohlbindung der öffentlichen Mittel aber wirksam einlösen, ohne einen Teil davon – auf Kosten des Gemeinwohls – als Effizienzverlust abzu-

---

1062 Vgl. etwa *Hoffmann-Riem*, in: ders./Schmidt-Aßmann (Hrsg.), Effizienz als Herausforderung an das Verwaltungsrecht, 19 ff.; *Bredemeier*, Kommunikative Verfahrenshandlungen im deutschen und europäischen Verwaltungsrecht, 269 f. mit Fn. 220. Differenzierend *Schmidt-Aßmann*, Das Allgemeine Verwaltungsrecht als Ordnungsidee, 316-318. Kritisch *Pietzcker*, VVDStRL 41 (1983), 196 f. sowie *Britz*, Verw 30 (1997), 209.

1063 Vgl. den Diskussionsbeitrag von *Häberle*, in: VVDStRL 41 (1983), 277.

1064 Vgl. *v. Arnim*, Wirtschaftlichkeit als Rechtsprinzip, 72 ff.

1065 Siehe oben B.III.2.d.bb.

1066 *Hoffmann-Riem*, in: ders./Schmidt-Aßmann (Hrsg.), Effizienz als Herausforderung an das Verwaltungsrecht, 21. Ähnlich *Bredemeier*, Kommunikative Verfahrenshandlungen im deutschen und europäischen Verwaltungsrecht, 269 f.: „Verfassungsfaktizität der beschränkten staatlichen Ressourcen".

1067 Vgl. BVerfGE 33, 303, 333; 43, 291, 313 f.; 87, 1, 34 f.

1068 So BVerfE 33, 303, 333 am Beispiel der Numerus-Clausus-Regelung bei der Vergabe von Studienplätzen. Ähnlich BVerfGE 87, 1, 34 für die staatliche Familienförderung durch finanzielle Leistungen.

schreiben. Es sprechen nach alledem gute Argumente dafür, der Effizienz staatlichen Handelns einen eigenen Verfassungswert beizumessen.[1069]

Der Verfassungsbezug der Effizienz geht im Wesentlichen aus dem staatsrechtlichen Treuhandgedanken hervor.[1070] Der Staat erhält von seinen Bürgern Steuern, Gebühren und Beiträge, um sie zur Erfüllung der Aufgaben einsetzen zu können, die ihm aufgetragen wurden. Mit diesen Mitteln muss er im Gegenzug sorgsam umgehen und darf sie nicht verschwenden oder zweckentfremden. Aus dieser besondere Verknüpfung ergibt sich aber die Grenze des Effizienzprinzips: Es ist streng subsidiär. Es ist dem Staat verwehrt, sich unter Berufung auf die Effizienz über bindende rechtliche Vorgaben hinwegzusetzen.[1071] Das Effizienzprinzip dient allein der Erhaltung und Verbesserung der staatlichen Leistungsfähigkeit zur Erfüllung seiner rechtlichen Verpflichtungen und kann nicht als Rechtfertigung zur Missachtung derselben dienen. Allein dort, wo die Ziele oder die einsetzbaren Maßnahmen nicht verbindlich vorgegeben sind, besteht Raum für Effizienzerwägungen.[1072] Einen Ausnahmefall, in dem eine Behörde ihre eigene Effizienz entgegen bestehender Verpflichtungen ins Feld führen kann, mag der Fall sein, dass sie ansonsten nicht mehr in der Lage wäre, ihre Aufgabe überhaupt zu erfüllen.[1073] In diesem Fall bedroht die mangelnde Effizienz aber die verfassungsrechtlich geschützte Effektivität staatlichen Handelns, so dass es eines Rückgriffs auf ein Effizienzgebot nicht mehr bedarf.

Im Ergebnis lässt sich festhalten, dass die Effizienz staatlichen Handelns zwar verfassungsrechtlich verankert ist, aber dennoch nicht in Betracht kommt, um einen Eingriff in die grundrechtlich geschützte gesellschaftliche Willensbildungssphäre zu legitimieren. Nur wenn andere verfassungsrechtliche Anknüpfungspunkte den Eingriff tragen, kann das Effizienzprinzip verstärkend herangezogen werden. Effizienzgedanken mögen daher die Praxis legitimer staatlicher Öffentlichkeitsarbeit beeinflussen und prägen – die verfassungsrechtliche Legitimation zur Öffentlichkeitsarbeit

1069 Vgl. etwa *Ossenbühl*, NVwZ 1982, 467 ff. sowie *Kugelmann*, Die informatorische Rechtsstellung des Bürgers, 74, die aus dem Verfassungsbezug der Effizienz eine Aufgabe der Verwaltung zu Förderung von Effizienz ableiten; differenzierend *Schenke*, VBlBW 1982, 316 f.

1070 *Pitschas*, GVerwR II, § 42 Rn. 118.

1071 *Hoffmann-Riem*, in: ders./Schmidt-Aßmann (Hrsg.), Effizienz als Herausforderung an das Verwaltungsrecht, 34 f., 56.

1072 *Hoffmann-Riem*, in: ders./Schmidt-Aßmann (Hrsg.), Effizienz als Herausforderung an das Verwaltungsrecht, 19.

1073 Vgl. *Kunig*, Das Rechtsstaatsprinzip, 429.

können sie allerdings nicht begründen. Dafür sind andere legitimierende Gesichtspunkte erforderlich.

dd. Rückwirkung auf den demokratischen Grundkonsens

Eine weitere mittelbare Auswirkung der vorhandenen oder mangelnden öffentlichen Akzeptanz von staatlichen Entscheidungen ist ihre Rückwirkung auf den demokratischen Grundkonsens. Wie bereits gezeigt wurde,[1074] hat die generelle Akzeptanz der Staatsordnung durch die Gesellschaft den Rang einer Verfassungsvoraussetzung. Zu einem gewissen Grad kann die Akzeptanz von Einzelentscheidungen an diesem verfassungsrechtlichen Status partizipieren. Eine verbreitete Akzeptanz staatlicher Entscheidungen stärkt den Grundkonsens mit der demokratischen Verfassungsordnung, während ein andauernder und weit verbreiteter Mangel an Akzeptanz diesen Konsens gefährden kann.[1075] Aufgrund der verfassungsrechtlichen Pflicht des Staates zur Fürsorge für seine eigenen Voraussetzungen[1076] kommt daher auch der Akzeptanz von Einzelentscheidungen eine Bedeutung zu.

Die vom BVerfG formulierte Aufgabe, den „Grundkonsens lebendig zu halten",[1077] erfüllen staatliche Institutionen unter anderem dadurch, dass sie aktiv die Wesenszüge des Staates vor der Bevölkerung präsentieren. Wenn der Bundespräsident etwa vor der Bundestagswahl in einer Fernsehansprache die Bedeutung der Wahl für das Gelingen der repräsentativen Demokratie erläutert und die Bürger zur Wahl aufruft, wirbt er damit für das Wesen der Demokratie. Allerdings reichen solche punktuellen „Erinnerungen" an den Staat in einer offenen und pluralistischen Gesellschaft nicht aus, um einen dauerhaften Konsens über dessen Grundzüge zu sichern. Dazu sind die konsensbedürftigen Wesenszüge des Staates zu abstrakt. Das Funktionssystem Staat muss sich auch daran messen lassen, ob

---

1074 Siehe oben B.II.2.b.bb.

1075 *Benda*, DÖV 1983, 308; *Würtenberger*, in: Eisenmann/Rill (Hrsg.), Jurist und Staatsbewusstsein, 83 f.; *Kugelmann*, Die informatorische Rechtsstellung des Bürgers, 14; *Morlok*, Was heißt und zu welchem Ende studiert man Verfassungstheorie?, 99 f.; *Lücke*, Begründungszwang und Verfassung, 99; *Bredemeier*, Kommunikative Verfahrenshandlungen im deutschen und europäischen Verwaltungsrecht, 254; *Kischel*, Die Begründung, 60; *Rölle/Drüml*, DÖV 2013, 540.

1076 Siehe zur Pflicht der Förderung von Verfassungsvoraussetzungen *Kirchhof*, in: ders./Scholz/Werthebach (Hrsg.), Die Akzeptanz des Rechtsstaates, 26 ff.

1077 BVerfGE 44, 125, 147. Siehe bereits oben B.II.2.a.

es akzeptable Entscheidungen produziert. Aus der Summe der Erfahrungen, die der Einzelne mit staatlichen Entscheidungen und Institutionen macht, wird er seine Rückschlüsse über die Leistungsfähigkeit des Ganzen ziehen.[1078]

Die Rechtsordnung ist das zentrale Gestaltungsmittel des demokratischen Rechtsstaats. Die allermeisten Bürger kennen das Recht allerdings nicht einmal ansatzweise, insofern das angesichts der Rechtsfülle überhaupt möglich ist. Sie werden ihre Einstellung zu den staatlichen Entscheidungen daher daraus gewinnen, zu welchen Ergebnissen diese in ihrer alltäglichen Erfahrung führen. Im konkreten Urteil oder Verwaltungsakt erwacht das Recht für den Laien zum Leben, gleich ob dieser selbst der Adressat ist oder von Rechtsakten gegenüber Dritten aus den Medien erfährt.[1079] Anhand dieser Eindrücke wird er für sich einige Fragen beantworten: Ist die Rechtsordnung, der ich unterworfen bin, in der Lage, zufriedenstellende Ergebnisse zu produzieren? Wird mein Gerechtigkeitsgefühl enttäuscht oder bestärkt? Kann die Verfassungsrechtsordnung die gesellschaftlichen Konflikte verbindlich lösen oder muss ich mich an anderen Autoritäten orientieren? Den Anspruch als alleinverbindliche Konfliktlösungsordnung kann das Recht nur einlösen, wenn es im Regelfall gelingt, die zentralen gesellschaftlichen Probleme auf eine Art und Weise zu regeln, die die Erwartungen der Mehrheit nicht enttäuscht.[1080] Um den Konsens über ihre wesentlichen Züge zu erhalten, ist die Rechtsordnung somit in gewisser Hinsicht auf ihren eigenen Erfolg angewiesen.[1081]

In welchem Verhältnis stehen nun der demokratische Grundkonsens und die Akzeptanz einzelner Entscheidungen zueinander? Der aufgezeigte Zusammenhang allein verleiht der Akzeptanz von Einzelentscheidungen jedenfalls noch keinen Verfassungsrang. Einzelne Gesetze, Urteile oder Verwaltungsentscheidungen, die auf starke gesellschaftliche Kritik stoßen, stellen noch nicht den Verfassungskonsens in Frage. Ganz im Gegenteil kann der demokratische Diskurs durch Dissens in einzelnen Fragen geradezu belebt werden. Ein gefestigter Konsens entsteht oftmals erst nach der öffentlichen Auseinandersetzung von staatlicher Maßnahme, Kritik und Antikri-

---

1078 *Gramm*, Der Staat 30 (1991), 64; ähnlich mit Bezug auf die Tätigkeit der Verwaltung *Rölle/Druml*, DÖV 2013, 540.

1079 Vgl. *v. Coelln*, Zur Medienöffentlichkeit der Dritten Gewalt, 185.

1080 *Sarcinelli*, in: ders. (Hrsg.), Politikvermittlung und Demokratie in der Mediengesellschaft, 15.

1081 *Morlok*, Was heißt und zu welchem Ende studiert man Verfassungstheorie?, 99f.

tik.[1082] Wie oben gezeigt, ist die Akzeptanz aus diesem und weiteren Gründen kein Kriterium der demokratischen Legitimität einer hoheitlichen Maßnahme.[1083]

Erst wenn die staatlichen Institutionen über eine lange Dauer die Akzeptanz eines großen Teils der Bevölkerung verfehlen, gerät der Grundkonsens in Gefahr. Wenn die Menschen der Auffassung sind, dass der Staat regelmäßig die Aufgaben nicht erfüllt, um deren Willen er verfasst wurde, werden sie den staatstragenden Konsens für die Zukunft verweigern. Diese Aufkündigung hat wiederum gravierende Folgen. Staatstheoretisch gesprochen wird dabei „der die Staatsorgane legitimierende Staatsvertrag gekündigt oder verliert zumindest seine Geschäftsgrundlage".[1084] Wer die Staatsordnung an sich nicht für legitim hält, wird auch die vom Staat getroffenen Entscheidungen ablehnen. Nur auf Basis eines Grundkonsenses lassen sich repräsentativ getroffene Entscheidungen überhaupt legitimieren.[1085]

Die Akzeptanz staatlicher Entscheidungen hat daher einen Bezug zum Demokratieprinzip.[1086] Aus ihr speist sich der Grundkonsens, der Voraussetzung für die demokratische Entscheidungsfindung ist. Dieser Grundkonsens ist nicht statisch, sondern verändert sich mit dem Wandel der Zeiten und der gesellschaftlichen Anschauungen. Daher müssen sich Staat

---

1082 So am Beispiel der besonders konsensbedürftigen Entscheidungen des BVerfG *Schulze-Fielitz*, in: Schuppert/Bumke (Hrsg.), BVerfG und gesellschaftlicher Grundkonsens, 144. Mit dieser „Paradoxie" müsse der demokratische Verfassungsstaat leben.

1083 Siehe oben B.III.2.c.

1084 *Bredemeier*, Kommunikative Verfahrenshandlungen im deutschen und europäischen Verwaltungsrecht, 254.

1085 Die mittelbare Bedeutung der Akzeptanz für die Legitimation des Staates betont *Benda*, Akzeptanz als Bedingung demokratischer Legitimität?, 13 f.: Danach kommt die Akzeptanzbindung der Staatsgewalt in erster Linie durch die Bindung an die Verfassung und den darin verkörperten Grundkonsens zum Ausdruck. Die „Verpflichtung auf den Grundkonsens" sei wiederum „Voraussetzung für gesellschaftliche Akzeptanz". Siehe für den Bereich des Verwaltungsrechts *Würtenberger*, in: Pichler (Hrsg.), Rechtsakzeptanz und Handlungsorientierung, 291: „Eine Verwaltung, die auf die Akzeptanz ihrer Entscheidungen hinwirkt, trägt wesentlich zur Legitimation des politischen Systems insgesamt bei.".

1086 Siehe zum Konsensbezug der Demokratie etwa *Jestaedt*, AöR 126 (2001), 215; *Morlok*, Was heißt und zu welchem Ende studiert man Verfassungstheorie?, 99 f.; *Würtenberger*, Zeitgeist und Recht, 205 f.; *Schliesky*, Souveränität und Legitimität von Herrschaftsgewalt, 173 ff.; *Lücke*, Begründungszwang und Verfassung, 95 ff.; zum Konzept der Demokratie als „government by consent" *Sartori*, The theory of democracy revisited, Bd. 1, 86 ff.

und Gesellschaft stets aufs Neue synchronisieren. Rechtspolitik und -anwendung müssen jedenfalls in groben Zügen mit den gesellschaftlichen Anschauungen übereinstimmen.[1087] Es ist ein dialektischer und dialogischer Prozess erforderlich, der im neueren Konzept der „responsiven Demokratie“ beschrieben wird.[1088] Responsivität verlangt von den Repräsentanten die Orientierung an den Bedürfnissen der Gesellschaft sowie die Fähigkeit, künftige Bedürfnisse zu erkennen und darauf zu reagieren.[1089]

Zur Aufgabe des Staates, den Grundkonsens und somit die Voraussetzungen seiner Verfassung lebendig zu erhalten,[1090] gehört es auch, gravierende Akzeptanzdefizite zu vermeiden. Der Staat darf zwar im Rahmen der Rechtsordnung unpopuläre Entscheidungen treffen – hin und wieder ist das sogar nötig, um noch größere Nachteile für die Bürger zu verhindern. Bei unmittelbar belastenden Entscheidungen hat der Staat die zu erwartenden Akzeptanzdefizite jedoch durch Härteregelungen und akzeptanzfördernde Verfahrensmechanismen abzufedern.[1091] Dazu kann es auch gehören, die getroffenen Entscheidungen vor den Bürgern kommunikativ zu rechtfertigen.[1092] Nur auf die Weise kann es dem Staat auf Dauer gelingen, den Grundkonsens zwischen Repräsentanten und Repräsentierten und somit das „inhaltliche Band der Repräsentation“[1093] aufrechtzuerhalten.

3. Zwischenergebnis

Die Akzeptanz staatlicher Entscheidungen ist kein rechtliches Nullum. Zwar hat die Einstellung der Bürger zu einzelnen staatlichen Maßnahmen

---

1087 *Würtenberger*, Zeitgeist und Recht, 192.

1088 Siehe dazu *Uppendahl*, ZParl 12 (1981), 123 ff.; *Horn*, VVDStRL 68 (2009), 437; *Böckenförde*, HStR III, § 34 Rn. 33 f.

1089 *Böckenförde*, HStR III, § 34 Rn. 33 unter Betonung der besonderen Aufgabe der Repräsentanten, den aktuellen Wünschen der Gesellschaft im Einzelfall im Hinblick auf das Gemeinwohl zu widerstehen; siehe auch *Isensee*, HStR XII, § 254 Rn. 62: Responsivität als „dauerhafte, beidseitige Frage-Antwort-Beziehung“.

1090 *Isensee*, NJW 1977, 551: „Da die materielle Verfassung auf gesellschaftlichen Konsens angewiesen ist, haben alle Staatsorgane die Verpflichtung dafür zu sorgen, dass dieses Fundament der realen Verfassungsgeltung unangetastet bleibt.“.

1091 Vgl. *Lücke*, Begründungszwang und Verfassung, 95 ff., 100.

1092 *Kischel*, Die Begründung, 55; *Lücke*, Begründungszwang und Verfassung, 98.

1093 *Schliesky*, Souveränität und Legitimität von Herrschaftsgewalt, 173.

keinen unmittelbaren Einfluss auf deren Rechtsgültigkeit, deren Rechtmäßigkeit oder deren demokratische Legitimität. Jedoch können die mittelbaren Auswirkungen, die mit einem Mangel an Akzeptanz einhergehen, unter bestimmten Umständen dazu führen, dass Verfassungsrechtsgüter und Verfassungsvoraussetzungen beeinträchtigt werden. Wenn die Akzeptanz eines großen Teils der Bevölkerung verfehlt wird, wird die Effektivität des Staatshandelns eingeschränkt. Diese ist die Voraussetzung dafür, dass der Staat Individualrechte schützen und Rechtssicherheit gewährleisten kann. Mehren sich Akzeptanzdefizite über einen längeren Zeitraum, kann sogar der demokratische Grundkonsens in Gefahr geraten. Zum Schutz und zur Förderung dieses Konsenses sind wegen seines Charakters als Verfassungsvoraussetzung alle Staatsgewalten aufgerufen. Sobald also größere Akzeptanzdefizite für einzelne staatliche Entscheidungen abzusehen sind, können deren empirisch nachweisbare Auswirkungen nicht vernachlässigt werden. Der Akzeptanz staatlicher Entscheidungen kommt somit ein mittelbarer Verfassungswert zu.

Den staatlichen Institutionen kann die gesellschaftliche Akzeptanz ihrer Entscheidungen nach alledem nicht gleichgültig sein. Da sie für die effektive Wahrnehmung ihrer jeweiligen Staatsaufgaben verantwortlich sind, haben sie sich jedenfalls um ein Akteptanzniveau zu bemühen, das eine wirkungsvolle Implementation ihrer Entscheidungen zulässt. Dies kommt insbesondere bei akzeptanzsensiblen Entscheidungen, also bei belastenden oder kontroversen Entscheidungen, zum Tragen. Da aber letztlich alle Entscheidungen auf den demokratischen Grundkonsens zurückwirken, haben staatliche Institutionen die generelle Aufgabe, sich um die öffentliche Akzeptanz ihrer Entscheidungen zu bemühen, insbesondere deren Plausibilität und Rationalität zu erläutern.[1094]

Da der Akzeptanz nur mittelbare Verfassungsrelevanz zukommt, steht das Streben nach Akzeptanz unter einem strengen Vorbehalt. Sie kann die übrigen Verfassungsmaßstäbe, insbesondere die Bindung der Staatsgewalten an Recht und Gesetz, nicht außer Kraft setzen. So erstrebenswert eine positive Einstellung der Bürger zu den hoheitlichen Entscheidungen des demokratischen Staates sein mag – um den Preis der Rechtmäßigkeit staat-

---

1094 Vgl. *Würtenberger*, in: Soziale Integration, 1999, 394 f.; *Schliesky*, Souveräntität und Legitimität von Herrschaftsgewalt, 180; *Hoffmann-Riem*, in: ders./Schmidt-Aßmann/Schuppert (Hrsg.), Reform des Allgemeinen Verwaltungsrechts, 133 f.: „verfassungsrechtlicher Auftrag"; *Wahl*, VVDStRL 41 (1987), 164 f.; kritisch *Schulte*, Schlichtes Verwaltungshandeln, 169; *Czybulka*, Verw 26 (1993), 34.

lichen Handelns darf sie nicht erkauft werden.[1095] Eine der zentralen Aufgaben des modernen Staates besteht darin, die Rechte des Einzelnen zu schützen. Dies muss er zur Not auch gegen die aktuelle öffentliche Meinung tun können.[1096] Zudem kann es im Sinne des Gemeinwohls notwendig sein, unbeliebte Entscheidungen zu treffen, um die jeweils Betroffenen oder – wie das Beispiel des Umweltrechts eindrucksvoll zeigt – zukünftige Generationen vor größerem Unheil zu schützen.

Die staatliche Aufgabe zur Berücksichtigung und Förderung von Akzeptanz besteht demnach nur im Rahmen des jeweils geltenden Rechts. Dies gilt zunächst für die Entscheidungsfindung an sich: Wenn Akzeptanzprobleme und die damit einhergehenden mittelbaren Auswirkungen absehbar sind, haben die Amtsträger den Gesichtspunkt der Akzeptanz bereits bei der Entscheidungsfindung miteinzubeziehen.[1097] Wenn die Rechtsordnung allerdings nur eine einzige rechtmäßige Entscheidung vorsieht, hat die handelnde staatliche Stelle diese Entscheidung zu treffen. Der Gesichtspunkt der Akzeptanz schränkt die staatlichen Handlungsbefugnisse und -pflichten nicht ein. Wenn der handelnden Stelle dagegen mehrere Entscheidungsmöglichkeiten verbleiben, hat sie der Akzeptanz bei der Abwägung mit den übrigen betroffenen Rechtsgütern einen Stellenwert einzuräumen.[1098] Insbesondere der Verwaltung stehen regelmäßig Gestaltungsspielräume im Rahmen von Ermessens- und Abwägungsentscheidungen zur Verfügung, in deren Rahmen sie die vielfältigen berührten Interessen

---

1095 *Schoch*, Verw 25 (1992), 31 f.; *Gurlit*, VVDStRL 70 (2011), 244; *dies.*, JZ 2012, 835; *Morlok*, Was heißt und zu welchem Ende studiert man Verfassungstheorie, 103.

1096 Als stete Mahnung kannn die Gesetzesfassung von § 112 StPO in der Zeit des Nationalsozialismus dienen, wonach Untersuchungshaft ohne Vorliegen weiterer Haftgründe angeordnet werden konnte, „wenn es mit Rücksicht auf die Schwere der Tat und die durch sie hervorgerufene Erregung der Öffentlichkeit nicht erträglich gewesen wäre, den Angeschuldigten in Freiheit zu lassen". Siehe dazu *v. Coelln*, Zur Medienöffentlichkeit der Dritten Gewalt, 190 f. m.w.N.

1097 Vgl. *Hoffmann-Riem*, AöR 115 (1990), 414: „Gebot, im Rahmen des Möglichen dysfunktionale (latente) Nebeneffekte der Entscheidung zu vermeiden".

1098 Vgl. *Schliesky*, Souveränität und Legitimität von Herrschaftsgewalt, 180: „Optimierungsgebot"; ähnlich *Würtenberger*, in: Pichler (Hrsg.), Rechtsakzeptanz und Handlungsorientierung, 287: „Entscheidungen, die sich innerhalb der Marge des rechtlich Zulässigen um eine angemessene und Akzepanz findende Konfliktschlichtung bemühen". Siehe zur Berücksichtigungsfähigkeit von Maßstäben außerhalb der Rechtmäßigkeit allgemein *Pitschas*, GVerwR II, § 42 Rn. 43, der das Prinzip der Verhältnismäßigkeit als dogmatischen Anker heranzieht, um Maßstabskonflikte zu lösen.

in Ausgleich zu bringen hat und dabei auch Akzeptanzgesichtspunkte berücksichtigen kann.[1099] Die voraussichtliche Akzeptanz der Entscheidung ist in diesem Fall einer von mehreren leitenden Gesichtspunkten.[1100] Sie hat zwar, wie bereits dargelegt, keinen Einfluss auf die Rechtmäßigkeit der Verwaltungsentscheidung, ist aber ein Indiz für deren *Richtigkeit*.[1101]

Die Verantwortung der staatlichen Stellen für die Akzeptanz endet nicht mit dem Erlass der Entscheidung. Um die Akzeptanzbedingungen für ihre Entscheidungen zu verbessern, haben die staatlichen Stellen akzeptanzfördernde Verfahrensmechanismen vorzusehen. Dazu gehört auch die kommunikative Begleitung einer Maßnahme, um diese vor den Adressaten und der Öffentlichkeit zu rechtfertigen. Die Verantwortung für die Bereitstellung von Verfahrensmechanismen trifft zwar in erster Linie den Gesetzgeber. Aufgrund der für alle Staatsgewalten gleichsam geltenden Verpflichtung zur Erhaltung des demokratischen Grundkonsenses sind auch die Rechtsprechung und die Verwaltung aufgerufen, entsprechende informale Mechanismen zu entwickeln.

Da der demokratische Grundkonsens dynamisch ist,[1102] dürfen die Entscheidungsträger die gesellschaftliche Akzeptanz ihrer Entscheidungen auch nachträglich nicht aus den Augen verlieren. Sie müssen die Rahmenbedingungen dafür schaffen, dass sich die Bürger dauerhaft gut repräsentiert fühlen und sich deshalb mit „ihrem" Staat identifizieren können. Zu diesen Rahmenbedingungen gehört insbesondere, die Entscheidungen des Staates zum Gegenstand einer öffentlichen und offenen Debatte zu machen.[1103] Dieser öffentliche Diskurs ermöglicht es dem Staat erst, die Bedürfnisse der Menschen zu erkennen und darauf zu reagieren. Und nur auf

---

1099 *Lühr*, Die Öffentlichkeitsbeteiligung als Instrument zur Steigerung der Akzeptanz von Großvorhaben, 16 f.

1100 So auch *Würtenberger*, in: Pichler (Hrsg.), Rechtsakzeptanz und Handlungsorientierung, 287 ff.; *ders.*, NJW 1991, 260 ff.; *ders.*, Die Akzeptanz von Verwaltungsentscheidungen, 154 ff.; *Lühr*, Die Öffentlichkeitsbeteiligung als Instrument zur Steigerung der Akzeptanz von Großvorhaben, 17; kritisch *Röken*, DÖV 1989, 54 ff.; *Brohm*, DVBl 1990, 327; *Schoch*, Verw 25 (1992), 31 f.

1101 Siehe zur Kategorie der Richtigkeit des Verwaltungshandelns *Hoffmann-Riem*, in: ders./Schmidt-Aßmann (Hrsg.), Innovation und Flexibilität des Verwaltungshandelns, 27 ff.; *ders.*, AöR 115 (1990), 414 ff.; siehe dazu ferner *Schmidt-Aßmann*, Das Allgemeine Verwaltungsrecht als Ordnungsidee, 102 f.; ähnlich *Kugelmann*, Die informatorische Rechtsstellung der Bürgers, 15: Akzeptanz als „Qualitätsmerkmal" von Verwaltungsentscheidungen.

1102 Siehe oben B.III.2.d.cc.

1103 Die demokratierelevante Voraussetzung für das Stattfinden eines offenen Diskurses zur politischen Willensbildung ist zudem die Existenz von Umgebundiese Weise kann der Staat auf Dauer akzeptable Entscheidungen produzieren, die den einzelnen Bürger, auch wenn er im Einzelfall anderer Meinung sein mag, am Grundkonsens mit den Wesenszügen des Staates festhalten lassen. Die Responsivität ist der Ort, an dem sich das normative Konzept der Öffentlichkeit[1104] mit der Akzeptanz trifft. Das eine gibt es nicht ohne das andere. Die Responsivität ist somit einerseits eine Eigenschaft, die dem modernen demokratischen Staat seine Legitimationsgrundlage sichert, zum anderen eine Position, an der die Akzeptanz normativ verankert werden kann.[1105]

Den öffentlichen Diskurs lebendig zu halten erfordert ein gewisses Maß an Öffentlichkeit der staatlichen Entscheidungsprozesse. Nur informierte Bürger können sich eine Einstellung zum Staatshandeln bilden. Es liegt somit im ureigenen Interesse des auf Akzeptanz angewiesenen Staates, der interessierten Öffentlichkeit nicht nur Einblick in den Entscheidungsinhalt selbst zu gewähren, sondern diese bereits an der Vorbereitung der Entscheidung sowie an der Evaluation vergangener Entscheidungen teilhaben zu lassen. Naturgemäß setzt sich der Staat dabei der öffentlichen Kritik aus – damit umzugehen muss man einem pluralistischen demokratischen Staat jedoch zumuten können. Nur durch eine öffentlich, durchaus auch kritisch geführte Debatte kann sich nämlich breite Akzeptanz für staatliche Entscheidungen überhaupt erst herausbilden. Akzeptanz im dieser Arbeit zugrunde gelegten Sinne ist mehr als bloß Unterwerfung oder Gleichgültigkeit.

---

gen, in denen sich unterschiedliche Ansichten zu einer Angelegenheit von öffentlichem Belang begegnen und in denen diese ausgetauscht und beurteilt werden können. Siehe zur Bedeutung sowie der staatlichen Verantwortung für diese sogenannten „Treffräume“ *Spiecker gen. Döhmann*, VVDStRL 77 (2018), 22 f., 34 f., 46 ff.

1104 Siehe oben B.I.2.d.

1105 So auch *Schliesky*, Souveränität und Legitimität von Herrschaftsgewalt, 174.

IV. Folgerungen für die staatliche Öffentlichkeitsarbeit

Im folgenden Abschnitt können die Erkenntnisse über den Verfassungswert der Akzeptanz staatlicher Entscheidungen nun mit den Erkenntnissen verknüpft werden, die im zweiten Abschnitt über die Legitimationsbedingungen staatlicher Öffentlichkeitsarbeit herausgearbeitet wurden. Auf diese Weise lässt sich die Frage beantworten, ob staatliche Institutionen mittels Öffentlichkeitsarbeit für ihre Entscheidungen werben dürfen.

Den Ausgangspunkt der Überlegungen zur verfassungsrechtlichen Verankerung der Akzeptanz bildet die Rechtsprechung des BVerfG, derzufolge staatliche Eingriffe in die politische Willensbildung der Gesellschaft nur unter hohen Voraussetzungen zulässig sind.[1106] Es ist in jedem Einzelfall ein „besonderer, verfassungsrechtlich legitimierender Grund" erforderlich, der das staatliche Informationshandeln legitimiert und gleichzeitig begrenzt.

Für die staatliche Öffentlichkeitsarbeit nach der im ersten Teil der Arbeit entwickelten Begriffslegung[1107] arbeitete das Gericht in seinem grundlegenden Urteil vom 2. März 1977 einige solcher legitimierender Gründe heraus.[1108] Die auf die Herstellung von Transparenz zielende Öffentlichkeitsarbeit ist danach notwendig, um die Herausbildung einer öffentlichen Meinung zu ermöglichen und zu fördern. Eine wohlinformierte öffentliche Meinung ist wiederum erforderlich, um den demokratischen Grundkonsens mit der freiheitlich-demokratischen Staatsordnung des Grundgesetzes ausdrücken zu können und die demokratische Kontrolle des Staatshandelns zu gewährleisten. Zusätzlich kann Öffentlichkeitsarbeit die Publizität der Rechtsordnung verbessern und damit rechtsstaatliche und sozialstaatliche Funktionen erfüllen. Aus der Gesamtschau dieser Gründe ergibt sich die Legitimation staatlicher Öffentlichkeitsarbeit, die das vergangene, gegenwärtige und zukünftige Staatshandeln der Bevölkerung präsentiert.

Aufgrund dieser wichtigen Funktionen ist Öffentlichkeitsarbeit keine freiwillige Aufgabe, sondern ein Verfassungsgebot.[1109] Insbesondere dort, wo die Transparenz des Staatshandelns nicht durch andere Mechanismen gewährleistet wird und eine demokratische Teilhabe der Bürger an der

---

1106 Siehe BVerfGE 20, 56, 98 ff. sowie oben B.II.1.b.cc.

1107 Siehe oben B.I.3.

1108 Siehe BVerfGE 44, 125, 147 f. sowie oben B.II.2.

1109 Siehe etwa *Jarass*, in: Haedrich/Barthenheier/Kleinert (Hrsg.), Öffentlichkeitsarbeit, 203 f.; *v. Coelln*, Zur Medienöffentlichkeit der Dritten Gewalt, 517.

staatlichen Machtausübung ansonsten nicht möglich wäre, sind die staatlichen Institutionen gehalten, das Transparenzdefizit durch staatliche Öffentlichkeitsarbeit auszugleichen. Beispiele für solche Fälle sind etwa Berichte über Absichten und Pläne, die noch keinen Rechtscharakter haben, aber voraussichtlich große Auswirkungen auf die Bürger haben werden, oder Berichte über informale staatliche Handlungsmechanismen, die nicht aktenmäßig festgehalten werden und deshalb nicht zum Gegenstand eines Auskunftsbegehrens nach den Informationsfreiheitsgesetzen gemacht werden können. Außerdem sollte der Staat immer dann zum Mittel der Öffentlichkeitsarbeit greifen, wenn ein großes öffentliches Interesse an staatlichen Informationen besteht. Er kann dadurch zum einen zur demokratischen Transparenz beitragen, zum anderen kann er dadurch einer großen Anzahl individueller Informationsbegehren oder Presseanfragen zuvorkommen, die für die jeweiligen Behörden mit weitaus größerem Aufwand verbunden wären. Gut gestaltete Öffentlichkeitsarbeit, die die Informationsbedürfnisse der Bürger ernst nimmt und glaubwürdig ist, kann daher ein sehr effizienter Öffentlichkeitsmechanismus sein, der die übrigen Mechanismen unterstützt und ergänzt.[1110]

Das Verfassungsgebot zur Öffentlichkeitsarbeit besteht aber nicht nur unter dem Gesichtspunkt der demokratisch und rechtsstaatlich gebotenen Transparenz des Staatshandelns. Die staatliche Öffentlichkeitsarbeit ist für staatliche Institutionen auch ein geeignetes Mittel, um einen weiteren Verfassungsauftrag zu erfüllen – das Werben um Akzeptanz für staatliche Entscheidungen. Wie im vorangegangenen Teil der Arbeit gezeigt wurde, ist die Akzeptanz kein rechtliches Nullum. Sie hat unter bestimmten Voraussetzungen Einfluss auf Verfassungsrechtsgüter und ist unter diesen Bedingungen nicht bloß ein politikwissenschaftliches, sondern auch ein verfassungsrechtliches Desiderat. Infolgedessen besteht ein Auftrag an alle staatlichen Institutionen, sich für die öffentliche Akzeptanz der von ihnen getroffenen Entscheidungen einzusetzen.[1111] Auch dieses Verfassungsgebot berührt und beeinflusst die Legitimation der staatlichen Öffentlichkeitsarbeit – es ist in den Worten des BVerfG ein eigenständiger „besonderer, verfassungsrechtlich legitimierender Grund", der eine Ausnahme vom Grundsatz der staatsfreien Willensbildung rechtfertigen kann.

1110 So für die Öffentlichkeitsarbeit der Gerichte *Knoblich*, in: Albers/Heine/Seyfarth (Hrsg.), Symposion zum Ausscheiden von Dieter Grimm aus dem BVerfG, 19.

1111 Siehe oben B.III.3.

Die Reichweite dieser Ausnahme ist allerdings nicht grenzenlos. Die Akzeptanz staatlicher Entscheidungen hat lediglich mittelbare Verfassungsrelevanz und ist daher ein streng subsidiäres Bewertungskriterium.[1112] Rechtmäßigkeitsmaßstäbe dürfen zu ihren Gunsten nicht eingerissen werden.[1113] Es kann daher auch der Grundsatz der staatsfreien Willensbildung nicht völlig außer Kraft gesetzt werden mit einem Hinweis auf die akzeptanzfördernde Wirkung von Öffentlichkeitsarbeit. Das wäre ein katastrophales Missverständnis der verfassungsrechtlichen Bedeutung von Akzeptanz. Auch totalitäre und autokratische Regimes können von ihrem Volk stürmisch gefeiert werden – dies ist jedoch in der Regel nicht das Ergebnis eines gesellschaftlichen Willensbildungsprozesses, wie ihn das Grundgesetz fordert, sondern das Ergebnis massiver Indoktrination, Einschüchterung und Propaganda.[1114] Die so gewonnene „Akzeptanz“[1115] wäre in der Verfassungsordnung des Grundgesetzes wertlos.

Wenn man die Förderung von Akzeptanz wie in dieser Arbeit als selbstständigen Legitimationsgrund für staatliche Öffentlichkeitsarbeit anerkennt,[1116] bewegt man sich somit in einem Spannungsfeld zwischen verschiedenen verfassungsrechtlichen Positionen. Die Frage nach der Legitimation werbender staatlicher Öffentlichkeitsarbeit lässt sich daher nicht mit einem klaren „Ja“ oder „Nein“ beantworten. Die Lösung liegt in einem gestuften Legitimationskonzept, das sowohl die verfassungsrechtliche Bedeutung der staatsfreien politischen Willensbildung als auch den Verfassungswert der Akzeptanz staatlicher Entscheidungen angemessen berücksichtigt.

1112 Siehe oben B.III.3.

1113 Nachdrücklich *Schoch*, Verw 25 (1992), 31 f.; *Gurlit*, JZ 2012, 835.

1114 Vgl. *Weinberger*, in: Pichler (Hrsg.), Rechtsakzeptanz und Handlungsorientierung, 74 f.

1115 Nach dem unter B.III.1. entwickelten Begriff handelt es sich in diesen Fällen nicht einmal um Akzeptanz. Diese wird durch das Element der Freiwilligkeit gekennzeichnet – von einer freiwilligen Einstellungsbildung kann unter dem Einfluss totalitärer Propaganda keine Rede sein.

1116 Ebenso *Schürmann*, Öffentlichkeitsarbeit der Bundesregierung, 154; *Krüger*, Der Rundfunk im Verfassungsgefüge, 41; ablehnend *Kempen*, Grundgesetz, amtliche Öffentlichkeitsarbeit und politische Willensbildung, 270; skeptisch *Engelbert/Kutscha*, NJW 1993, 1237 f.; *Czybulka*, Verw 26 (1993), 32, 34.

1. Verstärkung des Transparenzgebots unter dem Gesichtspunkt der Akzeptanz

Als Ausgangspunkt ist dabei festzuhalten, dass der Gesichtspunkt der Akzeptanzförderung die demokratischen Legitimationsansätze verstärkt, die das BVerfG in seinem Urteil vom 2. März 1977 herausgearbeitet hat.[1117] Die Zielrichtung ist in beiden Fällen dieselbe. Im Zentrum stehen die Ermöglichung und die Förderung der öffentlichen Meinungsbildung über staatliches Handeln. Nur wenn die staatlichen Stellen alle relevanten Informationen über sich und ihr Handeln in den öffentlichen Diskurs einspeisen, können sich die Bürger eine informierte Meinung darüber bilden. Dies ist zum einen die Voraussetzung dafür, dass sich eine öffentliche Meinung herausbilden kann, die die ihr zugedachte demokratische Legitimations- und Kontrollfunktion erfüllen kann.[1118] Zum anderen ist ein gewisses Transparenzniveau auch die Voraussetzung dafür, dass die Bürger im Einzelfall Akzeptanz gegenüber den jeweiligen staatlichen Entscheidungen bilden können. Akzeptanz im dieser Arbeit zugrunde gelegten Sinne beruht auf einer aktiven Einstellungsbildung und geht über unkritisches Hinnehmen von staatlicher Gewaltausübung hinaus.[1119] In dieser Hinsicht ist die Transparenz der staatlichen Entscheidungsfindung eine conditio sine qua non für die öffentliche Akzeptanz von deren Ergebnissen.

Dazu kommt die akzeptanzfördernde Wirkung der Transparenz des Staatshandelns: Wenn die staatlichen Stellen den Bürgern Einblick in den Binnenbereich des Staates gewähren und sich selbst ein Gesicht verleihen, bauen sie das Misstrauen gegenüber geheimer Machtausübung ab und können eine Vertrauensbasis schaffen, auf deren Grundlage es den Bürgern leichter fällt, sich mit staatlichen Entscheidungen zu identifizieren.[1120] Darüber hinaus können sie die Beweggründe für ihre Entscheidungen erläutern und diese für die Bürger nachvollziehbar machen.[1121] Dadurch wird es

---

1117 Siehe oben B.II.2.b.aa. und B.II.2.b.bb.

1118 Siehe oben B.I.2.d.bb.

1119 Siehe oben B.III.1.b.

1120 Siehe zur akzeptanzfördernden Wirkung von Transparenz BVerfGE 40, 296, 327; 123, 39, 69; *Pitschas*, GVerwR II, § 42 Rn. 218 ff.; *Rubbert*, Saal- und Medienöffentlichkeit mündlicher Verhandlungen zwischen Verwaltung und Bürgern, 115 ff., 121 sowie *Strohbusch*, DVP 2013, 272 m.w.N.

1121 Siehe für die Kommunikation der Verwaltung *Würtenberger*, NJW 1991, 260: „Der Erfolg der Informationsarbeit der Verwaltung steht und fällt mit der Fähigkeit, der Verwaltungsentscheidung – im Jargon der Soziologen – soziale Evidenz und alltagsweltliche Plausibilität zu verleihen.".

für den Einzelnen leichter zu erkennen, ob und warum sich eine Entscheidung langfristig positiv auswirken wird oder – falls dies einmal nicht der Fall sein sollte – warum die Entscheidung jedenfalls richtiger und gerechter ist als die Alternativen. Auf lange Sicht fördern die staatlichen Stellen damit den demokratischen Grundkonsens, den das BVerfG in den Mittelpunkt seiner Überlegungen zur verfassungsrechtlichen Legitimation von Öffentlichkeitsarbeit gestellt hat.[1122] Den Bürgern kann durch die Öffentlichkeitsarbeit vor Augen geführt werden, dass der Staat mehr ist als eine bloße „Zahlungsstelle" zur Umverteilung öffentlicher Mittel, sondern dass dieser Staat für bestimmte Verfassungswerte steht, zu deren Umsetzung er der Hilfe aus der Gesellschaft bedarf.

Gute staatliche Öffentlichkeitsarbeit, die die öffentliche Meinung am Staatshandeln teilhaben lässt, erfüllt damit zwei Verfassungsaufträge zugleich. Sie trägt zum demokratisch und rechtsstaatlich geforderten Transparenzniveau bei und ermöglicht zugleich die Herausbildung von Akzeptanz gegenüber staatlichen Entscheidungen, die sich auf lange Sicht im demokratischen Grundkonsens manifestiert. An diesen Erwägungen wird nochmals deutlich, dass die Öffentlichkeitsarbeit – entgegen der selbst auferlegten Beschränkung in vielen wissenschaftlichen Abhandlungen[1123] – nicht nur eine Aufgabe der Regierungen ist. Alle Entscheidungen mit hoheitlichem Charakter sind rechtfertigungsbedürftig und wirken sich in ihrer Gesamtschau auf den demokratischen Grundkonsens aus. Die im Grundkonsens verkörperte grundsätzliche Akzeptanz des Staates und seiner Organe beschränkt sich nicht auf die Regierung. Demzufolge besteht auch für alle anderen Stellen, die hoheitliche Gewalt ausüben, das Recht und die Pflicht, ihre Entscheidungen vor der öffentlichen Meinung zu rechtfertigen. Allein die Intensität dieser Verpflichtung mag zwischen den einzelnen Staatsgewalten variieren,[1124] je nach dem, ob das erforderliche Transparenzniveau bereits durch andere Mechanismen erreicht wird. An der Verfassungsdirektive[1125] ändert sich jedoch nichts – alle Staatsgewalten sind gleichsam aufgerufen, auf aktuelle oder absehbare Defizite an Transparenz oder Akzeptanz zu reagieren. Maßnahmen der Öffentlichkeitsarbeit können die legitime Antwort auf beides sein.

1122 Siehe oben B.II.2.b.bb.

1123 Siehe oben B.I.2.e.cc.

1124 Vgl. *Rölle/Drüml*, DÖV 2013, 540.

1125 Siehe dazu *Jarass*, in: Haedrich/Barthenheier/Kleinert (Hrsg.), Öffentlichkeitsarbeit, 203 f.

Aus den vorstehenden Erwägungen folgen die Aufgabe und die Befugnis der staatlichen Stellen, mittels staatlicher Öffentlichkeitsarbeit ihre vergangenen, aktuellen und bevorstehenden Entscheidungen publik zu machen. Der zugrunde liegende Verfassungsauftrag, der im Kern im grundgesetzlichen Transparenzgebot verwurzelt ist,[1126] wird durch den Gesichtspunkt der Akzeptanzförderung verstärkt und bestätigt. Alle staatlichen Stellen sind gehalten, den Bürgern die das Staatshandeln betreffenden Informationen von öffentlichem Interesse aus eigenem Antrieb bereitzustellen. Die darauf zielende Öffentlichkeitsarbeit ist – vorbehaltlich entgegenstehender rechtlich geschützter Interessen[1127] – vor dem Hintergrund des Grundsatzes der staatsfreien Willensbildung stets legitim. Das betrifft sowohl die Veröffentlichung des Inhalts von Entscheidungen als auch deren Begründung, deren Evaluation sowie deren sachliche Hintergründe. Aufgrund der rechts- und sozialstaatlichen Funktionen von Öffentlichkeitsarbeit[1128] sind im Hinblick auf den Grundsatz der staatsfreien Willensbildung ferner alle Veröffentlichungen unbedenklich, die die Bürger über die bestehende Rechtslage informieren, insbesondere über ihre Rechtspflichten, ihre Leistungsansprüche sowie über die Verfahrensmechanismen, mit denen die Ansprüche geltend gemacht werden können.

2. Legitimität werbender Öffentlichkeitsarbeit bei akzeptanzsensiblen Entscheidungen

Ob der Staat darüber hinaus aktive Akzeptanzwerbung für einzelne Entscheidungen betreiben darf, steht dagegen auf einem anderen Blatt. Hier

1126 Siehe oben B.I.2.d.

1127 Die grundsätzliche Legitimation selbstdarstellender staatlicher Öffentlichkeitsarbeit entbindet die handelnden Amtsträger selbstverständlich nicht von der Prüfung der Zulässigkeit im Einzelfall. Neben den bereits erwähnten Neutralitätspflichten im politischen Wettbewerb haben staatliche Stellen bei der Öffentlichkeitsarbeit unter anderem auf die Persönlichkeitsrechte und Geheimhaltungsinteressen Betroffener Rücksicht zu nehmen. Insbesondere Veröffentlichungen über strafrechtliche Ermittlungsverfahren gegen identifizierte Beschuldigte bergen insoweit ein großes Gefährdungspotential. Siehe zur Prangerwirkung justizieller Öffentlichkeitsarbeit am Beispiel des Ermittlungsverfahrens gegen den ehemaligen Vorstandsvorsitzenden der Deutschen Post Klaus Zumwinkel *Bockemühl*, StraFo 2016, 61 f.; allgemein zu den rechtlichen Anforderungen an die Öffentlichkeitsarbeit der Strafverfolgungsbehörden *Rodenbeck*, StV 2018, 255 ff.

1128 Siehe oben B.II.2.b.cc.

sind die verfassungsrechtlichen Anforderungen wegen der höheren Intensität des Eingriffs in die gesellschaftliche Willensbildung höher. Die im vorangegangenen Abschnitt beschriebene „Grundlegitimation" zu Öffentlichkeitsarbeit endet dort, wo die Öffentlichkeitsarbeit nicht mehr den Zweck hat, eine selbstständige Meinungsbildung durch die Gesellschaft zu ermöglichen oder die Bürger über die Rechts- und Staatsordnung zu informieren. Aktive Akzeptanzwerbung geht darüber hinaus: Ihr Ziel ist es, die *Ergebnisse* eines bereits auf hinreichender Informationsgrundlage in Gang gesetzten öffentlichen Meinungsbildungsprozesses zu beeinflussen. Jedenfalls massive Werbung für die staatlichen Entscheidungen lässt sich aus dem Transparenzgebot allein nicht rechtfertigen.

Zwar ist die isolierte Herstellung von Öffentlichkeit nicht immer trennscharf von der Akzeptanzwerbung zu unterscheiden.[1129] Ein objektives Kriterium, das in den meisten Fällen weiterhelfen wird, ist die Häufung und Intensität staatlicher Publikationen, die zu einer bestimmten Maßnahme herausgegeben werden. Diese lässt sich an objektiven Größen ablesen wie etwa der Zahl der verteilten Informationsträger, dem Umfang der aufgewendeten öffentlichen Mittel oder der Dauer der Maßnahme. Wenn diese Intensität ein gewisses Niveau überschreitet, ist dies ein Indiz dafür, dass es der staatlichen Stelle nur noch auf die Bewertung von Informationen ankommt, die bereits Gegenstand der öffentlichen Meinungsbildung sind und die daher unter bloßen Transparenzgesichtspunkten keiner weiteren staatlichen Publikation mehr bedürfen. Der handelnden staatlichen Stelle muss es zwar möglich sein, diese Vermutung zu widerlegen – etwa durch den Hinweis auf ein trotz der vorangegangenen Öffentlichkeitsarbeit bestehendes Informationsungleichgewicht innerhalb der Gesellschaft und das resultierende Defizit der öffentlichen Meinungsbildung. Kann sie das nicht, spricht vieles dafür, dass die handelnde staatliche Stelle sich eine Kompetenz anmaßt, die nach der Kommunikationsordnung des Grundgesetzes den gesellschaftlichen Kräften, insbesondere den Medien und den Parteien zusteht – die aktive Mitwirkung an der politischen Willensbildung des Volkes.[1130] Für eine Öffentlichkeitsarbeit solchen Ausmaßes bedarf sie einer besonderen verfassungsrechtlichen Legitimation, die über das allgemeine Transparenzgebot hinausgeht.

1129 Insbesondere ist eine wie auch immer geartete „Neutralität" der staatlichen Information kein geeignetes Abgrenzungskriterium. Siehe dazu oben B.I.2.e.dd.(2.).

1130 Siehe Art. 5 Abs. 1 Satz 2, Art. 21 GG sowie oben B.II.1.b.bb.

Diese Legitimation kann der Gesichtspunkt der Akzeptanzförderung nur unter besonderen Voraussetzungen verschaffen. Wie bereits gezeigt wurde, gewinnen die zu erwartenden mittelbaren Auswirkungen fehlender Akzeptanz nur in Ausnahmefällen ein derartiges Gewicht, dass sie im Einzelfall auf Verfassungswerte durchschlagen.[1131] Und nur unter diesen Voraussetzungen gewinnt die Akzeptanz staatlicher Entscheidungen ein Gewicht, das eine Ausnahme vom Grundsatz der staatsfreien Willensbildung zu seinen Gunsten rechtfertigt. Staatliche Öffentlichkeitsarbeit, bei der nicht mehr die Herstellung von Transparenz, sondern nur noch die Akzeptanzförderung im Vordergrund steht, darf nur in einem Ausmaß eingesetzt werden, das die verfassungsrechtliche Bedeutung der Akzeptanz im konkreten Einzelfall widerspiegelt. Die Akzeptanzförderung kann dagegen nicht als Vorwand dienen, um Staatswerbung auf Kosten gemeinwohlgebundener Mittel zum Normalfall werden zu lassen.

Werbende Öffentlichkeitsarbeit, die über die Herstellung von Transparenz hinausgeht, ist daher unter dem besonderen Aspekt der Akzeptanzförderung nur dann legitim, wenn Akzeptanzdefizite mit Auswirkung auf die im vorangegangenen Abschnitt genannten Verfassungswerte zu erwarten sind. Die so beschriebene Akzeptanzsensibilität einer staatlichen Entscheidung korreliert mit dem Intensitätsgrad, mit dem die handelnde Stelle für diese Entscheidung werben darf. Es muss daher in jedem Fall eine Entscheidung betroffen sein, bei der konkrete Anhaltspunkte dafür bestehen, dass ein nennenswerter Teil der Bürger mit Protest oder jedenfalls mit Unverständnis reagieren wird. Werbende staatliche Öffentlichkeitsarbeit ist legitim und geboten, wenn aktuelle oder zu erwartende Akzeptanzdefizite die Effektivität der Staatstätigkeit bedrohen oder wenn sie einen besonderen Bezug zum demokratischen Grundkonsens aufweisen.

Wie gezeigt wurde, kann ein Mangel an Akzeptanz die Effektivität des Staatshandelns einschränken, die zum Schutz von verfassungsrechtlich verbürgten Rechtspositionen erforderlich ist.[1132] Sobald die Wirksamkeit des Staatshandelns so weit eingeschränkt ist oder eingeschränkt zu werden droht, dass die handelnde Stelle subjektive Rechte nicht mehr schützen oder subjektivrechtliche Ansprüche erfüllen kann, obliegt ihr die Aufgabe, für die tatsächliche Wirksamkeit ihrer Entscheidung zu sorgen.[1133] Das gleiche gilt unabhängig von subjektiven Rechtspositionen in Fällen, in denen die handelnde staatliche Stelle keinen praktischen Einfluss mehr auf

1131 Siehe oben B.III.2.d.
1132 Siehe oben B.III.2.d.aa. und B.III.2.d.bb.
1133 Siehe oben B.III.3.

die Durchsetzung ihrer Entscheidung hat und deshalb das nötige Mindestmaß an Rechtssicherheit nicht mehr gewährleisten kann. In all diesen Fällen verleiht der Gesichtspunkt der Akzeptanzförderung eine verstärkte Legitimation zur Öffentlichkeitsarbeit. Öffentlichkeitsarbeit ergänzt in diesen Fällen die übrigen akzeptanzfördernden Verfahrensmechanismen,[1134] die eine wirksame Implementierung der getroffenen Entscheidung möglich machen sollen.[1135]

Jedoch können auch Entscheidungen, die keinen unmittelbaren Einfluss auf die Bürger haben und daher keiner Implementationshilfe bedürfen, in besonderem Maße begründungsbedürftig sein. Dies ist insbesondere der Fall, wenn eine umstrittene Entscheidung Aspekte des Staatshandelns betrifft, denen der Staat nicht neutral gegenüberstehen kann, weil sie den konsensbedürftigen Kernbestand an Verfassungswerten berührt.[1136] An dieser Stelle sind die staatlichen Institutionen in besonderem Maße gefordert, ihre Entscheidung gegenüber der Öffentlichkeit zu rechtfertigen. Wird über Werte gestritten, zu denen sich die Verfassungsordnung des Grundgesetzes klar positioniert, ist eine verstärkte Öffentlichkeitsarbeit daher nicht nur legitim, sondern geboten. Jede staatliche Stelle ist dazu aufgerufen, nach Möglichkeit den demokratischen Grundkonsens zu fördern. Das ist mittels staatlicher Öffentlichkeitsarbeit insbesondere bei umstrittenen Einzelentscheidungen möglich, die die in diesem Konsens verkörperten Werte widerspiegeln.

Die Identifikation der akzeptanzsensiblen Entscheidungen, bei denen staatlichen Institutionen nach dem hier vertretenen Ansatz das Recht und die Pflicht zu einer verstärkten Öffentlichkeitsarbeit zukommen soll, ist nicht in jedem Einzelfall einfach. Es kann zwar eindeutige Fälle geben, in denen es bereits eine kontroverse öffentliche Debatte über ein Thema gibt, dessen sich der Staat annimmt, oder in denen es bereits zu manifesten Auswirkungen von Akzeptanzdefiziten wie etwa zu öffentlichen Großdemonstrationen gekommen ist. Akzeptanzfördernde Öffentlichkeitsarbeit sollte jedoch nach Möglichkeit nicht erst einsetzen, wenn sich bereits breiter Widerstand in der Bevölkerung formiert hat. In diesen Fällen haben viele Bürger bereits eine sehr konkrete Einstellung zur betroffenen staatlichen Ent-

---

1134 Siehe oben B.III.2.a.

1135 Vgl. *Hoffmann-Riem*, AöR 115 (1990), 415 sowie *Schulz*, AfP 2013, 467: Begleitende Kommunikation als „Implementationshilfe".

1136 Vgl. *Würtenberger*, in: Brugger/Huster (Hrsg.), Der Streit um das Kreuz in der Schule, 280 f.; siehe zum Umfang des demokratischen Grundkonsenses oben B.II.2.b.bb.(3.).

scheidung gebildet. Es ist unter diesen Umständen nur noch sehr schwer möglich, mittels Öffentlichkeitsarbeit Einfluss auf die öffentliche Meinungsbildung zu nehmen.[1137] Feste Vorstellungen führen bei Medienrezipienten zu einer selektiven Informationsaufnahme, was durch empirische Erhebungen belegt werden konnte.[1138] Wenn die staatliche Öffentlichkeitsarbeit die Bedingungen schaffen soll, unter denen sich Akzeptanz für staatliche Entscheidungen entwickeln kann, muss sie daher frühzeitig einsetzen.[1139] Es ist von Bedeutung, akzeptanzsensible Entscheidungen bereits im Voraus als solche zu erkennen, um begleitende Öffentlichkeitsarbeit planen zu können. Angesichts der Vielfalt staatlicher Entscheidungen bedarf es dabei gewisser Typisierungen.

Die erste Kategorie akzeptanzsensibler Entscheidungen ist naheliegend - Entscheidungen, die mit unmittelbar spürbaren Nachteilen für Teile der Bevölkerung verbunden sind. Solche Entscheidungen sind zur Verfolgung anderweitiger vorrangiger Ziele zwar regelmäßig notwendig, mit allgemeinem Einverständnis der Bürger, die über die konkurrierenden Interessen oder die zur Wahl stehenden Alternativen in der Regel nur schemenhaft Bescheid wissen, kann der Staat jedoch nicht rechnen. In einer aufgeklärten demokratischen Gesellschaft trägt staatliche Machtausübung nicht mehr die Vermutung der Berechtigung und Richtigkeit in sich, sondern sie ist rechtfertigungbedürftig. Der mündige Bürger will überzeugt werden, wenn er sich einer Entscheidung freiwillig unterordnen soll, die für ihn mit Nachteilen verbunden ist.[1140] In der Mikroperspektive geschieht dies in erster Linie durch die individualbezogene Begründung von staatlichen Entscheidungen. Belastende Verwaltungsakte und Gerichtsentscheidungen sind von Gesetzes wegen zu begründen. In der Makroperspektive – also bei der Begründung abstrakt-genereller Regelungen gegenüber der Gesellschaft – fehlt es zwar an einer vergleichbaren Begründungspflicht. Die Be-

---

1137 Vgl. *Müller-Neuhof*, Verfassung als Nachricht, 67.

1138 Vgl. *Meyer*, Der Gerichtsprozess in der medialen Berichterstattung, 115 mit Fn. 413.

1139 Vgl. *Würtenberger*, in: Zilleßen/Dienel/Strubelt (Hrsg.), Die Modernisierung der Demokratie, 78 f.; *Rommelfanger*, in: FS Würtenberger, 394; *Strohbusch*, DVP 2013, 273; *Schink*, DVBl 2011, 1378 f.; *Appel*, in: FS Würtenberger, 347, 355 ff.; so auch *Lühr*, Die Öffentlichkeitsbeteiligung als Instrument zur Steigerung der Akzeptanz von Großvorhaben, 42, 87, 144 ff. unter Betonung der Bedeutung einer kontinuierlichen Öffentlichkeitsarbeit bei lang andauernden Projekten, insbesondere durch vorlaufende und begleitende Informationsveranstaltungen.

1140 *Limbach*, Die Akzeptanz verfassungsrechtlicher Entscheidungen, 9; *Kischel*, Die Begründung, 55.

deutung der staatlichen Werbung um Verständnis für belastende Maßnahmen ist aber keineswegs geringer. Schon wegen der mittelbaren Bedeutung der Akzeptanz von Einzelentscheidungen für den demokratischen Grundkonsens begründet das Demokratieprinzip eine Pflicht, belastende Entscheidungen gegenüber dem Volk zu begründen, wenn sie nicht unmittelbar einleuchtend sind.[1141] Mittels staatlicher Öffentlichkeitsarbeit können die staatlichen Stellen gegenüber dem Volk die Leistung erbringen, die die Begründung nach § 39 VwVfG gegenüber einzelnen Adressaten erfüllt. Sie können ihre Entscheidungen rechtfertigen und deren Sinn und Zweck aufzeigen. Auf diese Weise kann der Staat dazu beitragen, dass es nicht zu einer flächendeckenden Verweigerungshaltung kommt, die die Implementierung der Entscheidung und auf lange Sicht den demokratischen Grundkonsens in Frage stellt. Von dieser mittelbaren Bedeutung der Akzeptanz einzelner staatlicher Entscheidungen geht auch das BVerfG mit seiner Feststellung aus, bei „unpopulären Maßnahmen" könne es nötig sein, die „Zusammenhänge offenzulegen" und „Verständnis für erforderliche Maßnahmen zu wecken".[1142]

Bei der Identifikation weiterer akzeptanzsensibler Entscheidungen kann auf die Verwaltungserfahrung zurückgegriffen werden. Akzeptanzprobleme treten häufig erst bei der Durchsetzung staatlicher Entscheidungen auf – für diese Durchsetzung hat die Verwaltung in der Regel auch bei legislativen und judikativen Entscheidungen zu sorgen. Insbesondere Hoheitsakte mit Einfluss auf die private Lebensführung der Bürger im unmittelbaren räumlichen Nahbereich sind typischerweise mit Protest verbunden. Untersuchungen zu dieser Form bürgerlichen Widerstands, der im angloamerikanischen Bereich mit dem Begriff „nimby"[1143] stigmatisiert wird, gibt es bereits seit den 1980er Jahren.[1144] Akzeptanzprobleme stellen sich danach regelmäßig bei Entscheidungen, die eine örtlich unerwünschte Nutzung von Landflächen betreffen.[1145] Bauliche Großprojekte und Infrastrukturmaßnahmen sollten daher stets mit Öffentlichkeitsarbeit unterstützt und begleitet werden. Alle relevanten Informationen zum Bauträger, zu den

---

1141 *Lücke*, Begründungszwang und Verfassung, 99.

1142 BVerfGE 44, 125, 148.

1143 Als Akronym für „not in my backyard" – siehe dazu ausführlich *Marg/Hermann/Hambauer/Becké*, in: Walter (Hrsg.), Die neue Macht der Bürger, 103 ff.

1144 Vgl. *Marg/Hermann/Hambauer/Becké*, in: Walter (Hrsg.), Die neue Macht der Bürger, 104 f. m.w.N.

1145 *Würtenberger*, NJW 1991, 257. Vgl. ferner *Erbguth*, DÖV 2012, 821 ff. sowie *Lippert*, ZUR 2013, 206.

verschiedenen Planungsalternativen, zur Finanzierung, zu den mit den Baumaßnahmen verbundenen Einschränkungen sowie zu den Strategien zu deren Bewältigung sollte die Behörde möglichst frühzeitig zur Verfügung stellen und nicht erst dann, wenn alle zentralen Weichenstellungen bereits intern verbindlich vereinbart wurden.[1146] Die Behörde sollte öffentlich darlegen, dass sie die mit einer Planung verbundenen konfligierenden Interessen berücksichtigt hat und auf welche Weise sie diese zu einem verhältnismäßigen Ausgleich bringen will. Zwar werden sich dadurch diejenigen nicht umstimmen lassen, die das geplante Projekt aus Prinzip oder Ideologie ablehnen. Zumindest wird sich jedoch die grundsätzliche Unzufriedenheit von Bürgern abwenden lassen, die das Gefühl haben, dass in ihrer Nachbarschaft „über ihren Kopf hinweg“ entschieden wird.

Eine weitere Kategorie staatlicher Entscheidungen, die mit verstärkter Öffentlichkeitsarbeit begleitet werden sollte, bilden öffentlich diskutierte Entscheidungen, deren Zweck sich erst vor dem Hintergrund vorrangiger Verfassungsentscheidungen erschließt. Solche Hoheitsakte führen oftmals zu Überraschungen oder Unverständnis in der Bevölkerung und sind daher besonders geeignet, Ressentiments gegen staatliche Institutionen zu fördern und generelle Zweifel an deren zentralen Entscheidungsmaßstäben zu schüren. Die entscheidenden staatlichen Stellen sollten das Mittel der staatlichen Öffentlichkeitsarbeit dafür nutzen, die Entscheidungen zu begründen, deren Nutzen für das Gemeinwohl herauszustellen und ihre eigenen rechtlichen Bindungen zu erläutern. Es gibt staatliche Entscheidungen, die zwar rechtmäßig und richtig sind, aber in einem absehbaren Gegensatz zu den Gerechtigkcitsvorstellungen vieler Bürger stehen. Wenn ein Gericht beispielsweise einem überführten und verurteilen Kindsmörder eine Entschädigung in Höhe von € 3.000,- zuspricht, weil diesem bei der polizeilichen Vernehmung Gewalt angedroht wurde,[1147] ist der Sturm der Entrüstung an so manchem deutschen Stammtisch vorprogrammiert. Dieser wird in der Regel verstärkt durch die Berichterstattung in den einschlägig bekannten Medien.[1148] Bei solchen Gelegenheiten müssen sich die staatlichen Stellen mittels Öffentlichkeitsarbeit am öffentlichen Diskurs beteiligen dürfen, um ihre Entscheidungen zu verteidigen. Im genannten,

---

1146 *Dolde*, NVwZ 2013, 771.

1147 Vgl. LG Frankfurt, Urteil v. 04.08.2011, Az. 2-4 O 521/05, bestätigt durch OLG Frankfurt, Urteil v. 10.10.2012, Az. 1 U 201/11.

1148 Siehe zum genannten Fall etwa die Berichterstattung in der Online-Ausgabe der BILD-Zeitung vom 04.08.2011: „Entsetzen nach Schand-Urteil für Markus Gaefgen“, abrufbar unter https://www.bild.de/news/inland/schmerzensgeld/kindermoeder-gaefgen-urteil-entsetzen-19218816.bild.html.

besonders öffentlichkeitswirksamen Fall wäre eine verstärkte Öffentlichkeitsarbeit des Landgerichts durchaus wünschenswert gewesen. Es hätte seine Entscheidung beispielsweise in Pressemitteilungen näher begründen und darauf hinweisen können, dass es selbst bei den abscheulichsten Verbrechen keinen Dispens von den Mindestanforderungen des Rechtsstaates geben darf. Das genannte Urteil war ein sehr anschauliches Zeugnis für eine Rechtsordnung, in der auch die Menschenwürde eines überführten Mörders unantastbar ist.

Bei den genannten akzeptanzsensiblen Entscheidungen wird es sich zumeist um kontroverse Maßnahmen handeln, die in der öffentlichen Diskussion viel Resonanz erfahren. An diesem Diskurs muss auch der Staat in verstärkter Weise teilnehmen dürfen, um seine Entscheidung zu rechtfertigen und für Akzeptanz zu werben.[1149] Die zentrale Aufgabe staatlicher Öffentlichkeitsarbeit besteht wie gezeigt darin, die öffentliche Meinungsbildung zu ermöglichen und zu fördern. Dazu gehört es auch, Informationsdefizite zu vermeiden und auf bestehende Informationsdefizite zu reagieren. Die Aufgabe von Amtsträgern – insbesondere von Regierungsmitgliedern – umfasst daher auch, auf unsachliche oder unzutreffende Einwände angemessen zu reagieren. Im Rahmen ihrer Öffentlichkeitsarbeit können die Amtsträger die gegen ihre getroffenen oder geplanten Entscheidungen erhobenen Vorwürfe aufgreifen, fehlerhafte Tatsachenbehauptungen richtigstellen und unsachliche Angriffe zurückweisen.[1150] Sie sind insofern nicht verpflichtet, den Kritikern die „Diskurshoheit" zu überlassen.[1151] Der Schutz der Willensbildung erfolgt in diesen Fällen über die besonderen Rechtmäßigkeitsanforderungen, die der Staat im Unterschied zu den gesellschaftlichen Diskursteilnehmern zu beachten hat. Diese Anforderungen verdienen ein besonderes Augenmerk, wenn der Staat eine gesteigerte Legitimation zur Öffentlichkeitsarbeit unter dem Gesichtspunkt der Akzeptanzförderung für sich in Anspruch nimmt. Die für die staatliche Öffentlichkeitsarbeit anwendbaren Rechtmäßigkeitsmaßstäbe sind teils gesetzlich normiert und wurden im Übrigen von Rechtsprechung und Lehre in den vergangenen Jahrzehnten herausgearbeitet und präzisiert.[1152] Diese Maßstäbe setzen der staatlichen Öffentlichkeitsarbeit in mehrfacher Hin-

1149 Vgl. *Schürmann*, Öffentlichkeitsarbeit der Bundesregierung, 143.

1150 So jüngst BVerfG, NVwZ 2018, 485, Rn. 56.

1151 *Michl*, NVwZ 2018, 492.

1152 Für eine ausführliche Erörterung der einzelnen Maßstäbe ist in dieser Arbeit kein Raum. Gelungene Überblicksdarstellungen der für die staatliche Öffentlichkeitsarbeit anwendbaren Rechtsmäßigkeitsmaßstäbe finden sich bei *Schürmann*, Öffentlichkeitsarbeit der Bundesregierung, 302 ff.; *Gostomzyk*, Die Öfsicht Grenzen und schützen vor unzulässigen Übergriffen des Staates auf die Volkswillensbildung. Hervorzuheben sind dabei das staatliche Wirkungsverbot in Presse und Rundfunk, die Verpflichtung des Staates zur Neutralität im religiös-weltanschaulichen Bereich und im parteipolitischen Wettbewerb sowie die aus dem Rechtsstaatsgebot abgeleiteten Verpflichtungen zur Richtigkeit, Sachlichkeit und Vollständigkeit staatlicher Information.

Mit dem dargestellten abgestuften Legitimationskonzept für werbende staatliche Öffentlichkeitsarbeit soll gewährleistet werden, dass der Staat den ihm in einer Mediengesellschaft angemessen Platz im öffentlichen Diskurs einnehmen kann, um seine Entscheidungen zu rechtfertigen und für sie zu werben. Auf der anderen Seite kann durch die beschränkte Befugnis des Staates zur Öffentlichkeitsarbeit und durch die angesprochenen Rechtmäßigkeitsmaßstäbe sichergestellt werden, dass der Grundsatz der staatsfreien Willensbildung nicht ins Gegenteil verkehrt wird. Insbesondere die Kommunikations- und Mediengrundrechte aus Art. 5 Abs. 1 GG dienen dabei als „Strukturschutz“ – sie garantieren einen freien Willensbildungsprozess außerhalb der staatlichen Sphäre.[1153] Jede Staatskommunikation, die diesen freien Willensbildungprozess überlagert oder beeinträchtigt und somit den Schwerpunkt der Willensbildung im Staat aus dem gesellschaftlichen in den staatlichen Bereich zu verlagern versucht, ist unzulässig. Im Kern muss es beim Grundsatz bleiben, den das BVerfG im Ersten Parteifinanzierungsurteil anschaulich formuliert hat: Die Willensbildung im freiheitlich-demokratischen Staat des Grundgesetzes verläuft „vom Volk zu den Staatsorganen, nicht umgekehrt von den Staatsorganen zum Volk hin“.[1154] Diese Richtung darf auch die staatliche Öffentlichkeitsarbeit nicht grundlegend verändern.

---

fentlichkeitsverantwortung der Gerichte in der Mediengesellschaft, 188 f.; *Schoch*, HStR III, § 37 Rn. 127 ff., insb. Rn. 142 ff.; *Gusy*, GVerwR II, § 23 Rn. 95 ff; siehe aus der Rechtsprechung beispielhaft BVerfG, NVwZ 2018, 485 sowie BayVGH, NVwZ-RR 2018, 251, jeweils m.w.N.

1153 Vgl. *Müller-Neuhof*, Verfassung als Nachricht, 168.

1154 BVerfGE 20, 56, 99.

C. Schlussbetrachtung

I. Die Ergebnisse der Untersuchung

1. Staatliche Öffentlichkeitsarbeit ist ein Rechtbegriff mit spezifischem normativem Gehalt. Ihm unterfallen alle staatlichen Kommunikationsmaßnahmen, die an einen personell unbeschränkten Empfängerkreis adressiert sind und der Herstellung von Öffentlichkeit für den Staat, seine Institutionen und seine Tätigkeiten dienen. Nicht unter den Begriff der staatlichen Öffentlichkeitsarbeit fallen Kommunikationsakte, die auf die Wahrnehmung primärer Staatstätigkeit gerichtet sind. Dazu zählt insbesondere die Öffentlichkeitsaufklärung, mittels derer staatliche Institutionen Einfluss auf die private Willensbildung der Einwohner zu nehmen versuchen.
   a) Um die Befugnis staatlicher Institutionen zur Öffentlichkeitsarbeit und die dabei zu beachtenden normativen Vorgaben rechtswissenschaftlich erfassen zu können, bedarf es eines Begriffs staatlicher Öffentlichkeitsarbeit, der normativ gleichartige Hoheitsakte zusammenfassen und diese Hoheitsakte vom übrigen Staatshandeln abgrenzen kann. In Rechtsprechung und Lehre fehlt es bislang an einem allgemein akzeptierten und einheitlich verwendeten Rechtsbegriff staatlicher Öffentlichkeitsarbeit.
   b) Der staatlichen Öffentlichkeitsarbeit unterfallen informale Kommunikationsakte, die auf eine als Absender erkennbare staatliche Stelle, also auf einen Träger von Staatsgewalt zurückzuführen sind. Nicht dazu gehören Äußerungen eines Amtsträgers als Privatperson, wenn keine hoheitliche Autorität in Anspruch genommen wird. Indizien für die Inanspruchnahme hoheitlicher Autorität können sich aus dem Inhalt, der Form und der Verbreitungsweise einer Publikation ergeben sowie daraus, dass öffentliche Mittel in Anspruch genommen werden.
   Nicht unter die staatliche Öffentlichkeitsarbeit fallen ferner die Veröffentlichungen von politischen Parteien, da die Parteien dem gesellschaftlichen Bereich zuzurechnen sind. Ob die erkennbar von staatlichen Amtsträgern herausgegebenen Veröffentlichungen in den staatsfreien Parteienwettbewerb eingreifen, ist dagegen für die Qualifikation dieser Maßnahme als Öffentlichkeitsarbeit unbedeu-

tend. Es handelt sich um eine Frage der Rechtmäßigkeit staatlicher Öffentlichkeitsarbeit, nicht des Begriffs.

c) Zur staatlichen Öffentlichkeitsarbeit zählen nur Kommunikationsakte, die sich an einen offenen, durch kein anderes Kriterium als das persönliche Interesse begrenzten Empfängerkreis richten. Nicht dazu gehören der Bereich der staatsinternen Kommunikation sowie das individualbezogene Informationshandeln des Staates.

d) Die staatliche Öffentlichkeitsarbeit wird durch ein normatives Kriterium begrenzt. Sie ist auf die Herstellung von Öffentlichkeit für den Staat und sein Handeln gerichtet und dient damit der Umsetzung eines Verfassungsauftrags. Das Grundgesetz regelt die Öffentlichkeit des Staatswesens nur punktuell ausdrücklich. Aus dem Demokratie- und dem Rechtsstaatsprinzip lässt sich indes ein allgemeines Öffentlichkeitsgebot für die Ausübung von Staatsgewalt ableiten.

   Die Verfügbarkeit von Informationen aus dem staatlichen Bereich ist erforderlich, damit sich eine öffentliche Meinung herausbilden kann. Nur eine informierte öffentliche Meinung kann die ihr nach der repräsentativ-demokratischen Rechtsordnung des Grundgesetzes zukommenden Funktionen erfüllen. Dazu gehören die Legitimation des Staatshandelns und dessen demokratische Kontrolle. Ferner ermöglicht ein transparentes Staatswesen den Bürgern den verantwortungsvollen Gebrauch ihrer demokratischen Grundrechte aus Artt. 5, 8 und 9 GG sowie ihrer politischen Mitwirkungsrechte. Die demokratisch gebotene Öffentlichkeit staatlicher Gewaltausübung hat daher den Rang einer Verfassungsvoraussetzung. Dem Verfassungsprinzip der Republik lassen sich keine darüber hinausgehenden Öffentlichkeitserfordernisse entnehmen.

   Aus rechtsstaatlicher Sicht ist die Transparenz des Staatshandelns geboten zur Kontrolle und Mäßigung staatlicher Gewaltausübung. Ferner ist sie die Voraussetzung für die Vorhersehbarkeit und Berechenbarkeit des Rechts, die dem Einzelnen den Gebrauch seiner Freiheitsrechte ermöglicht.

   Die genannten Ansatzpunkte verdichten sich zu einem einheitlichen Öffentlichkeitsgebot für die Ausübung von Staatsgewalt, das für alle Staatsfunktionen gilt. Konkrete Publikationspflichten lassen sich daraus in der Regel nicht ableiten.

e) Staatliche Öffentlichkeitsarbeit als Information über Staatstätigkeit ist abzugrenzen von der Wahrnehmung primärer Staatstätigkeit. Informationsmaßnahmen, mittels derer staatliche Stellen die Einstellungen von Bürgern beeinflussen wollen, um Staatsaufgaben wie

Gesundheits- oder Umweltschutz zu erfüllen, können unter dem Begriff der Öffentlichkeitsaufklärung zusammengefasst werden. Entgegen der Auffassung von Teilen von Literatur und Rechtsprechung ist die Öffentlichkeitsarbeit bereits auf Begriffsebene strikt von der Öffentlichkeitsaufklärung zu unterscheiden. Da beide Handlungsformen unterschiedlichen rechtlichen Rahmenbedingungen unterliegen, droht sonst Unsicherheit bei der Anwendung des Rechts. Dies zeigt sich an einigen kritikwürdigen Entscheidungen von BVerfG und BVerwG. Auch unter haushaltsrechtlichen Aspekten ist eine klare Abgrenzung geboten.

Zur Unterscheidung der beiden Handlungsformen sind einige der in der Literatur diskutierten Kriterien wie „Verhaltenssteuerung" und „Neutralität" nicht geeignet. Richtigerweise hat die Unterscheidung primär danach zu erfolgen, dass Öffentlichkeitsarbeit im Gegensatz zur Öffenlichkeitsaufklärung akzessorisch zu anderweitigem Staatshandeln ist. Bei Sonderkonstellationen wie der Veröffentlichung staatlicher Prüfergebnisse ist ergänzend darauf abzustellen, dass nur die Öffentlichkeitsaufklärung auf die private Willensbildung der Bürger gerichtet ist, während die Öffentlichkeitsarbeit die politische Willensbildung zum Ziel hat. Die Individualisierung von Personen, Unternehmen, Produkten und Dienstleistungen, die den Gegenstand einer Informationsmaßnahme bilden, ist ein Indiz für die Beeinflussung der Willensbildung im privaten Bereich und somit für Öffentlichkeitsaufklärung.

f) Neben staatlichen Eigenpublikationen unterfällt auch die staatliche Medienarbeit dem Rechtsbegriff der staatlichen Öffentlichkeitsarbeit. Auch sie dient der Herstellung von Transparenz für den Staat und sein Handeln und ist somit normativ gleichartig.

2. Staatliche Öffentlichkeitsarbeit ist in besonderem Maße legitimationsbedürftig. Sie ermöglicht es dem Staat, in die politische Willensbildung des Volkes einzugreifen und birgt ein vergleichsweise hohes Missbrauchspotential. Vor dem Hintergrund des vom BVerfG formulierten Grundsatzes der staatsfreien Willensbildung des Volkes bedarf es besonderer, verfassungsrechtlicher Gründe, die den Einsatz von Maßnahmen staatlicher Öffentlichkeitsarbeit im Einzelfall rechtfertigen. Das BVerfG hat in einem wegweisenden Urteil einige solcher Gründe herausgearbeitet. Aus diesen Gründen lässt sich die grundsätzliche Befugnis aller Staatsgewalten zur Öffentlichkeitsarbeit herleiten.

a) Staatliche Institutionen können sich nicht auf Grundrechte berufen. Zur Legitimation staatlicher Öffentlichkeitsarbeit bedarf es der

Anknüpfung an Aufgaben und Befugnisse, die sich aus der Rechtsordnung ergeben.

b) Die mittels staatlicher Öffentlichkeitsarbeit verfolgte Aufgabe besteht in der Herstellung von Öffentlichkeit für den Staat und sein Handeln. Diese Aufgabe liegt in der Verantwortung des Staates, kann jedoch unter Zuhilfenahme privater Stellen erfüllt werden.

c) Zur Umsetzung des allgemeinen Öffentlichkeitsgebots, dem sich nur sehr wenige konkrete Gehalte entnehmen lassen und das primär als Auftrag an den Gesetzgeber zu verstehen ist, stehen dem Staat zahlreiche Instrumente zur Verfügung. Erst in ihrem Zusammenwirken kann mit diesen Öffentlichkeitsmechanismen der gewünschte Zielzustand erreicht werden. Der Beitrag eines jeden der Mechanismen, die sich in die Kategorien Präsenzöffentlichkeit, mediatisierte Öffentlichkeit und passive Öffentlichkeit einteilen lassen, ist dabei gesondert zu betrachten.
Im Vergleich zu den übrigen Öffentlichkeitsmechanismen ist die staatliche Öffentlichkeitsarbeit ein sehr spontanes und flexibles Handlungsmittel des Staates. Ihr kommt bei der Erfüllung des grundgesetzlichen Öffentlichkeitsgebots eine Ergänzungsfunktion zu. Aufgrund der in weiten Teilen fehlenden gesetzlichen Determinierung sowie der geringen gerichtlichen Kontrolldichte haben die handelnden staatlichen Stellen großen Einfluss auf Inhalt und Umstände der Veröffentlichung. Daraus folgt ein großes Gefährdungspotential für die politische Willensbildung des Volkes.

d) Die politische Willensbildung des Volkes ist von der Staatswillensbildung zu unterscheiden. Sie hat in einem freien und offenen Prozess zu erfolgen und wird durch Art. 5 Abs. 1 GG geschützt. Nach der Rechtsprechung des BVerfG hat die Willensbildung des Volkes grundsätzlich frei von staatlichem Einfluss zu erfolgen. Die staatliche Öffentlichkeitsarbeit verstößt gegen diesen Grundsatz und unterliegt daher besonderen Legitimationsanforderungen.

e) Entgegen einigen früheren Auffassungen stehen Staats- und Volkswillensbildung in ständiger Wechselwirkung. Ausnahmen von Grundsatz der Staatsfreiheit der politischen Willensbildung sind mit der Rechtsprechung des BVerfG daher zulässig, wenn es dafür einen besonderen, verfassungsrechtlich legitimierenden Grund gibt. Der jeweilige verfassungsrechtliche Grund beschreibt und begrenzt die Zwecke, zu denen eine staatliche Stelle Einfluss auf die politische Willensbildung nehmen darf.

f) Staatliche Öffentlichkeitsarbeit, mittels derer Regierungen und gesetzgebende Körperschaften ihre Tätigkeit öffentlich darstellen, ist nach der Rechtsprechung des BVerfG aus mehreren verfassungsrechtlichen Gründen gerechtfertigt. Sie ist erforderlich, um die Herausbildung der in einer Demokratie unentbehrlichen öffentlichen Meinung zu ermöglichen. Darüber hinaus ist sie ein Anliegen des sozialen Rechtsstaats, indem sie die Verkündung und Erläuterung der Rechtsordnung ergänzt.

g) Eine der wesentlichen Leistungen der öffentlichen Meinung liegt darin, einen demokratischen Grundkonsens zu formen und auszudrücken. Der Grundkonsens beschreibt die grundsätzliche Akzeptanz der Staatsordnung durch die öffentliche Meinung und umfasst die Bedingungen, unter denen staatliche Entscheidungen zustande kommen, sowie die zentralen Verfassungsbestimmungen, die das Verhältnis des Einzelnen zur Gesellschaft definieren, allen voran die Menschenwürde und bestimmte Grundrechte. Staatliche Öffentlichkeitsarbeit kann den demokratischen Grundkonsens fördern, indem es die darin verkörperten Werte öffentlich darstellt und einen Integrationsprozess im *Smend*'schen Sinne ermöglicht.

   Auf einen Grundkonsens, der nicht staatlich verordnet oder erzwungen werden kann, ist der freiheitlich-demokratische Staat des Grundgesetzes in höherem Maße angewiesen als andere Gesellschaftsformen. Er ist Voraussetzung für die Existenz des Staates als verbindliche Friedensordnung und bildet den Ausgangspunkt der demokratischen Legitimationsketten. Da der Staat des Grundgesetzes seine konkrete Gestalt erst durch die Inanspruchnahme von Freiheitsrechten durch seine Bürger gewinnt, hängt auch die konkrete Ausformung des Staatswesens vom Grundkonsens über diese Rolle der Bürger ab.

   Der Grundkonsens ist eine dynamische Verfassungsvoraussetzung. Ihn zu fördern und zu ermöglichen ist Aufgabe aller staatlichen Institutionen. Der demokratische Grundkonsens ist von der Akzeptanz einzelner staatlicher Entscheidungen zu unterscheiden.

h) Über die Ausführungen des BVerfG hinaus können sich staatliche Stellen aller Staatsfunktionen auf die verfassungsrechtliche Legitimation zur Öffentlichkeitsarbeit berufen. Das gilt auch für die Gerichte, da das verfassungsrechtliche Öffentlichkeitsgebot entgegen einer anderslautenden Auffassung auch für die rechtsprechende Gewalt gilt.

Neben einer Befugnis zur Öffentlichkeitsarbeit folgt aus den verfassungsrechtlich legitimierenden Gründen auch eine Pflicht zur Öffentlichkeitsarbeit in Fällen, in denen das verfassungsrechtlich gebotene Ausmaß an Transparenz nicht durch andere Öffentlichkeitsmechanismen erreicht werden kann.

3. Die Akzeptanz staatlicher Entscheidungen entfaltet mittelbare Verfassungsrelevanz. Sie hat keinen unmittelbaren Einfluss auf die Rechtmäßigkeit oder die demokratische Legitimität staatlicher Entscheidungen. Allerdings können die empirisch belegten mittelbaren Auswirkungen fehlender Akzeptanz dazu führen, dass Verfassungsrechtsgüter und -voraussetzungen beeinträchtigt werden, namentlich die Effektivität staatlichen Handelns sowie der demokratische Grundkonsens. Alle staatlichen Institutionen sind daher dazu aufgerufen, sich um die öffentliche Akzeptanz ihrer Entscheidungen zu bemühen, insbesondere bei Bedarf deren Sinnhaftigkeit zu erläutern und eine öffentliche Meinungsbildung zu ermöglichen, innerhalb derer sich Akzeptanz herausbilden kann. Dies steht unter dem Vorbehalt des sonstigen Rechts. Als nur mittelbar relevantes Kriterium kann der Gesichtspunkt der Akzeptanz die übrigen Rechtmäßigkeitsmaßstäbe nicht überlagern oder außer Kraft setzen.
   a) Akzeptanz bezeichnet die positive innere Einstellung eines Individuums gegenüber einem Akzeptanzobjekt, die auf autonomen Motiven beruht. Frühere Begriffslegungen, die Akzeptanz mit faktischer Konformität gleichsetzen, sind für eine umfassende rechtswissenschaftliche Erfassung der Akzeptanz staatlicher Entscheidungen nicht geeignet.
   b) Die Akzeptanz staatlicher Entscheidungen durch das Volk ist kein Kriterium für die Rechtmäßigkeit oder Rechtsgültigkeit dieser Entscheidungen. Staatliche Stellen können den Gesichtspunkt der Akzeptanz in ihre Entscheidungsfindung einfließen lassen, wo ihnen die Rechtsordnung dafür Raum lässt. Zwingend verpflichtet sind sie jedoch allein auf den demokratischen Grundkonsens. Darüber hinaus hat die Volkswillensbildung nach der Verfassungsordnung des Grundgesetzes nur beschränkten Einfluss auf die Staatswillensbildung.
   c) Die Akzeptanz staatlicher Entscheidungen durch das Volk hat keinen Einfluss auf die demokratische Legitimität dieser Entscheidungen. Im herrschenden Modell der demokratischen Legitimationsketten, das die Aussagen des Grundgesetzes zur demokratischen Legitimation am besten widerspiegelt, hat die Akzeptanz keinen Raum.

Nach zutreffender Ansicht ist die Akzeptanz staatlicher Entscheidungen auch nicht als ergänzendes Legitimitätskriterium zu berücksichtigen, da bedeutende verfassungsrechtliche Bedenken entgegenstehen.

d) Soziologische und sozialpsychologische Studien belegen einen Zusammenhang zwischen der Einstellung einer Person und deren Verhalten. Unter diesen Umständen müssen die faktischen Konsequenzen von Akzeptanzdefiziten in die verfassungsrechtliche Betrachtung der Akzeptanz miteinbezogen werden, insbesondere mangelnde Gesetzestreue, ziviler Ungehorsam sowie die Verweigerung der für die staatliche Tätigkeit erforderlichen Mitwirkung aus dem gesellschaftlichen Bereich.

e) Durch einen Mangel an Akzeptanz für staatliche Entscheidungen kann die Effektivität staatlichen Handelns eingeschränkt werden. Effektivität beschreibt in diesem Kontext den Grad der Erfüllung des mit der staatlichen Entscheidung verknüpften verfassungslegitimen Zwecks.
Die Effektivität der Tätigkeit des Staates bei der Verfolgung der ihm durch die Rechtsordnung aufgegebenen Ziele ist verfassungsrechtlich geschützt. Dies ist insbesondere der Fall, wenn die Staatstätigkeit zum Schutz subjektiver Rechtspositionen oder zur Erfüllung subjektivrechtlicher Ansprüche erforderlich ist. Objektivrechtliche Effektivitätserfordernisse ergeben sich aus dem Rechtsstaatsprinzip. Effektive Staatstätigkeit ist erforderlich, um die Sicherheit und Verlässlichkeit der Rechtsordnung und somit die Friedensfunktion des Staates zu gewährleisten. Die genannten Gesichtspunkte verdichten sich zu einem einheitlichen Rechtsprinzip der Effektivität staatlichen Handelns.

f) Ein Mangel an Akzeptanz kann die Effizienz des Staatshandelns beeinträchtigen. Diese ist nach Wirtschaftlichkeitsgesichtspunkten zu bestimmen und von der Effektivität staatlichen Handelns zu unterscheiden. Da dem Staat zur Erfüllung seiner Aufgaben nur begrenzte Ressourcen zur Verfügung stehen und die staatlichen Stellen diese Ressourcen nur gemeinwohlgebunden einsetzen dürfen, ist die Effizienz staatlichen Handelns auch verfassungsrechtlich verankert. Als streng subsidiäres Kriterium kommt sie dennoch nicht in Betracht, um einen Eingriff in die politische Willensbildung des Volkes zu legitimieren.

g) Dauerhafte und weit verbreitete Akzeptanzdefizite können den demokratischen Grundkonsens gefährden. Aus der verfassungsrechtlichen Pflicht aller staatlichen Stellen zur Erhaltung und Förderung des Grundkonsenses folgt daher die Aufgabe, sich im Rahmen des geltenden Rechts um die öffentliche Akzeptanz ihrer Entscheidungen zu bemühen und Akzeptanzdefizite zu vermeiden.

4. Die gesellschaftliche Akzeptanz staatlicher Entscheidungen ist ein „besonderer verfassungsrechtlich legitimierender Grund", der die Legitimation staatlicher Öffentlichkeitsarbeit beeinflusst. Der Gesichtspunkt der Akzeptanz kann den Grundsatz der Staatsfreiheit der politischen Willensbildung indes nicht grundsätzlich außer Kraft setzen. Die Folge ist ein gestuftes Konzept der Legitimität werbender Öffentlichkeitsarbeit. Die Intensität der zulässigen Öffentlichkeitsarbeit korreliert dabei damit, ob bei der konkret beworbenen Entscheidung Akzeptanzdefizite mit mittelbarem Einfluss auf Verfassungswerte zu erwarten sind.
   a) Der Gesichtspunkt der Akzeptanzförderung verstärkt die Legitimation staatlicher Öffentlichkeitsarbeit zur Ermöglichung der öffentlichen Meinungsbildung. Die durch Öffentlichkeitsarbeit hergestellte Transparenz ist nicht nur die Voraussetzung dafür, dass die öffentliche Meinung die ihr zukommenden demokratischen Funktionen erfüllen kann. Sie ist auch die Voraussetzung dafür, dass sich jeder Einzelne aktiv mit dem Staatshandeln auseinandersetzen und Akzeptanz dazu entwickeln kann. In dieser Hinsicht können staatliche Institutionen mit dem Mittel der Öffentlichkeitsarbeit zwei Verfassungsaufgaben zugleich erfüllen – sie können das demokratische und rechtsstaatliche Öffentlichkeitsgebot erfüllen und gleichzeitig die Bedingungen für Akzeptanz schaffen. Staatliche Öffentlichkeitsarbeit, die die öffentliche Meinungsbildung zu einem Thema, mit dem sich der Staat befasst, ermöglicht, ist daher vorbehaltlich entgegenstehender subjektiver Rechtspositionen und Geheimhaltungsinteressen stets legitim.
   b) Für Akzeptanzwerbung, mit der eine staatliche Stelle die Ergebnisse eines bereits angelaufenen Meinungsbildungsprozesses auf ausreichender Informationsgrundlage zu beeinflussen versucht („werbende Öffentlichkeitsarbeit"), ist eine weitergehende verfassungsrechtliche Legitimation erforderlich. Werbende Öffentlichkeitsarbeit kann nicht durch das Kriterium „Neutralität" identifiziert werden. Entscheidend sind Häufung und Intensität von Maßnahmen der Öffentlichkeitsarbeit, die durch objektive Kriterien wie den Umfang der dafür aufgewendeten Mittel indiziert werden.
   Werbende Öffentlichkeitsarbeit ist unter dem Gesichtspunkt der Akzeptanzförderung legitim, wenn eine Entscheidung betroffen ist,

bei der wegen zu erwartender Akzeptanzdefizite negative Rückwirkungen auf die Effektivität staatlichen Handelns oder den demokratischen Grundkonsens zu befürchten sind („akzeptanzsensible Entscheidungen"). Die Akzeptanzsensibilität korreliert mit dem Intensitätsgrad, zu dem staatliche Öffentlichkeitsarbeit legitimiert und geboten ist.

c) Nur frühzeitige Öffentlichkeitsarbeit kann wirksame Akzeptanzbedingungen schaffen. Akzeptanzsensible Entscheidungen müssen daher nach Möglichkeit vor dem Auftreten von Akzeptanzdefiziten identifiziert werden, wobei Typisierungen unentbehrlich sind. Entscheidungen mit belastender Wirkung für große Teile der Bevölkerung, Entscheidungen mit Einfluss auf die Bevölkerung im räumlichen Nahbereich wie etwa große Bauprojekte sowie umstrittene Entscheidungen mit besonderem Bezug zum Grundkonsens sind stets akzeptanzsensible Entscheidungen.

d) Auch bei einer unter dem Aspekt der Akzeptanzförderung gesteigerten Legitimation staatlicher Öffentlichkeitsarbeit muss der Schwerpunkt der politischen Willensbildung im gesellschaftlichen Bereich verbleiben.

II. Ausblick

Wie die Untersuchung gezeigt hat, ist die Öffentlichkeitsarbeit eine eigenständige Aufgabe für Träger staatlicher Gewalt, die der Erfüllung wichtiger verfassungsrechtlicher Aufträge dient. Als solche verdient sie es, stärker als bislang in den Fokus rechtswissenschaftlicher Betrachtung gerückt zu werden. Dabei wäre es wünschenswert, dass sich Rechtsprechung und Lehre an einer einheitlichen Terminologie orientieren. Nur so wird es möglich sein, die Erkenntnisse sinnvoll zusammenzufassen und weiterzuentwickeln sowie die daraus gewonnenen Maßstäbe auf zukünftige Sachverhalte anwenden zu können. Es bleibt zu hoffen, dass mit dieser Arbeit, insbesondere mit dem unter B.I. entwickelten Rechtsbegriff staatlicher Öffentlichkeitsarbeit, ein Beitrag dazu geleistet werden konnte.

Viele der Detailfragen, die mit der staatlichen Öffentlichkeitsarbeit im Allgemeinen und ihrer akzeptanzfördernden Wirkung im Besonderen zusammenhängen, konnten aufgrund des allgemeinen Blickwinkels der vorliegenden Arbeit nicht erschöpfend behandelt werden. Es besteht daher noch weiterer Forschungsbedarf. Insbesondere bedarf es der Herausarbeitung handhabbarer Kriterien für die Öffentlichkeitsarbeit, die den Schutz der gesellschaftlichen Willensbildung sicherstellen und den jeweils handelnden staatlichen Institutionen Anhaltspunkte und Sicherheit bei der Gestaltung ihrer Öffentlichkeitsarbeit geben. Das bezieht sich etwa auf die Identifizierung und Typisierung der akzeptanzsensiblen Entscheidungen, bei denen eine verstärkte Öffentlichkeitsarbeit legitim und geboten ist. Auf der anderen Seite stellt sich die Frage nach geeigneten Kontrollmechanismen, um unzulässige Übergriffe auf die politische Willensbildung der Gesellschaft frühzeitig zu erkennen und zu verhindern. Wenn man akzeptanzfördernde Öffentlichkeitsarbeit als eigenständige Aufgabe von Staatsorganen und Behörden ernst nimmt, bedarf es schließlich auch Antworten auf die Frage, wie sie diese Aufgabe effektiv erfüllen können, wie sie also innerhalb des Rahmens des rechtlich Zulässigen möglichst gute Akzeptanzbedingungen schaffen können.

Die angesprochenen Fragen werden sich nur mit Hilfe der Erkenntnisse aus den Realwissenschaften angemessen beantworten lassen. Da die staatliche Öffentlichkeitsarbeit in der Mediengesellschaft fast ausschließlich medial vermittelt wird, sind dabei insbesondere die Erkenntnisse der Medienwirkungsforschung von Bedeutung. Nur so können belastbare Aussagen zu einigen für die Öffentlichkeitsarbeit wesentlichen Gesichtspunkten getroffen werden. Das betrifft zum einen die Frage, wie Öffentlichkeitsarbeit gestaltet sein muss, um die Einstellungsbildung der Bürger überhaupt erreichen zu können. Nicht weniger wichtig ist auf der anderen Seite die Frage, welcher Mittel sich Hoheitsträger nicht bedienen dürfen, damit der freie Willensbildungsprozess nicht erdrückt oder behindert wird. Diese Frage kann insbesondere beim Gebrauch der neuen Medien relevant werden, die die staatlichen Stellen zunehmend für sich entdecken.

Fest steht auch, dass die staatliche Öffentlichkeitsarbeit nur ein Werkzeug unter vielen sein kann, um die Akzeptanz für staatliche Entscheidungen zu verbessern. In der durch die Proteste gegen das Projekt „Stuttgart 21" ausgelösten Debatte standen etwa die Forderungen nach einem anderen akzeptanzfördernden Mechanismus im Vordergrund: nach der Ausweitung der Partizipationsmöglichkeiten der Öffentlichkeit an staatlichen Entscheidungen. Dieser Gesichtspunkt wurde auch in der rechtswissenschaftlichen Literatur aufgegriffen und lebhaft diskutiert.[1155]

1155 Vgl. etwa *Böhm*, NuR 2011, 614 ff.; *Groß*, DÖV 2011, 510 ff.; *ders.*, BauR 2012, 1340 ff.; *Gärditz*, GewArch 2011, 273 ff.; *Schink*, ZG 2011, 226 ff.; *ders.*, DVBl 2011, 1377 ff.; *Wulfhorst*, DÖV 2011, 581 ff.; *Knauff*, DÖV 2012, 1 ff.; *Gurlit*, JZ 2012, 833 ff.; *Burgi*, NVwZ 2012, 277 ff.; *Hertel/Munding*, NJW 2012, 2622 ff.; *Stender-Vorwachs*, NVwZ 2012, 1061 ff.; *Hien*, UPR 2012, 128 ff.; *ders.*,

Die Fragen nach den verfassungsrechtlichen Möglichkeiten einer verstärkten Bürgerbeteiligung oder direktdemokratischer Elemente sowie nach deren Potential zur Akzeptanzförderung waren nicht Gegenstand dieser Arbeit. Jedoch sind viele der angesprochenen Fragen auch für eine mögliche Ausweitung der Öffentlichkeitsbeteiligung von Relevanz. Information über die Staatstätigkeit ist eine unabdingbare Voraussetzung weitergehender Beteiligung der Öffentlichkeit[1156]. Verantwortungsvolle Partizipation muss daher Hand in Hand mit einer verstärkten Öffnung des Staates gegenüber den Bürgern erfolgen. Die aktive Beteiligung der Bürger an den staatlichen Entscheidungsprozessen kann als weitere „Entwicklungsstufe"[1157] im normativen Konzept demokratischer Öffentlichkeitsarbeit gewertet werden. Die darunter liegenden Stufe der Öffentlichkeit durch informationelle Teilhabe verliert dadurch weder ihre Bedeutung noch ihre Notwendigkeit.[1158] Es ist somit davon auszugehen, dass die Mechanismen zur Publikation der Staatstätigkeit wie die staatliche Öffentlichkeitsarbeit in Zukunft verstärkt auf der juristischen und politikwissenschaftlichen Agenda stehen werden.

Ein Ziel der vorliegenden Arbeit bestand darin, das Potential der staatlichen Öffentlichkeitsarbeit als vielseitiges und facettenreiches Handlungsmittel in der Hand des Staates zu ergründen. Eines darf dabei aber nicht in Vergessenheit geraten: Der Ausgangspunkt jeder Akzeptanzdebatte ist das staatliche Handeln selbst, nicht die Kommunikation darüber. Auch mit engagierter Öffentlichkeitsarbeit wird es nicht gelingen, Akzeptanz für inakzeptable staatliche Entscheidungen zu erzeugen. Das Ziel staatlicher Öffentlichkeitsarbeit muss es sein, die Bedingungen zu schaffen, unter denen sich eine verbesserte Akzeptanz der Bürger entwickeln kann. Es kann hingegen nicht darum gehen, den Bürgen etwas vorzuspielen – „schlechte Politik kann man nicht besser, sondern überhaupt nicht verkaufen".[1159] Somit zeigt sich die Präzision der eingangs zitierten Charakterisierung gelunge-

---

DVBl 2014, 495 ff.; *Dolde*, NVwZ 2013, 769 ff.; *Ziekow*, NVwZ 2013, 754 ff.; *Seibert-Fohr*, VerwArch 104 (2013), 311 ff.; *Schwab*, UPR 2014, 281 ff.; *Appel*, in: FS Würtenberger, 341 ff. sowie *Lühr*, Die Öffentlichkeitsbeteiligung als Instrument zur Steigerung der Akzeptanz von Großvorhaben.

1156 *Lühr*, Die Öffentlichkeitsbeteiligung als Instrument zur Steigerung der Akzeptanz von Großvorhaben, 11 f.; siehe auch BT-Drs. 17/12290, 29: „Wer sich effektiv einbringen will, benötigt Informationen zu den laufenden Verfahren und Prozessen sowie weiteres Hintergrundwissen.".

1157 Vgl. *Müller-Neuhof*, Verfassung als Nachricht, 39 f.

1158 *Müller-Neuhof*, Verfassung als Nachricht, 40.

1159 *Quaritsch*, DÖV 1993, 1073.

ner Öffentlichkeitsarbeit durch *Graf Zedtwitz-Arnim:*[1160] „Tu Gutes und rede darüber“ – und zwar in der genannten Reihenfolge.

1160 Siehe oben A.I.

Literaturverzeichnis

Aristoteles: Politik, Ausgabe "Philosophische Schriften in sechs Bänden", Bd. 4, Hamburg, 1995; Übers.: Rolfes, Eugen

Ajzen, Icek; Fishbein, Martin: Understanding Attitudes and Predicting Social Behaviour, Englewood Cliffs (NJ), 1980

Ajzen, Icek; Madden, Thomas J.: Prediction of Goal-Directed Behaviour: Attitudes, Intentions, and Perceived Behavioral Control, in: Journal of Experimental Social Psychology 22 (1986), S. 453-474

Alber, Peter-Paul: Die Geschichte der Öffentlichkeit im deutschen Strafverfahren, Berlin, 1974

Alexy, Robert: Zum Begriff des Rechtsprinzips, in: ders., Recht, Vernunft, Diskurs. Studien zur Rechtsphilosophie, Frankfurt am Main, 1995, S. 177-212

Appel, Ivo: Frühe Bürgerbeteiligung und Vorhabenakzeptanz, in: Heckmann, Dirk; Schenke, Ralf P.; Sydow, Gernot (Hrsg.), Verfassungsstaatlichkeit im Wandel. Festschrift für Thomas Würtenberger zum 70. Geburtstag, Berlin, 2013, S. 341-357

Arndt, Adolf: Landesverrat, Berlin/Neuwied, 1966

Arnim, Hans Herbert von: Staatslehre der Bundesrepublik Deutschland, München, 1984

Arnim, Hans Herbert von: Wirtschaftlichkeit als Rechtsprinzip, Berlin, 1988

Augsberg, Ino: Informationszugang und -weiterverwendung als gesellschaftliche Grundprinzipien, in: Dreier, Thomas; Fischer, Veronika; van Raay, Anne; Spiecker gen. Döhmann, Indra (Hrsg.), Informationen der öffentlichen Hand - Zugang und Nutzung, Baden-Baden, 2016, S. 37-55

Augsberg, Steffen: Der Staat als Informationsmittler - Robin Hood oder Parasit der Wissensgesellschaft?, in: DVBl 2007, S. 733-741

Badura, Peter: Verfassung und Verfassungsgesetz, in: Ehmke, Horst; Kaiser, Joseph H.; Kewenig, Wilhelm A.; Meessen, Karl Matthias; Rüfner, Wolfgang (Hrsg.), Festschrift für Ulrich Scheuner zum 70. Geburtstag, Berlin, 1973, S. 19-39

Badura, Peter: Staatsrecht, 6. Aufl., München, 2015

Baerns, Barbara: Öffentlichkeitsarbeit als Determinante journalistischer Informationsleistungen, in: Publizistik 24 (1979), S. 301-316

Baerns, Barbara: Öffentlichkeitsarbeit oder Journalismus? Zum Einfluß im Mediensystem, Köln, 1985

Bartsch, Matthias; Brandt, Andrea: Mediation. Runder Tisch statt High Noon, in: Der Spiegel 44/2010, S. 30-31

Bäumler, Helmut: Das subjektiv-öffentliche Recht auf Teilnahme von Gerichtsverhandlungen, in: JR 1978, S. 317-321

Bantzer, Günther: Öffentlichkeitsarbeit für die Stadt, in: StädteT 1980, S. 720-721

Becker, Florian; Blackstein, Ylva: Der transparente Staat - Staatliche Verbraucherinformation über das Internet, in: NJW 2011, S. 490-494

Becker, Florian; Harms, Emma; Sievers, Niklas: Europa- und verfassungsrechtliche Grundlegung der Informationsfreiheitsrechte, in: SchlHA 2015, S. 386-390

Beierwaltes, Andreas: Demokratie und Medien, 2. Aufl., Baden-Baden, 2002

Benda, Ernst: Zur gesellschaftlichen Akzeptanz verwaltungs- und verfassungsgerichtlicher Entscheidungen, in: DÖV 1983, S. 305-310

Benda, Ernst: Akzeptanz als Bedingung demokratischer Legitimität? Vortrag im Rahmen des Walther-Schücking-Kollegs an der Universität Kiel am 30. Oktober 1987, Kiel, 1988

Benda, Ernst; Klein, Eckart; Klein, Oliver: Verfassungsprozessrecht, 3. Aufl., Heidelberg u.a., 2012

Bentele, Günter: Politische Öffentlichkeitsarbeit, in: Sarcinelli, Ulrich (Hrsg.), Politikvermittlung und Demokratie in der Mediengesellschaft, Bonn, 1998, S. 124-145

Berkemann, Jörg: Juris als öffentlich-rechtlich "beliehener Unternehmer" - Geschichte, Funktion und Status der zentralen Rechtsprechungsdatenbank, in: VerwArch 87 (1996), S. 362-394

Bernatzik, Edmund: Republik und Monarchie, 2. Aufl., Tübingen, 1919

Bethge, Herbert: Zur verfassungsrechtlichen Legitimation informalen Staatshandelns des Bundesregierung, in: Jura 2003, 327-333

Bethge, Herbert: Zur "Meinungsfreiheit" der Bundesregierung, in: NJW 1985, S. 721

Bethge, Herbert: Die staatliche Teilhabe an öffentlicher Kommunikation, in: AfP 2007, Sonderheft, S. 18-21

Bethge, Herbert: Einstweilige Anordnung gegen politische Meinungsäußerungen - Anmerkung zu OVG Lüneburg, Beschl. v. 28.05. 1974, V OVG B 80/73, in: NJW 1975, S. 662-663

Böckelmann, Frank; Mahle, Walter A.; Nahr, Günter: Staatliche Öffentlichkeitsarbeit und die Willensbildung des Volkes, in: Langenbucher, Wolfgang R. (Hrsg.), Politik und Kommunikation. Über die öffentliche Meinungsbildung, München, 1979, S. 93-113

Böckelmann, Frank; Nahr, Günter: Staatliche Öffentlichkeitsarbeit im Wandel der politischen Kommunikation, Berlin, 1979

Bockelmann, Paul: Öffentlichkeit und Strafrechtspflege, in: NJW 1960, S. 217-221

Bockemühl, Jan: Das Ermittlungsverfahren – Sonderopfer des Tatverdächtigen, in: StraFo 2016, S. 60-63

Böckenförde, Ernst-Wolfgang: Grundrechtstheorie und Grundrechtsinterpretation, in: NJW 1974, S. 1529-1538

Böckenförde, Ernst-Wolfgang: Verfassungsgerichtsbarkeit: Strukturfragen, Organisation und Legitimation, in: NJW 1999, S. 9-17

Böckenförde, Ernst-Wolfgang: Die Entstehung des Staates als Vorgang der Säkularisation, in: ders., Staat – Gesellschaft – Freiheit. Studien zur Staatstheorie und zum Verfassungsrecht, Frankfurt am Main, 1976, S. 42-64

Böckenförde, Ernst-Wolfgang: Demokratie als Verfassungsprinzip, in: Isensee, Josef; Kirchhof, Paul (Hrsg.), Handbuch des Staatsrechts der Bundesrepublik Deutschland, Bd. 2, 3. Aufl., Heidelberg, 2004, § 24, S. 429-496

Böckenförde, Ernst-Wolfgang: Der Staat als sittlicher Staat, Berlin, 1978

Böckenförde, Ernst-Wolfgang: Die verfassungstheoretische Unterscheidung von Staat und Gesellschaft als Bedingung der individuellen Freiheit, Opladen, 1973

Böckenförde, Ernst-Wolfgang: Demokratische Willensbildung und Repräsentation, in: Isensee, Josef; Kirchhof, Paul (Hrsg.), Handbuch des Staatsrechts der Bundesrepublik Deutschland, Bd. 3, 3. Aufl., Heidelberg, 2005, § 34, S. 31-53

Bogdany, Armin von: Supranationale Union als neuer Herrschaftstypus: Entstaatlichung und Vergemeinschaftung in staatstheoretischer Perspektive, in: Integration - Vierteljahreszeitschrift des Instituts für Europäische Politik in Zusammenarbeit mit dem Arbeitskreis Europäische Integration – Ausgabe 16 (1993), S. 210-224

Böhm, Monika: Bürgerbeteiligung nach Stuttgart 21: Änderungsbedarf und -perspektiven, in: NuR 2011, S. 614-619

Bonfadelli, Heinz; Friemel, Thomas N.: Medienwirkungsforschung, 6. Aufl., Konstanz u.a., 2017

Bora, Alfons: Differenzierung und Inklusion. Partizipative Öffentlichkeit im Rechtssystem moderner Gesellschaften, Baden-Baden, 1999

Braun, Werner; Benterbusch, Elisabeth: Zulässigkeit und Grenzen der Öffentlichkeitsarbeit von Fraktionen, in: ZParl 33 (2002), S. 653-668

Bredemeier, Barbara: Kommunikative Verfahrenshandlungen im deutschen und europäischen Verwaltungsrecht, Tübingen, 2007

Britz, Gabriele: Umweltrecht im Spannungsverhältnis von ökonomischer Effizienz und Verfassungsrecht, in: Verw 30 (1997), S. 185-209

Britz, Guido: Fernsehaufnahmen im Gerichtssaal, Baden-Baden, 1999

Brohm, Winfried: Die Dogmatik des Verwaltungsrechts, in: VVDStRL 30 (1972), S. 245-306

Brohm, Winfried: Verwaltungsverhandlungen mit Hilfe von Konfliktmittlern?, in: DVBl 1990, S. 312-328

Broß, Siegfried: Akzeptationsprobleme staatlicher Entscheidungen, in: Philipps, Lothar; Wittmann, Roland (Hrsg.), Rechtsentstehung und Rechtskultur. Heinrich Koller zum 60. Geburtstag, Heidelberg, 1991, S. 147-158

Brüggemann, Michael: Europäische Öffentlichkeit durch Öffentlichkeitsarbeit? Informationspolitik der Europäischen Kommission, Wiesbaden, 2008

Brüning, Christoph; Willers, Christian: Die Zentralen für politische Bildung im Gefüge der Staatsgewalten, in: JZ 2010, S. 1058-1062

Buchwald, Delf: Prinzipien des Rechtsstaates, Aachen, 1996

Bull, Hans Peter: Die Staatsaufgaben nach dem Grundgesetz, 2. Aufl., Kronberg/Ts., 1977

Bumke, Christian: Publikumsinformation. Erscheinungsformen, Funktionen und verfassungsrechtlicher Rahmen einer Handlungsform des Gewährleistungsstaates, in: Verw 37 (2004), S. 3-33

Bumke, Christian: Der gesellschaftliche Grundkonsens im Spiegel der Rechtsprechung des Bundesverfassungsgerichts, in: Schuppert, Gunnar Folke; ders. (Hrsg.), Bundesverfassungsgericht und gesellschaftlicher Grundkonsens, Baden-Baden, 2000, S. 197-223

Burghart, Axel: Die Pflicht zum guten Gesetz, Berlin, 1996

Burgi, Martin: Das Bedarfserörterungsverfahren: Eine Reformoption für die Bürgerbeteiligung bei Großprojekten, in: NVwZ 2012, S. 277-280

Butzer, Hermann: Sicherstellungsauftrag, in: Isensee, Josef; Kirchhof, Paul (Hrsg.), Handbuch des Staatsrechts der Bundesrepublik Deutschland, Bd. 4, 3. Aufl., Heidelberg, 2006, § 74, S. 161-203

Caspar, Johannes: Von der Informationsfreiheit zur Transparenz - Das Hamburgische Transparenzgesetz setzt neue Standards, in: ZD 2012, S. 445-446

Coelln, Christian von: Zur Medienöffentlichkeit der Dritten Gewalt, Tübingen, 2005

Czerwick, Edwin: Strukturen und Funktionen der Verwaltungskommunikation, in: DÖV 1997, S. 973-983

Czerwick, Edwin: Parlamentarische Politikvermittlung zwischen „Basisbezug“ und „Systembezug“, in: Sarcinelli, Ulrich (Hrsg.), Politikvermittlung und Demokratie in der Mediengesellschaft, Bonn, 1998, S. 253-272

Czybulka, Detlef: Akzeptanz als staatsrechtliche Kategorie, in: Die Verwaltung 26 (1993), S. 27-37

Czybulka, Detlef: Die Legitimation der öffentlichen Verwaltung, Heidelberg, 1989

Danwitz, Thomas von: Aarhus-Konvention: Umweltinformation, Öffentlichkeitsbeteiligung, Zugang zu den Gerichten, in: NVwZ 2004, S. 272-282

Degenhart, Christoph: Staatsrecht I - Staatsorganisationsrecht, 33. Aufl., Heidelberg, 2017

Di Fabio, Udo: Information als hoheitliches Gestaltungsmittel, in: JuS 1997, S. 1-7

Di Fabio, Udo: Demokratie im System des Grundgesetzes, in: Brenner, Michael; Huber, Peter M.; Möstl, Markus (Hrsg.), Der Staat des Grundgesetzes - Kontinuität und Wandel. Festschrift für Peter Badura zum siebzigsten Geburtstag, Tübingen, 2004, S. 77-95

Diekmann, Andreas: Die Befolgung von Gesetzen, Berlin, 1980

Discher, Thomas: Mittelbarer Eingriff, Gesetzesvorbehalt, Verwaltungskompetenz: Die Jugendsekten-Entscheidungen, in: JuS 1993, S. 463-471

Dix, Alexander: Der verfassungs- und europarechtliche Rahmen des Rechts auf Informationszugang, in: Dreier, Thomas; Fischer, Veronika; van Raay, Anne; Spiecker gen. Döhmann, Indra (Hrsg.), Informationen der öffentlichen Hand - Zugang und Nutzung, Baden-Baden, 2016, S. 77-88

Doehring, Karl: Staatsräson, Legalität und Widerstandsrecht, in: Börner, Bodo; Jahrreiß, Hermann; Stern, Klaus (Hrsg.), Einigkeit und Recht und Freiheit. Festschrift für Karl Carstens, Bd. 2, Köln u.a., 1984, S. 527-543

Dolde, Klaus-Peter: Neue Formen der Bürgerbeteiligung? - Planung und Zulassung von Projekten in der parlamentarischen Demokratie, in: NVwZ 2013, S. 769-775

Dornstein, Miriam: Taxes: Attitudes and Perceptions and their Social Bases, in: Journal of Economic Psychology 8 (1987), S. 55-76

Downing, John; Mohammadi, Ali; Sreberny-Mohammadi, Annabelle (Hrsg.): Questioning the media. A critical introduction, 2. Aufl., Thousand Oaks (CA), 1995

Drefs, Felix: Informationen über öffentliches Handeln, in: Dreier, Thomas; Fischer, Veronika; van Raay, Anne; Spiecker gen. Döhmann, Indra (Hrsg.), Informationen der öffentlichen Hand - Zugang und Nutzung, Baden-Baden, 2016, S. 89-106

Dreier, Horst: Grundrechtsdurchgriff contra Gesetzesbindung?, in: Die Verwaltung 36 (2003), S. 105-136

Dreier, Horst: Das Demokratieprinzip des Grundgesetzes, in: Jura 1997, S. 249-257

Dreier, Horst (Hrsg.): Grundgesetz - Kommentar, 3. Aufl.; Bd. 1: Tübingen, 2013; Bd. 2: Tübingen, 2015

Dreier, Thomas; Spiecker gen. Döhmann, Indra: Gegenrechte - Datenschutz/Schutz von Betriebs- und Geschäftsgeheimnissen, Geistiges Eigentum, in: Dreier, Thomas; Fischer, Veronika; van Raay, Anne; Spiecker gen. Döhmann, Indra (Hrsg.), Informationen der öffentlichen Hand - Zugang und Nutzung, Baden-Baden, 2016, S. 165-191

Drosdowski, Günther: Duden - Etymologie: Herkunftswörterbuch der deutschen Sprache, 2. Aufl., Mannheim u.a., 1997

Druey, Jean Nicolas: Information als Gegenstand des Rechts, Zürich, 1995

Dürig, Günter: Der Grundrechtssatz von der Menschenwürde, in: AöR 81 (1956), S. 117-157

Eberle, Carl-Eugen: Gesetzwidrige Öffentlichkeit beim BVerfG?, in: NJW 1994, S. 1637-1639

Ebsen, Ingwer: Der Beitrag des Bundesverfassungsgerichts zum politischen Grundkonsens, in: Schuppert, Gunnar Folke; Bumke, Christian (Hrsg.), Bundesverfassungsgericht und gesellschaftlicher Grundkonsens, Baden-Baden, 2000, S. 83-109

Endres, Alfred: Strategien kommunaler Öffentlichkeitsarbeit, 2. Aufl., Stuttgart u.a., 1990

Endruweit, Günter; Trommsdorff, Gisela; Burzan, Nicole (Hrsg.): Wörterbuch der Soziologie, 3. Aufl., Konstanz u.a., 2014

Engel, Christoph: Öffentlichkeitsarbeit, in: Isensee, Josef; Kirchhof, Paul (Hrsg.), Handbuch des Staatsrechts der Bundesrepublik Deutschland, Bd. 4, 3. Aufl., Heidelberg, 2006, § 80, S. 477-504

Engel, Christoph: Learning the Law. Preprints of the Max Planck Institute for Research on Collective Goods, Bonn, 2004

Engel, Thorsten: Die staatliche Informationstätigkeit in den Erscheinungsformen Warnung, Empfehlung und Aufklärung, Bochum, 2000

Engelbert, Anke; Kutscha, Martin: Staatliche Öffentlichkeitsarbeit und Demokratieprinzip, in: NJW 1993, S. 1233-1237

Engeler, Malte: Der staatliche Twitter-Auftritt. Rechtliche Hürden und mögliche Lösungen, in: MMR 2017, S. 651-656

Epping, Volker: Grundrechte, 6. Aufl., Berlin, 2015

Erbguth, Wilfried: Akzeptanz durch Verfahren und Raumordnung, in: DÖV 2012, S. 821-827

Faber, Heiko: Innere Geistesfreiheit und suggestive Beeinflussung, Berlin, 1968

Feik, Rudolf: Öffentliche Verwaltungskommunikation - Öffentlichkeitsarbeit, Aufklärung, Empfehlung, Warnung, Wien/New York, 2007

Ferreau, Frederik: Grenzen staatlicher Beteiligung am politischen Diskurs, in: NVwZ 2017, S. 1259-1263

Feuerbach, Anselm Ritter von: Betrachtungen über die Öffentlichkeit und Mündlichkeit der Gerechtigkeitspflege, Gießen, 1821

Fisahn, Andreas: Effektive Beteiligung, solange noch Optionen offen sind - Öffentlichkeitsbeteiligung nach der Aarhus-Konvention, in: ZUR 2004, S. 136-141

Fisahn, Andreas: Demokratie und Öffentlichkeitsbeteiligung, Tübingen, 2002

Fischer, Lorenz; Wiswede, Günter: Steuerpsychologie, in: Frey, Dieter; von Rosenstiel, Lutz; Graf Hoyos, Carl (Hrsg.), Wirtschaftspsychologie, Weinheim/Basel, 2005, S. 327-332

Forsthoff, Ernst: Der Staat der Industriegesellschaft, München, 1971

Franke, Dietmar: Die Bildberichterstattung über den Angeklagten und der Öffentlichkeitsgrundsatz im Strafverfahren, Berlin, 1978

Frankenberg, Günter: Tocquevilles Frage – Zur Rolle der Verfassung im Prozeß der Integration, in: Schuppert, Gunnar Folke; Bumke, Christian (Hrsg.), Bundesverfassungsgericht und gesellschaftlicher Grundkonsens, Baden-Baden, 2000, S. 31-58

Franzius, Claudio: Der Gewährleistungsstaat - ein neues Leitbild für den Wandel von Staatlichkeit?, in: Der Staat 42 (2003), S. 493-518

Frenzel, Eike Michael: Informationen der öffentlichen Hand - Arten und Entstehung, in: Dreier, Thomas; Fischer, Veronika; van Raay, Anne; Spiecker gen. Döhmann, Indra (Hrsg.), Informationen der öffentlichen Hand - Zugang und Nutzung, Baden-Baden, 2016, S. 57-75

Fricke, Silke: Politische Kontrolle durch Berichterstattung. Eine Untersuchung zur Übertragbarkeit des britischen Konzepts der Public Accountability auf Deutschland, Frankfurt am Main, 2011

Fuchs, Michael: Regierungskommunikation und Verfassungsrecht, in: VBlBW 2015, S. 401-406

Furchert, Dirk: Vernetzte PR – städtische Presse- und Öffentlichkeitsarbeit im Internet, Stuttgart u.a., 2000

Gallwas, Hans-Ullrich: Der allgemeine Konflikt zwischen dem Recht auf informationelle Selbstbestimmung und der Informationsfreiheit, in: NJW 1992, S. 2785-2790

Galtung, Johan: Institutionalized Conflict Resolution: A Theoretical Paradigm, in: Journal of Peace Research 1965, S. 348-397

Gärditz, Klaus Ferdinand: Angemessene Öffentlichkeitsbeteiligung bei Infrastrukturplanungen als Herausforderung an das Verwaltungsrecht im demokratischen Rechtsstaat, in: GewArch 2011, S. 273-279

Gasde, Susanne: Reformkommunikation unter der Regierung Schröder, in: Köhler, Miriam Melanie; Schuster, Christian H. (Hrsg.), Handbuch Regierungs-PR, Wiesbaden, 2006, S. 411-422

Gerhardt, Rudolf: Zur Frage der Verfassungsmäßigkeit des Verbots von Rundfunk- und Fernsehaufnahmen im Gerichtssaal (§ 169 Satz 2 GVG), Frankfurt am Main, 1968

Gersdorf, Hubertus: Parlamentsfernsehen des Deutschen Bundestages, Berlin, 2008

Glück, Michael: Vertrauen und Legitimation durch Bürgerzufriedenheit, Bern/Stuttgart/Wien, 2007

Goerlich, Helmut: Neue Handlungsformen, staatliche Umweltratschläge und Chancengleichheit im Wahlkampf, in: NWVBl 1992, S. 159-162

Goerlich, Helmut: Schutzpflicht - Grundrechte - Verfahrensschutz, in: NJW 1981, S. 2616-2617

Goerlich, Helmut; Laier, René: "Parlamentsfernsehen" und Öffentlichkeitsarbeit des Deutschen Bundestages, in: ZUM 2008, S. 475-484

Görisch, Christoph: Die Inhalte des Rechtsstaatsprinzips, in: JuS 1997, S. 988-992

Gostomzyk, Tobias: Die Öffentlichkeitsverantwortung der Gerichte in der Mediengesellschaft, Baden-Baden, 2006

Grabitz, Markus; Schwarz, Konstantin: Stuttgart 21 wird für Kefer zum Offenbarungseid, in: Stuttgarter Nachrichten, Ausgabe vom 13.12.2012, S. 3

Gramm, Christof: Aufklärung durch staatliche Publikumsinformationen - Staatshandeln als Aufklärung?, in: Der Staat 30 (1991), S. 51-80

Greiffenhagen, Martin: Politische Legitimität in Deutschland, Gütersloh, 1999

Grimm, Dieter: Ursprung und Wandel der Verfassung, in: Isensee, Josef; Kirchhof, Paul (Hrsg.) Handbuch des Staatsrechts der Bundesrepublik Deutschland, Bd. 1, 3. Aufl., Heidelberg, 2003, § 1, S. 3-43

Grimm, Dieter: „Wir machen das Meinungsklima nicht", Rechtsgespräch mit Richter am BVerfG Dieter Grimm, in: ZRP 1994, S. 276-279

Grimm, Dieter: Die Zukunft der Verfassung, Bd. 1, Frankfurt am Main, 1991

Grimmer, Klaus: Dienstleistungsfunktion öffentlicher Verwaltungen und die Verwendung von Informationstechnik, in: Verw 23 (1990), S. 25-47

Gröpl, Christoph: Wirtschaftlichkeit und Sparsamkeit staatlichen Handelns, in: Isensee, Josef; Kirchhof, Paul (Hrsg.), Handbuch des Staatsrechts der Bundesrepublik Deutschland, Bd. 5, 3. Aufl., Heidelberg, 2007, § 121, S. 1227-1263

Gröschner, Rolf: Das Überwachungsrechtsverhältnis, Tübingen, 1992

Gröschner, Rolf: Die Republik, in: Isensee, Josef; Kirchhof, Paul (Hrsg.), Handbuch des Staatsrechts der Bundesrepublik Deutschland, Bd. 2, 3. Aufl., Heidelberg, 2004, § 23, S. 369-428

Gröschner, Rolf: Öffentlichkeitsaufklärung als Behördenaufgabe, in: DVBl 1990, S. 619-629

Groß, Thomas: Stuttgart 21: Folgerungen für Demokratie und Verwaltungsverfahren, in: DÖV 2011, S. 510-515

Groß, Thomas: Überlegungen zur Reform der Öffentlichkeitsbeteiligung im Planfeststellungsverfahren, in: BauR 2012, S. 1340-1346

Grunig, James E.; Hunt, Todd: Managing Public Relations, New York, 1984

Guckelberger, Annette: Bürokratieabbau durch Abschaffung des Erörterungstermins?, in: DÖV 2006, S. 97-105

Guckelberger, Annette: Rechtliche Anforderungen an die aktive Informationsvorsorge des Staates im Internet, in: Hill, Hermann; Schliesky, Utz (Hrsg.), Die Vermessung des virtuellen Raums, Baden-Baden, 2012, S. 73-118

Gurlit, Elke: Konturen eines Informationsverwaltungsrechts, in: DVBl 2003, S. 1119-1134

Gurlit, Elke: Zeitwert von Verbraucherinformation und Rechtsschutzanforderungen, in: NVwZ 2011, S. 1052-1055

Gurlit, Elke: Neue Formen der Bürgerbeteiligung? - Planung und Zulassung von Projekten in der parlamentarischen Demokratie, in: JZ 2012, S. 833-841

Gurlit, Elke: Der Eigenwert des Verfahrens im Verwaltungsrecht, in: VVDStRL 70 (2011), S. 227-277

Guschker, Stefan: Glaubwürdigkeit und Vertrauen. Akzeptanzkriterien von Expertenwissen, in: Lucke, Doris; Hasse, Michael (Hrsg.), Annahme verweigert - Beiträge zur soziologischen Akzeptanzforschung, Opladen, 1998, S. 93-115

Gusy, Christoph: Verwaltung durch Information - Empfehlungen und Warnungen als Mittel des Verwaltungshandelns, in: NJW 2000, S. 977-986

Gusy, Christoph: Zur These von der Zulässigkeit des gesetzesfreien Grundrechtseingriffs anhand des Beispiels der Öffentlichkeitsarbeit der Bundesregierung, in: JZ 1989, S. 1003-1005

Gusy, Christoph: Die Pflicht zur Veröffentlichung von Verwaltungsvorschriften, in: DVBl 1979, S. 720-724

Gusy, Christoph: Weimar – die wehrlose Republik?, Tübingen, 1991

Gusy, Christoph: Der transparente Staat, in: DVBl 2013, S. 941-948

Gusy, Christoph: Neutralität staatlicher Öffentlichkeitsarbeit – Voraussetzungen und Grenzen, in: NVwZ 2015, S. 700-704

Gusy, Christoph: Informationszugangsfreiheit – Öffentlichkeitsarbeit – Transparenz, in: JZ 2014, S. 171-179

Gusy, Christoph: Das Mehrheitsprinzip im demokratischen Staat, in: Guggenberger, Bernd; Offe, Claus (Hrsg.), An den Grenzen der Mehrheitsdemokratie. Politik und Soziologie der Mehrheitsregel, Opladen, 1984, S. 61-82

Gusy, Christoph: Die Informationsbeziehungen zwischen Staat und Bürger, in: Hoffmann-Riem, Wolfgang; Schmidt-Aßmann, Eberhard; Voßkuhle, Andreas (Hrsg.), Grundlagen des Verwaltungsrechts, Bd. 2, 2. Aufl., München, 2012, § 23, S. 235-320

Häberle, Peter: Öffentlichkeitsarbeit der Regierung zwischen Parteien- und Bürgerdemokratie, in: JZ 1977, S. 361-371

Häberle, Peter: Die Verfassung des Pluralismus. Studien zur Verfassungstheorie der offenen Gesellschaft, Königstein/Taunus, 1980

Häberle, Peter: Effizienz und Verfassung, in: AöR 98 (1973), S. 625-635

Habermas, Jürgen: Strukturwandel der Öffentlichkeit, 1. Neuauflage, Frankfurt am Main, 1990

Habermas, Jürgen: Legitimationsprobleme im modernen Staat, in: Graf Kielmansegg, Peter (Hrsg.), Legitimationsprobleme politischer Systeme, PVS Sonderheft 7/1976, Opladen, 1976, S. 39-61

Haddock, Geoffrey; Maio, Gregory R.: Einstellungen, in: Jonas, Klaus; Stroebe, Wolfgang; Hewstone, Miles (Hrsg.), Sozialpsychologie, 6. Aufl., Berlin u.a., 2014, Kapitel 6, S. 197-229

Haenel, Albert: Das Gesetz im formellen und materiellen Sinne, in: ders., Studien zum deutschen Staatsrechte, Bd. 2, Leipzig, 1888, S. 97-354

Hain, Karl-Eberhard: Die Grundsätze des Grundgesetzes. Eine Untersuchung zu Art. 79 Abs. 3 GG, Baden-Baden, 1999

Hamann, Andreas (Begr.)
Hamann jr., Andreas; Lenz, Helmut: Das Grundgesetz für die Bundesrepublik Deutschland vom 23. Mai 1949 – Kommentar, 3. Aufl., Neuwied/Berlin, 1970

Hamer, Martin: Informatisierung des Verwaltungsprozesses, Berlin, 2002

Hämmerlein, Hans: Öffentlichkeitsarbeit der Verwaltung, in: DÖV 1969, S. 193-196

Hartlapp, Miriam: Die Kontrolle der nationalen Rechtsdurchsetzung durch die Europäische Kommission, Frankfurt am Main, 2005

Hayes, Steven C.; Strosahl, Kirk D.; Wilson, Kelly G.: Acceptance and Commitment Therapy: An Experimental Approach to Behaviour Change, New York, 1999

Heckmann, Dirk: Geltungskraft und Geltungsverlust von Rechtsnormen, Tübingen, 1997

Hefendehl, Roland: Kollektive Rechtsgüter im Strafrecht, Köln u.a., 2002

Heintzen, Markus: Staatliche Warnungen als Grundrechtsproblem, in: VerwArch 81 (1990), S. 532-556

Heintzen, Markus: Behördliches Informationshandeln bei ungewissem Sachverhalt, in: NuR 1991, S. 301-306

Heintzen, Markus: Hoheitliche Warnungen und Empfehlungen im Bundesstaat, in: NJW 1990, S. 1448-1451

Hellmann, Vanessa: Eine Warnung vor dem Bundesverfassungsgericht, in: NVwZ 2005, S. 163-166

Henkel, Heinrich: Einführung in die Rechtsphilosophie, 2. Aufl., München, 1977

Hepp, Reinhold; Fasel, Christoph: Partizipation und Inklusion. Vorschläge für eine erweiterte Öffentlichkeitsarbeit der Polizei auf der Basis kommunikativer Erkenntnisse aus Theorie und Praxis, in: Kriminalistik 2012, S. 92-95

Hertel, Wolfram; Munding, Christoph-David: „Frühe Öffentlichkeitsbeteiligung" bei der Planung von Großvorhaben, in: NJW 2012, S. 2622-2625

Herzog, Roman: Von der Akzeptanz des Rechts, in: Rüthers, Bernd; Stern, Klaus (Hrsg.), Freiheit und Verantwortung im Verfassungsstaat, München, 1984, S. 127-138

Herzog, Roman: Staat und Recht im Wandel - Einreden zur Verfassung und ihrer Wirklichkeit, Goldbach, 1993

Herzog, Roman: Gesetzgebung und Einzelfallgerechtigkeit, in: NJW 1999, S. 25-28

Herzog, Roman: Ziele, Vorbehalte und Grenzen der Staatstätigkeit, in: Isensee, Josef; Kirchhof, Paul (Hrsg.), Handbuch des Staatsrechts der Bundesrepublik Deutschland, Bd. 4, 3. Aufl., Heidelberg, 2006, § 72, S. 81-115

Herzog, Roman: Allgemeine Staatslehre, Frankfurt am Main, 1971

Hesse, Konrad: Grundzüge des Verfassungsrechts der Bundesrepublik Deutschland, 20. Aufl., Heidelberg, 1995

Hesse, Konrad: Die normative Kraft der Verfassung, Tübingen, 1959

Heuermann, Roland; Tomenendal, Matthias (Hrsg.): Öffentliche Betriebswirtschaftslehre. Theorie - Praxis - Consulting, München, 2011

Hien, Eckart: Keine allgemeine Fehlersuche - Gerichtliche Kontrolle auf Verletzung von Rechten des Bürgers begrenzen, Pressegespräch, in: DVBl 2003, S. 443-446

Hien, Eckart: Verwaltungs-, Sozial- und Finanzgerichtsbarkeit unter einem Dach? - Jahrespressekonferenz des Präsidenten des BVerwG Eckart Hien, in: DVBl 2004, S. 464-468

Hien, Eckart: Partizipation im Planungsverfahren, in: UPR 2012, S. 128-132

Hien, Eckart: Bürgerbeteiligung im Spannungsfeld der Gewaltenteilung, in: DVBl 2014, S. 495-498

Hill, Hermann: Das hoheitliche Moment im Verwaltungsrecht der Gegenwart, in: DVBl 1989, S. 321-327

Hill, Hermann: Akzeptanz des Rechts - Notwendigkeit eines besseren Politikmanagements, in: JZ 1988, S. 377-381

Hill, Hermann: Das Verhältnis des Bürgers zum Gesetz, in: DÖV 1988, S. 666-670

Hill, Hermann: Staatskommunikation, in: JZ 1993, S. 330-336

Hill, Hermann: Einführung in die Gesetzgebungslehre, in: Jura 1986, S. 57-67

Hobbes, Thomas: Leviathan oder Stoff, Form und Gewalt eines bürgerlichen und kirchlichen Staates, Neuwied/Berlin, 1966; Übers.: Euchner, Walter; Hrsg.: Fetscher, Iring

Hoeren, Thomas: Medienöffentlichkeit im Gericht – die Änderungen des GVG, in: NJW 2017, S. 3339-3341

Hoffmann-Riem, Wolfgang: Rechtsformen, Handlungsformen, Bewirkungsformen, in: ders.; Schmidt-Aßmann, Eberhard; Voßkuhle, Andreas (Hrsg.), Grundlagen des Verwaltungsrechts, Bd. 2, 2. Aufl., München, 2012, § 33, S. 943-1023

Hoffmann-Riem, Wolfgang: Reform des allgemeinen Verwaltungsrechts als Aufgabe, in: AöR 115 (1990), S. 400-447

Hoffmann-Riem, Wolfgang: Ermöglichung von Flexibilität und Innovationsoffenheit im Verwaltungsrecht - Einleitende Problemskizze, in: ders.; Schmidt-Aßmann, Eberhard (Hrsg.), Innovation und Flexibilität des Verwaltungshandelns, Baden-Baden, 1994, S. 9-66

Hoffmann-Riem, Wolfgang: Sozialwissenschaften in der Rechtsanwendung - am Beispiel der Nutzung der Medienforschung in der Rechtsprechung zum Medienrecht, in: ZfRSoz 2001, S. 3-24

Hoffmann-Riem, Wolfgang: Effizienz als Herausforderung an das Verwaltungsrecht - Einleitende Problemskizze, in: ders.; Schmidt-Aßmann, Eberhard (Hrsg.), Effizienz als Herausforderung an das Verwaltungsrecht, Baden-Baden, 1998, S. 11-57

Hoffmann-Riem, Wolfgang: Verwaltungsrechtsreform. Ansätze am Beispiel des Umweltschutzes, in: ders.; Schmidt-Aßmann, Eberhard;Schuppert, Gunnar Folke (Hrsg.), Reform des Allgemeinen Verwaltungsrechts, Baden-Baden, 1993, S. 115-175

Hoffmann, Johannes J.: Adenauer: „Vorsicht und keine Indiskretionen!" - Zur Informationspolitik und Öffentlichkeitsarbeit der Bundesregierung 1949-1955, Aachen, 1995

Hofmann, Hasso: Legitimität und Rechtsgeltung, Berlin, 1977

Holznagel, Bernd: Erosion demokratischer Öffentlichkeit?, in: VVDStRL 68 (2009), S. 381-412

Holzner, Thomas: Die "Pankower Ekelliste", in: NVwZ 2010, S. 489-494

Holzner, Thomas: Verbraucherschutz um den Preis des Rechtsstaates?, in: DVBl 2012, S. 17-21

Holzner, Thomas: Rot für die Gastro-Ampel. Rechtsstaatliche Determinanten der Publikation behördlicher, vergleichender Bewertungen als Instrument des öffentlichen Wirtschaftsrechts, in: GewArch 2016, S. 95-100

Honegg, Sarah: Die Verwendung von staatlicher Verbraucherinformation als Mittel zur Beseitigung informationeller Ungleichgewichte, Hamburg, 2015

Höreth, Marcus: Die Europäische Union im Legitimationstrilemma, Baden-Baden, 1999

Horn, Hans-Detlef: Erosion demokratischer Öffentlichkeit?, in: VVDStRL 68 (2009), S. 413-449

Huber, Peter: Die Informationstätigkeit der öffentlichen Hand - ein grundrechtliches Sonderregime aus Karlsruhe?, in: JZ 2003, S. 290-297

Hufen, Friedhelm: Selbst denken - Ein Grundprinzip für Staat und Studium, in: JuS 2013, S. 1-7

Hufen, Friedhelm: Fehler im Verwaltungsverfahren, 3. Aufl., Baden-Baden, 1998

Hufen, Friedhelm: Die Bewahrung gesellschaftlicher Werte durch das Bundesverfassungsgericht, in: Schuppert, Gunnar Folke; Bumke, Christian (Hrsg.), Bundesverfassungsgericht und gesellschaftlicher Grundkonsens, Baden-Baden, 2000, S. 61-81

Huff, Martin: Die Veröffentlichungspflicht der Gerichte, in: NJW 1997, S. 2651-2653

Huff, Martin: Information ist auch eine Aufgabe des BVerfG – Anmerkungen zur Öffentlichkeitsarbeit, in: NJW 2001, S. 2951-2953

Huff, Martin: Notwendige Öffentlichkeitsarbeit der Justiz, in: NJW 2004, S. 403-407

Huff, Martin: Unsere obersten Bundesgerichte und die Information der Öffentlichkeit, in: DRiZ 2005, 147

Huff, Martin: Informationspflichten und Informationsverhalten der Justiz, in: AfP 2010, S. 332-336

Huff, Martin: Die Medienstelle eines Oberlandesgerichts - Notwendige Öffentlichkeitsarbeit der Justiz, in: Münchbach, Werner (Hrsg.), Festschrift 200 Jahre Badisches Oberhofgericht - Oberlandesgericht Karlsruhe, Heidelberg, 2003, S. 239-251

Ingold, Albert: „Polizei 2.0“: Grenzen der behörlichen Öffentlichkeitsarbeit in sozialen Netzwerken, in: VerwArch 108 (2017), S. 240-265

Isensee, Josef: Republik - Sinnpotential eines Begriffs, in: JZ 1981, S. 1-8

Isensee, Josef: Subsidiaritätsprinzip und Verfassungsrecht, Berlin, 1968

Isensee, Josef: Staatsaufgaben, in: ders.; Kirchhof, Paul (Hrsg.), Handbuch des Staatsrechts der Bundesrepublik Deutschland, Bd. 4, 3. Aufl., Heidelberg, 2006, § 73, S. 117-160

Isensee, Josef: Grundrechte und Demokratie: Die polare Legitimation im grundgesetzlichen Gemeinwesen, Bonn, 1981

Isensee, Josef: Staat und Verfassung, in: ders.; Kirchhof, Paul (Hrsg.), Handbuch des Staatsrechts der Bundesrepublik Deutschland, Bd. 2, 3. Aufl., Heidelberg, 2004, § 15, S. 3-106

Isensee, Josef: Die Legitimation des Grundgesetzes, in: ders.; Kirchhof, Paul (Hrsg.), Handbuch des Staatsrechts der Bundesrepublik Deutschland, Bd. 12, 3. Aufl., Heidelberg, 2014, § 254, S. 3-52

Isensee, Josef: Widerstand gegen den technischen Fortschritt, in: DÖV 1983, S. 565-575

Isensee, Josef: Verfassungsgarantie ethischer Grundwerte und gesellschaftlicher Konsens, in: NJW 1977, S. 545-551

Jarass, Hans D.: Öffentlichkeitsarbeit und Verfassung, in: Haedrich, Günther; Barthenheier, Günter; Kleinert, Horst (Hrsg.), Öffentlichkeitsarbeit - Dialog zwischen Institutionen und Gesellschaft, Berlin u.a., 1982, S. 201-205

Jarass, Hans D.: Rechtsfragen der Öffentlichkeitsarbeit - Zugleich ein Beitrag zum Thema "Werbung und Recht", in: NJW 1981, S. 193-198

Jarass, Hans D.; Pieroth, Bodo: Grundgesetz für die Bundesrepublik Deutschland. Kommentar, 14. Aufl., München, 2016

Jauch, Oliver: Das Hamburgische Transparenzgesetz (HmbTG) - Ein Paradigmenwechsel in der Informationsfreiheit, in: DVBl 2013, S. 16-24

Jellinek, Georg: Allgemeine Staatslehre, 3. Aufl., Berlin, 1920

Jensen, Marco Arne: Rechtsprobleme regierungsamtlicher Öffentlichkeitsarbeit im Internet-Zeitalter, Hamburg, 2006

Jerschke, Hans-Ulrich: Öffentlichkeitspflicht der Exekutive und Informationsrecht der Presse, Berlin, 1971

Jestaedt, Matthias: Das Geheimnis im Staat der Öffentlichkeit, in: AöR 126 (2001), S. 204-243

Jestaedt, Matthias: Demokratieprinzip und Kondominialverwaltung, Berlin, 1993

Karpen, Ulrich: Gesetzgebungslehre - neu evaluiert, 2. Aufl., Baden-Baden, 2008

Kaster, Bernhard: Regierungs-PR und politischer Wettbewerb, in: Köhler, Miriam Melanie; Schuster, Christian H. (Hrsg.), Handbuch Regierungs-PR, Wiesbaden, 2006, S. 183-195

Kaufmann, Arthur: Richterpersönlichkeit und richterliche Unabhängigkeit, in: Baumann, Jürgen; Tiedemann, Klaus (Hrsg.), Einheit und Vielfalt des Strafrechts. Festschrift für Karl Peters zum 70. Geburtstag, Tübingen, 1974, S. 295-309

Kaufmann, Franz-Xaver: Normative Konflikte in Deutschland: Basiskonsens, Wertewandel und soziale Bewegungen, in: Berger, Peter L. (Hrsg.), Die Grenzen der Gemeinschaft. Konflikt und Vermittlung in pluralistischen Gesellschaften, Gütersloh, 1997, S. 155-197

Kempen, Ernst-Otto: Grundgesetz, amtliche Öffentlichkeitsarbeit und politische Willensbildung, Berlin, 1975

Kingreen, Thorsten; Poscher, Ralf: Grundrechte - Staatsrecht II, 33. Aufl., Heidelberg, 2017

Kirchhof, Ferdinand: Rechtspflicht zur Zusatzveröffentlichung kommunaler Normen, in: DÖV 1982, S. 397-403

Kirchhof, Paul: Nach vierzig Jahren: Gegenwartsfragen an das Grundgesetz, in: JZ 1989, S. 453-465

Kirchhof, Paul: Mittel staatlichen Handelns, in: Isensee, Josef; ders. (Hrsg.), Handbuch des Staatsrechts der Bundesrepublik Deutschland, Bd. 5, 3. Aufl., Heidelberg, 2007, § 99, S. 3-133

Kirchhof, Paul: Gefährdung des Rechtsstaats durch den Verlust des Rechtsgedankens?, in: ders.; Scholz, Rupert; Werthebach, Eckart (Hrsg.), Die Akzeptanz des Rechtsstaates, Studien der Konrad-Adenauer-Stiftung Nr. 155/1998, St. Augustin, 1998, S. 23-40

Kirchhof, Paul: Verwalten durch „mittelbares" Einwirken, Köln u.a., 1977

Kischel, Uwe: Die Begründung, Tübingen, 2003

Klein, Alexander: Akzeptanz als Element einer steuerlichen Rechtfertigungslehre, in: Pichler, Johannes W. (Hrsg.), Rechtsakzeptanz und Handlungsorientierung, Wien u.a., 1998, S. 177-190

Klein, Bodo: Konkurrenz auf dem Markt der geistigen Freiheiten, Berlin, 1990

Klein, Hans Hugo: Verfassungstreue und Schutz der Verfassung, in: VVDStRL 37 (1979), S. 49-110

Klein, Oliver: Das Untermaßverbot - Über die Justiziabilität grundrechtlicher Schutzpflichterfüllung, in: JuS 2006, S. 960-965

Klier, Peter: Im Dreieck von Demokratie, Öffentlichkeit und Massenmedien, Berlin, 1990

Kloepfer, Michael: Öffentliche Meinung, Massenmedien, in: Isensee, Josef; Kirchhof, Paul (Hrsg.), Handbuch des Staatsrechts der Bundesrepublik Deutschland, Bd. 3, 3. Aufl., Heidelberg, 2005, § 42, S. 389-423

Kloepfer, Michael: Informationsrecht, München, 2002

Kloepfer, Michael: Staatliche Informationen als Lenkungsmittel - dargestellt insbesondere am Problem staatlicher Warnungen und Empfehlungen im Umweltrecht, Berlin u.a., 1998

Kloepfer, Michael: Information als Intervention in der Wettbewerbsaufsicht, Tübingen, 1973

Kloepfer, Michael: Informationszugangsfreiheit und Datenschutz: Zwei Säulen des Rechts der Informationsgesellschaft, in: DÖV 2003, S. 221-231

Kloepfer, Michael; Schärdel, Florian: Grundrechte für die Informationsgesellschaft - Datenschutz und Informationszugangsfreiheit ins Grundgesetz?, in: JZ 2009, S. 453-462

Kluth, Winfried: Funktionale Selbstverwaltung, Tübingen, 1997

Knauff, Matthias: Öffentlichkeitsbeteiligung im Verwaltungsverfahren, in: DÖV 2012, S. 1-8

Knebel, Sophie Victoria; Schoss, Robin Christopher: Umfang und Legitimationsprobleme staatlichen Informationshandelns im Internet, in: DÖV 2016, S. 105-112

Kniffka, Rolf: Das Ansehen der Justiz in der Öffentlichkeit, in: ZfRSoz 1981, S. 225-240

Knoblich, Michael: Zum Informationsanspruch der Medien gegenüber den Gerichten, in: Albers, Marion; Heine, Manfred; Seyfarth, Georg (Hrsg.), Beobachten - Entscheiden - Gestalten. Symposion zum Ausscheiden von Dieter Grimm aus dem Bundesverfassungsgericht, Berlin, 2000, S. 9-20

Köbl, Ursula: Die Öffentlichkeit des Zivilprozesses – eine unzeitgemäße Form?, in: Hubmann, Heinrich; Hübner, Heinz (Hrsg.), Festschrift für Ludwig Schnorr von Carolsfeld zum 70. Geburtstag, Köln u.a., 1973, S. 235-254

Koch, Alexander: Verwaltungssanktionen im europäischen und niederländischen Verwaltungs- und Kartellrecht, Göttingen, 2011

Köller, Sandra: Funktionale Selbstverwaltung und ihre demokratische Legitimation, Berlin, 2009

Kopp, Ferdinand: Verfassungsrecht und Verwaltungsverfahrensrecht, München, 1971

Kopp, Ferdinand O.; Schenke, Wolf-Rüdiger; Schenke, Ralf Peter: Verwaltungsgerichtsordnung - Kommentar, 23. Aufl., München, 2017

Krawietz, Werner: Anerkennung als Geltungsgrund des Rechts im modernen Rechtssystem, in: Haney, Gerhard; Maihofer, Werner; Sprenger, Gerhard (Hrsg.), Recht und Ideologie. Festschrift für Hermann Klenner zum 70. Geburtstag, Freiburg/Berlin, 1996, S. 104-146

Kretschmer, Gerald: Die Öffentlichkeitsarbeit der Fraktionen im Spannungsbogen von Idealtypik und Realitätsdruck, in: ZG 2003, S. 1-35

Krüdewagen, Ute: Die Selbstdarstellung des Staates, München, 2002

Krüger, Herbert: Allgemeine Staatslehre, 2. Aufl., Stuttgart u.a., 1966

Krüger, Herbert: Verfassungsvoraussetzungen und Verfassungserwartungen, in: Ehmke, Horst; Kaiser, Joseph H.; Kewenig, Wilhelm A.; Meessen, Karl Matthias; Rüfner, Wolfgang (Hrsg.), Festschrift für Ulrich Scheuner zum 70. Geburtstag, Berlin, 1973, S. 285-306

Krüger, Herbert: Der Rundfunk im Verfassungsgefüge und in der Verwaltungsordnung von Bund und Ländern, Hamburg, 1960

Krüper, Julian: Anmerkung zum Beschluss des BVerfG v. 16.12.2014 – 2 BvE 2/14, in: JZ 2015, S. 414-417

Kuch, David: Politische Neutralität in der Parteiendemokratie, in: AöR 142 (2017), S. 491-527

Kugelmann, Dieter: Die informatorische Rechtsstellung des Bürgers, Tübingen, 2001

Kugelmann, Dieter: Informationsfreiheit als Element moderner Staatlichkeit, in: DÖV 2005, S. 851-860

Kühling, Jürgen: Erosion demokratischer Öffentlichkeit?, in: DVBl 2008, S. 1098-1106

Kümper, Boas; Wittmann, Antje: Voraussetzungen und Grenzen der aktiven behördlichen Verbreitung von Umweltinformationen gemäß § 10 UIG, in: NuR 2011, S. 840-848

Kunig, Philip: Die Medien und das Persönlichkeitsrecht, in: Jacobs, Rainer; Papier, Hans-Jürgen; Schuster, Peter-Klaus (Hrsg.), Festschrift für Peter Raue zum 65. Geburtstag, München, 2006, S. 191-203

Kunig, Philip: Das Rechtsstaatsprinzip, Tübingen, 1986

Kurbjuweit, Dirk: Der Wutbürger, in: Der Spiegel 41/2010, S. 26-27

Ladd, John: The place of practical reason in judicial decision, in: Friedrich, Carl J. (Hrsg.), Rational decision, New York, 1964, S. 126-144

Ladeur, Karl-Heinz: Verfassungsrechtliche Fragen regierungsamtlicher Öffentlichkeitsarbeit und öffentlicher Wirtschaftstätigkeit im Internet, in: DÖV 2002, S. 1-11

Lamprecht, Wolf: Wie transparent ist die Justiz? Gedanken zum Demokratiegebot aus Art. 20 GG, in: ZRP 1993, S. 372-377

Larenz, Karl; Canaris, Claus-Wilhelm: Methodenlehre der Rechtswissenschaft, 3. Aufl., Berlin u.a., 1995

Lehr, Katja: Staatliche Lenkung durch Handlungsformen, Frankfurt am Main, 2010

Leidinger, Tobias: Hoheitliche Warnungen, Empfehlungen und Hinweise im Spektrum staatlichen Informationshandelns, in: DÖV 1993, S. 925-935

Leisner, Walter: Öffentlichkeitsarbeit der Regierung im Rechtsstaat, Berlin, 1966

Leisner, Walter: Effizienz als Rechtsprinzip, Tübingen, 1971

Lenski, Sophie-Charlotte: Regierungs- und Fraktionsarbeit als Parteiarbeit – Skizze einer Kontrolltrias, in: DÖV 2014, S. 585-594

Lenz, Hartmut: Rundfunkorganisation und öffentliche Meinungsbildungsfreiheit, in: JZ 1963, S. 338-350

Lepsius, Oliver: Wiedergelesen: Dietrich Jesch, Gesetz und Verwaltung, 1961, in: JZ 2004, S. 350-351

Lewinski, Kai von: Veröffentlichungsverpflichtungen als proaktives Handeln zur Verwertung, in: Dreier, Thomas; Fischer, Veronika; van Raay, Anne; Spiecker gen. Döhmann, Indra (Hrsg.), Informationen der öffentlichen Hand - Zugang und Nutzung, Baden-Baden, 2016, S. 437-458

Limbach, Jutta: Die Akzeptanz verfassungsgerichtlicher Entscheidungen, in: Brand, Jürgen; Strempel, Dieter (Hrsg.), Soziologie des Rechts, Baden-Baden, 1998, S. 207-219

Limbach, Jutta: Die Akzeptanz verfassungsgerichtlicher Entscheidungen, Münster, 1997

Limbach, Jutta: Die Akzeptanz verfassungsgerichtlicher Entscheidungen - Die Rolle der Demoskopie, in: Pichler, Johannes W. (Hrsg.), Rechtsakzeptanz und Handlungsorientierung, Wien u.a., 1998, S. 257-273

Lind, E. Allan: Procedural Justice and Culture: Evidence for Ubiquitous Process Concerns, in: ZfRSoz 1994, S. 24-36

Lippert, André: Die Bedeutung der Öffentlichkeitsbeteiligung bei großen Infrastrukturvorhaben, in: ZUR 2013, S. 203-212

Lodde, Stephan H. W.: Informationsrechte des Bürgers gegen den Staat, Köln u.a., 1996

Lübbe-Wolff, Gertrude: Rechtsprobleme der behördlichen Umweltberatung, in: NJW 1987, S. 2705-2712

Lübbe-Wolff, Gertrude: Vollzugsprobleme der Umweltverwaltung, in: NuR 1993, S. 217-229

Lucke, Doris: Akzeptanz - Legitimität in der Abstimmungsgesellschaft, Opladen, 1995

Lucke, Doris: Grenzen der Legitimation - Zum Strukturwandel der Akzeptanz, in: Clausen, Lars (Hrsg.), Gesellschaften im Umbruch, Frankfurt am Main/New York, 1995, S. 473-483

Lucke, Doris: Rechtseffizienz, Gesetzesakzeptanz und Rechtsbewusstsein, in: Brand, Jürgen; Strempel, Dieter (Hrsg.), Soziologie des Rechts, Baden-Baden, 1998, S. 221-231

Lucke, Doris: Riskante Annahmen - Angenommene Risiken. Eine Einführung in die Akzeptanzforschung, in: dies.; Hasse, Michael (Hrsg.), Annahme verweigert - Beiträge zur soziologischen Akzeptanzforschung, S. 15-35

Lücke, Jörg: Begründungszwang und Verfassung, Tübingen, 1987

Lüdemann, Jörn: Edukatorisches Staatshandeln, Baden-Baden, 2004

Lüdemann, Jörn: Die Grenzen des homo oeconomicus in der Rechtswissenschaft, in: Engel, Christoph; Englerth, Markus; ders.; Spiecker gen. Döhmann, Indra (Hrsg.), Recht und Verhalten, Tübingen, 2007, S. 7-59

Luhmann, Niklas: Legitimation durch Verfahren, 3. Aufl., Darmstadt/Neuwied, 1978

Luhmann, Niklas: Soziale Systeme. Grundriß einer allgemeinen Theorie, Frankfurt am Main, 1984

Luhmann, Niklas: Die Realität der Massenmedien, 2. Aufl., Opladen, 1996

Lühr, Theodor: Die Öffentlichkeitsbeteiligung als Instrument zur Steigerung der Akzeptanz von Großvorhaben – Am Beispiel der Planung von übertragungsleitungen nach dem EnWG und NABEG, Hamburg, 2017

Mackenroth, Geert W.: „Da gehen bei den Richtern die gelben Lampen an" - Im Zeitgeist auch gegen den Zeitgeist – die Justiz muss ihre Kontrollfunktion wahrnehmen, ZRP-Rechtsgespräch, in: ZRP 2002, S. 179-182

Maihofer, Werner: Die Legitimation des Staates aus der Funktion des Rechts, in: Achterberg, Norbert; Krawietz, Werner (Hrsg.), Die Legitimation des modernen Staates, Wiesbaden, 1981, S. 15-39

Mandelartz, Herbert: Öffentlichkeitsarbeit der Bundesregierung, in: DÖV 2009, S. 509-517

Mandelartz, Herbert: Grenzen regierungsamtlicher Öffentlichkeitsarbeit, in: LKRZ 2010, S. 371-374

Mandelartz, Herbert; Grotelüschen, Henning: Das Internet und die Rechtsprechung des BVerfG zur Öffentlichkeitsarbeit der Regierung, in: NVwZ 2004, S. 647-650

Mangoldt, Hermann von; Klein, Friedrich; Starck, Christian; Huber, Peter (Hrsg.); Voßkuhle, Andreas (Hrsg.): Kommentar zum Grundgesetz, Bd. 1, 7. Aufl., München, 2018

Marg, Stine; Hermann, Christoph; Hambauer, Verena; Becké, Anna Belle: Bürgerproteste gegen Bauprojekte im Zuge der Energiewende, in: Walter, Franz (Hrsg.), Die neue Macht der Bürger. Was motiviert Protestbewegungen?, Reinbek bei Hamburg, 2013, S. 94-138

Marguier, Alexander: Schmutzfinken im Netz gefangen, in: Frankfurter Allgemeine Sonntagszeitung v. 08.03.2009, S. 60

Marschall, Stefan: Public Relations der Parlamente. Parlamentarisches Kommunikationsmanagement in der modernen Öffentlichkeit, in: ZParl 30 (1999), S. 699-715

Martens, Wolfgang: Öffentlich als Rechtsbegriff, Bad Homburg u.a., 1969

Martini, Mario; Kühl, Benjamin: Der informierende Staat als Katalysator der Meinungsbildung im digitalen Zeitalter, in: DÖV 2013, S. 573-584

Masing, Johannes: Transparente Verwaltung: Konturen eines Informationsverwaltungsrechts, in: VVDStRL 63 (2004), S. 377-436

Mast, Tobias: WTF, hier spricht die Polizei!!!, in: RuP 2017, S. 216-219

Maunz, Theodor; Dürig, Günter (Begr.) Herzog, Roman; Herdegen, Matthias; Scholz, Rupert; Klein, Hans H. (Hrsg.): Grundgesetz Kommentar, München, Stand: 82. Ergänzungslieferung, Januar 2018

Maurer, Hartmut;Waldhoff, Christian: Allgemeines Verwaltungsrecht, 19. Aufl., München, 2017

Maurer, Hartmut: Rechtsstaatliches Prozessrecht, in: Badura, Peter; Dreier, Horst (Hrsg.), Festschrift 50 Jahre Bundesverfassungsgericht, Bd. 2, Tübingen, 2001, S. 467-503

Mayer, Hans: Sprechen in der Wende - Bemerkungen zur politischen Terminologie, in: Süddeutsche Zeitung v. 19./20.09.1992, Beilage "SZ Am Wochenende", S. I

Mayer, Otto: Deutsches Verwaltungsrecht, Bd. 1, unveränderter Nachdruck der 3. Aufl. v. 1924, Berlin, 1966

Mayntz, Renate: Vollzugsprobleme der Umweltpolitik. Empirische Untersuchung der Implementation von Gesetzen im Bereich der Luftreinhaltung und des Gewässerschutzes, Stuttgart u.a., 1978

Mecking, Christoph: Zum Umfang des Rechts auf Einsichtnahme in ausgelegte Unterlagen, in: NVwZ 1992, S. 316-322

Mehde, Veith: Neues Steuerungsmodell und Demokratieprinzip, Berlin, 2000

Meinel, Florian: Öffentlichkeit als Verfassungsprinzip und die Möglichkeit von Onlinewahlen, in: KJ 2004, S. 413-431

Meyer, Myrna: Der Gerichtsprozess in der medialen Berichterstattung, Baden-Baden, 2014

Meyer, Stephan: Juristische Geltung als Verbindlichkeit, Tübingen, 2011

Meyn, Karl-Ulrich: Warnung der Bundesregierung vor Jugendsekten, in: JuS 1990, S. 630-634

Michaelis, Lars Oliver; Holtwisch, Christoph: Die deutsche Umsetzung der europäischen Emissionshandelsrichtlinie, in: NJW 2004, S. 2127-2132

Michl, Fabian: Anmerkung zum Urteil des BVerfG v. 27.02.2018 - 2 BvE 1/16, in: NVwZ 2018, 491-492

Möllers, Christoph: Demokratie - Zumutungen und Versprechen, Berlin, 2008

Morlok, Martin: Was heißt und zu welchem Ende studiert man Verfassungstheorie?, Berlin, 1988

Morlok, Martin; Schindler, Alexandra: Smend als Klassiker: Rudolf Smends Beitrag zu einer modernen Verfassungstheorie, in: Lhotta, Roland (Hrsg.), Die Integration des modernen Staates. Zur Aktualität der Integrationslehre von Rudolf Smend, Baden-Baden, 2005, S. 13-35

Müller-Franken, Sebastian: Demokratie als Wettbewerbsordnung, in: DVBl 2009, S. 1072-1082

Müller-Neuhof, Jost: Gute Nachrichten. Wert und Wirkung von Rechtskommunikation und Rechtsöffentlichkeit in den Medien und für die Medien - eine Übersicht, in: Boehme-Neßler, Volker (Hrsg.), Die Öffentlichkeit als Richter? Litigation-PR als neue Methode der Rechtsfindung, Baden-Baden, 2010, S. 139-153

Müller-Neuhof, Jost: Verfassung als Nachricht. Zur Qualität medienöffentlicher Rechtskommunikation über das Grundgesetz, Baden-Baden, 2012

Münch, Ingo von (Begr.) Kunig, Philip (Hrsg.): Grundgesetz Kommentar, Bd. 1 und 2, 6. Aufl., München, 2012

Murswiek, Dietrich: Das Bundesverfassungsgericht und die Dogmatik mittelbarer Grundrechtseingriffe, in: NVwZ 2003, S. 1-8

Murswiek, Dietrich: Der Verfassungsschutzbericht - das scharfe Schwert der streitbaren Demokratie. Zur Problematik der Verdachtsberichterstattung, in: NVwZ 2004, S. 769-778

Neidhardt, Friedhelm: Formen und Funktionen gesellschaftlichen Grundkonsenses, in: Schuppert, Gunnar Folke; Bumke, Christian (Hrsg.), Bundesverfassungsgericht und gesellschaftlicher Grundkonsens, Baden-Baden, 2000, S. 15-30

Noelle-Neumann, Elisabeth: Öffentliche Meinung - Die Entdeckung der Schweigespirale, 4. Aufl., Frankfurt am Main/Berlin, 1996

Noelle-Neumann, Elisabeth: Die Schweigespirale, 1. Aufl., München, 1980

Nolte, Georg: Die Herausforderung für das deutsche Recht der Akteneinsicht durch europäisches Verwaltungsrecht, in: DÖV 1999, S. 363-374

Oebbecke, Janbernd: Amtliche Äußerungen im Bürgermeisterwahlkampf, in: NVwZ 2007, S. 30-33

Oeckl, Albert: Handbuch der Public Relations. Theorie und Praxis der Öffentlichkeitsarbeit in Deutschland und der Welt, München, 1964

Oncken, Hermann: Historisch-politische Aufsätze und Reden, Bd. 1, München/Berlin, 1914

Opp, Karl-Dieter: Soziologie im Recht, Reinbek bei Hamburg, 1973

Ossenbühl, Fritz: Verbraucherschutz durch Information, in: NVwZ 2011, S. 1357-1363

Ossenbühl, Fritz: Die Handlungsformen der Verwaltung, in: JuS 1979, S. 681-687

Ossenbühl, Fritz: Die Erfüllung von Verwaltungsaufgaben durch Private, in: VVDStRL 29 (1971), S. 137-209

Ossenbühl, Fritz: Verwaltungsverfahren zwischen Verwaltungseffizienz und Rechtsschutzauftrag, in: NVwZ 1982, S. 465-472

Palm, Heinz: Die Öffentlichkeitsarbeit der Landesregierung vor dem Verfassungsgerichtshof, in: Präsident des VerfGH NRW (Hrsg.), Verfassungsgerichtsbarkeit in Nordrhein-Westfalen: Festschrift zum 50-jährigen Bestehen des Verfassungsgerichtshof für das Land Nordrhein-Westfalen, Stuttgart u.a., 2002, S. 319-338

Papier, Hans-Jürgen: Justizgewähranspruch, in: Isensee, Josef; Kirchhof, Paul (Hrsg.), Handbuch des Staatsrechts der Bundesrepublik Deutschland, Bd. 8, 3. Aufl., Heidelberg, 2010, § 176, S. 491-504

Papier, Hans-Jürgen; Schröder, Meinhard: Verfassungsrechtliche Grenzen kommunaler Publikationen, in: DVBl 2017, S. 1-10

Peuker, Enrico: Bürokratie und Demokratie in Europa, Tübingen, 2011

Pfeiffer, Gerd: Strafprozessordnung. Kommentar, 5. Aufl., München, 2005

Philipp, Renate: Staatliche Verbraucherinformationen im Umwelt- und Gesundheitsrecht, Köln u.a., 1989

Pichler, Johannes W.: Rechtsakzeptanz. Genügt der Befund oder gibt es auch eine Aufgabe? Graz, 1996

Pichler, Johannes W.; Giese, Karim J.: Rechtsakzeptanz, Bd. 1 und 2, Wien u.a., 1993

Pietzcker, Jost: Das Verwaltungsverfahren zwischen Verwaltungseffizienz und Rechtsschutzauftrag, in: VVDStRL 41 (1983), S. 193-231

Pitschas, Rainer: Verwaltungsverantwortung und Verwaltungsverfahren, München, 1990

Pitschas, Rainer: Allgemeines Verwaltungsrecht als Teil der öffentlichen Informationsordnung, in: Hoffmann-Riem, Wolfgang; Schmidt-Aßmann, Eberhard; Schuppert, Gunnar Folke (Hrsg.), Reform des Allgemeinen Verwaltungsrechts, Baden-Baden, 1993, S. 219-306

Pitschas, Rainer: Informationelle Selbstbestimmung zwischen digitaler Ökonomie und Internet, in: DuD 1998, S. 139-149

Pitschas, Rainer: Maßstäbe des Verwaltungshandelns, in: Hoffmann-Riem, Wolfgang; Schmidt-Aßmann, Eberhard; Voßkuhle, Andreas (Hrsg.), Grundlagen des Verwaltungsrechts, Bd. 2, 2. Aufl., München, 2012, § 42, S. 1689-1811

Podlech, Adalbert: Wertentscheidungen und Konsens, in: Jakobs, Günther (Hrsg.), Rechtsgeltung und Konsens, Berlin, 1976, S. 9-28

Porsch, Winfried: Warnungen und kritische Äußerungen als Mittel gemeindlicher Öffentlichkeitsarbeit, Würzburg, 1997

Pound, Roscoe: Law in the Books and Law in Action, in: American Law Review 44 (1910), S. 12-36

Präve, Peter: Legitimation durch Anerkennung, in: DÖV 1990, S. 18-22

Pünder, Hermann: „Open Government leads to Better Government“ - Überlegungen zur angemessenen Gestaltung von Verwaltungsverfahren, in: NuR 2005, S. 71-79

Pünder, Hermann: Verwaltungsverfahren, in: Ehlers, Dirk; ders. (Hrsg.), Allgemeines Verwaltungsrecht, 15. Aufl., Berlin u.a., 2015, § 13, S. 415-447

Quaritsch, Helmut: Probleme der Selbstdarstellung des Staates, Tübingen, 1977

Quaritsch, Helmut: Vorwort, in: ders. (Hrsg.), Die Selbstdarstellung des Staates. Vorträge und Diskussionsbeiträge der 44. Staatswissenschaftlichen Fortbildungstagung 1976 der Hochschule für Verwaltungswissenschaften Speyer, Berlin, 1977, S. 3-7

Quaritsch, Helmut: Weiteres zur Selbstdarstellung des Staates, in: DÖV 1993, S. 1070-1075

Raiser, Thomas: Rechtsgefühl, Rechtsbewusstsein, Rechtskenntnis, Rechtsakzeptanz. Einige begriffliche und methodische Bemerkungen zu den Grundlagen der Akzeptanzforschung, in: Pichler, Johannes W. (Hrsg.), Rechtsakzeptanz und Handlungsorientierung, Wien u.a., 1998, S. 109-123

Rehbinder, Manfred: Rechtssoziologie, 8. Aufl., München, 2014

Renan, Ernest: „Was ist eine Nation?“ - Rede am 11. März 1882 an der Sorbonne, Ausgabe der Europäischen Verlagsanstalt, Hamburg, 1996; Übers.: Ritter, Henning

Richter, Eike; Mummenthey, Irmgard: Die Organisation staatlicher Informationsbestände vor dem Hintergrund der PSI-Richtlinie, in: Dreier, Thomas; Fischer, Veronika; van Raay, Anne; Spiecker gen. Döhmann, Indra (Hrsg.), Informationen der öffentlichen Hand - Zugang und Nutzung, Baden-Baden, 2016, S. 459-490

Richter, Eike; Süssner-Job, Thomas: Öffentlich- oder zivilrechtliche Ausgestaltung der Informationsordnung - am Beispiel des Zugangs zu und der Weiterverwendung von staatlichen Informationen, in: Dreier, Thomas; Fischer, Veronika; van Raay, Anne; Spiecker gen. Döhmann, Indra (Hrsg.), Informationen der öffentlichen Hand - Zugang und Nutzung, Baden-Baden, 2016, S. 297-331

Ricker, Reinhart: Das kommunale Amtsblatt in verfassungsrechtlicher Sicht, in: Studienkreis für Presserecht und Pressefreiheit (Hrsg.), Presserecht und Pressefreiheit – Festschrift für Martin Löffler zum 75. Geburtstag, München, 1980, S. 287-301

Ricker, Reinhart; Weberling, Johannes: Handbuch des Presserechts, 6. Aufl., München, 2012

Ridder, Helmut: Grundgesetz und "Öffentlichkeitsarbeit", in: Ruppert, Johann Peter (Hrsg.), Freiheit und Verantwortung in Gesellschaft und Erziehung – Festschrift für Erwin Stein, Bad Homburg u.a., 1969, S. 57-70

Ritter, Ernst-Hasso: Integratives Management und Strategieentwicklung in der staatlichen Verwaltung, in: DÖV 2003, S. 93-105

Rodenbeck, Julian: Rechtliche Anforderungen an die staatliche Öffentlichkeitsarbeit in Strafsachen, in: StV 2018, S. 255-260

Roellecke, Gerd: Normakzeptanz und Rechtsbewusstsein - Konsequenzen aus der Autonomie des Rechts, in: JZ 1997, S. 577-583

Roggenkamp, Jan Dirk: Facebook-Fandung - Gefällt mir?, in: K&R 1/2013, S. I (Editorial)

Röhl, Klaus F.: Rechtssoziologie, Köln u.a., 1987

Röhl, Klaus F.; Röhl, Hans Christian: Allgemeine Rechtslehre. Ein Lehrbuch, 3. Aufl., Köln/München, 2008

Rölle, Daniel; Druml, Sabine: Vertrauen in die öffentliche Verwaltung - Eine konzeptionelle Betrachtung, in: DÖV 2013, S. 540-547

Roller, Walter: Die Proteste gegen „Stuttgart 21" - Symptom der Vertrauenskrise, in: Augsburger Allgemeine Nr. 233/2010 v. 08.10.2010, S. 2

Rommelfanger, Ulrich: Akzeptanz und Legitimität parlamentarischer Entscheidungen, in: Heckmann, Dirk; Schenke, Ralf P.; Sydow, Gernot (Hrsg.), Verfassungsstaatlichkeit im Wandel. Festschrift für Thomas Würtenberger zum 70. Geburtstag, Berlin, 2013, S. 377-396

Rösch, Ulrich: Geheimhaltung in der rechtsstaatlichen Demokratie, Baden-Baden, 1999

Rossi, Matthias: Staatliche Daten als Informationsrohstoff, in: NVwZ 2013, S. 1263-1267

Rossi, Matthias: Staatliche Daten als Informationsrohstoff, in: Dreier, Thomas; Fischer, Veronika; van Raay, Anne; Spiecker gen. Döhmenn, Indra (Hrsg.), Informationen der öffentlichen Hand - Zugang und Nutzung, Baden-Baden, 2016, S. 145-163

Roßnagel, Alexander: Konflikte zwischen Informationsfreiheit und Datenschutz, in: MMR 2007, S. 16-21

Roßnagel, Alexander: Möglichkeiten für Offenheit und Transparenz im Verwaltungshandeln, in: Hoffmann-Riem, Wolfgang; Schmidt-Aßmann, Eberhard (Hrsg.), Verwaltungsrecht in der Informationsgesellschaft, Baden-Baden, 2000, S. 257-332

Roßnagel, Alexander; Hornung, Gerrit: Umweltschutz versus Datenschutz?, in: UPR 2007, S. 255-260

Rousseau, Jean-Jacques: Vom Gesellschaftsvertrag, oder: Die Grundsätze des Staatsrechts, Ausgabe Reclam Universal-Bibliothek Nr. 1769, Stuttgart, 2011; Übers.: Brockard, Hans

Rubbert, Susanne: Saal- und Medienöffentlichkeit mündlicher Verhandlungen zwischen Verwaltung und Bürgern, Frankfurt am Main, 1985

Rupp, Hans Heinrich: "Dienende" Grundrechte, "Bürgergesellschaft", "Drittwirkung" und "soziale Interdependenz" der Grundrechte, in: JZ 2001, S. 271-277

Rupp, Hans Heinrich: Die Unterscheidung von Staat und Gesellschaft, in: Isensee, Josef; Kirchhof, Paul (Hrsg.), Handbuch des Staatsrechts der Bundesrepublik Deutschland, Bd. 2, 3. Aufl., Heidelberg, 2004, § 31, S. 879-927

Rupp, Hans Heinrich: Die Bindung des Richters an das Gesetz, in: NJW 1973, S. 1769-1774

Sachs, Michael: Informationsinterventionismus und Verfassungsrecht, in: Osterloh, Lerke; Schmidt, Karsten; Weber, Hermann (Hrsg.), Staat, Wirtschaft, Finanzverfassung - Festschrift für Peter Selmer zum 70. Geburtstag, Berlin, 2004, S. 209-226

Sachs, Michael (Hrsg.): Grundgesetz Kommentar, 8. Aufl., München, 2018

Sandhu, Swaran: Public Relations und Legitimität - Der Beitrag des organisationalen Neo-Institutionalismus für die PR-Forschung, Wiesbaden, 2012

Sänger, Gisela: Funktion staatlicher Pressestellen in der demokratischen Staatsordnung, Frankfurt am Main/Berlin, 1966

Sarcinelli, Ulrich: Politikvermittlung und politische Bildung - Herausforderungen für die außerschulische politische Bildung, Bad Heilbrunn/Obb., 1990

Sarcinelli, Ulrich: Massenmedien und Politikvermittlung – eine Problem- und Forschungsskizze, in: RuF 39 (1991), S. 469-486

Sarcinelli, Ulrich: Politische Kommunikation in Deutschland. Medien und Politikvermittlung im demokratischen System, 3. Aufl., Wiesbaden, 2011

Sarcinelli, Ulrich: Politikvermittlung und Demokratie: Zum Wandel der politischen Kommunikationskultur, in: ders. (Hrsg.), Politikvermittlung und Demokratie in der Mediengesellschaft, Bonn, 1998, S. 11-23

Sartori, Giovanni: The Theory of Democracy Revisited, Bd. 1: The Contemporary Debate, Chatham (New Jersey), 1987

Saxer, Urs: Vom Öffentlichkeitsprinzip zur Justizkommunikation - Rechtsstaatliche Determinanten einer verstärkten Öffentlichkeitsarbeit der Gerichte, in: ZSR 2006, S. 459-485

Schatzschneider, Wolfgang: Informationshandeln im Bundesstaat, in: NJW 1991, S. 3202-3203

Schenk, Michael: Stichwort „Persuasion", in: Noelle-Neumann, Elisabeth; Wilke, Jürgen; Schulz, Winfried (Hrsg.), Fischer-Lexikon Publizistik, Massenkommunikation, Frankfurt am Main, 2009, S. 407-421

Schenke, Wolf-Rüdiger: Das Verwaltungsverfahren zwischen Verwaltungseffizienz und Rechtsschutzauftrag, in: VBlBW 1982, S. 313-326

Scherer, Joachim: Verwaltung und Öffentlichkeit, Baden-Baden, 1978

Scherer, Joachim: Gerichtsöffentlichkeit als Medienöffentlichkeit, Königstein/Taunus, 1979

Scherzberg, Arno: Die Öffentlichkeit der Verwaltung, Baden-Baden, 2000

Scheuner, Ulrich: Das Mehrheitsprinzip in der Demokratie, Opladen, 1973

Scheuner, Ulrich: Der Staat und die intermediären Kräfte, in: ZEE 1 (1957), S. 30-39

Scheuner, Ulrich: Konsens und Pluralismus als verfassungsrechtliches Problem, in: Jakobs, Günther (Hrsg.), Rechtsgeltung und Konsens, Berlin, 1976, S. 33-68

Schink, Alexander: Smileys in der Lebensmittelkontrolle - Verfassungsrechtliche Zulässigkeit einer amtlichen Information der Öffentlichkeit über die Ergebnisse der amtlichen Lebensmittelkontrolle, in: DVBl 2011, S. 253-262

Schink, Alexander: Öffentlichkeitsbeteiligung - Beschleunigung - Akzeptanz, in: DVBl 2011, S. 1377-1385

Schink, Alexander: Bürgerakzeptanz durch Öffentlichkeitsbeteiligung in der Planfeststellung, in: ZG 2011, S. 226-248

Schlaich, Klaus: Neutralität als verfassungsrechtliches Prinzip, Tübingen, 1972

Schliesky, Utz: Souveränität und Legitimität von Herrschaftsgewalt, Tübingen, 2004

Schmidt-Aßmann, Eberhard: Das allgemeine Verwaltungsrecht als Ordnungsidee, 2. Aufl., Berlin u.a., 2006

Schmidt-Aßmann, Eberhard: Verwaltungslegitimation als Rechtsbegriff, in: AöR 116 (1991), S. 329-390

Schmidt-Aßmann, Eberhard: Der Rechtsstaat, in: Isensee, Josef; Kirchhof, Paul (Hrsg.), Handbuch des Staatsrechts der Bundesrepublik Deutschland, Bd. 2, 3. Aufl., Heidelberg, 2004, § 26, S. 541-612

Schmidt-Aßmann, Eberhard: Effizienz als Herausforderung an das Verwaltungsrecht. Perspektiven der verwaltungsrechtlichen Systembildung, in: Hoffmann-Riem, Wolfgang; ders. (Hrsg.), Effizienz als Herausforderung an das Verwaltungsrecht, Baden-Baden, 1998, S. 245-269

Schmidt-Jortzig, Edzard: Effektiver Rechtsschutz als Kernstück des Rechtsstaatsprinzips nach dem Grundgesetz, in: NJW 1994, S. 2569-2573

Schmidt-Jortzig, Edzard: Meinungs- und Informationsfreiheit, in: Isensee, Josef; Kirchhof, Paul (Hrsg.), Handbuch des Staatsrechts der Bundesrepublik Deutschland, Bd. 7, 3. Aufl., Heidelberg, 2009, § 162, S. 875-906

Schmidt, Christian: Verhaltenslenkende Informationsmaßnahmen der Bundesregierung, Aachen, 2003

Schmidt, Reiner: Anmerkungen zur Akzeptanz von Gesetzen, in: Heckmann, Dirk; Schenke, Ralf P.; Sydow, Gernot (Hrsg.), Verfassungsstaatlichkeit im Wandel. Festschrift für Thomas Würtenberger zum 70. Geburtstag, Berlin, 2013, S. 397-409

Schmidt, Reiner: Lebensgefühl und Legitimation, in: JZ 1983, 725-731

Schmitt Glaeser, Walter: Die grundrechtliche Freiheit des Bürgers zur Mitwirkung an der Willensbildung, in: Isensee, Josef; Kirchhof, Paul (Hrsg.), Handbuch des Staatsrechts der Bundesrepublik Deutschland, Bd. 3, 3. Aufl., Heidelberg, 2005, § 38, S. 229-261

Schmitt Glaeser, Walter: Der freiheitliche Staat des Grundgesetzes, 2. Aufl., Tübingen, 2012

Schnabel, Christoph: Das neue Hamburgische Transparenzgesetz - Informationsregister, Datenschutz und Betriebs- und Geschäftsgeheimnisse, in: NordÖR 2012, S. 431-435

Schnabel, Christoph: Die Evaluation des IFG - Wie reformiert man eine Reform?, in: ZD 2012, S. 493-494

Schneider, Imke: Staatliche Informationstätigkeit als Steuerungsmittel im Umweltrecht, Frankfurt am Main, 2012

Schneider, Jens-Peter: Das neue Steuerungsmodell als Innovationsimpuls für Verwaltungsorganisation und Verwaltungsrecht, in: Schmidt-Aßmann, Eberhard; Hoffmann-Riem, Wolfgang (Hrsg.), Verwaltungsorganisationsrecht als Steuerungsressource, Baden-Baden, 1997, S. 103-138

Schoch, Friedrich: Entformalisierung staatlichen Handelns, in: Isensee, Josef; Kirchhof, Paul (Hrsg.), Handbuch des Staatsrechts der Bundesrepublik Deutschland, Bd. 3, 3. Aufl., Heidelberg, 2005, § 37, S. 131-228

Schoch, Friedrich: Öffentlich-rechtliche Rahmenbedingungen einer Informationsordnung, in: VVDStRL 57 (1998), S. 158-215

Schoch, Friedrich: Die Schwierigkeiten des BVerfG mit der Bewältigung staatlichen Informationshandelns, in: NVwZ 2011, S. 193-198

Schoch, Friedrich: Staatliche Informationspolitik und Berufsfreiheit, in: DVBl 1991, S. 667-674

Schoch, Friedrich: Informationszugangsfreiheit des Einzelnen und Informationsverhalten des Staates, in: AfP 2010, S. 313-324

Schoch, Friedrich: Amtliche Publikumsinformation zwischen staatlichem Schutzauftrag und Staatshaftung, in: NJW 2012, S. 2844-2850

Schoch, Friedrich: Informationsfreiheitsgesetz - Kommentar, 2. Aufl., München, 2016

Schoch, Friedrich: Der Verfahrensgedanke im Allgemeinen Verwaltungsrecht. Anspruch und Wirklichkeit nach 15 Jahren VwVfG, in: Verw 25 (1992), S. 21-53

Schoch, Friedrich: Informationsfreiheitsgesetz für die Bundesrepublik Deutschland, in: Verw 35 (2002), S. 149-175

Schoch, Friedrich; Schneider, Jens-Peter; Bier, Wolfgang (Hrsg.): Verwaltungsgerichtsordnung, Bd. 1, München, Stand: 33. Ergänzungslieferung, Juni 2017

Scholz, Rupert: Informationspolitik des Bundeskartellamts und Informationsrecht der Öffentlichkeit, in: NJW 1973, S. 481-487

Schreckenberger, Waldemar: Verfassungsgerichtsbarkeit als Konvergenz von Öffentlichkeit, in: van Roermund, Bert (Hrsg.), Constituional Review - Verfassungsgerichtsbarkeit - Constitutionele Toetsing, Deventer/Boston, 1993, S. 13-31

Schreiber, Winfriede: Warum und zu welchem Ende betreiben wir Öffentlichkeitsarbeit?, in: Grumke, Thomas; Pfahl-Traughber, Armin (Hrsg.), Offener Demokratieschutz in einer offenen Gesellschaft. Öffentlichkeitsarbeit und Prävention als Instrumente des Verfassungsschutzes, Opladen u.a., 2010, S. 33-39

Schulte, Martin: Schlichtes Verwaltungshandeln. Verfassungs- und verwaltungsrechtsdogmatische Strukturüberlegungen am Beispiel des Umweltrechts, Tübingen, 1995

Schulz, Winfried: Politische Kommunikation: Theoretische Ansätze und Ergebnisse empirischer Forschung, 3. Aufl., Wiesbaden, 2011

Schulz, Wolfgang: Kommunikationsverfassung, Kommunikationsgrundrechte, Staatsfreiheit - Staatsfreiheit als Gestaltungsprinzip, in: AfP 2013, S. 464-470

Schulze-Fielitz, Helmuth: Das Bundesverfassungsgericht und die öffentliche Meinung, in: Schuppert, Gunnar Folke; Bumke, Christian (Hrsg.), Bundesverfassungsgericht und gesellschaftlicher Grundkonsens, Baden-Baden, 2000, S. 111-144

Schulze-Fielitz, Helmuth: Der informale Verfassungsstaat, Berlin, 1984

Schulze-Fielitz, Helmuth: Kontrolle der Verwaltung durch Rechnungshöfe, in: VVDStRL 55 (1996), S. 231-277

Schulze-Fielitz, Helmuth: Staatsaufgabenentwicklung und Verfassung - Zur normativen Kraft der Verfassung für das Wachstum und die Begrenzung der Staatsaufgaben, in: Grimm, Dieter (Hrsg.), Wachsende Staatsaufgaben - Sinkende Steuerungsfähigkeit des Rechts, Baden-Baden, 1990, S. 11-47

Schürmann, Frank: Regierungsamtliche Öffentlichkeitsarbeit im Wahlkampf - Kritische Anmerkungen zu den Müllkampagnen-Urteilen des NRWVerfGH, in: NVwZ 1992, S. 852-856

Schürmann, Frank: Öffentlichkeitsarbeit der Bundesregierung. Strukturen, Medien, Auftrag und Grenzen eines informalen Instruments der Staatsleitung, Berlin, 1992

Schwab, Joachim: Frühe Öffentlichkeitsbeteiligung und behördliche Genehmigungsverfahren, in: UPR 2014, S. 281-290

Schwan, Eggert: Amtsgeheimnis oder Aktenöffentlichkeit? Der Auskunftsanspruch des Betroffenen, das Grundrecht auf Datenschutz und das Prinzip der Aktenöffentlichkeit, München, 1984

Schwarzer, Markus Maximilian: Staatliche Öffentlichkeitsarbeit, Tübingen, 1999

Seibel, Wolfgang: Die Entwicklung zum „technisierten sozialen Rechtsstaat“, in: VerwArch 74 (1983), S. 325-352

Seibert-Fohr, Anja: Öffentlichkeitsbeteiligung im Planungsverfahren: Chancen und Grenzen am Beispiel des Planvereinheitlichungsverfahrens, in: VerwArch 104 (2013), S. 311-326

Sitsen, Michael: Das Informationsfreiheitsgesetz des Bundes, Hamburg, 2009

Skouris, Pangiotis: Die Begründung von Rechtsnormen, Baden-Baden, 2002

Smend, Rudolf: Zum Problem des Öffentlichen und der Öffentlichkeit, in: Bachof, Otto (Hrsg.), Forschungen und Berichte aus dem Öffentlichen Recht - Gedächtnisschrift für Walter Jellinek, München, 1955, S. 11-20

Smend, Rudolf: Verfassung und Verfassungsrecht, in: ders., Staatsrechtliche Abhandlungen und andere Aufsätze, 2. Aufl., Berlin, 1968, S. 119-276

Smend, Rudolf: Integrationslehre, in: ders., Staatsrechtliche Abhandlungen und andere Aufsätze, 2. Aufl., Berlin, 1968, S. 475-481

Smend, Rudolf: Integration, in: ders., Staatsrechtliche Abhandlungen und andere Aufsätze, 2. Aufl., Berlin, 1968, S. 482-486

Sokol, Bettina: Informationsfreiheit im Bund: Ein zögerlicher erster Schritt, in: CR 2005, S. 835-840

Spicer, Michael W.; Becker, Lee A.: Fiscal Inequity and Tax Evasion: An Experimental Approach, in: National Tax Journal 33 (1980), S. 171-175

Spiecker gen. Döhmann, Indra: Wissensverarbeitung im Öffentlichen Recht, in: Rechtswissenschaft 2010, S. 247-282

Spiecker gen. Döhmann, Indra: Staatliche Information des Verbrauchers - Risiken und Nebenwirkungen, in: Jahrbuch der Juristischen Gesellschaft Bremen 2012, Bremen, 2012, S. 110-136

Spiecker gen. Döhmann, Indra: Kontexte der Demokratie: Parteien – Medien – Sozialstrukturen, in: VVDStRL 77 (2018), S. 9-65

Starck, Christian: Informationsfreiheit und Nachrichtensperre, in: AfP 1978, S. 171-177

Stehr, Nico: Arbeit, Eigentum und Wissen: zur Theorie von Wissensgesellschaften, Frankfurt am Main, 1994

Stein, Ekkehart; Frank, Götz: Staatsrecht, 21. Aufl., Tübingen, 2010

Steinberg, Rudolf: Die Repräsentation des Volkes, Baden-Baden, 2013

Steinbicker, Jochen: Zur Theorie der Informationsgesellschaft - Ein Vergleich der Ansätze, 2. Aufl., Wiesbaden, 2011

Stelkens, Paul; Bonk, Heinz Joachim; Sachs, Michael (Hrsg.): Verwaltungsverfahrensgesetz - Kommentar, 9. Aufl., München, 2018

Stender-Vorwachs, Jutta: Neue Formen der Bürgerbeteiligung?, in: NVwZ 2012, S. 1061-1066

Stern, Klaus: Das Staatsrecht der Bundesrepublik Deutschland, Bd. 1, 2. Aufl., München, 1984

Sternberg, Sebastian; Gschwend, Thomas; Wittig, Caroline; Engst Benjamin G.: Zum Einfluss der öffentlichen Meinung auf Entscheidungen des Bundesverfassungsgerichts, in: PVS 2015, S. 570-598

Stober, Rolf: Zum Informationsanspruch der Presse gegenüber Gerichten, in: DRiZ 1980, S. 3-12

Stroebe, Wolfgang: Strategien zur Einstellungs- und Verhaltensänderung, in: Jonas, Klaus; ders.; Hewstone, Miles (Hrsg.), Sozialpsychologie, 6. Aufl., Berlin/Heidelberg, 2014, S. 231-268

Strohbusch, Axel: Akzeptanz durch Verfahren?, in: DVP 2013, S. 271-277

Struck, Gerhard: Das Gesetz als Kommunikation des Gesetzgebers mit dem Bürger, in: Rechtstheorie 32 (2001), S. 373-391

Thaa, Winfried: „Stuttgart 21" - Krise oder Repolitisierung der repräsentativen Demokratie?, in: PVS 2013, S. 1-20

Thiel, Markus: Zur Einführung: Die „wehrhafte Demokratie" als verfassungsrechtliche Grundentscheidung, in: ders. (Hrsg.), Wehrhafte Demokratie, Tübingen, 2003, S. 1-24

Tiemann, Norbert: Parlamentarische Öffentlichkeitsarbeit im vertikalen Kommunikationsprozeß zwischen Parlament und Publikum, Münster, 1984

Tilch, Horst; Arloth, Frank (Hrsg.): Deutsches Rechts-Lexikon, 3. Aufl., München, 2001

Tillmanns, Reiner: Wehrhaftigkeit durch Werthaftigkeit – der ethische Grundkonsens als Existenzvoraussetzung des freiheitlichen Staates, in: Thiel, Markus (Hrsg.), Wehrhafte Demokratie, Tübingen, 2003, S. 25-55

Tocqueville, Alexis de: Über die Demokratie in Amerika. Ausgabe Reclam Universal-Bibliothek Nr. 8077, Stuttgart, 1985; Hrsg.: Mayer, J.P.

Towfigh, Emanuel Vahid: Komplexität und Normenklarheit - oder: Gesetze sind für Juristen gemacht, in: Der Staat 48 (2009), S. 29-73

Trute, Hans-Heinrich: Der Schutz personenbezogener Information in der Informationsgesellschaft, in: JZ 1998, S. 822-831

Trute, Hans-Heinrich: Gemeinwohlsicherung im Gewährleistungsstaat, in: Schuppert, Gunnar Folke; Neidhardt, Friedhelm (Hrsg.), Gemeinwohl - Auf der Suche nach Substanz, Berlin, 2002, S. 329-347

Tsambikakis, Michael; Wallau, Rochus: Moderner Pranger: Die sog. Negativliste von Pankow, in: StraFo 2010, S. 177-179

Tyler, Tom R.: Why People Obey the Law, Princeton, 2006

Uddin, Janna: Die Richtigkeit staatlicher Verbraucherinformationen im Bereich komplexer Informationsmaterien, Hamburg, 2013

Uhle, Arnd: Innere Integration, in: Isensee, Josef; Kirchhof, Paul (Hrsg.), Handbuch des Staatsrechts der Bundesrepublik Deutschland, Bd. 4, 3. Aufl., Heidelberg, 2006, § 82, S. 531-586

Uppendahl, Herbert: Repräsentation und Responsivität. Bausteine einer Theorie responsiver Demokratie, in: ZParl 12 (1981), S. 123-134

Vesting, Thomas: Rechtstheorie, Frankfurt am Main, 2007

Vierhaus, Hans-Peter: Umweltbewusstsein von oben, Berlin, 1994

Voltmer, Karin: Medienqualität und Demokratie, Baden-Baden, 1999

Voßkuhle, Andreas: Der Wandel von Verwaltungsrecht und Verwaltungsprozessrecht in der Informationsgesellschaft, in: Hoffmann-Riem, Wolfgang; Schmidt-Aßmann, Eberhard (Hrsg.), Verwaltungsrecht in der Informationsgesellschaft, Baden-Baden, 2000, S. 349-404

Voßkuhle, Andreas; Kaiser, Anna-Bettina: Grundwissen – Öffentliches Recht: Funktionen der Grundrechte, in: JuS 2011, S. 411-413

Voßkuhle, Andreas; Kaiser, Anna-Bettina: Grundwissen – Öffentliches Recht: Informationshandeln des Staates, in: JuS 2018, S. 343-346

Voßkuhle, Andreas; Sydow, Gernot: Die demokratische Legitimation des Richters, in: JZ 2002, S. 673-682

Wahl, Rainer: Verwaltungsverfahren zwischen Verwaltungseffizienz und Rechtsschutzauftrag, in: VVDStRL 41 (1983), S. 151-191

Wahl, Rainer; Masing, Johannes: Schutz durch Eingriff, in: JZ 1990, S. 553-563

Wallau, Rochus: Die Negativ-Liste von Pankow - Ein Kommentar, in: ZLR 2010, S. 382-386

Walter, Christian: Religionsverfassungsrecht in vergleichender und internationaler Perspektive, Tübingen, 2006

Walter, Franz: Bürgerlichkeit und Protest in der Misstrauensgesellschaft, in: ders. (Hrsg.), Die neue Macht der Bürger: Was motiviert die Protestbewegungen?, Reinbek bei Hamburg, 2013, S. 301-343

Warg, Gunter: Aufklärung der Öffentlichkeit durch den Verfassungsschutz vs. Meinungsfreiheit, in: Grumke, Thomas; Pfahl-Traughber, Armin (Hrsg.), Offener Demokratieschutz in einer offenen Gesellschaft. Öffentlichkeitsarbeit und Prävention als Instrumente des Verfassungsschutzes, Opladen u.a., 2010, S. 40-59

Wassermann, Rudolf: Probleme aktiver Öffentlichkeitsarbeit der Justiz, in: ders. (Hrsg.), Justiz und Medien, Neuwied u.a., 1980, S. 145-183

Weber-Grellet, Heinrich: Eigenständigkeit und Demokratisierung der Justiz, in: ZRP 2003, S. 145-149

Weber, Max: Methodologische Schriften. Studienausgabe, Frankfurt am Main, 1968; Hrsg.: Winkelmann, Johannes

Weber, Max: Soziologie. Weltgeschichtliche Analysen. Politik, 3. Aufl., Stuttgart, 1964; Hrsg.: Winkelmann, Johannes

Weber, Max: Wirtschaft und Gesellschaft. Studienausgabe, 5. Aufl., Tübingen, 1976; Hrsg.: Winkelmann, Johannes

Weinberger, Ota: Akzeptanz, Akzeptabilität und Diskurs. Eine demokratietheoretische Überlegung, in: Pichler, Johannes W. (Hrsg.), Rechtsakzeptanz und Handlungsorientierung, Wien u.a., 1998, S. 73-90

Wesche, Steffen: Gegenseitigkeit und Recht. Eine Studie zur Entstehung von Normen, Berlin, 2001

Wesche, Steffen: Objektive Bedingungen für relative Normen, in: Bäcker, Carsten; Baufeld, Stefan (Hrsg.), Objektivität und Flexibilität im Recht, Stuttgart, 2005, S. 72-86

Wiese, Walter: Rechtsschutz gegenüber der „Abstempelung“ als verfassungsfeindlich, in: DVBl 1976, S. 317-323

Willke, Helmut: Systemisches Wissensmanagement, 2. Aufl., Stuttgart, 2001

Wollenschläger, Ferdinand: Staatliche Verbraucherinformation als neues Instrument des Verbraucherschutzes, in: VerwArch 102 (2011), S. 20-50

Wulfhorst, Reinhard: Konsequenzen aus „Stuttgart 21“: Vorschläge zur Verbesserung der Bürgerbeteiligung, in: DÖV 2011, S. 581-590

Würtenberger, Thomas: Die Akzeptanz von Verwaltungsentscheidungen, Baden-Baden, 1996

Würtenberger, Thomas: Akzeptanz durch Verwaltungsverfahren, in: NJW 1991, S. 257-263

Würtenberger, Thomas: Schwankungen und Wandlungen im Rechtsbewusstsein der Bevölkerung, in: NJW 1986, S. 2281-2287

Würtenberger, Thomas: Zu den Voraussetzungen des freiheitlichen, säkularen Staates, in: Brugger, Winfried; Huster, Stefan (Hrsg.), Der Streit um das Kreuz in der Schule, Baden-Baden, 1998, S. 277-295

Würtenberger, Thomas: Akzeptanz als Leitlinie des Verwaltungsermessens, in: Pichler, Johannes W. (Hrsg.), Rechtsakzeptanz und Handlungsorientierung, Wien u.a., 1998, S. 287-291

Würtenberger, Thomas: Konfliktlösung durch Akzeptanz-Management, in: Zilleßen, Horst; Dienel, Peter C.; Strubelt, Wendelin (Hrsg.), Die Modernisierung der Demokratie, Opladen, 1993, S. 72-86

Würtenberger, Thomas: Die Akzeptanz von Gerichtsentscheidungen, in: Hof, Hagen; Schulte, Martin (Hrsg.), Wirkungsforschung zum Recht III. Folgen von Gerichtsentscheidungen, Baden-Baden, 2001, S. 201-210

Würtenberger, Thomas: Akzeptanz von Recht und Rechtsfortbildung, in: Eisenmann, Peter; Rill, Bernd (Hrsg.), Jurist und Staatsbewusstsein, Heidelberg, 1987, S. 79-103

Würtenberger, Thomas: Zeitgeist und Recht, 2. Aufl., Tübingen, 1991

Würtenberger, Thomas: Die Akzeptanz von Gesetzen, in: Soziale Integration, Sonderheft 39 der Kölner Zeitschrift für Soziologie und Sozialpsychologie, 1999, S. 380-397

Zedtwitz-Arnim, Georg Volkmar Graf: Tu Gutes und rede darüber. Public Relations für die Wirtschaft, 1. Aufl., Berlin u.a., 1961

Zentara, Kai Friedrich: Medienordnung und Öffentlicher Diskurs, Frankfurt am Main, 2009

Ziekow, Jan: Frühe Öffentlichkeitsbeteiligung, in: NVwZ 2013, S. 754-760

Zippelius, Reinhold: Allgemeine Staatslehre, 17. Aufl., München, 2017

Zippelius, Reinhold: Rechtsphilosophie, 6. Aufl., München, 2011

Zippelius, Reinhold: Zur Rechtfertigung des Mehrheitsprinzips in der Demokratie, Wiesbaden, 1987

Zippelius, Reinhold: Legitimation im demokratischen Verfassungsstaat, in: Achterberg, Norbert; Krawietz, Werner (Hrsg.), Legitimation des modernen Staates, Wiesbaden, 1981, S. 84-94

Zippelius, Reinhold: Grundbegriffe der Rechts- und Staatssoziologie, 3. Aufl., Tübingen, 2012

Zippelius, Reinhold;Würtenberger, Thomas: Deutsches Staatsrecht, 32. Aufl., München, 2008

Zuck, Rüdiger: Zulässige Öffentlichkeitsarbeit und unzulässige Wahlwerbung, in: ZRP 1977, S. 144-148

Verzeichnis der Internetquellen

BAG, RSS-Feed mit aktuellen Pressemitteilungen: https://www.bundesarbeitsgericht.de/rss.html

BFH, RSS-Feed mit aktuellen Pressemitteilungen: https://juris.bundesfinanzhof.de/rechtsprechung/bfh/pm_feed.xml

BGH, E-Mail-Newsletter mit aktuellen Pressemitteilungen: https://www.bundesgerichtshof.de/DE/Service/Newsletter/newsletter_node.html

BILD GmbH & Co. KG, BILD-Online-Artikel vom 4. August 2011, „Entsetzen nach Schand-Urteil für Markus Gaefgen“: https://www.bild.de/news/inland/schmerzensgeld/kindermoeder-gaefgen-urteil-entsetzen-19218816.bild.html

BSG, RSS-Feed mit aktuellen Medieninformationen: https://juris.bundessozialgericht.de/rechtsprechung/bsg/feed_ps.xml

BVerfG, Online-Archiv der Pressemitteilungen: https://www.bundesverfassungsgericht.de/DE/Presse/Pressemitteilungen/pressemitteilungen_node.html

BVerfG, E-Mail-Newsletter mit aktuellen Pressemitteilungen und Gerichtsentscheidungen: https://www.bundesverfassungsgericht.de/DE/Service/Newsletter/newsletter_node.html

BVerwG, RSS-Feeds mit aktuellen Pressemitteilungen, Entscheidungen und Ankündigungen: https://www.bverwg.de/rss-feeds

Deutscher Bundestag: https://www.bundestag.de

Deutscher Bundestag, Wochenzeitung „Das Parlament“: https://www.das-parlament.de

Deutscher Bundestag, Web-Archiv des Deutschen Bundestages: http://webarchiv.bundestag.de/cgi/archive.php

Deutscher Bundestag, Themenseite „Bundestag Unterwegs“: https://www.bundestag.de/unterwegs

Deutscher Bundestag, Internetangebot „Mitmischen.de – Das Jugendportal des Deutschen Bundestages“: https://www.mitmischen.de/index.jsp

Deutscher Bundestag, Internetangebot „Kuppelkucker“ für Kinder unter elf Jahren: https://www.kuppelkucker.de/entdecke-den-bundestag/

Gesellschaft für deutsche Sprache, Pressemitteilung vom 17. Dezember 2010: https://gfds.de/wutbuerger-zum-wort-des-jahres-2010-gewaehlt/

Presse- und Informationsamt der Bundesregierung: https://www.bundesregierung.de

Presse- und Informationsamt der Bundesregierung, „Die Kanzlerin direkt“, Mediathek: https://www.bundeskanzlerin.de/Webs/BKin/DE/Mediathek/Einstieg/mediathek_einstieg_podcasts_node.html

Alle genannten Internetquellen wurden zuletzt am 20. Juli 2018 aufgerufen.